AF157246

J. A. Tomaschek

Die Rechte und Freiheiten der Stadt Wien

J. A. Tomaschek

Die Rechte und Freiheiten der Stadt Wien

ISBN/EAN: 9783743307322

Hergestellt in Europa, USA, Kanada, Australien, Japan

Cover: Foto ©Suzi / pixelio.de

Manufactured and distributed by brebook publishing software
(www.brebook.com)

J. A. Tomaschek

Die Rechte und Freiheiten der Stadt Wien

GESCHICHTS-QUELLEN

DER

STADT WIEN

HERAUSGEGEBEN IM AUFTRAGE DES

GEMEINDERATHES DER KAIS. HAUPT- U. RESIDENZSTADT WIEN

VON

KARL WEISS

STÄDT. ARCHIVS- UND BIBLIOTHEKS-DIRECTOR.

I. ABTHEILUNG.

WIEN 1877.

VERLAG DER K. K. HOF- UND UNIVERSITÄTS-BUCHHANDLUNG.

DIE

RECHTE und FREIHEITEN

DER

STADT WIEN.

BEARBEITET VON

Dr. J. A. Tomaschek

ORDENTLICHEM PROFESSOR AN DER WIENER UNIVERSITÄT, CORR. MITGLIED DER KAISERL. AKADEMIE DER
WISSENSCHAFTEN ZU WIEN, ORDENTLICHEM MITGLIED DES GELEHRTEN-AUSSCHUSSES AM GERMANISCHEN
NATIONAL-MUSEUM ZU NÜRNBERG.

I. BAND.

WIEN 1877.

ALFRED HÖLDER, K. K. HOF- UND UNIVERSITÄTS-BUCHHANDLER.

Vorwort.

Durch die hervorragende Stellung, welche Wien seit mehr als 700 Jahren unter den Städten im Osten Europa's ununterbrochen behauptet, wurde schon zur Zeit der Anfänge der neueren Historiographie die Aufmerksamkeit der Gelehrten auf die Quellen zur näheren Kenntniss seines politischen und religiösen Lebens, seiner Rechte und Freiheiten, seiner Handels- und Verkehrs-Verhältnisse, seiner Denkmäler, wie überhaupt seiner materiellen und geistigen Entwickelung gelenkt. Von der ersten Hälfte des XVI. Jahrhunderts an bis auf unsere Tage förderte der Forschungstrieb der Geschichtsfreunde immer neue Quellen zu Tage, so dass heute, wenigstens quantitativ, ein reicher urkundlicher Stoff zur wissenschaftlichen Verwerthung vorliegt.

Ohne das Verdienst dieser Bestrebungen zu verkennen, so ist doch Thatsache, dass dieselben ihren Zweck nicht vollständig erreichten. Ein Theil der älteren Ausgaben der Wiener Geschichtsquellen enthält hie und da sinnstörende Textfehler. Wichtige Bestandtheile der letzteren wie die auf die Handels- und Zunftverhältnisse Bezug habenden Urkunden wurden bisher nur in Auszügen veröffentlicht. Beinahe überall unterliessen die Herausgeber die urkundliche oder handschriftliche Grundlage kritisch zu prüfen. Endlich liegen die meisten Quellen in zahlreichen Werken zerstreut und oft im Zusammenhange mit jenen der Reichs- und Landesgeschichte vor, wodurch die Gewinnung der zur Benützung nothwendigen Uebersicht sehr erschwert ist.

Am meisten wurde bei der Mehrzahl der bisherigen Ausgaben die Zugrundelegung eines bestimmten Planes vermisst. Es hatte dies den Nachtheil, dass minder wichtige Urkunden veröffentlicht und wichtigere noch nicht benützt wurden, wodurch es auch geschah, dass über kein Gebiet, keinen Zeitabschnitt der Geschichte Wiens der vorhandene urkundliche Stoff kritisch behandelt und erschöpft vorliegt.

Auf diese Erwägungen gestützt und im Vertrauen auf das bisherige warme Interesse der Gemeindevertretung an allen die Vergangenheit Wiens berührenden

Unternehmungen machte: ich dem hohen Präsidium derselben in zwei Eingaben vom 20. November 1868 und 5. Jänner 1869 Vorschläge zu einer Verbesserung und Erweiterung der Wiener Geschichtsquellen und beantragte zunächst eine neue den heutigen wissenschaftlichen Anforderungen entsprechende Ausgabe jener Theile, welche auf die Entwickelung der Bürgergemeinde unmittelbar Bezug nehmen. Am 20. Februar 1874 genehmigte der Gemeinderath die von der Bibliotheks-Commission geprüften Vorschläge und übertrug mir die Herausgabe des Werkes.

Bei Feststellung des Planes wurde allerdings der bei der Herausgabe der Geschichtsquellen anderer Städte beobachtete Vorgang ins Auge gefasst. Ein Codex diplomaticus Viennensis hätte aber, wenn in denselben auch nur die wichtigeren Urkunden aufgenommen worden wären, bei dem reichen, weitverzweigten geschichtlichen Leben unserer Stadt den Beginn der Herausgabe des Werkes in eine weite Ferne gerückt und die wünschenswerthe Besprechung einzelner wissenschaftlicher Fragen ausgeschlossen. Ausserdem wäre es nicht thunlich gewesen, Quellen, welche sich ihrer Form nach nicht zur Aufnahme in einen derartigen Codex eignen und doch, wie Auszüge der Stadtrechnungen u. s. w. von grossem localgeschichtlichen Werthe sind, zu berücksichtigen. Aus diesen Gründen erschien es mir in dem vorliegenden Falle zweckmässiger, den urkundlichen Theil der Quellen nach einzelnen Zweigen des geschichtlichen Lebens gesondert und von einleitenden Darstellungen begleitet, zu behandeln.

Vorläufig ist die Herausgabe der Quellen für die folgenden vier Abtheilungen der Geschichte Wiens in Aussicht genommen: *1. Rechte und Freiheiten; 2. Handel und Verkehr; 3. Zunftsatzungen; 4. Innere städtische Verwaltung*, von denen die Bearbeitung der ›Rechte und Freiheiten‹ über Einladung des Gemeinderathes Herr Dr. J. A. Tomaschek, Professor des Rechte an der Wiener Universität, welcher hiezu durch seine bisherigen Studien über österreichische Stadtrechte besonders berufen ist, übernahm. In einem *Anhange* zu dieser Abtheilung, welche zwei Bände umfassen wird, folgt, von mir urkundlich bearbeitet, die Reihenfolge der Bürgermeister, Stadtrichter, Judenrichter u. s. w. und eine Besprechung des Stadtwappens.

Der Abdruck der Urkunden wird nach möglichst einheitlichen Grundsätzen erfolgen, und mit Rücksicht auf den Umstand, dass die überwiegende Zahl derselben dem XIV. und XV. Jahrhundert angehört, hiebei im Allgemeinen das von Weizsäker für die Edition von Urkunden in neuerer Zeit vorgeschlagene Verfahren massgebend sein.

Wien, im Februar 1877. KARL WEISS.

DIE

RECHTE UND FREIHEITEN

DER

STADT WIEN.

BEARBEITET VON

DR. J. A. TOMASCHEK.

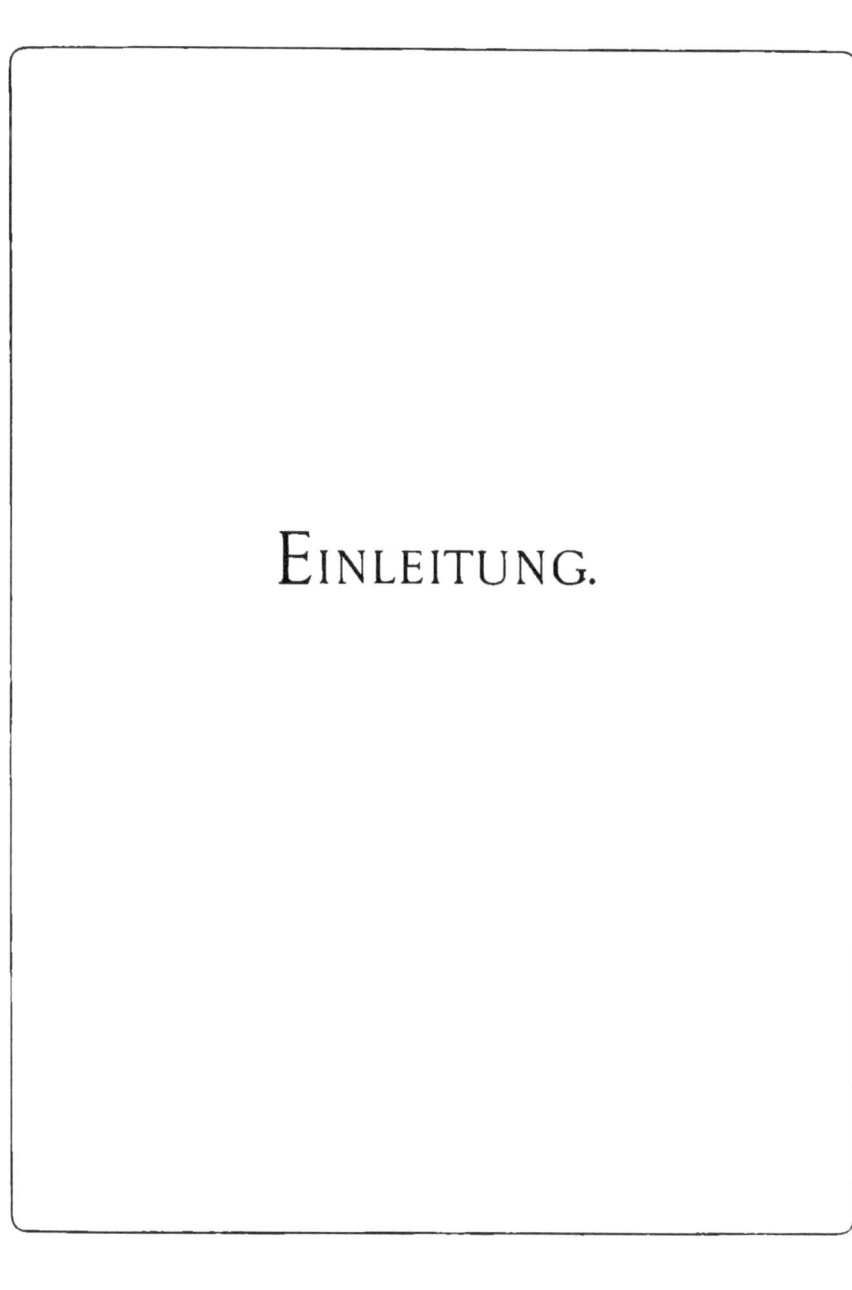

Einleitung.

Die philosophische Betrachtung des neueren Staatsgedankens kann nicht leicht ein lehrreicheres Materiale und zugleich ein zuverlässigeres Correctiv für ihre eigenen Ideen und Sätze finden, als wenn sie sich in das Studium eines einzelnen Stadtrechtes und seine geschichtliche Entwickelung vertieft. Die grossen Principien, die das heutige Staatsleben durchdringen: die Freiheit der Person, des Eigenthums, der Arbeit, der Schutz des Hausrechtes, das Aufgehen der Classenverschiedenheiten in eine grosse Interessengemeinschaft, die Einheit des Gerichtsstandes, die Gleichheit Aller vor dem Gesetze, die Gemeinsamkeit der Privat- und der politischen Rechte — sie haben ihre erste praktische Verwirklichung in jenem kleinen Kreise gefunden, den die Ringmauern der Stadt umschlossen. In ihm hat sich der Begriff des Bürgerthums gebildet, den die neuere Zeit zu dem des Staatsbürgerthums erweitert hat. Waren diese Grundsätze einmal hinausgedrungen über jenen Boden, wo sie zuerst Wurzel gefasst hatten, so musste die Besonderheit des städtischen individuellen Lebens nothwendig aufgehen in jenen grösseren und allgemeineren Interessen: der Staat musste die Stadt in den Hintergrund drängen. Daher schwindet das Hauptinteresse an dem städtischen Leben immer mehr, je mehr die neuere Zeit diese Ideen verbreitete und ihnen Vorschub leistete. Wenn nun auch heutzutage der Staat die Rechtspflege als Hoheitsrecht unveräusserlich in seine Hand genommen, so hat er der Gemeinde und ihrer vollkommensten Gestaltung: den Städten, einen Theil ihrer Autonomie, die ihre Grosse im Mittelalter begründete, die freie Vermögensverwaltung zurückgegeben.

Aber von ihnen aus fielen zuerst die rechtlichen Schranken, die die verschiedenen Stände, die einzelnen Kreise und Genossenschaften schroff von einander trennten, die das Mass der Privatrechte, den Antheil an dem öffentlichen Leben als ein Vorrecht des Standes erscheinen liessen. Hier wurde die erste Bresche in den Grundpfeiler des mittelalterlichen Staates: das Lehenswesen, eröffnet, die sich allmälig immer mehr erweiterte und jenen Ideen Platz machte, auf denen der moderne Staat beruht. Allein nicht blos auf diesem Gebiete hat er sein frühes Vorbild in dem städtischen Leben, auch die wichtigsten Grundsätze der Regierung, die Theilung und Organisirung der einzelnen Verwaltungszweige, haben ihre Grundzüge der städtischen Administration entlehnt. Dieser Entwickelungsprocess, der auch heute noch nicht seinen vollkommenen Abschluss im staatlichen Leben gefunden, der die ihm entgegenstehenden Schwierigkeiten mit grösserer oder kleinerer Raschheit überwunden hat und noch täglich überwindet, oft sprungweise, oft im statigen, genau zu verfolgenden Gange, hat seiner Zeit auch in dem Stadtleben stattgefunden, vollzog sich auch da bald schneller bald langsamer, bald leichter bald erst nach schweren Kämpfen. Die Geschichte der Stadtrechte gewährt uns Einsicht in seine einzelnen Stadien, in die inneren Ursachen, die diese vorbereiteten und herbeiführten.

Je wichtiger nun die Stadt selbst ist, je reicher ihre Vergangenheit, die sie hinter sich hat, je umfangreicher das historische Material, das uns eine Einsicht in diese gewährt, desto lehrreicher wird sich diese Betrachtung gestalten.

Die Stadt Wien, der frühzeitig aufblühende Hauptort der Ostmark, der Mittelpunkt jenes grossen Handelsverkehres, den der Hauptstrom Europa's mit dem Süd- und Nordosten vermittelte, der Sitz einer sich allmälig immer mehr vergrössernden Landesherrlichkeit, bald darauf Jahrhunderte lang die Residenz der deutschen Kaiser, an deren Wällen sich die Macht des Islams brach, und die vielleicht Deutschland und die Christenheit vor einem ähnlichen Schicksal bewahrte, wie es Byzanz und das griechische Kaiserreich erfuhren, endlich die Hauptstadt eines grossen politisch selbstständigen Staatskörpers ist wohl vorzugsweise geeignet, den Gegenstand einer solchen Untersuchung zu bilden. **Die Geschichte der Stadt Wien ist zugleich innig und untrennbar verwachsen in Freude und in Leid mit der jenes Herrscherhauses, dem Oesterreich seinen Aufschwung und seine Grösse verdankt. In dem Urahnen dieser Dynastie, König Rudolf I. von Habsburg, verehrt Wien den Begründer ihrer eigenen Stadtfreiheit.** Vor sechshundert Jahren schufen seine zwei grossen Handfesten vom 24. Juni 1278 die Stadt erst um in ein eigentliches städtisches Gemeinwesen, gaben dem Bürgerthum nach Innen und Aussen in dem Stadtrathe einen festen Ausdruck und vereinigten die früheren noch weit auseinandergehenden Keime und Ansätze eines städtischen Rechtslebens zu einem harmonischen Ganzen.

Eine Stadt ehrt sich aber selbst, wenn sie ihre grossartige Vergangenheit ehrt. Die Einladung, ihr gesammtes Recht in seinem geschichtlichen Zusammenhange kritisch darzustellen, musste bei dem Herausgeber der »Rechte und Freiheiten der Stadt Wien« ein um so freudigeres Entgegenkommen finden, je dankbarer ihm diese Aufgabe erscheinen musste im Hinblick auf das im Drucke vielfach zerstreute und lückenhafte Materiale, das uns bisher eine Einsicht in das städtische Rechtsleben Wiens gewährte.

Ursprung des Wiener Stadtrechtes.
Seine Verwandtschaft mit anderen Stadtrechten.
Seine Verbreitung.

Eine der interessantesten, zuweilen jedoch sehr schwierig zu beantwortenden Fragen ist die, in welchem Boden das Stadtrecht wurzelt, mit welchen Rechtsquellen es in einem äusseren oder inneren Zusammenhange steht, aus welcher Quelle es seinen Inhalt geschöpft hat. In letzter Linie ist nun das Wiener Stadtrecht, wie wohl alle Stadtrechte überhaupt, ein Erzeugniss des allgemeinen deutschen Rechtslebens, das trotz der unendlichen Mannigfaltigkeit seiner individuellen Entwickelung durch gemeinsame Grundsätze beherrscht wird. Aber eben in der Eigenart der besonderen Entwickelung zeigt sich häufig in verschiedenen Rechtsquellen eine merkwürdige Uebereinstimmung, die im Zusammenhange steht mit den Einflüssen, unter denen die eine oder die andere gestanden hat. Diese tritt in Form und im

Inhalt oft so sichtbar hervor, dass sie den Schluss auf eine ausdrückliche Uebertragung einer Rechtsquelle auf einen anderen Ort rechtfertigt. Rührt das älteste Wiener Stadtrecht wirklich vom Jahre 1221 her und hat die Stadt erst in diesem Jahre ihren ersten Rechtsbrief erhalten, so manche Gründe auch dagegen zu sprechen scheinen, so ist wohl das Stadtrecht des Herzogs Leopold VI. für Enns vom Jahre 1212 als das Mutterrecht des Wiener Stadtrechtes zu bezeichnen. Denn nicht nur stimmt eine grosse Anzahl der Artikel des Wiener Stadtrechtes von 1221 wörtlich mit dem Ennser überein, auch die Abweichungen lassen sich grösstentheils aus den verschiedenen localen Gründen erklären. Diese Frage soll später genauer untersucht werden. Beide diese Stadtrechte liegen jedoch zeitlich einander so nahe, dass die Frage nach ihrem gemeinsamen Ursprunge noch immer offen steht. In den Hauptgrundsätzen ist nun wohl die Uebereinstimmung beider mit dem österreichischen Landrechte nicht zu verkennen, soferne nicht die besondere Art der städtischen Entwickelung neue Grundsätze theils selbst hervorrief, theils zu ihrer Entlehnung von Aussen führte. In letzterer Beziehung war es wieder der bedeutende Fremdenverkehr, der Handel von Westen, den niederrheinischen, namentlich den niederländischen und flandrischen Städten, wo das städtische Rechtsleben bereits lange Zeit auf einer hohen Stufe der Entwickelung stand, die eine Uebertragung mancher Rechtssätze bewirkten, wie sich mit grosser Wahrscheinlichkeit nachweisen lässt.

In seinen Grundanschauungen ist jedoch das Wiener Stadtrecht ein Product der einheimischen, autochthonen Rechtsentwickelung und steht mit dem ältesten österreichischen Landrechte im innigen Zusammenhange. Einige der übereinstimmenden Rechtssätze mögen hier besprochen werden.

Im Strafrecht tritt in beiden der Grundsatz der Talion in den Vordergrund. Die Strafe des Todtschlags ist nach dem rigor juris der Tod. a. 1 Wiener Stadtrecht: Si homicidium notorium faerit . . talis capite puniatur. So auch bei dem an der Handhaft ergriffenen Todtschläger. a. 2 Landrecht: Begreif er in an der hanthhafft, so wol er über in richten mit dem tode. War der Geklagte nicht an der Handhaft ergriffen worden, so musste eine dreimalige Ladung fruchtlos erfolgt sein, bevor zu seiner Verurtheilung geschritten werden konnte. Landrecht a. 3: kümpt er dann nicht für an dem vierden taiding, so sol er alles des schuldig sein, da in der richter umb gevordert hat, und sol in darnach ze echt tun. a. 18: Es sol auch niemant dhain aigen verantwurten nur an dem vierten taiding. Diese Rechtsregel enthalten auch die österreichischen Stadtrechte von Enns 1212, von Wien 1221 a. 1. Sie vero homicida legitimis ter vocatus induciis non venerit, judex cum proscriptum pronunciet. Das Stadtrecht von 1278 I. a. 1: sed a judice citetur tribus edictis juxta antiquas consuetudines, quarta die peremptorie responsurus. a. 2 Stadtrecht von 1221 bei Verwundungen: judicetur de ipso secundum legem, videlicet oculum pro culo, manum pro manu et sic de ceteris membris, a. 6 des Landrechtes: Wer den andern tötet an recht, da gehoremt ain tod wider den andern, ain glid wider das ander, er leg es dann mit gut oder pet ab, und geb dem richter die wandel nach landes gewonhait. Die Todesstrafe tritt auch ein bei dem Verbrechen der Nothzucht. (Stadtrecht von Enns 1212, von Wien 1221 a. 8. 1244. 1278. 1340, von Hainburg 1244, von Wiener-Neustadt §. 57.) Das ist wohl die Landesgewohnheit. von der a. 7 des Landrecht spricht: man sol in richten nach landes gewonhait, als recht ist. Zur Erhebung der Klage räumen die Stadtrechte von Wien eine vierzehntägige Frist ein, während das Landrecht blos im Allgemeinen von der Klage spricht (dagegen das spätere Landrecht §. 16 bereits einen Monat), so auch das Stadtrecht von Enns von 1212. Das Gerüfte fordern beide: et illa . . . se clamasse probaverit a. 8 des Stadtrecht von 1221 — die . . . das geschrai gehort habent a. 7 Landrecht. In beiden müssen zwei Zeugen die Nothzucht bezeugen. Stadtrecht von Enns: testimonio duorum, so auch die Stadtrechte von Wien 1221, 1244, 1278 und 1340. das von Hainburg 1244. a. 7 Landrecht. Als Strafe der Heimsuchung bestimmt das Ennser Stadtrecht eine Geldbusse von 10 Talenten, 5 an den Richter, 5 an den Verletzten zu entrichten. So bestimmt auch das Wiener Stadtrecht von 1221 a. 9 als Aequivalent für den Verlust der Hand bei einem bewaffneten Hausangriff die Strafe von 10 Talenten. Bei zufälliger Heimsuchung sind 2 Talente dem Hausherrn, 2 dem Richter zu entrichten. a. 54 Landrecht: Welch edelman seinen hausgenossen oder seinen übergenossen heimsucht, der sol im geben für einen ieglichen werleichen man zehen pfund phennig.

a. 15 Landrecht verbietet dem Richter ein Frageverfahren einzuleiten. Er soll nur über eine Klage richten. Eben so das Stadtrecht von Enns, die Stadtrechte von Wien von 1221 a. 10, 1244, 1278, von Hainburg 1244. Schon das Privilegium für die Regensburger Kaufleute vom Jahre 1192 sagt: Si judex alicui eorum aliquid objecerit, nec sit, qui super eodem accuset eum sive querimoniam faciat, sola manu se purgabit.

Der Grundsatz, den der a. 5 Landrecht ausspricht: So sol auch der lanndesherre noch dhain richter auf dhainen unbesprochen man nicht erzeugen, was im gen seinen leben oder gen seinen eren gee. Man sol im *nennen ain und zwainzig seiner genossen* und seiner übergenossen, und sol sich daraus bereden nach lanndes gewonhait, als recht ist. stimmt auffallend mit der Art der Reinigung im Falle der behaupteten Nothwehr bei Verwundungen mit dem Wiener Stadtrecht von 1221 überein: a. 1 defensio proprie corporis i. e. notwer probetur . . . pro vulnerato *cum denominatis* i. e. cum XX personis honestis, quas *judex* accurate (eine andere Lehrart im Stadtrecht von 1244: accusato) *denominabit*. a. 2: hic metquinta manu ex XX *a judice denominatis* se expurget. a. 3: judex denominabit sibi X homines *suæ professionis* et X alios viros honestos, ut ex omnibus illis incusatus eligat IIII^or et ita ipse metquintus se expurget. So auch die Stadtrechte von 1244, 1278 und das Hainburger Stadtrecht von 1244.

§. 57 Landrecht lässt den Beherberger eines Aechters zur Reinigung mit seinem Alleineid zu. Eben so das Stadtrecht von Wien von 1221 a. 6, ferner die von 1244, 1278 und 1340. das Stadtrecht von Hainburg von 1244 und das von Neustadt §. 58.

Der a. 8 Landrecht fordert bei den Verbrechen des Strassenraubes, des Mordes, des Diebstahls das «Übersagen» mit 7 Personen. Eben so sind nach a. 7 des Wiener Stadtrechtes von 1221 zur Ueberführung wegen eines Todtschlages durch den Richter septem viri honesti et credibiles nothwendig.

Nach dem Landrecht a. 70 errichtet ein jeder Richter, der an Stelle des Landesfürsten richtet, an einer der drei alten Dingstätten zu Neuburg, zu Tulln oder zu Mautern eine Schranne, die zehen phunt kost, und sol man dem richter die pfennig abslahen. Siehe auch a. 4. So beträgt auch der höchste Gerichtswandel, den der Stadtrichter bezieht, 10 Pfund.

Das Stadtrecht von Enns, und wörtlich mit ihm übereinstimmend die Stadtrechte von Wien vom Jahre 1221, 1244 und so auch das von Hainburg vom Jahre 1244 erkennen das unbeschränkte Erbrecht der Gattin und der Kinder an: judex nequaquam intromittat se de bonis et de domo ipsius (civis), sed sint in potestate uxoris et liberorum. So auch das österreichische Landrecht a. 52: Wenn vater und müter iren kinden absterbent, was sie güts iren kinden lassent in nutz und in gewer, das sollen si mit rube haben vor aller ansprach.

Es wurzelt demnach das Wiener Stadtrecht zum grossen Theile in den Rechtsanschauungen des Landes, und man kann mit Recht sagen, dass es in seinen Grundzügen aus dem österreichischen Landrechte hervorgewachsen ist. Dasselbe gilt nun auch von den in dem Privilegium Herzog Leopold's V. für die Regensburger Kaufleute vom Jahre 1192, 9. Juli, vorkommenden Rechtsgrundsätzen, die mit den entsprechenden Sätzen des Ennser und des Wiener Stadtrechtes von 1221 zum Theil wörtlich übereinstimmen, wesshalb wir dieser Urkunde auch den ersten Platz in unserer Sammlung eingeräumt haben. Der höchste Wandel des Richters beträgt hier, wie im Landrecht, 10 Talente. Die Casuistik bei den Verwundungen, den Personal- und Realinjurien und ihre Strafen, die Leme, Blutrunst, das Schlagen mit der Faust oder einem Knuttel, die Enthautung und Enthaarung als Strafe, die Verwundung mit einem detrimentum membrorum «Lideschart», das Schlagen in die Backe, die Beschimpfung Hurensohn, Hundesohn, Dieb, die Straflosigkeit des Schlagens eines Dienenden und des Schlafens mit einer öffentlichen Dirne, die Erfolglosigkeit ihrer Klage wegen Nothzucht, die Ausschliessung des Zeugnisses der Leitkäufer, die hospites (Wirte) als Zeugen stimmen auffallend mehr oder weniger mit den Ennser und Wiener Sätzen überein. Zugleich tritt häufig eine merkwürdige Aehnlichkeit mit den Keuren vieler flandrischer Städte hervor. Wollten wir indessen die Verwandtschaft der österreichischen Stadtrechte, insbesondere des von Wien vom Jahre 1221, mit diesen und anderen Rechtsquellen hier genauer verfolgen, so müssten wir das Mass bedeutend überschreiten, das uns in dieser Publication gesteckt ist.

Es genüge hier im Allgemeinen auf die auffallende Uebereinstimmung hinzuweisen, die sich in dem ganzen Charakter der älteren Babenbergischen Stadtrechte mit den früheren und gleichzeitigen flandrischen und französischen Stadtrechten, insbesondere mit den Keuren von Gent, Brügge und Ypern vom Jahre 1172, mit den Stadtrechten von Tournai (1187), Laon (1182), Brügge, Gent (1192), Poperingen (1147), Arras (1211), Fournes (1240) findet. (Siehe Warnkönig's flandrische und seine französische Rechtsgeschichte.) Insbesondere weisen die Ausdrücke: »institutio juris, termini pacis« für diese Rechtsbriefe, die Stellung der Gottesurtheile, die Uebereinstimmung der leitenden Grundsätze im Gebiete des Strafrechtes, die Reihenfolge der Verwundungen, die Bestimmungen über Notwer, Heimsuche, Halesun, Voraid u. s. w. auf einen unmittelbaren Einfluss des flandrischen Rechtes hin, der durch den starken Handelsverkehr flandrischer Kaufleute auf der Donau nach Ungarn vermittelt wurde. (Vergleiche darüber Rössler: Deutsche Rechtsdenkmäler II. S. CXV. 1., und Tomaschek: Deutsches Recht in Oesterreich, in welchem letztgenannten Werke die Artikel des Iglauer Stadtrechtes ausführlich mit anderen deutschen Rechtsquellen verglichen werden. Das Stadtrecht von Brünn vom Jahre 1243 und das von Iglau vom Jahre 1249 stehen nämlich mit dem ältesten Wiener Stadtrechte vom Jahre 1221 in einem innigen Zusammenhange, entlehnen demselben einen grossen Theil ihres Inhaltes und schliessen sich überhaupt an die Wiener Rechtsentwickelung an. Wir verweisen daher hier auf die Ausführungen in dem letzteren Werke und zwar für a. 1 des Wiener Stadtrechtes von 1221 auf die Seiten 262—272, a. 2: S. 279—282, a. 4: S. 246—248, a. 5—7: S. 273—274, a. 8: S. 249—250, a. 9: S. 259—262, a. 13: S. 240, a. 15: S. 238, a. 16: S. 289, a. 19: S. 200—208, a. 20: S. 202—209, a. 21: S. 211, a. 26: S. 214—215, a. 28: S. 212.)

Das Wiener Recht wurde, wie uns urkundlich bezeugt wird, selbst wieder auf eine grosse Anzahl von Städten übertragen. Einen grossen Theil seiner Satzungen hatte es 1221 bereits aus dem Ennser Stadtrecht vom 22. April 1212 geschöpft. Das Wiener Judenrecht, beruhend auf dem Privilegium Kaiser Friedrich's II. unter der goldenen Bulle für die Juden in Wien vom Jahre 1238 und der Satzung Herzog Friedrich's II. vom 1. Juli 1244, bildete die Grundlage vieler landesherrlicher Judengesetze in Böhmen, Mähren, den schlesischen Herzogthümern, Polen und Ungarn. Auf die Stadt Hainburg wurde das Stadtrecht Herzog Friedrich's II. für Wien vom 1. Juli 1244 beinahe wörtlich übertragen. König Wenzel I. von Böhmen gab der Stadt Brünn in Mähren im Jahre 1243 ein Stadtrecht mit wörtlicher Hinübernahme vieler Bestimmungen des Wiener Stadtrechtes vom Jahre 1221. Ein grosser Theil jenes Stadtrechtes übergieng nun wieder in das von Iglau von 1249 und in das von Prag. Das Iglauer Stadtrecht beherrschte die Bergstädte in Böhmen, Mähren und einem Theile Schlesiens, wurde von Bela IV. wörtlich nach Schemnitz in Ungarn und in die Zipser Städte übertragen, drang von da nach Hermannstadt und Siebenbürgen vor. Brünn und Prag waren Oberhöfe für einen grossen Theil der mährisch-böhmischen Städte. König Rudolf I. ertheilte am 21. August 1277 der Stadt Eggenburg, am 1. December 1277 der Stadt Wiener-Neustadt, im September 1278 der Stadt Znaim das Recht der Stadt Wien. In Folge dessen bildete sich ein urkundlich bezeugter Rechtszug der Stadt Eggenburg nach Wien. Herzog Rudolf III. übertrug am 24. Juni 1305 die Wiener Rechte in ihrer ganzen Ausführlichkeit auf die Städte Krems und Stein. Die Einwirkung des Wiener Rechtes ist auch im Stadtrechte von Ofen und anderer ungarischer Städte, in mehreren Stadtrechten der Steiermark und von Kärnten nicht zu verkennen. Wir überblicken demnach einen Rechtskreis, der an Umfang und weittragender Bedeutung jenem nordisch-sächsisch-magdeburgischen nur wenig nachsteht, der zwar nicht in ähnlicher Weise wie jener von Magdeburg aus von Wien, als gemeinsamem

Mittelpunkt, etwa als Oberhof, beherrscht wird, der aber mit dem Stadtrechte von Wien in unzertrennbarem Zusammenhange steht und durch die Phasen der Rechtsentwickelung dieser Stadt in einzeln nachweisbarer Weise beeinflusst wird. Wir sehen hier trotz der Mannigfaltigkeit der individuellen Bildungen in den Hauptzügen ein gemeines österreichisches Stadtrecht in ähnlicher Weise sich bilden, wie dort ein gemeines sächsisches im sächsischen Weichbildrecht, und so finden wir hier, lange bevor die politischen Grenzpfähle gefallen sind, und die Vereinigung der einzelnen Länder zu einem staatlichen Ganzen erfolgt, die Ansätze und Vorboten einer grossen Rechtsgemeinschaft.

Geschichtliche Entwickelung des Wiener Stadtrechtes.

I.

Anfänge der städtischen Rechtsbildung. Vorgeschichte Wiens im XII. Jahrhundert.

Die erste Entstehung der österreichischen Städte ist in der Regel in Dunkel gehüllt. Nur bei wenigen, z. B. Enns, sind wir im Stande den Zeitpunkt ihrer Erhebung zur Stadt genau anzugeben. Im Anfange des XII. Jahrhunderts findet sich zuerst Krems 1125, dann 1128 Wels als civitas bezeichnet, dieses mit einem judex civitatis und der Exemtion von dem Landrichter. Wien wird zuerst im Jahre 1137 urkundlich als Stadt erwähnt und zwar in einer Urkunde des Babenbergischen Markgrafen Leopold's IV., worin er dem Bischof von Passau die St. Peterskirche, in Wiennensi loco positum, gegen einen Weingarten zu Wartberg und die Hälfte des Kirchengutes nächst der Stadt (juxta civitatem mit Ausnahme des Ortes, wo die Stalle hingebaut waren, mit der Verfügung übergab, dass die Peterskirche und die übrigen Bethäuser cetera oratoria von nun an der Wiener Pfarre unterstehen sollten. Wien ist daher bereits civitas mit einem Pfarrer und einigen grossen und kleinen Kirchen (v. Meiller's Babenb. Regesten 25. 3). Seitdem mehren sich die urkundlichen Zeugnisse, wo Wien theils als Ausstellungsort der Urkunden, theils ausdrücklich als Stadt bezeichnet erscheint. So 1147 Meiller a. a. O. 33 17) Data Wienne; 1155 29. 37 und 1156 30. 37 werden in Wienna civitate geschehene Traditionen bezeugt; 1157 41. 40) wird eine compositio in Wienna civitate bestätigt. Im Jahre 1157 46. 40) gründete Herzog Heinrich Jasomirgott das Schottenkloster in territorio scilicet Favie, que a modernis Vienne nuncupatur. Es wird die strata lanarum erwähnt, que vulgo dicitur Wollzeil. Er stattet die Abtei reichlich aus und schenkt ihr die Kapellen s. Marie in littore, s. Petri, s. Ruperti und s. Pancratii infra muros positi. Zwar wird die Echtheit dieser Urkunde aus guten Gründen bezweifelt, die uns blos in zwei Transsumpten aus den Jahren 1312 und 1461 bekannt ist. Siehe Meiller: Regesten Anmerkung 228, und Wattenbach: Zeitschrift für christliche Archäologie I. 50. Jedoch wird in der uns erhaltenen echten Stiftungsurkunde des Schottenklosters vom Jahre 1161 51. und 52. 43) die Schenkung dieser vier Kapellen bestätigt. Diese erfolgte in predio nostro, in territorio videlicet Favie, que a modernis Wienna nuncupatur. Der Herzog zog, da er Baiern nicht behaupten konnte, seine eigene Stadt Wien, die alte Römerstadt Vindobona, die er aber fälschlich für Faviana hielt, aus dem Dunkel hervor, in dem sie lange verborgen gelegen hatte, erbaute sich daselbst eine Burg, zog fremde Kaufleute, wahrscheinlich Regensburger dorthin. Im Jahre 1158 wird Henricus burgicomes als Zeuge erwähnt. Merkwürdigerweise werden zwei nahezu gleichzeitige Urkunden von 1159 (Meiller 47. 42) und 1162 (56. 45) von **Windopolis** »der Windenstadt« datirt. Man findet demnach ein Schwanken in dem Namen des Ortes, der überhaupt erst seit Herzog Heinrich Bedeutung und Beachtung zu gewinnen anfing. In den folgenden Urkunden gewinnt allmälig die Bezeichnung Wienna gegen die Faviana (1169 71. 48 in civitate nostra **Favianis,** que alio nomine Wienna dicitur) entschieden die Oberhand, z. B. 1162 (57. 45), 1164 (63. 46', 1171 (80. 50), 1172 '84. 51), 1177 (4. 55), 1179 (11. 58), 1180 (13. 58), 1181 (15. 59'. 1181 (19. 60), 1189 (43. 66) u. s. w.

Im Jahre 1170 (siehe Meiller, Anm. 237) entscheidet Heinrich II. einen Streit zwischen dem Kloster Michelbeuern und Ulrich von Asparn wegen eines vom Abte Walter ab **aurifice** quodam, Brunone **de Wine** um 38 Pfund Pfennig erkauften Weingartens zu Warinch (Währing) dahin, dass dieser mit seiner Frau und Sohn ihn **jure proprietatis coram civibus Wiennensibus** beato Michacheli Buren delegaret. In einer Urkunde von demselben Jahre (Meiller 75. 49) erscheinen mehrere Wiener Burger als Zeugen.

Fassen wir aus den bisher angeführten urkundlichen Zeugnissen die Momente zusammen, die die Bezeichnung Wiens oder auch anderer Orte in Oesterreich als civitas, oppidum oder urbs begleiten, so sind sie: die Ummauerung des Ortes, die Gründung einer Pfarre mit mehreren untergeordneten Kapellen, die Stiftung von Klöstern daselbst, die umfassende Bezeichnung ihrer Einwohner als cives, urbani, burgenses, die Ausscheidung derselben als Gerichtsbezirk aus der Jurisdiction der Landrichter unter einem eigenen judex civitatis, die Uebertragung des Grundbesitzes ad urbis justitiam (siehe eine Kremser Urkunde von 1175 bei Meiller) oder pacto **Juris civilis** (in Krems 1125), endlich das Marktrecht (jus fori). Dies sind die Merkmale, die einzeln und allmälig vereinigt Wien und andere Orte in Oesterreich im XII. Jahrhunderte als civitates hervortreten lassen, und durch deren Erwähnung auch ohne ausdrückliche urkundliche Verbriefung der damit verbundenen Gerechtsame die Anfänge einer städtischen Rechtsbildung bezeichnet werden. An ein fest begründetes städtisches Gemeinwesen, an eine schon ausgebildet dastehende städtische Recht-bildung zu denken, berechtigt die Bezeichnung civitas im XII. Jahrhundert noch nicht. Häufig bedeutet sie in Oesterreich nur jenes rechtliche Institut, das sich auf eine Art und Weise der Verleihung des Grundes und Bodens bezieht, die unter dem Namen jus civile, urbanum, jus fori, jus hereditatis, Erbrecht, Burgrecht, Kaufrecht, Baurecht, jus coloni in den Urkunden dieser und der späteren Zeit so häufig vorkommt, und das den entschiedenen Gegensatz zu dominium, proprietas, allodium, Eigenschaft bildet. Dieses Institut: **die Erbleihe,** das überhaupt im Mittelalter durch seine Ordnung des Verhältnisses des Eigenthumes von Grund und Boden einerseits und der Arbeit andererseits jenen Gegensatz, der unter den veränderten Verhältnissen der neueren Zeit als Gegensatz zwischen Capital und Arbeit den Kern der socialen Frage bildet, den damaligen gesellschaftlichen Verhältnissen gemäss so glücklich zu lösen wusste, ist es, das die Entstehung der Städte unwandelbar begleitet. Nirgends in Oesterreich sind die Städte aus ganz freien Elementen hervorgewachsen, wenngleich solche wie in Wien in grösserer oder kleinerer Anzahl hinzutraten, überall sind es eigene, des freien und echten Eigenthums unfähige Personen, deren hofrechtliche Abhängigkeit durch die Ertheilung des jus civile als eines dem echten Eigenthum analogen Besitzverhältnisses mehr und mehr allmälig gebrochen wird, die den ersten Kern einer städtischen Anlage bilden. Daher die Bezeichnung burgenses, die in der ersten Zeit fast gleichbedeutend mit eives oder urbani gebraucht wird. Es waren vorzüglich hörige und eigene Leute, die an einem Herrenhofe, um eine Kirche, ein Kloster wohnten, neben der Landwirthschaft Gewerbe mannigfaltiger Art trieben, zu denen sich allmälig auch Kaufleute, minder wohlhabende und geringere Freie und andere zwar im hofrechtlichen Verbande stehende, doch persönlich freie Personen: Colonen, Censualen, gesellten, die nach und nach Grundbesitz jure hereditario oder civili und andere Vorrechte erwarben, durch die der Arbeit und dem Erwerbe ein freies Feld geöffnet wurde, und die unter mehr oder weniger günstigen Umständen den Grund zu städtischen Gemeinschaften legten. Der gleiche Genuss dieser Vorrechte und der damit verbundenen Vortheile musste nothwendig im Laufe der Zeit zu einer Ausgleichung jener verschiedenen Standesunterschiede führen, die uns in so grellen Abständen noch in den früheren Stadien der städtischen Rechtsentwickelung entgegentreten. Die blos äusserlich zusammengewürfelten heterogenen Elemente wuchsen nach und nach durch die Gemeinsamkeit ihrer Interessen immer enger zusammen, bis allmälig das städtische Gemeinwesen als ein gegliederter Organismus nach Innen und Aussen zu einem festen Abschluss kommt, und die Bürger ungeachtet der ursprünglichen Verschiedenheit ihrer persönlichen Eigenschaft einen geschlossenen Stand bilden, der nun selbst wieder in einen entschiedenen Gegensatz zu jenen Elementen tritt, die dieser Entwickelung ferne gestanden oder sich ihr nicht angeschlossen haben.

Dieser Entwickelungsprocess tritt uns nun seit Heinrich Jasomirgott in Wien immer sichtbarer und entschiedener entgegen. Unter den Babenbergischen Herzögen schritt er unaufhaltsam vorwärts und gewinnt durch ihre Stadtrechte und durch den Freiheitsbrief Kaiser Friedrich s II. immer festere Stützpunkte. Ein Moment war es vorzugsweise, das diese starren und schwer zu bindenden Elemente in einen rascheren Fluss zu bringen geeignet war: die ausserst günstige Lage Wiens an der grossen Verkehrs- und Wasserstrasse nach dem Osten, die namentlich durch die Kreuzzüge angeregte Richtung des Handels dahin aus Statten, die unter günstigeren Umständen, als sie in der Ostmark vorhanden waren, die Stadien derselben Entwickelung bereits früher und rascher durcheilt hatten, in denen städtisches Rechtsleben schon lange Zeit blühte, namentlich aus Flandern und vom Nieder-Rhein. Wir finden daher gegen den Schluss dieses Jahrhunderts einen lebhaften und blühenden Handel an der Donau von Regensburg urkundlich bezeugt. Die fremden Kaufleute: die advenae, extranei, mercatores sind es, die durch die ganze Geschichte Wiens im Mittelalter einen lebhaften Antheil an dem Aufschwunge der Stadt nehmen, theils Handelsprivilegien erwerben, theils allmälig festen Fuss in Wien selbst fassen als Laubenherren, Färber, Goldschmiede, Hausgenossen, Münzer und innerhalb der aus den hofrechtlichen Innungen zu Zünften heranwachsenden Gewerbe nach und nach in der Leitung der Stadt den ersten Platz einnehmen. Die höhere Stufe ihrer heimatlichen Rechtsbildung musste nothwendig auch die Veranlassung zur Uebertragung ihrer eigenen Rechtsgrundsätze und Institute geben. Und in der That sehen wir in dem Privilegium, welches am Ende des XII. Jahrhunderts Herzog Leopold V. den Regensburger Kaufleuten gab, bereits die rechtlichen Grundlagen klar und unzweifelhaft gelegt, die uns später in dem Stadtrechte Herzog Leopold's VI. entgegentreten.

II.

Ausbildung des städtischen Gemeinwesens durch die Babenbergischen Stadtrechte (Leopold's VI. und Herzog Friedrich's II.) und durch den Freiheitsbrief Kaiser Friedrich's II. Auseinandergehen dieser Grundlagen in zwei verschiedene Richtungen. Wien unter Ottokar.

Gegen Ende des XII. Jahrhunderts war Wien bereits eine blühende und bevölkerte Stadt. Der Glanz des herzoglichen Hofes trug nicht wenig dazu bei, zahlreiche Ritter und Lehensleute, hervorragende Ministerialen und wohlhabende Freie an den herzoglichen Hof und die landesfürstliche Residenz zu ziehen, fremden Kaufleuten und Gewerbsleuten für die steigenden Bedürfnisse des Hofes einen reichlichen Markt und vielfältige Absatzquellen zu eröffnen. Schon in dem Privilegium für die Regensburger Kaufleute erscheint die landesherrliche Gewalt in voller Ausbildung. Leopold V. nennt sich bereits dominus terrae, spricht von terra nostra. Jenes, zwar ausdrücklich den Regensburger Kaufleuten ertheilt, bezieht sich doch auch augenscheinlich auf die rheinländischen und fremden Kaufleute überhaupt und umfasst den ganzen Handel zu Wasser und Land. Es ist von Frachtwägen die Rede, die von Köln hereingeführt werden, der Einfuhr von Kölner Tüchern, farbigem Gewand, Pelzwerk und Leder, Wachs, Kupfer, Zinn, Glockenspeise, Heringen und gesalzenen Fischen, andererseits von dem Einkauf von Häuten, von Gold, aber bereits von dem Verbote des Silbereinkaufes. Die »Ruzarii«, die hin und her nach »Ruzia« ziehen, werden erwähnt. Eben so in der Urkunde des steierischen Ottokar vom Jahre 1191 (Archiv der kaiserl. Akademie X. S. 92) für den Markt Enns. Daselbst ist auch die Rede von Kaufleuten von Köln, Achen, Mastricht, Ulm, Regensburg. Alles deutet auf einen lebhaften Handel mit Natur-, auf ihren Austausch mit Industrieproducten, namentlich Tüchern und Kleidern hin. Fremde, flandrische Gewerbsleute haben sich bereits in Wien angesiedelt, erwerben im Jahre 1208 Urk. II. ein Privilegium für ihre geschlossene Genossenschaft consortium) und sowohl in der Stadt als im Lande alle Privilegien und Freiheiten der übrigen Wiener Bürger. Bereits werden von Leopold VI. lebhafte Unterhandlungen mit dem Papste über die Gründung eines selbstständigen Bischofstuhles zu Wien gepflogen, die blos an dem Widerstande des Passauer Bischofes scheitern. Es ist uns ein Schreiben des Papstes Innocenz III. an den Bischof Manegold in Passau über dieses Project vom Jahre 1207, 14. April (Meiller's Regesten 64, 66; siehe auch noch 343 erhalten, das ein merkwürdiges Zeugniss über die Blüte der Stadt bereits zu jener Zeit liefert. Der Herzog bezeichnet dem Papste als passenden Ort, in dem eine bischöfliche Kathedralkirche in würdiger Weise errichtet werden könne, die Stadt Wien, die nach Köln als eine der vorzüglichsten Städte des deutschen Reiches bekannt ist: Wiennam videlicet civitatem, que post Coloniam una de melioribus teutonici regni urbibus dicitur, eine schöne Stadt, an einem Flusse gelegen, die eine zahlreiche bürgerliche Bevölkerung habe (amoena, flumine situ praedita, civibus populosa). Der Herzog und die Gemeinde der Stadt Wien sichern zugleich aus ihrem Vermögen dem Bischof eine jährliche Rente von 1000 Mark Silber zu. Die Stadt hat sich bereits über ihre Ringmauern erweitert, hat Vorstädte (suburbia) mit Kapellen. 1208, 31. October 71. 99.) Es wird ein Spital daselbst gegründet (das heilige Geistspital) und ausser den Fällen der Blutgerichtsbarkeit von dem Stadtrichter eximirt. (1211 92. 126, eine Urkunde, deren Echtheit übrigens bezweifelt wird.) In diese Zeit fällt auch wahrscheinlich die Schenkung der Burgmauth und der Wagenmauth an die Stadt. (Siehe Urkunde III. und die Anmerkung dazu und Urkunde IV.) In den vermuthlich landesfürstlich festgesetzten Mauthtarifen werden Kaufleute aus Schwaben, Regensburg, Baiern, Metz, Mastricht, der Handel nach Böhmen, mit einer grossen Anzahl nieder- und holländischer Städte, mit Bremen, Venedig, der Steiermark, Grätz, Salzburg erwähnt.

Noch sind es aber die landesfürstlichen Beamten (qui officiis nostris presunt), die in der Leitung der Stadt überall in den Vordergrund treten. Die finanzielle Seite, die Obsorge über die landesfürstlichen Einkünfte aus der Stadt sind dem Stadtkämmerer (camerarius) anvertraut. Siehe Urk. von 1167. Meiller 61. 95. Hormayr, Wien, Abtheilung I. Urkundenbuch 47. 17. Die militärische Vertheidigung, die Aufsicht über die eigentlichen burgenses führte wahrscheinlich der vicecomes. (Siehe oben die Urkunde von 1158.) Die Münze steht unter dem magister monetae Urk. II. vom Jahre 1208. Zeuge: Dietricus, magister monete), dem ein Münzkämmerer, camerarius monetae, zur Seite steht. (Siehe dieselbe Urkunde.) Ihnen unterstehen die Münzer (monetarii), die späteren Hausgenossen (dieselbe Urkunde: Mahtfridus monetarius als Zeuge. Zugleich bildet sich eine eigene Wiener Währung: denarii monetae Wiennensis. Die Gerichtsbarkeit über die Stadt, namentlich die Blutgerichtsbarkeit ist noch ausschliesslich in den Handen des judex civitatis, von dem jedoch bereits Exemtionsprivilegien ertheilt werden. (Urk. vom Jahre 1208 für die Flanderer II.) Um diese Zeit wird Wien in den Urkunden häufig als forum, also in seiner hervorragendsten Eigenschaft als Markt und Handelsplatz bezeichnet. (Urk. von 1210 89. 105: Data in foro nostro Wienne. So auch 1213 111. 112, 1220 162. 125.

Das Stadtrecht Herzog Leopold's VI.

So dürftig nun auch diese vereinzelten Züge sind, die sich aus jenen und anderen uns erhaltenen urkundlichen Zeugnissen aus den ersten zwei Jahrzehnten des XIII. Jahrhunderts von dem Rechtsleben Wiens gewinnen lassen, so reichen sie doch hin, um uns die Ueberzeugung zu verschaffen, dass es sich auf einer ziemlichen Höhe der Ausbildung befand und hinter dem der grössten deutschen Städte nicht allzuweit zurückstand, dass die Stadt blühend und von zahlreichen, zum Theil wohlhabenden Bürgern bewohnt war, nach Köln zu den vorzüglichsten Städten des deutschen Reiches zählte, den Mittelpunkt eines grossen Handelsnetzes bildete, dessen Faden sich von da aus nach allen Weltgegenden hin erstreckten, und dass Herzog Leopold VI. selbst bedacht war den ferneren Aufschwung der Stadt in jeder Weise zu heben. Und doch mangelte es, wie es scheint, durch diese ganze Zeit noch an einer geschriebenen Grundlage des Rechtslebens, an einer zusammenfassenden Verbriefung der städtischen Rechte. Erst im Jahre 1221 tritt sie uns in dem uns erhaltenen Stadtrechte Herzog Leopold's VI. für Wien in einer Vollständigkeit entgegen, die alle Seiten des Rechtslebens umfasst und uns, wie sie selbst bereits ein Zeugniss ablegt von der ziemlich vorgeschrittenen Höhe der damaligen städtischen Rechtsentwickelung, zugleich die Kraft in sich enthält dem ferneren Fortschritt derselben durch Jahrhunderte bis zum Anbruch der neueren

XIII

Zeit zur festen Grundlage zu dienen. Der Gang des Rechtslebens wurde durch sie in eine
Bahn gelenkt, an der in allen folgenden Stadtrechten in den Hauptgrundsätzen festgehalten
wurde. Nur wenige, meistens unbedeutende Veränderungen treten hinzu, ohne die Grund-
principien, ja selbst den wörtlichen Ausdruck und die Aufeinanderfolge der Bestimmungen
wesentlich zu ändern. Meistens sind es kleinere oder grössere Zusätze, die zwischen die
einzelnen Artikel eingeschoben werden. Zwar ist uns dieses Stadtrecht sowenig als andere
umfassendere rechtliche Urkunden aus der Babenbergischen Zeit im Originale erhalten, doch
lassen die gleichlautenden Abschriften und die Uebereinstimmung der Hauptgrundsätze, ja
selbst des wörtlichen Ausdruckes mit der uns im Originale vorliegenden Ennser Stadtrechtsurkunde vom Jahre 1212 nicht im Geringsten an seiner Authenticität zweifeln.

Diese merkwürdige Uebereinstimmung hat nun dazu Veranlassung gegeben, das
Ennser Stadtrecht vom 22. April 1212 (abgedruckt unter anderen in Gaupp's deutschen
Stadtrechten B. 2 S. 206—224, am besten von Meiller im X. B. des Archives für Kunde
österr. Geschichtsquellen S. 96—99) als das Mutterrecht des ältesten uns überkommenen
Stadtrechtes für Wien vom Jahre 1221 zu bezeichnen. Um sich darüber ein einigermassen
zuverlässigeres Urtheil zu bilden, lässt sich eine genaue Vergleichung mit diesem in seinen
einzelnen Theilen und Artikeln nicht umgehen.

Diese zeigt, dass der ganze Inhalt des er-teren im letzteren mit Ausnahme der vorletzten zwei Artikel aufgenommen ist, nämlich der Bestimmung des Ennser Stadtrechtes, dass der Herzog keinen burgensis zwingen könne und
wolle judex zu sein, und dann, dass der dominus terrae von Niemandem Waffen und Pferde verlangen werde mit dem
charakteristischen ebenso wahren als naiven Zusatze: petitio namque dominorum pro mandato habetur. Uebrigens ist zu
bemerken, dass im Wiener Stadtrecht der Herzog in der er-ten Person spricht, während im Ennser von ihm immer nur
in der dritten Person die Rede ist. Eine Benützung des Ennser Stadtrechtes erscheint nun in folgenden Artikeln des
Wiener und zwar in nachstehender Ordnung: 1. 2, 4. 8, 13, 19, 20, 21. 9, 10, 22. 11, 28. 12, 27, so dass demnach
in dem letzteren folgende Artikel ganz selbständig sind: a. 3, 5, 6, 7. 14, 15, 16, 17. 18, 23, 24, 25, 26.

Der Eingang ist in beiden Stadtrechten wörtlich übereinstimmend. Der Artikel 1 Wien weicht in folgenden
Punkten ab. Während er beim Todtschlag im Allgemeinen einen Besitz infra murum civitatis et fossatum im Werthe von
50 Talenten fordert, genügt in Enns infra fossatum et ambitum civitatis ein Besitz von 30 Talenten super terram de boni
immobilibus. Das Wiener Stadtrecht spricht von einer citatio a judice civitatis, das Ennser bedient sich des Ausdruckes:
vocabitur ad judicium und zwar tribus vicibus, während ersteres den Zusatz macht: tribus edictis, vel uno pro omnibus
peremptorie. Im Ennser Stadtrecht reinigt sich der Todtschläger, der die Nothwehr behauptet, cum septem dominis,
qui credibiles homines esse dicuntur, im Wiener dagegen cum ignito ferro, also mit dem Gottesurtheil des glühenden
Eisens anstatt metseptimo. Gelingt ihm dieses nicht, so hat er in Wien noch durch zwei Tage das Recht zu fliehen,
wohin er will, und der Richter soll ihn in die Acht erklären. Erst wenn er nach dieser Zeit ergriffen wird, so wird er
justificirt, was in Enns sogleich geschieht. In Enns wird der in opere et manufacto Ergriffene gleich, wenn er secundum
justitiam überführt wird, abgeurtheilt. In Wien wird der in ipsa actione i. e. an der handhaft mit einem blutigen Schwert
Ergriffene mit dem Tode gestraft, wenn der Richter mit sieben ehrbaren und glaubwürdigen Männern den Beweis führt,
dass er den Todtschlag unnothwendig, d. h. ohne die Gewalt mit Gewalt zurückzuweisen, verübt habe. Der Satz des
Wiener Stadtrechtes: Itaque pacem civitatis — bis denominabit fehlt im Ennser. Der Bürge bürgt in Enns für den Todtschläger super vitam propriam, in Wien sub periculo et perditione proprie personae. Die Sätze des Wiener Stadtrechtes von
Quicquid autem — tertia nostro judici fehlen in Enns ganz.

Die Bestimmung, die den a. 2 im Wiener Stadtrecht einleitet über den Verwundeten, der nicht zu Gerichte
kommen kann, fehlt im Ennser. Dagegen stimmen die Bestimmungen über Verwundungen im Ganzen wörtlich überein.
Anstatt aliquot nobile membrum in Enns aliquod tole membrum. Die eingeschobene Bestimmung über tote fehlt im
Ennser Stadtrecht. Der Zusatz zu detrimentum membrorum: quod dicitur lideschort fehlt gleichfalls. Desgleichen fehlen
der Zusatz si talis persona fuerit, nostram etiam obtineat gratiam, ferner über die Reinigung unoquinto bei einer einfachen
Wunde im Falle einer behaupteten Nothwehr, über den Verwundeten, der nicht vor Gericht kommen kann. Abweichend
ist in Enns die Bestimmung über die Verwundung bei Nacht, indem an die Stelle der Wiener Sätze Bestimmungen über
die Art der Reinigung treten, wenn der Beschuldigte sich auf die Nothwehr beruft.

Der a. 3 des Wiener Stadtrechtes über den Voraid und die Art der Reinigung durch Genannte, oder subsidiär durch das judicium aquae, dann über den Beweis des alibi fehlt in Enns.

Der a. 4 Wien enthält einige Zusätze, die in Enns fehlen. Statt aliquem bonum hominem, der nicht ein abpaer man ist, in Enns blos aliquem *honestum* hominem. Der Satz: Si honesliori etc. fehlt. Ebenso der Satz: Si aliquis infra murum etc., und der Zusatz zu inhonestam personam: scilicet garcionem vel levem joculatorem. Das Schlagen eines Hauswirthes wird in Wien mit 10, in Enns nur mit 3 Talenten gebüsst: ein Talent dem Richter, eines dem Geschlagenen. Die Sätze si talis fuerit etc. bis et illi nichil fehlen.

Die Artikel 5, 6 und 7 des Wiener Stadtrechtes über die Acht fehlen im Ennser ganz.

Der a. 8 Wien über die Nothzucht stimmt mit Enns überein. Nur fehlen in Enns die Bestimmungen, die der Genothzüchtigten die Verpflichtung auferlegen *binnen 14 Tagen* das Gerüfte zu erheben, und über die Folgen, wenn sie es nicht thut. Auch die Gestattung eines Zeitraumes zur Flucht kommt in Enns nicht vor. Bei der Nothzucht einer gemeinen Person heisst es in Enns statt etiam non auditur: nemo respondebit judici pro querimonia illius.

Hierauf folgt in Enns gleich der a. 13 des Wiener Stadtrechtes. In Enns erscheint jedoch auch noch als Schimpfwort: filia caniculae, ganz so wie in der Urkunde 1 für die Regensburger Kaufleute vom Jahre 1192. Die Sätze: si denarios non habuerit etc., dann si vero tanta ac talis etc. fehlen in Enns.

Diesem Artikel folgt in Enns der a. 19 des Wiener Stadtrechtes mit folgenden Abweichungen: statt der Worte *nemo* inde habeat aliquid facere, dummodo etc. bis persistant blos *dominus terrae* de hoc nihil facere habeat. Während ferner in Wien die Hinterlassenschaft eines ohne Geschäft Gestorbenen *ganz dem Herzog* anfällt, wenn der Erbe ein extraneus ist, ausser er nähme seinen dauernden Aufenthalt in Oesterreich, fällt in Enns *blos die Hälfte dem Herzog zu, die andere bleibt dem Erben.*

Der a. 20 Wien stimmt mit Enns überein. Der Satz, der dem hospes die Verpflichtung auferlegt dem Gerichte die Anzeige zu machen, fehlt jedoch in Enns. Während ferner in Wien, wenn sich Niemand meldet, zwei Theile der Hinterlassenschaft dem Herzog zufallen, ein Drittel für das Seelenheil des Verstorbenen verwendet wird, fällt sie in Enns *ganz* dem Herzog zu, und es wird blos seinem arbitrium überlassen, wie viel er davon pro anima defuncti verwenden will.

Der a. 21 Wien ist wörtlich gleichlautend mit Enns. Hierauf folgt in Enns der a. 9 Wien. Interessant sind hier bei sonst wörtlichem Stadtrechte der beiden Stadtrechte an einander die nicht unwesentlichen Abweichungen. Im Allgemeinen unterscheidet das Wiener Stadtrecht bereits zwischen einem bewaffneten Einbruch in ein fremdes Haus, einer zufälligen und prämeditirten Heimsuchung, einer solchen mit und ohne Verwundung, während im Ennser Stadtrecht ganz einfach von der Heimsuchung ohne diese Unterscheidungen die Rede ist. Es fehlen daher in Enns die Sätze: Nullus ad domum u. s. w. bis det nobis X talenta ganz. Während in Enns der Heimsucher sich *selbdritt* oder nach seiner Wahl mit dem Gottesurtheil des Wassers oder des glühenden Eisens reinigt, geschieht die Reinigung bei einer zufälligen Heimsuchung in Wien *selbfünft*, bei einer prämeditirten hingegen tritt nebst dem Wandel an den Richter auch noch das Gericht des Herzogs ein. Die Busse beträgt in Enns fünf Talente an den Richter, ebensoviel an die Heimgesuchten, in Wien blos zwei Talente dem Richter, zwei dem Hauswirth und zwei dem Verwundeten. Hierauf kommt in Enns der a. 10 Wien in wörtlicher Uebereinstimmung; der Zusatz si noluerit solvere debuerat fehlt in Enns. Hierauf der a. 11 gleichlautend mit Enns, nur dass hier für cives der Ausdruck burgenses erscheint.

Daran schliesst sich in Enns wieder der a. 28 des Wiener Stadtrechtes. Statt 24 Bürger, qui prudentiores in civitate inveniri poterunt, kommen in Enns nur 6 cives idonei vor. Die Strafsanction für den gegen die Statuten Handelnden fehlt in Enns, ebenso der Zusatz über das häufige Zusammenkommen der Bürger.

Enns geht sodann wieder zu dem a. 12 Wien zurück. Es ist jedoch blos der Schluss-Satz: aliquis civium u. s. w. mit Item eingeleitet aufgenommen.

Hierauf folgen in Enns die zwei oben bemerkten Artikel, die in Wien ganz fehlen. Den Schluss macht in Enns der a. 27 Wien und zwar ganz übereinstimmend.

Dies ist auch mit der Schlussformel in beiden Stadträten der Fall. Die Zeugen sind abweichend. Das Ennser Stadtrecht ist datirt, in talis nostra Anesi. Im Wiener Stadtrecht erscheinen hingegen *cives civitati* als Zeugen, wenn gleich blos im Allgemeinen angedeutet ohne Namen.

Aus dieser Vergleichung ergibt sich die grosse, meistentheils wörtliche Uebereinstimmung des Wiener Stadtrechtes vom Jahre 1221 mit dem Ennser vom Jahre 1212, dessen ganzer Inhalt mit Ausnahme von zwei Bestimmungen in das erstere übergangen ist. Abgesehen jedoch davon, dass seine Artikel im Wiener Stadtrecht durcheinandergeschoben sind, zahlt dieses noch eine grosse Anzahl von Bestimmungen, die im Ennser gänzlich fehlen. Selbst solche Artikel, die mit denen von Enns beinahe wörtlich übereinstimmen, enthalten häufig

Zusatze, die in Enns nicht vorkommen. Beim Todtschlag, bei Verwundungen, bei den Real-
und Personalinjurien, bei der Heimsuchung tritt im Wiener Stadtrecht eine grössere Casuistik
hervor, finden sich Unterscheidungen und Zusatze. Auf den ersten Blick sehen wir, dass
wir es in Wien mit grossartigeren Verhältnissen, mit wohlhabenderen Bürgern, aber auch
mit einer grösseren Mannigfaltigkeit ihrer persönlichen Eigenschaft zu thun haben. In Enns
sind die Verhältnisse viel einfacher und gleichartiger. Sehen wir daher einstweilen von dem
Datum beider Privilegien ab und fassen blos den Inhalt ins Auge, so scheint es allerdings,
dass uns bereits dieser zu dem Schlusse berechtige, dass das Ennser Stadtrecht Quelle und
Grundlage des Wiener gewesen und bei dessen Ausarbeitung zur Vorlage gedient habe.
Es ist bekanntlich ein Grundsatz der historischen Kritik, der als Regel gelten kann, dass
dort, wo es sich um die Frage der Prioritat bei zwei offenbar im Zusammenhange stehenden,
inhaltlich übereinstimmenden historischen Schriftstücken handelt, die einfachere kürzere Form
als die frühere, als Vorlage der breiteren, ausführlicheren anzusehen sei. Und doch erheben
sich hier einige nicht unwesentliche Bedenken dagegen. Die Möglichkeit ist nicht ausgeschlossen, dass das Ennser Stadtrecht ein mit Rücksicht auf die einfacheren Verhaltnisse eines
erst durch diese Urkunde zur Stadt erhobenen Ortes — sie selbst ist noch in villa Anasi
datirt, in früheren Urkunden wird Enns nie als civitas, in der Regel blos als forum bezeichnet
— aus dem Wiener Stadtrecht gemachter Auszug sei, dass also umgekehrt dieses bei Erlassung des ersteren als Quelle benützt wurde. Die Weglassung mancher Zusatze, die Vermeidung einer grösseren Casuistik würde dadurch eine nicht unwahrscheinliche Erklarung finden.
Es ist nicht leicht anzunehmen, dass Wien, ein Ort, der bereits über ein halbes Jahrhundert
als Stadt angesehen und bezeichnet wurde, dessen stadtische Blüte uns schon aus dem Ende
des XII. und dem Anfang des XIII. Jahrhunderts urkundlich bezeugt wird, ohne alle landesfurstliche Privilegien und ohne ausdrückliche Verbriefung seiner Rechte geblieben sei, dass
es nicht schon vor dem Jahre 1221 und dem umfassenden Stadtprivilegium dieses Jahres
wenigstens einzelne landesfurstliche Privilegien gegeben habe, deren Inhalt mit jenem des
Jahres 1221 in Uebereinstimmung war. Dass wir von solchen keine Kunde haben, dass sie
sich uns nicht in Abschriften erhalten haben, beweist gegen diese Annahme nur wenig.
Sind uns ja überhaupt die Babenbergischen Urkunden jener Zeit meistens nur aus späteren
Bestatigungen bekannt, beispielsweise für Wien das Privilegium der Hausgenossen, der Laubenherren u. s. w. Stimmte ihr Inhalt wirklich, wie anzunehmen ist, mit dem Stadtrecht vom
Jahre 1221 überein, das sie vielleicht nur zusammenfasste und in feierlicherer Form wiederholte, so entfiel die Nothwendigkeit weiterer Abschriften von selbst, und der Mangel an
solchen erklärt sich in natürlicher Weise. Es fehlt auch im Wiener Stadtrecht von 1221
nicht an einzelnen Bestimmungen, die noch auf eine frühere Stufe der rechtlichen Entwickelung hinzudeuten scheinen, als sie uns das Ennser Stadtrecht zeigt. In diesem reinigt sich,
wie wir gesehen haben, der Todtschlager im Falle der behaupteten Nothwehr mit sieben
Eideshelfern, während im Wiener Stadtrecht noch die Reinigung mit dem Gottesurtheile des
glühenden Eisens beibehalten ist. Auch in dem ältesten osterreichischen Landrechte sind
die Gottesurtheile mit Ausnahme des gerichtlichen Zweikampfes bereits aus dem Kreise der
gerichtlichen Beweismittel verschwunden. Während in Wien die ganze Hinterlassenschaft des
ohne Geschäft Verstorbenen noch dem Herzog zufällt, wenn blos ein heres extraneus vorhanden ist, fällt sie in Enns nur zur Hälfte dem Herzog, zur Halfte dem Erben zu. Dass

der Standpunkt des Ennser Stadtrechtes ein vorgerückterer sei, beweist die Umbildung, die sich im Stadtrecht von Lübeck genau verfolgen lässt. Anfangs (Hach S. 172) fiel alles erblose Gut dem König zu, später (Hach, Cod. I. §. 19 und Cod. II. §. 26) die eine Hälfte der Stadt, die andere dem König, endlich (Hach S. 419) das Ganze dem Stadtrathe. Auch der Freiheitsbrief vom Kaiser Rudolf für Wien vom Jahre 1287 l. a. 47 enthält bereits eine Theilung zu Gunsten der Stadt, während das Stadtrecht vom Jahre 1244 a. 19 noch an dem Standpunkt des Stadtrechtes von 1221 festhält. Das Stadtrecht von Enns erlaubt ferner der Witwe, der Tochter und der Nichte eines Burgers zu heiraten, wen sie will, ohne dass der Landesherr dagegen eine Einsprache erheben kann, während das Wiener Stadtrecht von 1221 a. 19 für den Fall, als sie einen Ritter heiraten, noch ihre Personen und Sachen der Gnade des Herzogs verfallen lässt. So auch noch das Stadtrecht von 1244. Erst Rudolf I. 1278 l. a. 46 lässt diese Beschränkung ganz weg, wenn die Witwe nur sonst in ehrbarer Weise heiratet. Im Ennser Stadtrecht genügt häufig eine geringere Anzahl von Eideshelfern bei der Reinigung, wo in Wien eine grössere verlangt wird und dergleichen.

Beinahe nicht zu verkennen ist ferner die Hinweisung auf ein bereits vorhandenes früheres Stadtrechtsprivileg von Wien in dem Freiheitsbriefe Herzog Leopold's VI. für die Flanderer in Wien: ut ipsi in officio suo jure fori nostri in civitate et in terra nostra libertate et privilegio aliorum nostrorum burgensium omnimodis gaudeant et utantur. Aus dieser Stelle scheint mit Nothwendigkeit zu folgen, dass sich die Wiener Bürger bereits im Besitze eines ausdrücklichen geschriebenen Privilegiums befanden.

Wir müssen daher ein grösseres Gewicht darauf legen, als es bisher geschah, wenn uns Wolfgang Lazius in seinem Werke Vienna Austriae sive de rebus Viennens. comment. I. II. p. 73 75 dasselbe Stadtrecht von Wien oder vielmehr ein blosses Fragment desselben, dem dasselbe Proëmium vorausgeht, vom Artikel 17 bis zu Ende, jedoch ohne Zeugen mit dem Schlusse Datum Viennae, anno domini a domino nostro Christo nato MXCVIII mittheilt. Der einleitende Satz des a. 17 ist weggelassen, und das Folgende an den Eingang blos mit Statuimus igitur angeknüpft. Es ist hier offenbar die Jahreszahl 1198: das Jahr des Regierungs-antrittes Herzog Leopold's VI. gemeint. So unzuverlassig Lazius in seinen Angaben ist, so lag ihm doch offenbar zwar nicht das Original der Urkunde — denn die Originale der Babenbergischen Zeit waren gewiss bereits am Ende des XIII. Jahrhunderts verloren gegangen aber eine Abschrift in irgend einer Handschrift vor, welche das Stadtrecht nur in dieser verkürzten Gestalt enthielt. Was hindert uns anzunehmen, Leopold VI. habe gleich beim Antritt seiner Regierung dieses Privilegium wirklich ertheilt, welches er sodann im Jahre 1221 in feierlicher Form erneuerte, und zugleich mit einem gleichfalls früher bereits vorhandenen Privilegium zu einem Ganzen vereinigte, welches den Stadtfrieden pax civitatis regelte? Die Erklärung, die Gaupp Deutsche Stadtrechte B. 2. S. 225 ff. versucht, diese Aufzeichnung des Stadtrechtes von Lazius verdanke ihre Entstehung der im a. 17 enthaltenen Bestimmung über die Eintragung der Namen der hundert Genannten an einem besonderen Blatte, auf welches sodann aus Versehen auch die darauf folgenden Artikel des Stadtrechtes hinzu-geschrieben wurden — ist doch zu willkührlich, als dass sie viel Beachtung verdiente. Ist die Annahme richtig, dass das uns von Lazius mitgetheilte Fragment vom a. 17 angefangen wirklich den Inhalt eines bereits im Jahre 1198 der Stadt ertheilten Privilegiums gebildet habe, so wurden dann die a. 19, 20, 21, 22, 27, 28 bei der Abfassung des Ennser Stadtrechtes vom Jahre 1212 benützt worden sein, während der erste Theil des Wiener Stadt-rechtes vielleicht das Ennser zur Grundlage hat, vorausgesetzt, dass nicht auch hier ein bereits früher erlassenes Stadtprivileg existirt hat. Durch diese Annahme würde das Befremden beseitigt, das der Mangel eines ausdrücklichen Stadtprivilegiums für Wien durch die ersten zwei Jahrzehnte des XII. Jahrhunderts bei der urkundlich bezeugten ziemlich hohen Entwickelungs-stufe des städtischen Lebens Wiens nothwendig hervorrufen muss.

Analyse des Inhaltes des Stadtrechtes von 1221.

Wie dem auch immer sei, in dem Stadtrecht Leopold's VI. erhielt Wien eine um-fassende und breite Rechtsgrundlage, die seine weitere Rechtsentwickelung durch Jahrhunderte beherrschte. Es erstreckt sich auf alle Seiten des Rechtes: Strafrecht, Strafprocess, Privat-recht, Civilprocess, Polizei- und Marktrecht, Verfassung und öffentliches Recht. Noch ist es der Richter, dem ein subjudex und ein preco mit einem verhältnissmässigen Antheil an den Gerichtswandeln zur Seite steht (a. 27), der im Interesse des Landesfürsten die ganze Gerichts-barkeit ausschliesslich in seinen Händen vereinigt, falls der Verbrecher nicht in Folge seines höheren Standes der persönlichen Gerichtsbarkeit des Herzogs unterliegt. a. 2 (bei einer schweren Verwundung): Si talis persona fuerit, ipsum etiam volumus judicare — (beim Lem): Si magne et honestiori persone id acciderit, nostrum etiam non desit judicium — (bei bös-williger Blendung): Hic nonnisi nostro puniendus judicio reservetur — (bei lideschaert): Si talis persona fuerit, nostram etiam obtineat gratiam. a. 4 (beim Schlagen mit Knutteln): Si honestiori persone acciderit, nostrum etiam judicium non evadet - insuper optineat gratiam nostram — si talis fuerit, obtineat etiam gratiam nostram. a. 9 (bei absichtlicher Heimsuchung): Et nostrum super hoc experiatur judicium. a. 19 (wenn eine Bürgerin einen Ritter heiratet): Persona sua et res in gratia et voluntate nostra persistant. a. 26 (bei unrechtem Masse): Si talis persona fuerit, nobis volumus, ut emendet. Der Herzog behält sich demnach noch in vielen Fällen theils wegen der persönlichen Eigenschaft des Verbrechens, theils wegen der Schwere des Verbrechens seine eigene Gerichtsbarkeit vor. Wer diese Personen sind, dar-über belehrt uns das älteste österreichische Landrecht a. 1 (Hasenöhrl: Oesterreich. Land-recht S. 236: So sol dhain graff noch freie noch dienstman, die ze recht zu dem land gehorent, weder auf ir leib noch auch in ir er noch auf ir aigen ze recht steen nur in offner schrann vor dem landesherren.

Die persönliche Standesverschiedenheit hat noch den grössten Einfluss sowohl auf die Art der Beweisführung, der Reinigung und Ueberführung als auf die Strafe selbst und begründet überhaupt die grösste Rechtsverschiedenheit. Es erscheinen die mannigfaltigsten Abstufungen, die das Mass der Privatrechte bestimmen. Ein Besitz im Werthe von 50 Talenten innerhalb der Mauer und des Grabens der Stadt oder die Bürgschaft eines gleichen Besitzers berechtigt zur Reinigung von der Anklage des Todtschlages (a. 1); hat der Geschlagene einen Besitz im Werthe von 30 Talenten, so zahlt der Thäter 10 Talente als Strafe und unterliegt noch insbesondere der Gerichtsbarkeit des Herzogs (a. 4); bei Verwundungen a. 2: Si talis persona voluerit fueri inculpabilis, probet innocentiam suam, sicut pax est instituta — sonst judicetur de ipso secundum legem; a. 4: bonus homo, der niht ein ahpaer man ist (qui non est nobilis homo). Stadtrecht von 1244: a. 2: magna et honestior persona; a. 4 honestior persona, domesticus, qui non est de honestioribus et divitibus unus, also wahrscheinlich ein »Erbbürger«, der ein freies Eigen (proprietas) und nicht ein blosses Erblehen hereditario jure, zu Burgrecht besitzt; a. 19: ein miles; a. 13: honesta persona, a. 1: viri honesti et credibiles; a. 4: vir aliquantulum honestus; a. 4: inhonesta persona, scilicet garzio vel levis joculator; a. 4: serviens vel aliqua levior persona, servus et ancilla als rechtslose Personen; a. 17: zu den »Genannten« sollen fideliores de singulis vicis et prudentiores (dies erinnert an die proulx hommes in Paris), zur Markt- und Polizeibehörde der Stadt 24 Bürger gewählt werden; a. 28: qui prudentiores in civitate inveniri poterunt. Das Bürgerthum ist daher noch weit entfernt die Standesunterschiede auszugleichen, die persönliche Freiheit der Bürger geschweige denn ihre Rechtsgleichheit herbeizuführen.

Das Regiment der Stadt ist noch vollständig in der Hand des Landesherrn und seiner Beamten. Doch ist die rechtliche Ordnung bereits durch eine pax civitatis geschützt, die dem judex in der Ausübung der Gerichtsbarkeit feste Schranken vorschreibt. (Vergleiche die Urkunde 1192, 9. Juli, 1.: contra insolentiam eorum, qui officiis nostris presunt, eos . . . stabili jure condonamus). Die ersten Ansätze einer Theilnahme der Bürger an der Regierung der Stadt zeigt sich jedoch bereits in der Bestimmung des letzten Artikels (a. 28): 24 Bürger werden eidlich verpflichtet nach ihrem besten Wissen und Gewissen über den Markt, dann über die Ehre und den Nutzen der Stadt zu wachen. Ihre Vorkehrungen und Beschlüsse darf der Richter nicht umstürzen. Sie setzen für Uebertretungen ihrer Statuten Geldstrafen fest, die jedoch noch dem Richter zufallen. Zur Besorgung der Stadtangelegenheiten sollen sie sich so oft als möglich versammeln. Noch ganz nahe diesem Stadium der städtischen Verfassung steht die sub Nr. XII mitgetheilte Urkunde, die Bestimmungen über eine von den Bürgern jährlich festzusetzende Marktordnung enthält. Hier wird noch von den burgenses meliores gesprochen, doch bereits mit dem Zusatz: quorum consilio tota civitas regitur. Sie treffen Massregel über den Preis der Lebensmittel und über die auf dem Markt verkauften Waaren überhaupt. Diese werden jedoch noch im Namen des Königs (beziehungsweise des Herzogs) und ihrer Beamten des Münzmeisters und des Stadtrichters publicirt. Die von ihnen festgesetzten Geldstrafen fallen theils dem Richter zu, ein geringerer Theil dem posterior judex (dem subjudex des Leopoldinischen Stadtrechtes), theilweise aber schon der Stadt (ad opus civitatis) oder dem von den Bürgern eingesetzten Marktaufseher.

Der vorzüglichste Zweck, den der Staat zu erreichen hat, ist die Herstellung der Rechtsordnung, die Rechtssicherheit. So ist auch die erste Obsorge eines jeden sich ordnenden Gemeinwesens der Frieden der Gemeinde (pax civitatis), der den Genuss der Rechte und die öffentliche Ordnung verbürgt. Die strafrechtlichen Bestimmungen nehmen daher in allen älteren Rechtsquellen so auch in unserer die erste Stelle ein. Unter den Rechtsverletzungen steht der Todtschlag (a. 1 oben an. Ihm schliessen sich an die Verwundungen (a. 2), die thätlichen Injurien (a. 4) die Nothzucht (a. 6), der Bruch des Hausfriedens (die Heimsuchung a. 6), die Personalinjurien (a. 13), das falsche Zeugniss (a. 14), die Gotteslästerung (a. 15), das Tragen verbotener Waffen (a. 16) oder von Waffen überhaupt (a. 24), Feuer im Hause (a. 25), öffentlicher Auflauf und Streit (a. 12), Beherbergung eines Geächteten (a. 6), Nichtannahme der dargebotenen Sühne (a. 7), falsches Mass und Gewicht (a. 26). Das Verfahren beruht auf den allgemeinen Principien des deutschen Rechtsganges. Es befindet sich auf einer Uebergangsstufe, wo die Gottesurtheile bereits durch den Reinigungseid mit Genossen verdrängt werden. Der die Nothwehr behauptende Todtschläger reinigt sich noch cum ignito ferro (a. 1), so auch der der Nothzucht Angeklagte mit dem Zeugniss zweier glaubwürdiger Männer (a. 8); beim Abgang von Eidgenossen tritt das judicium aquae ein (a. 3). Ist die Reinigung mit Eidgenossen zu erbringen, so werden sie vom Angeklagten aus 20 vom Richter ihm benannten Personen ausgewählt (a. 3). Im ältesten österreichischen Landrecht sind wie gesagt die Gottesurtheile bis auf den Zweikampf bereits verschwunden. Nicht leicht hat eine der Hauptstützen der neueren freien Staatsentwickelung: der Schutz der Hausfreiheit in irgend einer deutschen Rechtsquelle einen ebenso einfachen, schönen und kräftigen Ausdruck gefunden, wie im a. 9 unseres Stadtrechtes: Unicuique civium domus sit pro munitione et commansionariis suis et cuilibet fugienti vel intranti domum. Wie tief gewurzelt ist dieses Palladium der englischen constitutionellen Staatsfreiheit my house my castle schon in dem älteren deutschen Rechtsbewusstsein!

Für das Privatrecht finden sich in unserem Stadtrecht bereits die ersten festen und entwickelungsfähigen Keime: Aufhebung des Heiratszwanges (a. 19), die Sicherstellung der Waisen gegen Benachtheiligungen durch eine zweite Heirat der Mutter (a. 18), das Erbrecht der Frau und der Kinder, die Testirfähigkeit im Abgang dieser und das eventuelle Erbrecht der nächsten Erben (a. 19), die Einsetzung der hundert „Genannten" aus allen Theilen der Stadt um den Beweis eines den Immobilien-Verkehr betreffenden Rechtsgeschäftes durch Zeugen aus ihrer Mitte zu sichern (der spätere Rath der „Aeusseren", a. 17), die Ausschliessung des Zeugnisses der Leitkäufer (a. 21) und andere.

Eine Massregel, die wesentlich zum Aufschwunge und zur Blüte der Stadt beitragen musste, ist die Erklärung Wiens als Stapelplatz für die Waaren ausländischer Kaufleute. Kein Kaufmann aus Schwaben, Regensburg und Passau darf seine Waaren nach Ungarn führen, sich länger als zwei Monate mit ihnen in Wien aufhalten, und darf sie nur einem Bürger und keinem Auswärtigen verkaufen. Auch dürfen sie weder Gold noch Silber kaufen, verkaufen aber dürfen sie es blos an die landesfürstliche Kammer (a. 23). Die Tragweite dieser Bestimmung, der Einfluss, den sie auf die Erhebung Wiens zum ausschliesslichen Markt für den von Aussen schwunghaft betriebenen Handel üben musste, ist einleuchtend. Dadurch wurde Wien der Mittelpunkt des blühenden Handels nach Osten. Nicht die ausländischen Kaufleute, wenn sie sich nicht in Wien bleibend niederliessen und selbst das Bürgerrecht erwarben, sondern die Bürger selbst waren es fortan, denen die reichen Früchte des merkantilen Verkehres ausschliesslich in den Schoss fielen.

Dies möge hinreichen, um das Stadtrecht Herzog Leopold's VI. für Wien — die Grundlage seiner ganzen späteren Rechtsentwickelung — in seinen Grundzügen zu kennzeichnen.

Das Stadtrecht Herzog Friedrich's II. vom Jahre 1244, 1. Juli.

23 Jahre später gab Herzog Friedrich II., als er wieder in den Besitz seiner Lande gelangt war, der Stadt Wien ein Stadtrecht (Urkunde Nr. X), das sich eng an das seines Vorgängers Leopold's VI. vom Jahre 1221 anschliesst, jedoch einige nicht ganz unwesentliche Abweichungen von ihm enthält, die nachstehend hervorgehoben werden.

Der Eingang ist ganz derselbe wie im Leopoldinum. Im a. 1 steht gleich im ersten Satze statt des einfachen *si aliquis civium) quemquam occidat — de homicidio fuerit meusatus aut casualiter in humilem personam perpetraverit, aut vim vi repellendo, quod vulgariter dicitur notwer, homicidium commiserit. Statt (probet hanc) *cum ignito ferro —* prout exigit ordo juris. Statt probetur *cum ignito ferro —* cum viris idoneis et fide dignis. Nach pro mortuo ist eingeschoben: et secundum quot pax fuerit instituta. Statt accurate — accusato, statt si judex hoc probare poterit cum viris honestis et credibilibus — — cum *duobus viris.*

Im a. 2 statt vivere — evadere, statt mctquinta manu — cum quatuor viris sibi adjunctis, statt juramento calumpnie snimet secundi interposito — adjuncto sibi alio viro idoneo, statt metsecundo — cum se alteto,

Im a. 3 statt ille metsecundus — ille et alius secum, statt metquintus — cum quatuor aliis sibi adjunctis; statt expurget se *cum judicio aque* et sit liber — *ut juri videbitur expedire.* Im a. 4 statt der niht ein ahpaer man ist — qui non est nobilis homo. Nach verberato nichil folgt der neue Zusatz: preter tres plagas, quas eidem hilariter superaddat.

Im a. 7 statt judex habeat sibi — redigat id in usus suos.

Im a. 8 zu se clamasse probaverit der Zusatz: cum opprimeretur vel raperetur, statt ille *judicio igniti ferri* se expurget. Si vero se non expurgaverit et si post indicias datas fugiendi comprehensus fuerit, sententiam capitalem subibit — blos convictus plectatur sententia capitali. Sed si illa in probatione defecerit, ille, contra quem agit, solus se expurget prestito sacramento. Der Satz des Leopoldinum hingegen. Si vero illa infra XIIII dies, quando hoc fecit ei, testimonio VII credibilium virorum illum convicerit, nulla sibi conceditur expurgatio, sed predictam sententiam subibit fehlt im Fridericianum ganz. Statt (mulier communis) etiam non audiatur — et probaverit, eidem sicut alii etiam honeste ustitia impendatur.

Im a. 9 statt cum XXX talentis — pro tanto etiam, quantum valet, statt suimet secundi — suimet et alius statt semetquarto idoneorum virorum — adjunctis sibi quatuor viris idoneis.

Im a. 13 nach des LX denarios ist der Zusatz Si honesta persona fuerit, judici det duo talenta bei Friedrich weggeblieben.

Im a. 16 fehlt bei Friedrich der Eingang: apud quemcunque infra muros civitatis cultellus longus, qui dicitur *sehmezzer,* in cingulo suspensus deprehensus fuerit, hic det judici I talentum et eundum cultrum — Si vero cum infra caligam etc. stimmt überein.

Im a. 17 ist der Schlusssatz bei Friedrich: judici jus consuetum neu.

Im a. 19 zu Si vero nullum duxerit der neue Zusatz: Si vero *sin, licentia nostra* etc. Statt in Austria — in Stiria. Der a. 24 des Leopoldinum vom bewaffneten Eintritt in die Stadt fehlt in den Stadtrechten Herzog Friedrich's sowohl für Wien als für Hamburg ganz. Dagegen ist der a. 29 über das Verbot der Einführung Ungrischer Weine in den Burgfrieden der Stadt, und der a. 30 über den Schutz fremder Kaufleute, die mit ihren Waaren sein Ländergebiet betreten bei Friedrich ganz neu. Datum und Zeugen sind verschieden.

Sonst ist die Uebereinstimmung eine vollkommene von Wort zu Wort.

Die wichtigste Abänderung ist wohl die, dass die **Gottesurtheile** aus dem Kreise der rechtlichen Beweismittel bereits verschwunden sind und der Reinigung nach dem Stadtfrieden Platz gemacht haben. Die zur Reinigung nothwendige Zahl der Eidgenossen erhält die nicht unwichtige Erklärung, dass der Hauptschwörer in die Zahl stets eingerechnet wird. Beim Schlagen einer unehrbaren Person aussert sich der Humor des Rechtes in dem Zusatz, dass der Thäter nicht nur straflos sei, sondern dem Geschlagenen noch fröhlichen Muthes drei Schläge hinzugeben soll. Die Anschauungen über die Reinigung der Nothzucht haben sich wesentlich geändert. Das Leopoldinum liess noch gegen den Beweis des Gerüftes der Genothzüchtigten mit zwei ehrbaren Männern die Reinigung mit den glühenden Eisen zu und gestattete selbst dem Beklagten im Falle der nicht erbrachten Reinigung noch eine Frist zur Flucht, so dass er erst, wenn er ergriffen wurde, die Todesstrafe erlitt. Diese Reinigung war im Leopoldinum blos dann ganz ausgeschlossen, wenn die Klägerin binnen 14 Tagen ihn durch das Zeugniss von 7 glaubwürdigen Zeugen der Nothzucht überfuhrte. Das Fridericianum schliesst die Reinigung auch in jenem Falle aus und fordert überdies, wenn die Klägerin jenen Beweis nicht erbringen kann, selbst die Reinigung mit dem Eineid. Die Nothzucht an einem gemeinen Weibe wird ferner bei Friedrich wie die einer anderen ehrbaren Person gestraft, während es nach dem Leopoldinum mit ihrer Klage nicht gehort wird. Also eine ganzliche Umwandlung der Rechtsanschauung. Bei Friedrich ist das offene Tragen des Stechmessers bereits gestattet. Die Heirat einer Bürgerin mit einem Ritter ist nur dann strafbar, wenn die Erlaubniss des Herzogs nicht eingeholt wird. Noch muss bemerkt werden, dass uns in einer wahrscheinlich zu Hainburg geschriebenen Handschrift des XIV. Jahrhunderts, die sich nunmehr im Servitenkloster in der Rossau in Wien befindet und auch die Satzungen Herzog Friedrich's II. vom 1. Juli 1244 Urkunde IX für die Juden enthält (vergleiche über sie Meiller: Notizenblatt zum Archiv für Kunde österreich. Geschichtsquellen, herausgegeben von der kaiserl. Akademie, Jahrg. 1853, 181), eine deutsche wahrscheinlich aus späterer Zeit stammende Uebersetzung dieses Stadtrechtes für Hainburg von demselben Datum und mit denselben Zeugen erhalten ist (abgedruckt von Meiller im Archive der kaiserl. Akademie X. 138—145, dann bei Senckenberg: Visiones diversae de coll. leg. germ. 268 ff.), die vollkommen bis auf einige kleine durch die Localverhaltnisse bedingte Abanderungen mit ihm übereinstimmt. Doch fehlt der a. 29, nämlich das Verbot der Einführung Ungarischer Weine in den Burgfrieden der Stadt. Die Zahl der Genannten beträgt in Hainburg blos 20, die der Marktgeschwornen blos 4. Vergleiche darüber Bischoff: Oesterreich. Stadtrechte und Privilegien S. 37.) Es kann daher keinem Zweifel unterliegen, dass das Wiener Stadtrecht auch auf Hainburg übertragen worden sei.

Der Freiheitsbrief Kaiser Friedrich's II. von 1237, im April Nr. VI. für Wien, erneuert und wiederholt im April 1247 Nr. XI.

Wurde nun durch ein Privilegium eines österreichischen Landesfürsten, das Leopoldinum, die eine Grundlage gelegt, die der späteren städtischen Rechtsentwickelung namentlich im Gebiete des Straf- und Privatrechtes ihre unverrückbare Bahn anwies, so war es ein grosser kaiserlicher Freiheitsbrief, der eine zweite nicht minder wichtige Grundlage für die Entwickelung der städtischen Freiheit durch die Ertheilung höchst wichtiger mehr das öffentliche Recht und die Verfassung betreffender Rechte legte. Es ist dies das Friedericianum von 1237 (erneuert 1247), das der Stadt von dem Kaiser Friedrich II. in der feierlichsten Weise unter der goldenen Bulle gegeben wurde. Als der Kaiser im Jahre 1236 den Babenbergischen Herzog Friedrich in die Reichsacht gethan, ihn seiner Länder für verlustig erklärt und sie als erledigte Reichslehen eingezogen hatte, erhob er durch dieses Privilegium 1237 Wien zu einer unmittelbaren Reichsstadt und gab ihr zugleich das feierliche Versprechen, dass sie durch keine Belehnung mehr dem Reiche entfremdet werden solle. Zugleich nahm er sie mit ihren Privilegien, Freiheiten und guten Gewohnheiten in des Reiches Schutz. Es sind insbesondere acht Rechte, die durch diesen Freiheitsbrief der Stadt ertheilt werden. 1. Der Kaiser solle jährlich, erforderlichenfalls mit dem Beirath der Bürger, eine geeignete Person zum Richter ernennen. Dieser dürfe jedoch die Burger mit keiner Auflage, Steuer oder Leistung beschweren, zu der sie sich nicht freiwillig verstünden. 2. Zu Kriegsdiensten dürften sie nur soweit in Anspruch genommen werden, dass ihnen die Rückkehr in die Stadt noch beim Sonnenschein desselben Tages möglich sei. 3. Den kaiserlichen Aemtern dürfen keine Juden vorgesetzt werden, damit sie in dieser Eigenschaft die Christen nicht bedrücken. 4. Ueber alle Civil- und Criminalklagen sollen die Burger selbst nach ihren Rechten und bestätigten Gewohnheiten richten mit Ausnahme der Majestatsbeleidigung oder des Stadtverrathes. 5. Gegen eine kampfliche Ansprache schützen sich die Bürger durch einen Eid selbsiebent. 6. Der zur Leitung der Schule vom Kaiser eingesetzte Schulmeister hat das Recht in den einzelnen Fächern nach dem Rathe der Stadträthe (prudentum civitatis) sich taugliche Lehrer zu wählen. 7. Alle Einwohner der Stadt und Ankömmlinge sollen persönlich frei sein und nach dem Rechte der Stadt leben, wenn sie nämlich durch Jahr und Tag ohne Ansprache als Bürger gegolten haben. Endlich 8. soll es kein Grundruhrrecht und Strandrecht bei Ueberschwemmungen für die Habe der Bürger geben. Diese Freiheiten wurden unter den Schutz einer Strafe von 100 Mark Goldes gestellt, die der Verletzer, wer er auch immer sei, zur Hälfte in die kaiserliche Kammer, zur Hälfte dem Verletzten zu zahlen habe.

Es ist unnöthig darauf hinzuweisen, wie wichtig diese Freiheiten bei der damaligen Stufe der städtischen Verfassung an und für sich waren und auch den Bürgern erscheinen mussten. Als daher Herzog Friedrich II. wieder in den Besitz seiner Länder gelangt war, hatte er nichts Eiligeres zu thun, als diesen seinen landesfürstlichen Gerechtsamen so abträglichen Freiheitsbrief zu cassiren und die goldene Bulle zu brechen. Es konnte der Stadt wohl nur als ein dürftiger Ersatz erscheinen, dass er ihr im Jahre 1244 ihr altes Leopoldinisches Privilegium mit wenigen Abänderungen von Neuem bestätigte und wiederholte. Kaum war daher der Herzog gestorben, als die Wiener Bürger den Kaiser um die Erneuerung ihres Privilegiums bestürmten, welche auch im April 1247 wirklich erfolgte.

Die Judenordnungen Kaiser Friedrich's II. von 1238, im August Nr. VIII und Herzog Friedrich's II. 1244, 1. Juli, Nr. IX.

So wie dem kaiserlichen Stadtrecht von 1237 das herzogliche von 1244 gegenübersteht, so ist uns sowohl vom Kaiser als vom Herzog eine Judenordnung erhalten. Erstere wurde wie das Stadtrecht unter der goldenen Bulle erlassen. Beide haben eine weit über Wien hinausragende Bedeutung, sie bilden die Grundlage einer Art gemeinen Judenrechtes und wurde noch in diesem Jahrhundert und in dem folgenden von vielen Landesfürsten in ihren Ländern als Gesetz publicirt, z. B. in Böhmen von Přemisl Ottokar im Jahre 1255 Rössler: Rechtsdenkmäler I. 180, im Jahre 1268 für Brünn (Boček IV. 17), in Ungarn von König Bela IV. im Jahre 1254 Endlicher: Rer. Hung. Doc. Gallen 1849. 491) u. s. w.

Derselbe Kaiser Friedrich, der in seinem Stadtrechte von 1237 (a. 3) es für die Pflicht eines katholischen Fürsten erklärt hatte, seine christlichen Unterthanen gegen die Unterdrückungen der Juden zu schützen und diese zur Rache der von ihnen begangenen Frevelthat in ewiger Sclaverei zu halten, ertheilte ihnen ein Jahr später in feierlichster Form ein Privilegium, das eine für jene Zeit merkwürdige Toleranz athmet Niemand solle es bei schwerer Strafe wagen Kinder von Juden wider ihren Willen zu taufen. Wolle sich Jemand freiwillig taufen lassen, so dürfte es erst nach drei Tagen geschehen, bis man die Gewissheit erlange, dass er sich aus wirklicher Ueberzeugung von der Wahrheit der christlichen Religion und nicht wegen einer ihm von seinen Glaubensgenossen zugefügten Rechtskränkung taufen lasse. Sein Vermögen bleibt jedoch den Juden. Auch ihre heidnischen Sclaven darf Niemand durch die Taufe ihnen entziehen. In ihrem interconfessionellen Verkehr mit Christen steht jeder Theil unter seinem eigenen Rechte. Die Gottesurtheile des glühenden Eisens, des heissen und des kalten Wassers, die Geisselstrafe, die Einkerkerung dürfen gegen sie nicht angewendet werden. Ihnen ist der Reinigungseid nach ihrem Rechte binnen 40 Tagen gestattet. Sie dürfen an den Kaiser appelliren und werden von ihm selbst in allen wichtigen Rechtssachen gerichtet. Bei Rechtsstreitigkeiten unter sich entscheidet ihr Vorstand. Ihre Weine, Pigmente und Antidota dürfen sie den Christen frei verkaufen. Nicht minder merkwürdig und viel ausführlicher ist die **herzogliche Judenordnung** vom Jahre 1244. Interessant sind die eingehenden Bestimmungen über das Pfandrecht an den ihnen versetzten Pfändern. Hier wird zum erstenmal die **Ebenteuer** (equivalens) erwähnt (vergleiche Stadtrecht Herzog Albrecht's I. vom Jahre 1296, a. 2). Sie stehen nicht unter dem Stadtrichter, sondern unter dem Herzog selbst oder unter dem obersten Landeskämmerer. Von Christen gegen sie verübte Unbilden werden mit strengen Strafen bedroht. Sie haben ihren eigenen — den Judenrichter, schwören auf der Thora. Im Falle der Tödtung eines Juden verspricht ihnen der Herzog gegen den, den seine Verwandten des Todtschlags für verdächtig halten, einen Kämpfer zu geben. Ihr Richter darf blos in Folge einer Klage gegen sie einschreiten. Das **Judengesuch** wird dahin normirt, dass sie von jedem Pfund wochentlich nur **8 Pfennige** zu Zinsen nehmen dürfen; übrigens sollen ihnen, wenn die Zinsen für ein ausgelöstes Pfand binnen einem Monate nicht gezahlt werden, Zinsen zu Zinsen wachsen (also ein Rutscherzins). Später im Jahre 1338 (siehe Urkunde XXXVI) setzten jedoch die Herzöge Albrecht II. und Otto die Höhe des Judenzinses dahin fest, dass das Judengesuch in der Woche **3 Pfennige** für ein Pfund nicht übersteigen solle.

Wien unter König Ottokar.

Während der fast dreissigjährigen Herrschaft König Ottokar's über Oesterreich ist uns keine wie immer geartete Bestätigung der städtischen Freiheiten Wiens erhalten oder sonst bezeugt. Es ist dies um so auffallender, als es geschichtlich sicher steht, dass König Ottokar den Bürgerstand nicht blos in Böhmen und Mähren, sondern auch in Oesterreich begünstigte, und uns von ihm zahlreiche Bestätigungen von Freiheiten und Privilegien österreichischer Klöster und Corporationen, ja selbst Stadtprivilegien, z. B. für Wiener-Neustadt und Tulln erhalten sind. Die spätere zähe Anhänglichkeit der Stadt Wien an ihn in seinem Kriege mit König Rudolf liefert den Beweis, dass er es wohl verstand sich die Liebe und Anhänglichkeit der Bürger zu erwerben und zu sichern. Es ist daher die Annahme vollkommen gerechtfertigt, dass, wenn er auch die der Stadt Wien im Allgemeinen sowie einzelnen Corporationen daselbst ertheilten Privilegien wirklich nicht ausdrücklich bestätigt haben sollte, er sie doch ungestört in ihrem Genusse liess und der inneren Entwickelung des städtischen Lebens keine Hindernisse in den Weg legte. Die Stadt Wien hatte sich seiner Herrschaft mit Bereitwilligkeit unterworfen. Dies konnte wohl nur dann geschehen, wenn sie freiwillig ihm gegenüber auf ihre Reichsunmittelbarkeit Verzicht leistete gegen sein Versprechen, dass er sie in den übrigen in ihren Privilegien enthaltenen Rechten und Freiheiten nicht kränken werde. Unterstützt wird diese Annahme dadurch, dass ein mit dem Wiener gleichlautendes Privilegium Kaiser Friedrich's für Wiener-Neustadt, dessen Echtheit allerdings bezweifelt wird, unzweifelhaft von König Ottokar bestätigt wurde unter der Bedingung, dass die Stadt sich ihm unterwarf und ihm Treue schwor. Chmel: Habsburg. Excurse V. Sitzungsberichte XI. 193. Vergleiche darüber auch Ottokar Lorenz: Deutsche Geschichte im XIII. Jahrhundert I. Hat aber König Ottokar der Stadt Wien wirklich Privilegien ertheilt, von denen wir nichts wissen, so ist es gewiss, dass es der späteren Habsburgischen Herrschaft um so leichter gelang sie in Vergessenheit zu bringen, als sie höchst wahrscheinlich über die Bestätigung der bereits früher erhaltenen nicht herausgingen und durch die grossen Stadtprivilegien König Rudolf's I. von Habsburg ganz in Schatten gestellt wurden. Doch ebneten und bereiteten diese günstigen Umstände, die dem inneren Stadtleben und der in ihm liegenden Triebkraft freie Bewegung gestatteten, unzweifelhaft den Boden vor, auf dem die eine viel höhere Stufe städtischer Entwickelung begründenden Rudolfinischen Majestätsbriefe ohne einen allzu jähen Sprung festen Fuss fassen konnten.

III.

Feste Begründung und geschlossene Organisation des städtischen Gemeinwesens. Vereinigung der ursprünglich auseinandergehenden Grundlagen durch die Stadtrechte der ersten Habsburger: König Rudolf's I., Herzog Albrecht's I. und später Albrecht's II. Höhepunkt und Blüte der städtischen Autonomie im XIV. und XV. Jahrhundert.

Die beiden Handfesten König Rudolf's I. von Habsburg von 1278, 24. Juni, Urkunde XV. und XVI., und das Stadtrecht Herzog Albrecht's I. von 1296, 12. Februar, Urkunde XXIII.

Wenn es uns gelingt die sachlichen und formellen Bedenken, die gegen jene zwei Urkunden in der uns vorliegenden Gestalt geäussert worden sind, zu zerstreuen und ihre Echtheit auch durch positive Gründe nachzuweisen, so schaffen wir uns damit einen sicheren Boden, auf dem es allein möglich ist, eine klare Einsicht in die Rechtsgeschichte Wiens und damit auch des österreichischen Städtewesens zu erlangen. Dann erscheint uns König Rudolf als der eigentliche Begründer des städtischen Rechtslebens in Wien und vielen österreichischen Städten. Auf der von ihm geschaffenen Grundlage schreitet dieses nunmehr durch mehr als zwei Jahrhunderte fort, bis die neuere Zeit und ihre Aenderungen auch eine andere Grundlage schafft für eine neue Ordnung der Dinge, die aber mit dem Verluste der städtischen Autonomie und dem Uebergewichte der Staatsgewalt die städtische Entwickelung als selbstständiges Element des Staatslebens und somit ihr Hauptinteresse in den Hintergrund treten lässt. Alle nachfolgenden österreichischen Fürsten von Herzog Albrecht I. angefangen bis auf Kaiser Ferdinand I., der durch seine Stadtordnung für Wien vom Jahre 1526 eine neue Ordnung der Dinge inaugurirte, bewegen sich blos in den Bahnen, die in den Rudolfinischen Urkunden vorgezeichnet sind. Nur wenig Neues, beinahe nichts Bedeutendes kommt dazu. König Rudolf I. war es, der anknüpfend an bereits gegebene doch zerstreute Elemente den beiden disparaten Richtungen, in denen sich bis auf ihn das städtische Rechtsleben bewegt hatte — die Landesfürsten anerkannten nicht die kaiserlichen Privilegien, der Kaiser nicht die der Landesfürsten — eine einheitliche Bahn anwies, der durch seine Organisation der städtischen Verfassung die Stadt erst zu einem eigentlichen städtischen Gemeinwesen umschuf, dem Stadtrechte eine feste Grundlage für seine Weiterbildung durch Jahrhunderte gab. Mit Recht pries ihn daher die Tradition als den Begründer der Stadtfreiheit, sein Stadtrecht als Ausgangspunkt der ganzen späteren Recht-entwickelung. Daher lässt es sich erklären, dass viele Wiener Rechtshandschriften selbst das Albrecht'sche Stadtrecht von 1296 ausdrücklich als ein von König Rudolf der Stadt Wien gegebenes Recht bezeichnen. So heisst es in der Handschrift der Lübecker Stadtbibliothek 626. Jurispr. fol. (Schuster, Wiener Stadtr.-B. S. 3 Bl. 10) ausdrücklich: Hienach sind vermerkt meniger artikel und recht der gezirten und wirdigen stat ze Wienn, als die gevestigt und bestätt sind von dem Rœmischen kunig Rudolfen seins reichs im fumften jar. Nach Christes gepurd tausend jar zwaihundert LXXXVIII, VIII° juli. Indicione sexta, worauf aber nicht das Rudolf'sche Privilegium b, sondern das Stadtrecht Herzog Albrecht's von 1296 folgt. Mit denselben Worten in der Berliner Handschrift der königl. Bibliothek ms. germ. Bl. 70 (Schuster S. 8), wo letzteres Stadtrecht dieselbe Ueberschrift tragt. Daher auch der Verfasser des Wiener Weichbildrechtes a. 90 (Schuster a. a. O. S. 94) ausdrücklich eine Bestimmung, die bei König Rudolf noch nicht, wohl aber im Stadtrechte Herzog Albrecht's von 1296 vorkommt, dem ersteren zuschreibt: und haben auch das bestettet pei chunig Ruedolfen, daz man umb alles erb nicht antwurten schol ân ewenteur u. s. w.

Gegenwärtiger Stand der Frage über die Echtheit dieser Urkunden.

Den ersten Zweifel an der Echtheit des vom 24. Juni 1278 datirten Privilegiums König Rudolf's I. für Wien hat Böhmer in seinen im Jahre 1844 erschienenen Regesta imperii inde ab a. 1246 usque ad a. 1313 angeregt, indem er bei dem betreffenden Regest nachweist, dass die im Privilegium angeführten Zeugen mit seinem Datum nicht übereinstimmen, namentlich einer von ihnen, Bischof Leo von Regensburg, schon das Jahr zuvor im Juli verstorben war. Anfangs stellte er (S. 94) blos die Vermuthung auf, dass die Urkunde nicht unter diesem Datum, sondern wahrscheinlich bald nach der Besetzung Wiens, etwa im December 1276 oder im Januar 1277, ausgestellt worden sei. Später (S. 483) nennt er jedoch diese Urkunde direct eine Fälschung der Wiener Bürger, die es wohl verdiente von Herzog Albrecht I. im Jahre 1288 cassirt zu werden. Dagegen nahm er eine zweite angeblich vier Tage früher (vom 20. Juni 1278) datirte Urkunde König Rudolf's für Wien (über die Richtigkeit dieser Angabe später) als echt an oder äusserte doch gegen sie keinerlei Bedenken. Gaupp (Deutsche Stadtrechte des Mittelalters II. 235) und Bischoff (Oesterreichische Stadtrechte und Privilegien 176) wiederholen einfach die Ansicht Böhmer's.

Dagegen ist Ottokar Lorenz in einer besonderen Abhandlung (Ueber die beiden Wiener Stadtrechts-Privilegien, in den Sitzungsberichten der kaiserl. Akademie zu Wien, XLVI. B. S. 72 ff., im Aprilhefte des Jahrganges 1864, welche auch in seine im Jahre 1876 zu Berlin erschienenen »Drei Bucher Geschichte und Politik«, Bibliothek für Wissenschaft und Literatur 4. t. S. 508—546, unverandert überging) einen Schritt weiter gegangen. Nachdem er den Nachweis geführt, dass aus der Reimchronik des steierischen Ritters Ottokar für unsere Frage wenig zu gewinnen sei, unternimmt er es die Echtheit beider Privilegien eingehend zu prüfen, gelangt zwar zu dem unbestreitbaren Resultate, dass es zwei echte Privilegien König Rudolf's für Wien gegeben haben müsse, von denen das eine sich an das Stadtrecht Herzog Leopold's VI. für Wien vom Jahre 1221, das andere an das Privilegium Kaiser Friedrich's II. vom Jahre 1237 (erneuert 1247) angeschlossen habe, dass aber eine genaue Prüfung des Inhalts der zwei uns abschriftlich erhaltenen Formen augenscheinlich zeige, dass die echten

Privilegien unmöglich so gelautet haben können, dass jene vielmehr von Seite des Rathes der Stadt Wien ausgearbeitete Entwürfe seien, in denen derselbe seine Ansprüche und Wünsche auf Grund der echten Privilegien formulirte und zusammenfasste und die er dem Herzog Albrecht I., als es sich um dessen Stadtrecht vom Jahre 1296 handelte, zur Sanction vorgelegt habe. Er macht sodann den Versuch, die echten Urkunden König Rudolf's aus dieser von der Stadt ausgearbeiteten »Rechtsaufzeichnung« zu reconstruiren, welchen Versuch er jedoch nur rucksichtlich der von Böhmer angefochtenen Urkunde durchführt. Die daselbst vorkommenden Zeugen überträgt er nun auf die andere Urkunde und kommt zu dem Endresultat, dass König Rudolf zuerst, etwa Anfangs 1277, d. i. bald nach der Uebergabe der Stadt in des Königs Gewalt, das Leopoldinum, nachher — nach der Empörung Paltram's — auch das Friedericianum bestätigt habe. Seit Lorenz hat sich Niemand eingehender mit der Frage beschäftigt. Hasenöhrl, in seiner Herausgabe des österreichischen Landrechtes, obwohl ihm diese Abhandlung von Lorenz bekannt ist, verwendet die Rudolf'schen Privilegien häufig bei seinen Ausführungen. Dagegen bezeichnet sie Schuster in seiner Ausgabe des Wiener Weichbildrechtes wiederholt im Anschluss an die Ansicht Lorenz' geradezu als »Privilegiumsentwürfe von 1278«. Erst in neuester Zeit hat der Herausgeber dieses Buches die Frage zum Gegenstande einer besonderen Untersuchung in den Schriften der kaiserl. Akademie (Sitzungsberichte B. LXXXIII. S. 293 ff.) gemacht, in der er die volle Echtheit beider Urkunden nachzuweisen sich bemüht, deren Resultate hier im Wesentlichen wiederholt werden. Indessen müssen wir zu dieser Abhandlung noch hinzufügen, dass, wie wir erst nachtraglich inne wurden, auch Böhmer und Lorenz später zur Kenntniss der im Datum übereinstimmenden Aufzeichnungen der beiden Rudolfinischen Urkunden in dem Codex der Wiener Hofbibliothek 352 Olim Salisb. 416 gelangten. Lorenz (Deutsche Geschichte II. B. II. Abth. Excurse und Berichtigungen zu S. 221 S. 670) berichtigt die falsche Angabe Böhmer's (Additamentum I. S. XVI rucksichtlich dieses Datums und seine irrige Bezeichnung dieser Handschrift.

Eine befriedigende Lösung dieser Frage ist von grosser Wichtigkeit für die Geschichte des städtischen Rechtslebens. Ohne diese Urkunden haben wir gerade für die Hauptperiode, in die die städtische Rechtsentwickelung fällt, eine empfindliche Lücke, die mehr als ein Jahrhundert umfasst, und die wir durch nichts auszufüllen vermögen. Denn sehen wir ab von dem Stadtrecht Herzog Albrecht's vom Jahre 1296 für Wien, das im Wesentlichen nur die Grundzüge für die Verfassung und das öffentliche Recht der Stadt enthält, so haben wir für die im Privatrecht und Strafrecht geltenden Grundsatze keine einzige umfassende Rechtsquelle seit dem Leopoldinum vom Jahre 1221, beziehungsweise dem sich an dieses eng anschliessende Stadtrecht Herzog Friedrich's II. vom Jahre 1244 bis zum Jahre 1340, wo Herzog Albrecht II. sein sehr umfangreiches Stadtrecht erliess. Ueber die dazwischen liegende Entwickelung wissen wir ohne diese Urkunden so gut als gar nichts.

Urkundliche Grundlage.

Die zwei Privilegien König Rudolf's I. für die Stadt Wien vom Jahre 1278 waren bisher nur aus Abschriften und älteren Abdrucken bekannt. Die Originalurkunden selbst sind verloren gegangen. Das Privilegium, das vom 24. Juni 1278 datirt ist, findet sich in dem uns im Wiener Stadtarchiv erhaltenen grossen Stadtbuche, das unter dem Namen des

Eisenbuches bekannt ist, in Abschrift im lateinischen Texte (f. 34—35') und in einer deutschen Uebersetzung (f. 38'—41). Beide Texte stimmen mit einander vollkommen überein und die einzelnen Artikel sind mit Ueberschriften versehen. Aus dem Eisenbuche gingen sie wohl in eine Reihe auf Grundlage dieses entstandener Wiener Rechtshandschriften über. Der deutsche Text wurde darnach von Senckenberg (Selecta, tom. IV fasc. IV pag. 413) und von Rauch (Script. rer. austr. III. 6) abgedruckt. Da aber diesen Aufzeichnungen im Eisenbuche Eintragungen von Urkunden bis zum Jahre 1360 vorangehen, so erfolgten jene erst nach diesem Jahre, sind also für uns nur von geringerem Werthe. Auch fehlt in beiden Texten, sowohl dem lateinischen als dem deutschen, der Artikel uber Paltram, ferner die **Zeugenreihe und das Datum.** In unverkürzter Gestalt: mit diesem Artikel, den Zeugen und dem obigen Datum (octavo calendas julii 1278, indictione sexta, regni vero nostri quinto) wurde diese Urkunde zuerst von Lambacher 1773, in seinem »Oesterreichischen Interregnum«, im Urkundenbuch S. 158—167 Nr. XCI, mitgetheilt, und zwar wie er S. 219 Nota (b) sagt, aus einer Abschrift, die ihm P. Herrgott bei seiner Abreise von Wien hinterliess und die nach einer von ihm gemachten Anmerkung aus einem alten Codex der Stadt **Neustadt** entnommen sein soll. Diese Handschrift von Wiener-Neustadt ist heutzutage verschollen. Nachforschungen nach ihr erwiesen sich fruchtlos.

Auf diesem Abdruck allein beruhte bisher unsere Kenntniss dieser Urkunde.

Unsere Forschungen haben uns jedoch noch zur Auffindung von zwei handschriftlichen Aufzeichnungen derselben geführt, die bis auf unbedeutende Varianten sowohl unter einander als auch mit dem Abdruck bei Lambacher übereinstimmen. Die eine findet sich in einer Pergamenthandschrift der kaiserl. Hofbibliothek zu Wien unter der Signatur 352. Olim Salisb. 416, f. 92—94, aus dem XIII. Jahrhundert, die jedoch auch einzelne spätere Eintragungen aus dem Anfang des XIV. enthält. Es finden sich in ihr neben anderen auch Eintragungen von Wiener Rechtsurkunden aus dem XIII. Jahrhundert, darunter auch drei bisher unbekannte Babenbergische Rechtsaufzeichnungen.

Die zweite Handschrift, die diese Urkunde enthält, ist ein Papiercodex der Stadtbibliothek zu Lübeck aus dem XV. Jahrhundert (beschrieben bei Schuster a. a. O. S. 3, und Hasenöhrl, Oesterr. Landr. S. 4) und zwar f. 39'—42'.

Das zweite Privilegium König Rudolf's I. für Wien kannte man bisher blos aus dem Abdruck, den uns Lambacher (a. a. O. S. 146—158 Nr. XC, angeblich nach einem Codex MS. Canon. Tiernsteinensis) mitgetheilt hat. Es ist daselbst vom 20. Juni (duodecimo calendas julii) 1278, also vier Tage früher als das erste Privilegium, datirt. Das ehemalige Stift der regulirten Chorherrn von St. Augustin zu Tiernstein (Dürnstein) wurde im Jahre 1788 aufgehoben. Sein Archiv soll dem Stifte Herzogenburg einverleibt worden sein. Schon der Abdruck bei Lambacher zeigt, dass wir es hier mit einer lückenhaften, vielfältig verdorbenen, von Missverständnissen strotzenden Abschrift zu thun haben, die den Sinn mancher Stellen bis ins Unkenntliche verstummelt. Es musste uns daher angenehm überraschen, als es uns gelang zuverlässigere Abschriften ebenfalls in den zwei obengenannten Handschriften aufzufinden, und zwar in der Handschrift der Hofbibliothek 352 f. 94—97 noch aus dem XIII. Jahrhundert und in der Lübecker Handschrift f. 42'—46'. Diese zwei letzteren Abschriften stimmen miteinander überein, ergänzen die Lücken im Lambacher'schen Druck und ermöglichen die Herstellung eines correcten, von allen Lesefehlern und Missverständnissen freien Textes.

Merkwürdigerweise stellte sich nun aus der Abschrift der Hofbibliothek heraus, **dass auch dieses Privilegium König Rudolf's, sowie das erste vom 24.** (octavo calendas julii) **und nicht vom 20. Juni, somit von demselben Tage datirt ist.** Die minder zuverlässige Lübecker Handschrift aus dem XV. Jahrhundert datirt dieselbe zwar VII calendas julii, also einen Tag später, vom 25. Juni. Jedoch berechtigen die im Texte vorkommenden häufigen Lesefehler zu der Annahme, dass der Schreiber der Lübecker Handschrift einen Strich nach VII übersehen habe. In ähnlicher Weise scheint auch das falsche Datum der Tiernsteinischen Handschrift entstanden zu sein, indem der Schreiber statt VII fälschlich XII las und dieses römische Zahlzeichen in Worte übertrug. Wie dem auch sei, so viel stellt sich aus der ganz correcten und noch aus dem XIII. Jahrhundert herrührenden Abschrift in dem Codex der Hofbibliothek mit Sicherheit heraus, **dass beide Privilegien von demselben Tage, dem 24. Juni 1278,** datirt sind und somit wahrscheinlich zu gleicher Zeit den Wiener Bürgern übergeben wurden. Dadurch beheben sich zugleich die Bedenken, die man wohl hören konnte, dass es befremdend sei, dass König Rudolf der Stadt Wien binnen einem Zeitraum von vier Tagen zwei so wichtige Privilegien ertheilt haben solle.

Wir werden jedoch, um Vewirrung zu vermeiden, dem Vorgange Lorenz' folgend, die angeblich **vom 20. Juni datirte, also** frühere **Urkunde** fortan **mit Urkunde I, die vom 24. Juni** datirte **mit Urkunde II** bezeichnen.

Gang der Untersuchung.

Der Untersuchung über unsere Frage hat schon Lorenz eine fest bestimmte und zugleich die einzig richtige Bahn angewiesen. Es muss vor Allem geprüft werden, ob es sich nachweisen lässt, dass König Rudolf der Stadt Wien wirklich zwei Privilegien ertheilt habe, von denen der Inhalt des einen sich an das Leopoldinum, des anderen an das Friedericianum anschliesst. Ist dies constatirt, so muss sodann untersucht werden, in welchem Verhältnisse die unter diesem Namen uns erhaltenen Stadtprivilegien vom 24. Juni 1278 für Wien zu einander stehen, und ob sie als die echten Rudolfinischen Privilegien anzusehen sind oder nicht. Zu diesem Zwecke muss die der Rudolfinischen Zeit vorangehende Rechtsentwickelung Wiens ins Auge gefasst, dann die Zeitverhältnisse unter Rudolf, endlich die späteren Stadtrechte für Wien mit den uns vorliegenden Aufzeichnungen verglichen werden.

Den Nachweis, dass es wirklich zwei echte Rudolfinische Privilegien für Wien, und zwar mit dem erwähnten Inhalt, gegeben habe, hat Lorenz (S. 22—27) in so unzweifelhafter und überzeugender Weise geführt, dass wir uns hier blos darauf beschränken dürfen, seine Gründe kurz zu wiederholen und nur Weniges hinzuzufügen haben.

1. Geht dies aus einer uns im Original im Wiener Stadtarchiv erhaltenen Urkunde des Grafen Albrecht vom Jahre 1281 hervor, worin er zwei Bestimmungen des früheren Rechtes über das Niederlagsrecht der fremden Kaufleute zu Wien abändert. Er sagt da ausdrücklich, der Rath der Stadt Wien habe ihm bewiesen, dass er sich im Besitze alter Handfesten von Kaisern und österreichischen Fürsten befinde, die ihm König Rudolf mit seinen Handfesten erneuert und bestätigt habe. Es werden sodann zwei Artikel wörtlich citirt, die nichts als eine wortgetreue Uebersetzung zweier in der Urkunde I vorkommender Satzungen sind.

In derselben Urkunde wird Wien als »des Riches haubtstadt in Österreich« bezeichnet, ein Ausdruck, der an der Reichsunmittelbarkeit der Stadt unter König Rudolf nicht zweifeln lässt, somit die Existenz der Urkunde II bekundet, die Wien zur reichsunmittelbaren Stadt erhob.

Beide Urkunden müssen daher neben einander bestanden haben und schlossen sich keineswegs, wie Böhmer anzunehmen geneigt war, gegenseitig aus (Lorenz S. 26).

2. Ein zweites Zeugniss für das Vorhandensein der Rudolfinischen Briefe für Wien ist eine uns gleichfalls im Originale im k. k. Staatsarchive zu Wien erhaltene Verzichts-urkunde der Stadt Wien vom Jahre 1288 auf sämmtliche ihr vom König Rudolf verliehene Privilegien, aus welcher Zeit uns zugleich die Huldigungs- und Unterwerfungsbriefe der Stadt und zahlreicher mächtigerer Wiener Bürger an Herzog Albrecht I. erhalten sind. Cedimus et renuntiamus omnibus et singulis privilegiis, cujuscunque tenoris existant, per serenissimum dominum nostrum Rudolfum, Romanorem regem semper augustum nobis et civitati Wiennensi traditis et concessis. (Hormayr, Wien II. 38. Kurz, Urkunde Nr. 20.)

Zu diesen schon von Lorenz geltend gemachten Zeugnissen fügen wir noch zwei für die Beurtheilung unserer Urkunden höchst wichtige, ihm unbekannt gebliebene Privilegien Herzog Rudolf's III. vom Jahre 1305 für die Städte Krems und Stein hinzu, von denen die eine eine wortgetreue Uebersetzung der Urkunde I enthält, die andere sich an das Stadtrecht Herzog Albrecht's I. für Wien vom Jahre 1296 anschliesst. Herzog Rudolf III. sagt nun in der Einleitung ausdrücklich, er verleihe hiemit den Bürgern jener Städte die Rechte, die König Rudolf, sein Grossvater, und Herzog Albrecht, sein Vater, der Stadt Wien gegeben hatten. Es steht demnach unzweifelhaft fest, dass es zwei Rudolfinische Stadtprivilegien für Wien dieses Inhalts gegeben habe.

Wir stimmen ferner Lorenz darin vollkommen bei, dass diese beiden Urkunden selbst in einem so innigen Zusammenhange mit einander stehen, dass sie entweder beide echt oder beide unecht sind, dass eine die andere voraussetzt, und sie nur neben einander und sich wechselseitig bedingend existiren konnten. Die Urkunde I, die sich an das Leopol-dinum anschliesst, lasst nämlich die betreffende Bestimmung dieses Stadtrechtes über die Organisation der Stadtbehörde aus, welche letztere eben in der Urkunde II normirt ist, dann ferner das Verbot der Heiraten zwischen Bürgern und Rittern ohne Einwilligung des Herzogs, da der a. 10 der Urkunde II den Bürgern die Standesgleichheit mit den Rittern ertheilt. Wir fügen noch hinzu, dass, wie später erhellen wird, auch die Urkunde II eine ausdrückliche Hinweisung auf die Urkunde I enthält mit den Worten: jurabunt der Rath specialiter, quod formam in privilegiis expressam, ipsis traditam et confectam (nämlich die Urkunde I) integre et fideliter observabunt.

Auch darin stimmen wir ihm bei, wenn er (S. 16) näher ausführt, dass die Reichs-unmittelbarkeit der Stadt, die in der Urkunde II ausdrücklich ausgesprochen ist, auf welche aber auch schon das Proëmium der Urkunde I eine nicht zu verkennende Hindeutung enthält, und an der Böhmer Anstoss genommen zu haben scheint, es keineswegs sei, die den Inhalt der Urkunde II verdächtig mache. Dass diese in der Verzichtsurkunde der Stadt an Herzog Albrecht wesentlich gemeint sei, wird kaum bezweifelt werden können. Böhmer sagt selbst, die Burger hätten eine zeitlang als reichsunmittelbare Stadt den Reichsadler in ihrem Siegel geführt. Wir fügen hinzu, dass der einköpfige Adler mit ausgebreiteten Fittigen und aus-gespreizten Krallen mit der Umschrift Sigillum civium Winnensium im rothen Wachs schon unter Herzog Albrecht I. einem Adler mit einem Brustschilde im weissen Wachs weichen muss, und dass wir uns nicht erinnern, dass Wien seitdem das Recht erhalten hätte, mit rothem Wachs zu siegeln, wie etwa die Städte Krems und Stein durch Kaiser Friedrich III. (1463, 1. April. Kinzl: Chronik von Krems und Stein, S. 569). Uebrigens will es uns scheinen, dass man die Bedeutung Wiens zur freien Reichsstadt zu überschätzen geneigt sei. Die Zahl der Reichsstädte in Deutschland war zu jener Zeit noch eine sehr grosse, und eine solche Erklärung mochte dort allerdings eine grössere Wichtigkeit haben als in Oesterreich. Es lag im Triebe jener Zeiten, dass man den Schutz mächtiger Herren suchte, um die aus diesem Unterwerfungsverhältniss entspringenden Vortheile sich zu sichern. In anderen Theilen Deutschlands, wo zahlreiche kleine Landherrschaften vorhanden waren, die sich jeden Augenblick zerstückelten, umänderten, neubildeten, musste der unmittelbare Schutz des Reiches eine schwerer wiegende Bedeutung haben. Anders in Oesterreich. Daher die Leichtigkeit, mit der die Wiener sich wieder ihrem alten Herzog Friedrich II. unterwarfen, ihrer neu bestätigten Reichsunmittelbarkeit zu Gunsten König Ottokar's entsagten, auf ihre Reichsfreiheit gegen Herzog Albrecht I. Verzicht leisteten. Für sie mochten weniger die ihnen von König Rudolf in der Urkunde II verliehene Reichsfreiheit, als die übrigen in ihr enthaltenen Rechte und Freiheiten einen Werth haben. Uebrigens hat König Rudolf selbst mit der Ertheilung der Reichsunmittelbarkeit und anderer reichsfreiheitlicher Rechte nicht gespart. 1277, 25. August, verlieh König Rudolf der Stadt Bruck in Steiermark alle Rechte, Freiungen und Gewohnheiten, die andere unsere und des Reiches Städte haben (Hormayr, Taschenbuch 1841 S. 113). 1278, im September (Cod. dipl. Moraviae. V. S. 264) gibt er der Stadt Znaim in Mähren alle Rechte der Stadt Wien und verspricht ihr quod cives nostros et civitatem ipsam nullo unquam tempore a nobis alienabimus aut alteri committemus, sed ipsos nostro et imperii dominio volumus reservare; erhebt in demselben Monat die Stadt Brünn zur freien Reichsstadt (a. a. O. S. 267) . . ita quod in ceterarum imperii numero collocetur . . . omni ea libertate et gratia gaudere et perfrui . . ., qua ceterae civitates imperii de benignitate regia sunt gavisae . . .: gibt der Stadt Olmütz (Böhmer, Reg. S. 96) am 20. September 1278 zweijährige Steuerfreiheit und zehnjährige Zollfreiheit im deutschen Reiche; nimmt die Stadt Iglau in seinen und des Reiches Schutz; gibt am 20., 28. und 29. September den Städten Prerau, Leobschutz, Pörlitz ähnliche Rechte wie der Stadt Olmütz u. s. w. König Rudolf mochte wohl fühlen, dass es mit der Reichsunmittelbarkeit bei diesen Städten keine Noth habe, dass sie sie gegenüber einer geschlossenen Landesherrlichkeit weder behaupten konnten noch würden. Die Sache hatte doch eigentlich nur so lange Bedeutung, als die Herzogthümer und Länder nicht zu Lehen ausgethan wurden, die zur Zeit ohnehin in der unmittelbaren Regierung des Reiches sich befanden. Bei Wien mochte ihm allerdings, besonders wenn er wirklich damals schon an die Verleihung des Herzogthums an sein Haus dachte, die Sache ernster erscheinen, daher er auch in der Urkunde II, worin er die Worte Kaiser Friedrich's II. rücksichtlich der Verleihung der Reichsunmittelbarkeit sonst genau aufnahm, bezeichnend genug den Nachsatz, dass die Stadt nie mehr vom Reiche getrennt werden solle, wegliess.

Die Rechtsentwickelung der Stadt Wien vor König Rudolf hatte sich bisher in zwei von einander divergenten Bahnen bewegt. Den Ausgangspunkt des ganzen städtischen Rechtslebens bildete das Stadtrecht Herzog Leopold's VI. vom Jahre 1221, in dem die wesentlichsten Grundsätze, namentlich für das Strafrecht und den Strafprocess, dann für das

Privatrecht, endlich nach der damaligen Stufe der stadtischen Entwickelung auch die Grund-
züge der Organisation der Stadtbehörde enthalten waren. Im Jahre 1237 hatte Kaiser
Friedrich II. die Stadt zur reichsunmittelbaren erhoben und ihr ausserdem noch wichtige
Rechte öffentlicher Natur ertheilt. Nach dem Tode Herzog Friedrich II. wiederholte er im
Jahre 1247 sein Stadtprivilegium für Wien. Herzog Friedrich II. hatte jedoch das Privilegium
cassirt, das goldene Siegel gebrochen und der Stadt im Jahre 1244 ihr altes landesfürstliches
Stadtrecht erneuert. Dieses Stadtrecht Herzog Friedrich's II. stimmt zwar grösstentheils
wörtlich mit dem Leopoldinum überein, gibt jedoch bereits Zeugniss von einem vorgerückteren
Stadium der städtischen Rechtsentwickelung. König Ottokar, ein warmer Beförderer des
Bürgerthums, liess die Stadt mit Ausnahme der Reichsunmittelbarkeit, die durch die Unterwerfung der Stadt unter seine Landeshoheit ohnehin gegenstandslos geworden war, im factischen
und ruhigen Genusse ihrer Rechte. Privilegien von ihm für Wien, obwohl vielleicht ursprünglich
vorhanden, haben sich nicht erhalten, jedenfalls waren sie nicht von grossem Belange und
wurden durch die späteren, viel wichtigeren habsburgischen Stadtfreiheiten ganz in den Hintergrund gedrängt. Noch treten aber die Bürger, so weit es aus den allerdings sparlichen
städtischen Urkunden über Rechtsgeschäfte ersichtlich ist, nur vereinzelt, nicht repräsentirt
durch einen geschlossenen und organisirten Rath, wie unter König Rudolf, nach aussen auf.
Nach innen hatte die Rechtsgleichheit der verschiedenen Bürger der Stadt, die rechtliche
Abhängigkeit aller städtischen Bewohner von dem Stadtrathe als Gerichtsbehörde noch keinen
ausseren gesetzlichen Ausdruck gefunden, wenn diese Verhältnisse gleich bereits vorbereitet
und angebahnt waren. Noch werden cives und burgenses unterschieden. Die Erbbürger, die
Freien, Ministerialen, die reichen Kaufleute, Hausgenossen und Laubenherren regierten die
Stadt. Die Handwerker, obwohl seit Kaiser Friedrich II. persönlich frei, litten noch unter
den Folgen der Hörigkeit, unterlagen der Eigengerichtsbarkeit ihrer Grundherren, von denen
sie ein kleines Stück Land zu Erbrecht besassen, so wie überhaupt die verschiedensten Jurisdictionen in der Stadt noch durcheinander liefen, und die meisten Einwohner innerhalb des
Burgfriedens nur in Fällen der Blutgerichtsbarkeit als exemter Bezirk nicht dem Landrichter
sondern dem Stadtrichter unterlagen. Schon regte sich aber unter Ottokar die Kraft der
durch Kaiser Friedrich von den Fesseln der Unfreiheit befreiten Arbeit, das Handwerk fing
an, sich auch politisch als Macht geltend zu machen.

Dies waren im Allgemeinen die rechtlichen Zustände, die König Rudolf bei der
Besetzung Wiens am Ende des Jahres 1276 antraf.

Ueberblicken wir die Rechtsentwickelung Wiens nach König Rudolf, so treten uns
bereits durch Originalurkunden verbürgte Stadtrechte: das von Herzog Albrecht I. vom
Jahre 1296, das sich an das Friedericianum anschliesst, und das Stadtrecht Herzog Albrecht's II.
vom Jahre 1340, das dem Leopoldinum folgt, entgegen. Wir befinden uns somit hier auf
einem festen Boden, wo uns eine genaue retrospective Vergleichung mit den Rudolfinischen
Urkunden möglich ist. Dazu treten noch die zwei bereits erwähnten Kremser Urkunden von
Herzog Rudolf III., die für die Vergleichung von besonderer Wichtigkeit sind. Dabei ist
man wohl zu der Annahme berechtigt, dass Rechte, die später durch die Landesherren der
Stadt ausdrücklich belassen und verbrieft wurden, ihr schon von König Rudolf I. unbedenklich
ertheilt werden konnten, das, was seine Nachfolger sich nicht bewogen fühlten, im Interesse
der Landeshoheit zu beschranken, auch von König Rudolf gewährt worden sei, um so eher,

als bei diesem noch das politische Interesse hinzutrat die Stadt Wien dauernd an sich und
sein Haus zu fesseln und die Anhänglichkeit an Ottokar und dessen Regierung zu schwächen.
Innerhalb dieser bezeichneten Bahnen muss sich denn auch die Untersuchung bewegen
und zuerst die volle innere Unbedenklichkeit der beiden Urkunden II und I nachzuweisen,
dann die verschiedenen äusseren oder formellen Bedenken, namentlich das von Böhmer
angeregte, zu entkräften versuchen.

Urkunde II.

In der Urkunde II lassen sich dreierlei Artikel unterscheiden: 1. solche, welche sie
mit dem Friedericianum vom Jahre 1237 und zugleich mit dem Albertinum vom Jahre 1296,
— 2. solche, die sie blos mit dem Albertinum gemeinschaftlich hat, — endlich 3. solche, die
ihr allein eigenthümlich sind, also weder im Friedericianum noch auch im Albertinum
vorkommen.

1.

Was zuerst die Eingangsformel betrifft, so kann es uns nicht wundern, dass der Satz des Friedericianum: ab
improbis et ingratis bis iniquorum, und ein zweiter Ausfall gegen den Herzog Friedrich II. im Rudolfinum weggeblieben
sind. Hiernach treffen wir aber sogleich auf eine höchst bedeutsame Auslassung im Rudolfinum. Nach dem Satze:
ut ammodo in nostris regimi et imperatorum, successorum nostrorum manibus teneantur, ist der Satz des Friedericianum:
et quod nunquam per concessionem alicujus beneficii de nostra et imperii transeant potestate im Rudolfinum *ganz weggelassen* und durch den Satz ersetzt: et ipsa civitas inter fideles et dilectas civitates imperii specialiter computetur, eine
Aenderung, die nur im Hinblick *auf die bereits von König Rudolf geplante Verleihung des Herzogthums an seine Söhne
als Lehen* erklärt werden kann.

Obwohl sich daher König Rudolf die Eingangsphrasen des Friedericianum im Allgemeinen angeeignet hat, so
sehen wir schon hier Aenderungen hervortreten, die einen bedeutungsvollen Sinn haben. Lorenz' Behauptung, die
Abweichungen des Rudolfinum vom Friedericianum seien kaum etwas mehr als *Varianten*, und sein darauf gebauter
Versuch, die Urkunde Rudolf's in ihrer wahren, echten Gestalt dadurch zu reconstruiren, dass er das Friedericianum, mit
einem cujus tenor est hic eingeleitet, wörtlich in den reconstruirten Text inseriren will, erweist sich schon in der Eingangsformel als gewagt.

Anklänge an die Rudolfinische Fassung des Proëmium finden wir nun auch im Eingange des Albertinum, wobei
selbstverständlich alle Beziehungen auf das Reich weggeblieben sind. Gehen wir weiter, so finden wir in dem a. 1 des
Rudolfinum den a. 1 des Friedericianum wörtlich wieder mit der kleinen, doch auch nicht ganz bedeutungslosen Aenderung,
dass nach dem Friedericianum der Richter vom König gesetzt, und blos si necesse fuerit der Rath der Bürger bei Wahl
der Person eingeholt werden soll, Rudolf hingegen diese Clausel ganz weglässt, daher der seitdem fortgeschrittenen Stadtfreiheit eine Concession macht. Albrecht freilich erwähnt a. 1 von einer solchen Zuziehung der Bürger bei der Wahl
des Richters *gar nichts*, sondern erklärt blos, den Richter bei Eingriffen in die städtische Freiheit nach dem *rate des
r. tes ze Wienne* bezeichnen zu wollen.

Ebenso a. 1 die a. 2 des Friedericianum mit zwei kleinen unbedeutenden Zusätzen in das Rudolfinum a. 2
wörtlich übergegangen, *bei Albrecht jedoch ganz weggeblieben*. Der neue Landesfürst konnte im Interesse der Wehrkraft
seines Landes die in die Bestellung der Bürger nicht enthalten und wollte sich daher durch die Zustellung, dass sie
nicht länger, als das Tagesgericht waret, und nur über eine Tagereise far ode Zwecke in Anspruch genommen werden
dürfen, nicht die Hände binden.

Da a. 3 Friedericianum finden wir bei Rudolf a. 3 wörtlich wieder mit *zwei Varianten*, die, so unbedeutend
sie, den Beweis liefern, dass Albrecht in seinem Stadtrecht a. 5 nicht den Friedericianischen Text, sondern den
Re of verstanden hatte, und dass bei Albrecht und Friedrich übereinstimmenden Artikel nur *den ode das Medium der
Fassung* der Urkunde a. ... Albrecht ausde Stadtrecht entgegengesetzt sein können. Des Friedericianum sagt exceptimus
... Rudolf a p. humus, Albrecht übersetzt vertreiben wir. Friedrich blos sub pretextu
... der Zu ... per Albrecht übersetzt mit ihm im Lauff ... unter den ersten der
verschieden ... in we ... ooff...

Weiters ... e ... Aenderung ... Friedericianum im a. 4 Rudolfinum bei sonst wörtlicher
Anerkennung ... Noch ... die Bürger bei oder Civil- und Criminalklage *nur von Bürgern* zu Recht
... steen, bei Rudolf ... in Bild ... en blos ... Zivi ... von Bürgern und nicht der extranei zugelassen werden.

An die Stelle des ausschliesslichen Gerichtsstandes *vor den Genossen* wird daher von Rudolf ein blos processualischer, den Beweis durch Ueberführung betreffender Satz eingeschoben, eine formale Aenderung, mit der es allerdings nicht so schlimm gemeint war, wie der selbstständige a. 19 des Rudolfinum beweist. Im a. 6 des Albertinum wird jedoch im Anschluss an die processualische Wendung, die Rudolf dem Friedericianischen Artikel gegeben hat, der Rudolfinische Satz abermals wesentlich seinem Sinne nach verändert. An die Stelle der Ueberführung durch Zeugen wird die Reinigung durch den Eid (die beredung der Sache mit seinem aide) gesetzt, wobei auch die sowohl bei Friedrich als Rudolf vorkommende Ausnahme der Majestätsbeleidigung und des Stadtverrathes nicht mehr erwähnt wird. In der Fassung, die demnach Albrecht dem Artikel gab, wird zu Gunsten der Bürger der Zeugenbeweis gegen sie in allen Klagen, die an ihre Ehre und Treue gehen, *ganz* ausgeschlossen, während Rudolf nur *auswärtige* Zeugen ausgeschlossen wissen wollte.

A. 5 Friedericianum stimmt mit a. 5 Rudolfinum wörtlich überein. Der Zusatz im Rudolfinum de crimine sibi objecto ist irrelevant, und doch ist es, wie bei den Varianten des a. 3, für unsere Frage von Bedeutung, dass Albrecht (a. 8) *ebenfalls den Zusatz aufnimmt:* solcher sache, die gegen im gesprochen ist. Dem Herzog Albrecht lag daher das Rudolfinum und nicht das Friedericianum vor.

A. 6 Friedericianum und a. 6 Rudolfinum stimmen wörtlich überein. Bei commodo studio macht Rudolf den Zusatz studentium, der bei Albrecht ebenfalls erscheint: der lernten. Albrecht (a. 10) spinnt jedoch diesen Artikel weiter aus, indem er die ganze Ordnung der Schule zu St. Stephan daran schliesst, unterscheidet sich jedoch wesentlich von Friedrich und Rudolf dadurch, dass der Schulmeister nach ihm nicht vom Könige, respective dem Landesfürsten, sondern von dem Rathe der Stadt gesetzt wird, eine Begünstigung der Bürger, die bei Friedrich und Rudolf noch nicht erscheint.

A. 7 Friedericianum stimmt a. 7 Rudolfinum gleichfalls bis auf kleine Zusätze bei Rudolf überein: omnes incole et advene, cujuscunque conditionis fuerint — pro concivibus a concivibus etc. Albrecht (a. 11) lässt den auf das Reich sich beziehenden Eingangssatz weg und fasst den ganzen Artikel überhaupt einfacher als Friedrich und Rudolf.

So stimmt auch a. 8 Friedericianum mit a. 8 Rudolfinum bis auf unbedeutende Varianten wörtlich und dem Sinne nach, wenn gleich mit einem anderen Satze eingeleitet, auch Albrecht (a. 14) mit beiden überein.

Der a. 9 des Friedericianum ist in den entsprechenden Artikeln Rudolf's (9) und rücksichtlich der Strafsanction (a. 35) bedeutend verändert, während sich Albrecht (a. 15) wörtlich an Rudolf und *nicht an Friedrich anschliesst*. Könnte man noch zweifeln, so müsste dieser Artikel bei Albrecht unwiderleglich zeigen, dass Albrecht bei der Abfassung seines Stadtrechtes unsere Rudolfinische Urkunde und nicht das Friedericianum unmittelbar als Vorlage benutzte. Während Friedrich blos jede Verletzung des Privilegiums durch hohe oder niedere Personen etc. mit einer Strafsanction bedroht, erklären Rudolf und nach ihm Albrecht das Gericht des Stadtrichters als das ausschliesslich competente für die Bürger in was immer für einer Sache und nehmen blos die Hausgenossen, die Lehen und die Weinberge aus. Der a. 35 Rudolfinum enthält dieselbe Strafsanction von 100 Pfund Gold wie Friedrich, doch sind rücksichtlich der nicht dem Fiscus (der Kammer) zufallenden Hälfte des Strafbetrages statt des unbestimmten Ausdruckes passi injuriam ausdrücklich die Bürger genannt, denen sie zukommt.

Damit sind wir mit den aus dem Friedericianum in das Rudolfinum und Albrechtinum übergegangenen Artikeln zu Ende. Wir sehen daraus, dass Lorenz ganz richtig (S. 37) bemerkt: »So viel steht also demnach jedenfalls fest, dass der Friedericianische Freiheitsbrief vom Jahre 1237 (1247) Hauptquelle des Wiener Stadtrechtes auch in der Habsburgischen Periode geblieben ist«, und weiter, »dass Rudolf I. eine echte Urkunde ausgestellt hat, deren hauptsächlichster Inhalt Bestätigung des Friedericianum gewesen ist, darüber kann wohl kein Zweifel obwalten«. Wir sehen jedoch zugleich, dass es durchaus nicht angeht so ohneweiters, wie es Lorenz thut, in den Inhalt der von ihm »reconstruirten« echten Urkunde Rudolf's das Friedericianum einfach zu transsumiren und »getrost die kleinen Aenderungen, die unsere vorliegende Urkunde II sich erlaubt hat, auf den Wortlaut des Friedericianum zurückzuführen« (S. 28), oder »die Unterscheidungen, die sich zwischen dem Friedericianum von 1237 und der Rudolfinischen Bestätigung finden, als kaum mehr als Varianten zu erklären« (S. 14). Sie sind im Gegentheil theils tief einschneidender und wesentlicher Natur, theils gewinnen sie, wenn auch anscheinend unbedeutend, dadurch für unsere Frage der Echtheit eine hohe Bedeutung, dass ihre Adoption durch Albrecht den zweifellosen Beweis liefert, dass es unsere Urkunde und nicht das Friedericianum ist, die Herzog Albrecht als Vorlage benützt hat.

Sie beweisen ferner, dass die Hypothese, als enthalte unsere Urkunde blos ein Project der Bürger, das ihre Wünsche formulirt habe, unhaltbar ist. Haben die Bürger wirklich auf die Reichsunmittelbarkeit einen Werth gelegt, so konnten sie in ihrem Entwurf nicht einen Satz weggelassen haben, durch den die Reichsunmittelbarkeit für sie erst einen Sinn erhielt. Denn was für eine Bedeutung hatte sie sonst für sie, wenn sie in dem Augenblicke aufhören sollte, als Rudolf das Herzogthum zu Lehen austhäte? Befand sich die Stadt bis dahin nicht ohnehin bei Kaiser und Reich? Die Weglassung jenes Satzes, so begreiflich, wenn die Urkunde von Rudolf selbst ausging, ist vom Standpunkte der Bürger durchaus unerklärlich und undenkbar. Konnten die Bürger ferner eine Freiheit von solch' immenser Bedeutung, wie es der ausschliessliche Gerichtsstand der Bürger vor Bürgern, das Genossengericht war, freiwillig aufgeben und dafür den dürftigen Ersatz wünschen, dass das Zeugniss Auswärtiger gegen sie ausgeschlossen sein solle. Ist dies überhaupt denkbar?

II.

Gehen wir nun über zu den Satzungen, die in gleicher Weise bei Rudolf und Albrecht vorkommen, und unterwerfen wir sie einer eingehenden Prüfung. Da fällt es nun vor Allem auf und kann gar nicht verkannt werden, dass man es bei Albrecht mit einer blossen Uebersetzung aus einer lateinischen Vorlage ins Deutsche zu thun habe, und es ist kein Grund anzunehmen, dass diese von unserer Urkunde verschieden gewesen sei. Die Fassung im Deutschen ist häufig so unbeholfen und gewunden, dass Albrecht sich gewiss anders ausgedrückt hätte, wäre er nicht an seine Vorlage in einer Sprache gebunden gewesen, deren grössere Ausbildung es gestattete die Rechtsgedanken in eine Form einzukleiden, die der damaligen geringen Stufe der Ausbildung der deutschen Sprache, namentlich bei ihrem Mangel an Ausdrücken für abstracte Begriffe, noch so sehr widerstrebte. Am deutlichsten tritt dies allerdings beim Proœmium hervor. Wäre die Urkunde ursprünglich deutsch gedacht und concipirt worden, so wäre die Ausdrucksweise sicherlich viel einfacher. Es ist ferner nicht zu verkennen, dass nicht blos in der Diction, sondern auch in der Reihenfolge der Artikel Albrecht sich genau an seine Vorlage anschliesst, und dass diese nur hie und da durch Einschiebung von Zusätzen oder neuen Bestimmungen an schicklichen Orten unterbrochen wird. Allerdings wird es unsere Aufgabe sein, hier etwaige Abweichungen und Modificationen strenger und eingehender zu prüfen, als es bei den aus dem Friedericianum zugleich in das Rudolfinum und Albrechtinum übergegangenen Satzungen der Fall war.

Der Eingang des Albrechtinischen Stadtrechtes ist wesentlich durch die veränderte Stellung der Stadt Wien ... in Folge ihrer Unterwerfung unter die Landeshoheit des Herzogs modificirt. Während Rudolf die Treue und Innigkeit ... mit der die Bürger Wiens allgemein sein und des Reiches Herrschaft umfangen haben, hebt Albrecht die Treue ... Wiener gegen König Rudolf und ihn hervor. Die Stadt Wien sei von den Vordern gefreit und gefreit als ein haupt ... Sedes totius unsers fürstenthums. Doch findet sich derselbe Gang wie im Eingang Rudolfs. Statt nobis et imperio ... imperio dictioneni blos von unseen gnaden. Der Satz sicut ammodo u. s. w. fehlt natürlich ... Den Schluss bilden hier blos: Wir bestätigen alle die Rechte und die guten Gewohnheiten, die die ... haben bisher gehabt.

Der erste nach den aus dem Friedericianum aufgenommenen Artikeln bei Rudolf folgende a. 10 handelt von ... Bürger. A. 17 bei Albrecht ist eine wörtliche Uebersetzung desselben. Allerdings ist der Ausdruck ... aber beide Ausdrücke bedeuten in der Sprache des XIII. Jahrhunderts dasselbe.

Die Albrechtinische Vorlage vom Jahre 1296 in der Handschrift der Wiener Hofbibliothek (Supplem. 404 f. 215—222) theilt die Stücke in Paragraphe ab und versieht diese mit Ueberschriften, überschreitet den a. 17

Das die burger gezeugen mugen sein an *ritterlichen* rechten auch lehen zu empfahen und in andern hefftigen geschefften zu tuon. Durch die Specificirung der darin liegenden Befähigungen wird uns dieser etwas dunkle und seltenere Ausdruck in willkommener Weise erklärt. Es war vor Allem die active und die passive Lehensfähigkeit, die den Ritter machte. Dass »rittermässig« und »sendmässig« nur verschiedene Bezeichnungen eines und desselben Standes bildeten, nämlich für die niedrigste lebensfähige Classe, ist für Oesterreich zweifellos. Der Ausdruck miles deutet vielfach bestimmt auf das Lehensverhältniss hin (vergl. Ficker, Vom Heerschilde, S. 180). Das ältere österreichische Landrecht, a. 41 (vergl. Hasenöhrl, Oesterr. Landr. S. 250), sagt: Es ensol niemant dhain volg haben nach rechtem lehen nür ain *sentmessig* man und ain erbpurger, der sein recht wol herpracht hat (vergl. überhaupt über diese Ausdrücke Hasenöhrl a. a. O. S. 81 ff. und Ficker a. a. O. S. 147). Wenn ferner das Landrecht a. 12 (S. 241) sagt: Es sol auch niemant nindert kamph rechten, denn der *rittermessig* ist, und a. 10 (S. 240): Es sol auch niemant kamphes waigern, so liesse sich die Rittermässigkeit der Bürger sogar aus a. 5 des Friedericianum folgern, der die Bürger befähigt, sich von der kämpflichen Ansprache durch den Eid metseptimo zu befreien. Wie dennoch trotzdem die den Bürgern von Wien ertheilte Rittermässigkeit als ein Verdächtigungsgrund der Echtheit der Rudolfinischen Urkunde geltend gemacht werden kann (Lorenz (S. 16), ist nicht zu begreifen. Hatte ja derselbe Rudolf den Bürgern von Wiener-Neustadt im vorigen Jahre (1. Dec. 1277, Pez, Cod. dipl. II. 132) noch viel weiter gehende Begünstigungen ertheilt: feoda tenere, proprietates et feoda emere et vendere et legitime possidere. Sie waren dadurch zu »Genossen des freien, echten Eigens« geworden (proprietas im Gegensatze zu hereditas und feudum), was die Bürger von Wien (lediglich als solche) nie waren. Denn die Sendmässigkeit oder Rittermässigkeit verlieh ihnen blos das Recht, *rechte Lehen* zu besitzen. So schenkt z. B. 1304 *ein Bürger und Fleischhacker von Wien* die »Eigenschaft« (proprietas) eines erkauften Weingartens dem Schottenkloster in Wien, da weder er noch seine Frau *Genossen der Eigenschaft des Weingartens* sind, und empfängt ihn von dem Kloster zu rechtem Burgrecht gegen den jährlichen Zins von 6 Pfennigen zurück (Urkundenbuch des Schottenklosters 94).

Uebrigens sind dergleichen Begünstigungen der Bürger im XIII. Jahrhundert und in der Rudolfinischen Zeit auch ausserdem nicht selten. In der Handfeste von Freiburg im Uechtlande vom Jahre 1249, 28. Juni (Gaupp, D. Städtr. II. 70), erscheinen bereits alle Bürger als lebensfähig. 1277, 4. November (Böhmer, Reg. S. 89), ertheilt König Rudolf den Bürgern von Lucern die Gnade, dass sie nach Art der Edlen und Ritter Lehen tragen dürfen. 1279, 9. Juni (Böhmer Nr. 494, Gaupp I. 190), gibt er den Bürgern von Eger unter anderen das Privilegium, dass sie Reichslehen von dem Stadtgerichte empfangen können, und dass ein Fremder einen Bürger auf Kampfesrecht ansprechen kann. In dem Rechte der Stadt Winterthur (Gaupp I. 141) sagt König Rudolf: 1. Diu erste genade, die wir inen gegeben und gesetzet hain, ist, das sie nach edler lüte sitte und rechte lehen süln enphahen und haben und ander belehennen nach lebenz recht. Es mag die Vorstellungen der Bürger widersprechen, sich Gevatter Schneider und Handschuhmacher in ritterlicher »Gestalt« zu denken. Denkt man sich jedoch an der Hand der Quellen in jene Zeiten zurück und gibt sich Mühe die Vergangenheit als Gegenwart zu empfinden, so hat es damit keine Noth. War ja das Stadtrecht zunächst den durch Reichthum, Ansehen, Freiheit der Geburt hervorragenden Geschlechtern, »den Rittbürgern, Laubenherren, Hausgenossen u. s. w.«, den »meliores et potiores cives« gegeben, neben welchen die kleinen Handwerker, »die Armen« »der Pövel«, wenn wir uns eines Ausdruckes des Reimchronisten bedienen wollen, blos als communitas et universitas civium mitzählten. Der kleine Handwerker, der ein Stück Boden von den mächtigen und reichen Bürgern, vom Schottenkloster oder anderen Stiftern und Grundherren zu Burgrecht gegen einen mässigen Grundzins besass, sich da sein kleines Haus, soweit es zum Betriebe seines Gewerbes nothwendig war, gebaut hatte, dachte gewiss nicht daran, gleich seinem Grundherrn Lehen zu erwerben oder sie wohl gar zu vertheilen. Der Ritterstand befand sich im XIII. Jahrhundert noch auf der Uebergangsstufe vom Berufsstand zum Geburtsstand, Ritterliche Art und Sitte galt wohl nur für den Waffengeübten. Der gewerbsfleissige Handwerker war dem Waffendienst und der Waffenübung fremd.

A. 11 Rudolfinum und a. 18 Albrechtinum über die Zusammensetzung des Rathes stimmen wörtlich überein, nur mit Albrecht lässt der Richter auch in die Zahl der 20 Rathmannen (consules) einschliessen. Den Eid an das sacrum imperium lässt er selbstverständlich aus. Es ist dieser Albrechtinum a. 28 im Leopoldinum vom Jahre 1221 (beziehungsweise a. 27 im Stadtrechte Herzog Friedrich's II. für Wien vom Jahre 1244) getreten, somit auch in der Rudolfinischen Urkunde I, da diese jene Stadtrechte zur Grundlage hat, weggefallen und in die Rudolfinische Urkunde II aufgenommen worden. Jene Artikel liessen die Gemeindebehörde aus 24 der prudentiores cives bestehen. Rudolf und Albrecht restringiren jedoch die Zahl der Consuln auf 20.

Hieran schliesst sich der a. 12 bei Rudolf, *der bei Albrecht nicht vorkommt*, sondern durch a. 19, der eine neue Bestimmung über die Stellung und Theilnahme des Richters im Rathe enthält, ersetzt wird; *die er Artikel wird demnach später besprochen werden*.

A. 13 Rudolfinum entspricht wörtlich dem a. 20 Albrechtinum.

A. 14 Rudolfinum correspondirt wörtlich mit Albrecht 21, der jedoch im Interesse der verstärkten Landeshoheit zwei Bestimmungen hinzufügt: 1. dass die durch den Rath erfolgte Vermehrung oder Verminderung mit dem Wissen, Rathe und Willen des Landesfürsten geschehen solle; 2. dass nur gesessene Leute in der Stadt in den Rath genommen werden sollen.

A. 15 Rudolfinum und a. 22 Albrechtinum stimmen wörtlich zusammen. Doch ist bei Albrecht von dem dem b. Reiche geleisteten Eide natürlich nicht die Rede.

A. 16 und a. 17 Rudolfinum in gleicher Weise mit a. 23 Albrechtinum. Nur ist die Strafsanction Rudolf's: bei Vermeidung unserer (nostre majestatis) Ungnade bei Albrecht weggeblieben.

Statt a. 18 Rudolfinum, der bei Albrecht fehlt, daher später besprochen werden wird, schiebt Albrecht zwei neue Bestimmungen ein, von denen die erste, nämlich a. 24, eine sehr lange Satzung über Excesse, durch Söhne und Freunde eines Bürgers begangen, und ihre Bestrafung die zweite, a. 25, eine Satzung über die Ungiltigkeit einer vom Richter vorgenommenen eigenmächtigen Handlung enthält und an den a. 1 bei Rudolf und Friedrich mahnt. Hierauf schliesst sich bei Albrecht an der a. 26, der wieder dem a. 26 bei Rudolf entspricht, jedoch als Strafe ausdrücklich die Strafe des Zungenausreissens und der Stadtverbannung statuirt, während Rudolf blos im Allgemeinen sagt, dass ein solcher Verläumder (Albrecht übersetzt botwarer) nach dem Gutdünken der Consuln bestraft werden solle. Auch lässt Albrecht die Anwendung derselben Satzung auf ein Weib und die Motivirung der ganzen Bestimmung, wie sie bei Rudolf vorkommen, weg. Es ist dies der einzige Fall, wo die bei Rudolf beobachtete Reihenfolge der Satzungen in Albrecht's Stadtrechte in nicht sehr logischer Weise unterbrochen wird. Bei Rudolf ist dieser Artikel zweckmässig an die Bestimmung über die Witwen angereiht, bei Albrecht ganz unmotivirt an diesem Platze eingeschoben.

Es folgt der so hochwichtige a. 19 bei Rudolf, wodurch die Consuln und der geschworene Rath der Stadt als ausschliesslicher Gerichtsstand für alle bürgerlichen und peinlichen Klagen der Bürger erklärt wird. Wir erinnern uns hier gleich an den a. 4 Rudolfinum und an das dort Gesagte. Die Bestimmung des Freiheitsbriefes Kaiser Friedrich's II. für Wien vom Jahre 1237, dass die Bürger nur vom Bürgern gerichtet werden sollen, die im a. 4 Rudolfinum durch eine Satzung über den Zeugenbeweis ersetzt wird, erhält hier eine ausführliche Normirung.

Man hat sich darin gefallen, die hier ertheilte Freiheit als ein Privilegium de non appellando zu bezeichnen, und schon Lambacher Interregnum S. 219 n. 6) sagte: Ein so unumschränktes Privilegium de non apellando finden wir nicht, dass iemals einer andern Reichsstadt wäre verliehen worden u. s. w. Lorenz (S. 16) bezeichnet es richtiger als ein Privileg de non evocando et non appellando, führt es aber als einen Hauptgrund an, der unser Privileg in einem so hohen Grad verdächtig macht.

Dem gegenüber weisen wir einfach auf den a. 27 des Albrechtinischen Stadtrechtes von 1296 hin. Niemandem kann entgehen, dass Albrecht diesen Artikel Rudolf's hier wörtlich seinem vollen Inhalte nach übersetzt hat, mit der Abweichung, über die wir weiter keine Worte zu verlieren brauchen, dass die Motivirung Rudolf's ex imperiali nostra munificentia durch von unsere fürstlichen herrschefte ersetzt ist, und dass der magister monetae, von dessen Ausnahmsgericht ohnehin bereits im a. 15 die Rede war, nicht erwähnt wird. Soll aber die Freiheit, die Herzog Albrecht mit denselben Worten der Stadt Wien wirklich und unzweifelhaft verliehen hat, im Munde Rudolf's unwahrscheinlich und verdächtig erscheinen? Wir dürfen nicht unbeachtet lassen, dass die geschlossene Organisation, die König Rudolf in diesem und anderen Artikeln dem Rathe gegeben hat, auch abgesehen von dem Stadtrechte in den Rechtsurkunden jener Zeit seit Rudolf, wo der Rath als Gerichts- oder als oberste Verwaltungs- und Polizeibehörde oder als Zenge fungirt, hervortritt; während früher selbst in den Urkunden der Ottokarschen Zeit die Bürger nur als Einzelne, höchstens mit dem Beisatze et ceteri cives oder et universitas civium Wiennensium, nicht als geschlossene Einheit die Rechtsgeschäfte beurkunden. Erst sei Rudolf erscheint neben dem judex und gleich nach ihm der magister civium et juratum consilium civium Wiennen von bei der officiellen Beurkundung über Rechtsgeschäfte.

An diesen Artikel 27 knüpft Herzog Albrecht noch zwei neue, 28 und 29, die Rudolf noch nicht hat: 1. dass der Rath jede Redlts sche Sachen binnen einem Monate entscheiden soll, widrigens die Parteien an den Landesfürsten sich berufen können und 2. dass kein Rathmitglied sich bestechen lassen darf.

Hierauf folgt a. 26 Rudolfinum und die damit vollkommen übereinstimmende Uebersetzung in dem a. 30 bei Albrecht über den Fall von ergründeter Berufung.

Wir legen heute, dass das Stadtrecht Herzog Rudolf's III. vom Jahre 1305 für Krems und Stein, das sich wörtlich ist als Stadtrecht von Wien ankündigt und in der zweiten Urkunde dem Wortlaute des Albertinum folgt, die Zu ze Albrechts in den a. 28 und 29 in dem einfachen Satze zusammenfasst: Ob ein mann, der an der rat dinget, sich ... daz in recht u rig völlig recht geschehen vor dem rat, der sol sicherlich an uns dingen und haben zwei wal. So ... dar unsere ... daz hab nicht kraft.

Wir wollen in diesen Satzungen die Grundlage der städtischen Freiheit und ein abschliessendes Stadium im ... erblicken.

Durch werden ... aus den ... verschiedenen disparaten Elemente, aus denen die Einwohner der Stadt zusammen ... Land getragt. Das Princip des modernen Staates: Die Gleichheit Aller vor dem Gesetze, Inhalt ... des Staates ... Vorbild und Spiegelbild der Staatsentwickelung, wenn auch nicht verwirklicht, doch zum ... Der Grundsatz, den schon das Friedericianum ausgesprochen hatte, dass alle Bürger der Stadt ... Kinder erhielt dadurch erst seine eigentliche Verwirklichung. Die Einheit des Gerichts ... sondern ... sondergen ... sollen, das Leben, das Berggericht, das des Münzmeisters für die Hausgenossen, schliesst um alle Einwohner, so verschieden sie durch Geburt, Stand, Reichthum sein mögen, ein einheitliches Band, lässt sie nach innen als gleichberechtigt, nach aussen als geschlossene Einheit hervortreten. Von da an erst erscheinen die Bürger als ein eigener Stand, die Stadt als Gemeinde, als vom Staate und der Gesellschaft anerkannte und berechtigte Corporation. Es war eine Folge der Freiheit und ein charakteristisches Merkmal im deutschen Rechtsgange, dass der Freie nur vor seinen Genossen zu Recht stehen solle, dass der Richter nicht selbst richte, sondern nur das Schöffengericht leite, das Urtheil der Urtheilsfinder ausspreche und ausführe. Die Ueberschrift des a. 19 Rudolfinum lautet daher ganz bezeichnend: De judicio consortum (Vom Genossengericht). Dies und nichts Anderes ist der Sinn dieser Freiheit und sie kann daher nur sehr ungenau als privilegium de non appellando bezeichnet werden. König Rudolf freilich bedient sich in seiner überall sichtbaren Vorliebe für das römische Recht des römischen Ausdrucks appellare, wofür Herzog Albrecht den deutschen Ausdruck: dingen an den rat, braucht. Wird ja doch das Recht der Berufung an den König, respective an den Landesherrn, sei es durch die Schöffen, sei es durch die Parteien, ausdrücklich gewahrt, um ein besseres Urtheil zu finden. Richtiger wird daher der Inhalt dieser Freiheit durch den Ausdruck privilegium de non evocando, durch die Freiheit vor fremden Gerichten bezeichnet werden können. Der eigentliche Kern ist jedoch die Erklärung des städtischen Rathes zum ausschliesslichen Gerichtsstand für alle Bürger, als Genossengericht. Diese zwanzig Bürger, die früher blos als Marktbehörde, höchstens als Verwaltungsbehörde der Stadt erscheinen, selbst noch unter König Ottokar, treten seit König Rudolf als Schöffengericht für alle Bürger ohne Unterschied auf, als Rath, als eigentliches Haupt und Regierung der Stadt. Diese liegt nicht mehr ausschliesslich in den Händen der landesfürstlichen Beamten, namentlich des Richters, des Münzmeisters, Kämmerers, Hausgrafen u. s. w., sondern in der autonomen Gemeinde und ihrem Ausdrucke, dem städtischen Rathe. Freilich sind es die potiores cives, die divites, die Erbbürger, aus denen der Rath gebildet wird. Bis tief ins XIV. Jahrhundert hinein hat die Regierung der Stadt noch dieses aristokratische Gepräge, und dem demokratischen Element der Handwerker und Zünfte gelingt es erst spät, den Antheil an dem Stadtregiment mühsam zu erringen. Hier ist es wieder die Staatsgewalt, die über den Sonderinteressen der Classen stehend, die Ausgleichung immer mehr zu verwirklichen bemüht ist. Doch schon in XIII. Jahrhundert sehen wir unverkennbare Spuren, dass die Arbeiter und die Handwerker anfangen sich ihrer Bedeutung bewusst zu werden und sich als politisches Element zu regen, dass ihre gemeinsamen Interessen sie zu Vereinigungen drängen, die die Geschlechterherrschaft eifersüchtig überwacht, daher auch das Verbot der Einigungen unter den Handwerkern in der Urkunde I. Einen Einblick in diese Verhältnisse gewährt uns die lebendige Schilderung des Aufstandes der Stadt Wien gegen Herzog Albrecht I. durch Ottokar den Reimchronisten.

Uebrigens kann nicht verkannt werden, dass sich die dieser Satzung Rudolf's und Albrecht's zu Grunde liegende Idee, die Herstellung eines gemeinsamen Rechtes für alle Bürger, die Einsetzung eines gleichen städtischen Gerichtsstandes mit Ausschliessung aller Sondergerichte in der ganzen städtischen Rechtsentwickelung von Wien bis auf die im Jahre 1849 vorgefallenen Veränderungen nie in ihrem vollen Umfange verwirklicht hat. Abgesehen von der peinlichen Rechtspflege, der Blutgerichtsbarkeit, erhielten sich bis auf die neueste Zeit neben der Jurisdiction des Richters, des Rathes, später des städtischen Magistrates, zahlreiche Sondergerichte, so dass die Gerichtsbarkeit des Richters und Rathes sich nur auf den verhältnissmässig kleineren Theil der Stadt beschränkte. Namentlich war es die Jurisdiction der Grundherrschaften, welche sich für den vermögensrechtlichen Verkehr mit Immobilien, für das Erbrecht, für die Rechtsgeschäfte der freiwilligen Gerichtsbarkeit, theils in Folge ausdrücklicher Exemtionen, theils in hergebrachter Weise fortwährend erhielten. Begabte und strebende Herrscher, die im Sinne einer sich ihrer der Classeninteressen erhebenden ausgleichenden Macht den Staatsgedanken im Widerspruche mit den thatsächlichen Zeitumständen durch tief eingreifende Reformen zu realisiren trachteten — wir erinnern an Rudolf IV., den Stifter, an seine Aufhebung der Grundzinsen, der Jurisdiction der Grundherren mit ihrer Uebertragung an den städtischen Rath, die von ihm ausgesprochene Ablösbarkeit der Zinsen und Uebertzinsen, ein frühzeitiger Vorbote der Grundentlastung unserer Zeit —, erfuhren das Schicksal aller Reformatoren. Ihre Reformen erwiesen sich als fruchtlos, strandeten an der Macht der thatsächlichen Verhältnisse. Stifte, Klöster — besonders das Schottenkloster —, zahlreiche geistliche und weltliche Grundherrschaften übten bis zum Jahre 1848 ihre Jurisdiction ungehindert fort, hatten ihre eigenen Grund- und Satzbücher, ihre Richter, Amtsleute, Officiales, später Justiziäre, als ausschliessliche Gerichtsbehörde in ihren Bezirken für ihre Grundsassen, wenigstens für das Privatrecht. Erst der neuen Ordnung der Dinge seit dem Jahre 1848, der Uebertragung aller Rechtspflege an den Staat und seine Organe als Staatshoheitsrecht war es vorbehalten, in unseren Tagen dieser Zerfahrenheit der Jurisdiction in einem und demselben städtischen Kreise ein Ende zu machen.

Dieser Umschwung im städtischen Rechtsleben erfolgte bei vielen Städten in der Grundlage schon im XII., namentlich aber im XIII. Jahrhundert. In den älteren Städten, besonders den bischöflichen, und in allen, wo verschiedene Jurisdictionen, so z. B. geistliche und weltliche sich durchkreuzen, vollzog er sich schwieriger als in neugegründeten, wo dem Stadtrath gleich von Anfang diese Organisation gegeben wird. Es wäre ein Leichtes Belege dafür zu häufen. Gengler's und Gaupp's Stadtrechte liefern überall Beweise genug. Es möge genügen, hier nur auf einige naheliegende Stadtrechte hinzuweisen. Schon in dem Privilegium König Ottokar's für Tulln (Lorenz, Deutsche Geschichte, S. 406 und 468 vom 27. October 1270 finden wir eine ähnliche Organisation der zwölf Geschworenen (jurati) als städtische

Gerichts- und Verwaltungsbehörde, noch mehr aber in dem Privilegium König Rudolf's vom 1. December 1277 für Wiener-Neustadt (Pez, Cod. dipl. II. 138), die in ihrem Inhalte ein Seitenstück zu unserer Wiener Urkunde bildet. Cives respondebunt coram Nobis vel suo judice *secundum formam juris civitatis Wiennensis.* Preterea dubie questionum sententie in pretorio sepe dicte civitatis suborte per *juratos civitatis* et capitaneum vel a *nobis* interpretationem vel requisitionem recipient. Die jurati haben ferner die facultas ordinandi de foro rerum vendibilium. Einen schärferen Ausdruck kann man der Gleichheit aller Bürger vor dem Rechte nicht geben, als es Rudolf in dieser Urkunde thut: Preterea volumus, ut nullus civis vel incola civitatis predicte super alios cives privilegio libertatis specialis utatur, *sed uno et pari lege gaudeant et fenantur singuli,* cum ejusdem loci incole non debeant jure diverso censeri. Vielen deutschen Städten wird von Rudolf um dieselbe Zeit die Freiheit von auswärtigen Gerichten bestätigt, so 1278, 25. Mai (Böhmer, S. 92), den Bürgern von Schaffhausen, 1276, 31. Juli (Böhmer, S. 77), denen von Rheinfelden, 2. August denen von Solothurn, 1290, 16. April (Böhmer, S. 146), denen von Mühlhausen, 1285, 26. Juni (S. 127), gebietet er dem königlichen Hofrichter, keine Klagen gegen die Bürger von Worms anzunehmen, sondern die Kläger an ihn selbst zu weisen, worauf er sie weiters an die Stadt Worms weisen und nur im Falle der verweigerten Justiz selbst Recht schöpfen werde. Ebenso bei den Städten Mainz und Speier.

Diese Beispiele mögen genügen, um gegen die Verfassung, die König Rudolf dem Stadtrathe gab, jeden Verdacht zu entkräften.

A. 21 und 22 Rudolfinum und Albrechtinum 31 und 32 decken einander wörtlich ohne den geringsten Unterschied (Verbot von Befestigungen im Weichbilde der Stadt). Lorenz (S. 15) bemerkt dazu, dass hier mit einem Male, recht im Gegensatze zu den reichsstädtischen Freiheiten, an die österreichischen Landesfürsten erinnert wird, von denen dieses Vorrecht herrühren soll. Nun würde dieses wohl auch von Albrecht gelten. Wir weisen bei dieser Gelegenheit hin auf den Landfrieden König Rudolf's vom 1276 (Lambacher, a. a. O. S. 117), dem auch mehrere österreichische Städte ihre Siegel anhängten: Item imperiali providentia strictissime inhibemus, ne quisquam in prejudicium alterius infra leucam (deutsch Rast) castrum edificet vel munitionem, et si factum fuerit, per nostros judices precipimus demoliri u. s. w. König Ottokar hatte den *milites* et cives von Neustadt, 1299, April 1253 (Hormayr, Archiv 1828, S. 321), ein Privilegium gegeben, in dem er alle ihre vom Reich oder von ihren Landesfürsten erhaltenen Privilegien bestätigt. »Tertio, quod nullas unquam munitiones infra muros civitatis, ne videamur in ipsorum fide habere diffidentiam, erigemus sed et portas civitatis in eorum potestate semper consistere concedemus, nec ab aliquo infra terminos judicii civitatis munitionem aliquam erigi permittemus, *et que erecta est infra rasam a tempore vite clare memorie ducis Friederici secundi, antecessoris nostri, dirui faciemus.* Ein ähnliches Privilegium hat Ottokar der Stadt Wien gewiss auch ertheilt, und Rudolf scheint hier, obwohl es der Habsburgischen Herrschaft und Politik gelungen ist fast alle Spuren der Regierung Ottokar's bezüglich Wiens zu verwischen, darauf hinzudeuten. Wir verweisen endlich noch auf das österreichische Landrecht, a. LIIIb: Wir sezen und gebieten, was purg oder vesten in zwainzig jarn gepaut sein, das man die preche, und das, was Luschin (Die Entstehungszeit des österreichischen Landrechtes, S. 34) darüber sagt.

Die Artikel 23 und 24 Rudolf *fehlen* bei Albrecht. Davon später.

Artikel 33 Albrecht ist eine wörtliche Uebersetzung ohne jede Abweichung von a. 25 Rudolf.

Ueber Artikel 26 Rudolf und sein Verhältniss zu Albrecht haben wir schon gesprochen.

Artikel 27 Rudolf ist im a. 34 Albrecht wörtlich übersetzt.

Artikel 28 so auch a. 29 fehlen bei Albrecht. Davon später.

Artikel 30 und 31 Rudolf sind wörtlich übersetzt in Albrecht a. 35 und 36. Nur statt *regia* largitate: mit fuorstlichen mildichait, statt sub imperii Romani protectione et pace: in dem scherm und in dem vride fuorstliches schermes. a. 30 Albrecht fügt eine Ausnahme hinzu bezüglich der Räuber, Diebe, Fälscher, Brandstifter u. s. w.

Artikel 32 Rudolf stimmt mit Albrecht a. 37 wörtlich überein.

Ebenso Artikel 33 Rudolf. Nur statt mutas et thelonea in civitate Wienn, *que nos et imperium recipiunt* bloss die a. zu der stat gehöret.

A. 34 Rudolf und a. 39 Albrecht stimmen wörtlich überein. Sie enthalten ein Verbot aller Verletzungen *dieser Handvesten* (jus privilegius) man beachte den Plural), von wem sie auch ausgehen mögen, doch mit dem bedeutungsvollen Unterschiede, dass sich Rudolf selbst dabei ausnimmt *salva tamen imperiali seu regia potestate, qua juris vinculis non solvus,* was Albrecht nicht thut. Es entspricht dies ganz der hohen Meinung, die Rudolf von der Würde der Königlichen Gewalt hatte und der er häufig einen Ausdruck gibt. So hat er sich auch den Satz des römischen Rechtes, für das er eine grosse Vorliebe zeigt, angeeignet, dass der Gesetzgeber, somit der König, über dem Gesetze stehe. In dem Belehnungsstücke einer Seitz Albrecht und Rudolf mit dem Herzogthum Oesterreich etc. vom Jahre 1282 (Lambacher, ..., S. ...) ... er ganz oberein timmend mit unserer Urkunde: Romani moderator imperii *ab observantia legis ...* ... ... in excellenti specula ... ... *cum potestate, non constringitur, und später* ... ... licet in excellenti specula ... constitutus ... ... *summo positi etc.* Diese und andere charakteristische Merkmale unserer Urkunde sind ... ... Zugleich ergibt sich hieraus: *die Unhaltbarkeit der Ansicht, dass wir es hier* ... ... *mit einem Entwurfe zu thun haben.* Wie hätten die Bürger einen solchen Satz spontan in diesen aufnehmen können, der ihre ganze Handfeste und die darin gewährten Freiheiten rein precär und illusorisch und ihre Aufrechthaltung von dem blossen Gutdünken des Königs abhängig macht. Schwebte das Damoklesschwert des Privilegiumsbruches dadurch nicht fortwährend über ihren Häuptern? Artikel 35 Rudolfinum wurde bereits besprochen.

Das Resultat der bisherigen sorgfältigen Untersuchung ist also das, dass das Stadtrecht Herzog Albrecht's vom Jahre 1296 sowohl im Inhalt als in der Reihenfolge der Satzungen nichts Anderes ist, als eine wörtliche Uebersetzung des Rudolfinischen Freiheitsbriefes, wenn man von einigen eingeschobenen neuen Satzungen und einigen Zusätzen absieht. Wenn dessenungeachtet viele von diesen Satzungen als Verdachtsgründe gegen das Rudolfinum ins Feld geführt worden sind, so muss man den Wienern nur Glück wünschen, dass Herzog Albrecht diejenigen, die sie ausgesprochen haben, nicht als seine Rathgeber zur Seite hatte, als er sein Stadtrecht erliess, denn da hätte die Stadt Wien das, was ihr Albrecht anstandslos gewährte, wohl nie erlangt.

III.

Es erübrigt uns jedoch noch, jene Artikel, die bei Rudolf vorkommen, bei Albrecht aber fehlen, genau zu prüfen und ihre Glaubwürdigkeit nachzuweisen. Ihre Zahl ist eine sehr geringe. Der Grund der Weglassung ist in den meisten Fällen augenscheinlich, überall leicht zu erklären und zu begreifen.

Es sind dies, abgesehen von den auch im Friedericianum vorkommenden a. 2 und 35, von denen schon gesprochen wurde, die a. 12, 18, 23, 24, 28 und 29.

Der a. 12 sagt: Alle der Stadt nützlichen und der Ehre des Reiches nicht abträglichen Beschlüsse und Massregeln der Bürger wolle Rudolf aufrecht erhalten, sie dürfen von Niemandem verletzt werden; der Richter solle sie bereitwillig in allen ihren nützlichen Anordnungen unterstützen, sonst wolle ihn Rudolf wie einen Verächter der Reichstatute schwer büssen.

Es wird hier die Autonomie der Bürger in einem Grade anerkannt, der uns auf den ersten Blick den Richter gewissermassen in gänzlicher Abhängigkeit vom Stadtrathe und nur als dessen ausführendes Organ erscheinen lässt. Doch darf nicht übersehen werden, dass ausdrücklich der Nutzen der Stadt und die Ehre des Reiches als die Schranken erklärt werden, innerhalb welcher sich diese Autonomie bewegen soll, und dass das Urtheil, ob diese Schranken im einzelnen Falle beobachtet wurden, dem Richter überlassen erscheint. Schon das Leopoldinum von 1221 hatte die Bestimmung enthalten: quiequid iidem (cives) in hoc (de mercatu et de universis, *que ad honorem et utilitatem civitatis pertinent*) agant et disponant, judex civitatis nullo modo audeat irritare, sed quicunque in aliquo contra illorum XXIV statuta fecerit, solvat judici penam ab ipsis institutam. Es erscheint demnach diese Satzung König Rudolf's nur als eine Ausführung des a. 28 des Leopoldinum und des damit übereinstimmenden a. 27 des Stadtrechtes *Herzog* Friedrich's II. vom Jahre 1244, und vollkommen unbedenklich. Dieses Recht der statutarischen Gesetzgebung wurde vielen Städten ausdrücklich verliehen. König Rudolf gestattete 1276, o. März (siehe Gengler, Codex jur. munic. Germ. S. 76). den Bürgern zu Augsburg die Anlage eines Statutenbuches: Supplicantibus nobis dilectis fidelibus nostris civibus Augustensibus, ut cum ipsi quasdam sententias sive jura *pro communi utilitate emnium* in unum collegerint ac scripturarum memorie comendaverint et adhuc *ampliora et utilia* cum *prioribus* velint reponere et exinde codicem conficere, nos tam scripta *quam scribenda* velimus autoritatis nostre munimine confirmare, nos ipsorum precibus benignum prebentes *jura sive sententias* scriptas et *scribendas* sub debito juramento confirmatas presentis decreti munimine roboramus. Es ist möglich, dass die Form und die Fassung dieses Artikels dem Herzog Albrecht als fähig Missverständnisse zu erzeugen und bedenklich erschien, und er ihn deshalb wegliess. Der Sache nach sagt er im a. 1 dasselbe mit den Worten: und swa der richter der statreht und iren streitum, din sie von uns habent und herbracht habent, angreifen oder nobergreifen wolde, des stuln wir in bezzern nach dem rate des rates ze Wienne. Factisch befand sich die Stadt seit König Rudolf in der Ausübung dieses Rechtes. Viele Statuten geben davon Zeugniss, und Kaiser Friedrich gestattete 1320, 21. Jänner (Rauch, Script. III, 15 der Stadt Wien, in gleicher Weise wie König Rudolf der Stadt Augsburg, die Anlage eines Rechtsbuches, um daselbst einzutragen alle die recht, die sie mit gemainem rot und pei dem aide, den sie uns geworn habent, erfunden zu einer ewigen vestinunge aller der rechten, die daran geschriben stent und noch geschriben werden (vergl. übrigens darüber auch Tomaschek, Deutsches Recht. S. 200).

Nach dem a. 18 Rudolfinum soll die tota communitas et universitas civitatis dem Richter und den Consuln mit Gut und Blut bei der Erhaltung ihrer Privilegien, Rechte und Freiheiten beistehen. Lorenz (S. 15) findet eine solche Bestimmung in einer königlichen Urkunde sehr sonderbar — es sei gerade so, als ob man schon vorhergesehen hätte, dass in Bezug auf die enorme Machtstellung des Rathes allerlei Streitigkeiten und Schwierigkeiten entstehen könnten. Dieser Satz erscheine bei den hohen Ansprüchen des Rathes wahrhaft verrätherisch. Dagegen ist anzuführen, dass das Albrechtinische Stadtrecht von 1296, wie wir oben nachgewiesen haben, dem Rath ganz dieselbe Machtstellung mit denselben Worten einräumt, wie sie ihm Rudolf gegeben hat, dass aber Rudolf allerdings Grund hatte die gesammte Bürgerschaft, worunter hier wohl die Armen, das ist die Handwerker und Innungen, zu verstehen sind, aufzufordern, dem Rathe und dem Richter in der Erhaltung dieser ihrer Handfesten beizustehen. Denn der Schwerpunkt des ganzen durch die Privilegien verbrieften Stadtrechtes und damit der Regierung der Stadt lag nach ihnen in den Händen des Richters und des Stadtrathes, der aus den cives potiores, den Erbbürgern und somit den Geschlechtern gebildet wurde. Diese Mahnung an die Handwerker, die sich bereits als politisches Element zu fühlen begannen, von jedem Antheil an dem Stadtregiment aber noch ausgeschlossen erscheinen, erscheint mit Rücksicht auf die noch vielfach ungeordneten Zeitverhältnisse unter König Rudolf durchaus nicht als überflüssig, wie es vielleicht unter Herzog Albrecht der Fall sein mochte, wo die landesherrliche Gewalt sich bereits stark genug fühlte, gewaltsame Störungen der Ruhe der Stadt durch politische Bestrebungen wirksam zu unterdrücken (vergleiche auch damit das S. XXXVII Gesagte). Diese Satzung klingt daher nicht sonderbar, sondern ist eine natürliche Folge der Zeitverhältnisse unter König Rudolf.

In ähnlicher Weise ist auch der a. 23 bei Rudolf charakteristisch für die stürmischen und noch ungeklärten Verhältnisse, wie sie unter Rudolf herrschten. Er verspricht darin Linnen vierzehn Tagen jede von einer hohen oder niedrigen Person den Bürgern zugefügte notorische Gewaltthat auf ihre Bitte wieder gut zu machen (retractare); thäte er es nicht, so sollen sie das Recht haben, innerhalb und ausserhalb der Stadt das ihnen angethane Unrecht nach der Eigenschaft des Verletzers selbst zu rächen. Die geordneteren Rechtsverhältnisse unter Herzog Albrecht machten eine solche Sanctionirung der Selbsthilfe überflüssig, wie sie unter König Rudolf noch immer vorkommen musste und wirklich vorkam. So gab Rudolf den Wiener Bürgern ausdrücklich das Recht, sich an den Bürgern von Wels, Steier und Linz, die ihnen unrechtmässig Güter und Sachen weggenommen hatten, dadurch eigenmächtig zu regressiren, dass sie Güter und Sachen derselben, wo sie sie träfen, sich aneignen und zu ihrem Nutzen verwenden dürfen (Hormann, Cod. epist. Rudolfi 238). Wir hätten also hier eine praktische Illustration der den Wiener Bürgern ertheilten Begünstigung. Eine ähnliche Bestimmung enthielt schon der Freiheitsbrief König Ottokar's für die Stadt Tulln (Lorenz, Deutsche Gesch. I. 466). Unter Herzog Albrecht I. waren durch die Erstarkung der landesherrlichen Gewalt solche Ausnahmsbestimmungen wohl schon überflüssig, die unter Rudolf die Ohnmacht der Staatsgewalt dem Unrecht zu steuern noch nothwendig machte.

Der Artikel 24 handelt von dem Verbote der Herbeiziehung fremder Leute als *Mundmannen*. Auch er steht mit den Verhältnissen im innigen Zusammenhange. Da das Gesetz noch nicht die Kraft hatte, den Einzelnen genügend zu schützen, so hatte er den Trieb seine Macht, auf die er allein angewiesen war, durch alle Mittel zu erhöhen. Man vergleiche damit den Landfrieden König Rudolf's vom Jahre 1276 (Lambacher, a. a. O. S. 119): Item districtissime inhibemus, ne quisquam teneat homines alterius titulo, qui dicitur muntman (id est jure protectionis), et si receptor per dominium requisitus non absolverit vel dimiserit sic receptum, *solvet domino V libras*, et ad solutionem talis poenae et liberationem ipsius recepti receptor per judicem compellatur.

So auch das Privilegium für Tulln (a. a. O. I. 468). Item nullus incola ejusdem civitatis alieni se debet subicere eo nomine, quod muntman vulgariter nuncupatur. Oesterreichisches Landrecht, a. 48. Es sol auch niemant dhainen muntman haben, und wer si darüber hat, der sol si lassen, wenn er des ermant wir von seinem rechten herren, oder er muss geben fünf phund, und sol der richter dem herren das gut intwingen und sol auch darnach den mundman ledigen (Hasenöhrl, a. a. O. S. 252. Vergleiche darüber S. 97). Diese in den verschiedenen Landfrieden (vom 1325 c. 6. Mon. Germ. 4. 570. Oester. Landfrieden Ottokar's von 1250, Archiv f. K. ö. G. I. I. 57 wiederholten strengen Bestimmungen gegen die Muntmannschaft mochten doch endlich zur Ausrottung dieser Sitte ihre Früchte getragen haben, so dass es Albrecht nicht mehr nöthig fand, diesen Artikel in sein Stadtrecht aufzunehmen.

Im Artikel 28 gibt Rudolf den Wiener Bürgern das feierliche Versprechen alle Privilegien, die er ihnen übergeben habe, nachdem er mit dem kaiserlichen Diadem gekrönt sein werde, erneuern und mit der goldenen Bulle versehen zu wollen.

Lorenz S. 15 macht die Bemerkung dazu, dass er sich einer ähnlichen Bestimmung in einer Urkunde Rudolf's nicht erinnern wisse, und führt später ausdrücklich anch, dass unsere Urkunde in so hohem Grade erschienen als dieses Versprechen über die Erneuerung des Privilegs an.

In dieser richtigen Ansicht darüber zu gewinnen, ziehen wir zwei Rudolfinische Urkunden herbei. Erstens ein Schreiben König Rudolf's vom 25. April 1278 (Böhmer, Reg.; Rymer I b, S. 160), worin er verspricht, bis er selbst mit vollen erblichen Dingen geziert sein werde, alle Mühe anwenden zu wollen, damit sein Sohn Hartmann mit Einwilligung der Waldfürsten zum römischen Könige genommen werde; dann einen mit der Goldbulle versehenen Lehenbrief des Burggrafen Friedrich von Nürnberg über die Burggrafschaft Nürnberg (Böhmer, Reg. 100 vom 4. April 1281, worin Rudolf ausdrücklich sagt, dass er ihm dieselben Rechte, die er früher unter einem wächsernen Siegel verliehen hatte, nunmehr unter der goldenen Bulle erneuere.

Daraus lassen sich folgende Schlüsse ziehen. Vorerst, dass König Rudolf im April desselben Jahres, in dem er zwei Monate später unsere Urkunden angefertigt haben soll, sich lebhaft mit der Absicht trug sich zum Kaiser krönen zu lassen, dann dass er Fragen von besonderer Wichtigkeit für das Reich, die mit der Verfassung so innig zusammenhängen, wie die Wahl eines römischen Königs, sich nur nach Erlangung der Kaiserwürde zu entscheiden für berechtigt hielt, endlich dass er *wirklich* Privilegien, die er früher unter wächsernem Siegel gegeben hatte, nachdem er später den Gedanken der kaiserlichen Krönung aufgegeben hatte (über die Ursachen siehe Böhmer's Regesten, S. 54), *unter Anhängung einer goldenen Bulle erneuert habe.* Nun mochte ihm die Frage über die Reichsunmittelbarkeit der Stadt, über ihre dauernde Lostrennung von dem Herzogthume Oesterreich und ihre Einverleibung ins Reich wichtig genug erscheinen, um ähnliche Bedenken in ihm wach zu rufen, wie die in der angeführten Urkunde. Angeregt durch die Tradition des Freiheitsbriefes des Kaisers Friedrich II. für Wien vom Jahre 1237 mochte er ferner die Rechte der Stadt Wien in derselben feierlichen Weise haben bekräftigen wollen, wie es sein Vorgänger zu wiederholten Malen gethan hatte, z. B. in dem Privilegium für Wien, für die Juden in Wien, für die Stadt Wiener-Neustadt (?). Vielleicht wollte er auch Zeit gewinnen, um die Bürger für den Gedanken der Belehnung seiner Söhne mit Oesterreich zu gewinnen und sie zu bewegen, selbst der Reichsunmittelbarkeit zu Gunsten seines Hauses freiwillig zu entsagen. Wie dem auch sei, König Rudolf hat auch später, als er den Gedanken der Kaiserkrönung dauernd fallen liess, von der goldenen Bulle, mit der sein Vorgänger im Reiche, Kaiser Friedrich II., nicht gespart hatte und auch seine Nachfolger in ähnlichen Fällen nicht sparten, einen höchst mässigen Gebrauch gemacht. Unter den sehr zahlreichen Urkunden, die uns von König Rudolf erhalten sind, haben wir ausser dem angeführten Fall nur noch einen einzigen entdecken können, wo er Urkunden unter der goldenen Bulle ausgestellt hat, und zwar in demselben Jahre 1281 (siehe Böhmer's Reg. 1281. 4. April, S. 118). Es ist dies der Brief, mit dem er seine Söhne Albrecht und Rudolf mit dem Herzogthum Oesterreich etc. belehnte, ein offenbarer Beweis, dass der Gedanke, dass nur ein gekrönter Kaiser dazu berechtigt sei sich der goldenen Bulle bei seinen Ausfertigungen zu bedienen, noch immer seine Nachwirkung auf ihn äusserte, als er den Gedanken an die Krönung schon längst aufgegeben hatte. Das Versprechen der späteren Erneuerung der Privilegien unter der goldenen Bulle ist daher so charakteristisch für die persönlichen Ansichten König Rudolf's über die Rechte der königlichen Würde, dass es anstatt gegen die Echtheit II vielmehr für ihre Echtheit zu sprechen scheint. Ausserdem liegt darin, wie wir später sehen werden, zugleich ein wichtiger Anhaltspunkt, der uns über die einzige wirkliche Schwierigkeit — der Unvereinbarkeit mehrerer Zeugen mit dem Datum der Urkunde — in ungezwungener Weise hinüberzuhelfen geeignet ist.

Wir kommen endlich zu dem a. 29 über das Verbot jedes Verkehrs mit dem wegen des crimen laesae majestatis und des Hochverrathes geächteten Paltram und seiner Familie bei sonstiger ipso facto eintretender Ungiltigkeit aller der Stadt ertheilten Privilegien und Freiheiten. Das Factum ist aus der Geschichte bekannt. Die ausführlichen Daten, die unser Artikel darüber enthält, stimmen bis aufs Kleinste sowohl mit dem, was wir über das Factum selbst aus Rudolfinischen Urkunden wissen, als auch mit der Form des über Paltram geschöpften Urtheils überein (man vergl. Böhmer, Urk. von 1278. 16. Juni, S. 93, und die Huldigungsbriefe vieler Wiener Bürger von 1281. 13. Juni. Kurz, Oesterreich unter Ottokar, S. 304). Auch hier kann uns die Vorliebe nicht entgehen, die man bei der König Rudolf sich an Anschauungen und Sätze des römischen Rechts anzulehnen pflegte. Zugleich spricht die Aufnahme dieser Bestimmung mächtig für das Datum unserer Urkunde, da die Verurtheilung Paltram's im Mai 1278 erfolgte und ihre Einschaltung wohl dem frischen Eindruck über die Gefährlichkeit dieses Parteigängers veranlasst, zugleich für die Umstände, die zu einer vollkommen förmlichen und kanzleimässigen Ausfertigung der Stadtprivilegien drängten.

Herzog Albrecht I. hat diesen Artikel in seinem Stadtrecht von 1296 bereits weggelassen. Der rastlose Freund König Ottakar's und unversöhnliche Feind König Rudolf's, der alte dominus Paltramus ante cimeterium sancti Stephani war in diesem Jahre bereits todt. Seine Söhne hatten sich mit dem neuen Regimente versöhnt und waren von Albrecht begnadigt zu ihren Besitzungen und Erbgütern in und um Wien zurückgekehrt. So schenkt 1294. 1. Sept. Pilgrams, herrn Paltram's sun, bereits in der Abtei Heiligenkreuz einen Jahrgang, auch wird sein Bruder Heinrich in der Urkunde erwähnt (Urkundenbuch des Stiftes Heiligenkreuz, Fontes XI. 272). Im Jahre 1297 bestätigen der judex Perhtoldus consulesque jurati civitatis Wiennensis, dass dominus Pilgrimus miles, concivis noster, filius *quondam* dom. Paltrami ante cimeterium sancti Stephani in ehehafter Noth der Herzogin Elisabeth von Oesterreich 8 Talente jährlicher Gülten in Gumpendorf verkauft habe (Stiftungsbuch des Klosters St. Bernhard, Fontes VI). Es erklärt sich daraus auch, dass im Eisenbuche und in den meisten Wiener Rechtshandschriften dieser Artikel weggelassen ist, da, wie gesagt, die Eintragung der Urkunde II in jenes erst nach dem Jahre 1360 erfolgte.

So erklärt sich demnach die Weglassung der blos bei Rudolf und nicht bei Albrecht erscheinenden Artikel in natürlicher Weise; statt die Glaubwürdigkeit unserer Urkunde zu schwächen, bekräftigen sie sie vielmehr durch ihren innigen Zusammenhang mit den Zeitverhältnissen unter König Rudolf und sind zugleich ein sprechender Beweis gegen die Annahme, dass wir es hier mit einem Entwurfe der Bürger zu thun haben. In Form und Inhalt sind sie so charakteristisch nur im Munde Rudolf's denkbar, enthalten so unverkennbar das Gepräge seiner eigenen, individuellen und persönlichen Entscheidung, dass sie unmöglich von den Bürgern ausgegangen sein konnten.

Durch diese eingehende Untersuchung hoffen wir den überzeugenden Beweis erbracht zu haben, dass alle gegen die Urkunde II und ihren Inhalt geltend gemachten sachlichen Bedenken ungegründet sind, dass sie grösstentheils in ihr Gegentheil umschlagen und die Kraft positiver Beweise für ihre Echtheit erlangen. Wir sind zuweilen vielleicht ausführlicher gewesen, als es nothwendig war. Allein es lag uns daran den gänzlichen Ungrund derselben in ein so klares Licht als möglich zu stellen und uns zugleich dadurch einen sicheren Boden zu schaffen, von dem aus wir nunmehr ohne Anstand diese wichtige Urkunde als Grundlage für die Erkenntniss des städtischen Rechtslebens Wiens und damit auch eines grossen Theils des österreichischen Stadtewesens in diesem Jahrhundert zu betrachten berechtigt sind.

Urkunde I.

Leichter gestaltet sich unsere Aufgabe rücksichtlich der Urkunde I. Diese Urkunde, deren Inhalt eigentlich eine Rechtsordnung für die bürgerliche und peinliche Rechtspflege, eine wahre ›forma juris‹ ist, bewegt sich ganz auf Grundlage des Leopoldinum vom Jahre 1221, hat jedoch nicht mehr dieses sondern das auf derselben Grundlage ausgearbeitete, jedoch bereits wesentliche Aenderungen enthaltende Stadtrecht Herzog Friedrich's II. für Wien zur unmittelbaren Vorlage. Diesen beiden Stadtrechten gegenüber enthält sie allerdings bedeutende Modificationen im Sinne der Stadtfreiheit. Das städtische Rechtsleben war unter relativ günstigen Umständen für seine Entwickelung in diesen sechzig Jahren eben nicht stille gestanden. Die in dem bürgerlichen Elemente ruhende Triebkraft hatte an Selbstständigkeit gewonnen, und das, was im Anfange dieses Jahrhunderts stattfand, war gegen Ende desselben bereits ein überwundener Standpunkt in den Stadien der städtischen Rechtsentwickelung. Es darf uns daher nicht wundern, wenn dem Rathe der Bürger, dessen Theilnahme an der Gerichtspflege eine immer entschiedenere und geordnetere Gestaltung gewinnt, auch ein verhältnissmassiger Antheil an den Gerichtsstrafen, Wandeln und Bussen gesetzlich zuerkannt wird, während die gerichtlichen Wandel ›emendae‹ früher ausschliesslich dem Richter zufielen. Es ist dies eine ganz natürliche Entwickelung, von der wir im XIII. Jahrhundert fast in allen Stadtrechten Spuren antreffen, und man hat daher gar keinen Grund, die Urkunde I deshalb für noch bedenklicher zu halten, als die Urkunde II, ›weil sie die weitaus empfindlichsten Einschränkungen der landesfürstlichen Rechte enthält, weil durch sie eine Anzahl von Bussgeldern der herzoglichen Kammer entzogen wurden, und Beträge, auf welche der Fiscus Anspruch hatte, ohneweiters in usum civitatis zuerkannt werden‹.

Aber abgesehen von dieser Erwägung befinden wir uns auch in der glücklichen Lage, durch unlaugbare und urkundlich constatirte Beweise den positiven Nachweis bis ins Kleinste zu führen, dass diese Urkunde 1. von König Rudolf ausgegangen sei, und 2. dass die in ihr enthaltenen Satzungen gegen das Ende dieses Jahrhunderts als praktisches Recht in Wien gegolten haben.

Da ist es zuerst die im Wiener Stadtarchive im Originale erhaltene Urkunde des Grafen Albrecht von Habsburg vom Jahre 1281, 24. Juli Nr. XIX, worin er als primogenitus Rudolfi regis Romanorum und vicarius generalis per Austriam et Styriam »gewaltiger und gemainer verweser uber Osterrich und uber Steir« nach dem Rathe der Landherren und unter Herbeiziehung der Bürger von Wien die Niederlagsrechte fremder Kaufleute in Wien ordnet. Do beweist uns der rat von der stat ze Wienen, daz sie alt hantfeste habent gehabt von cheisern und von den fursten zu Osterrich, die ihn unser herre und unser werder vater chunich Rudolf erneuet und bestaetet hat mit seinen hantfesten; an denselben hantfesten do stunt an under andern saetzen und under andern artikeln, das weilen ein niderleg da ze Wienen ist gewesen, deu also gemachet was und geschriben von wort ze wort.

Hierauf folgt eine wörtliche Uebersetzung der Artikel 50 und 51 der Urkunde I. Rudolf weicht hier an einzelnen Stellen wesentlich von Leopold und Friedrich ab, und Albrecht schliesst sich ihm hierin auf das Genaueste an.

Damit wäre nun allerdings nur die Echtheit eines verhältnissmässig kleinen Theiles der Rudolfinischen Urkunde I, namlich der a. 50 und 51 erwiesen, und der Beweis für die Echtheit der übrigen Artikel noch zu ergänzen. Diesen bieten uns in einer Vollstandigkeit, die nichts zu wünschen übrig lässt, zwei im Originale im Kremser Stadtarchive erhaltene, unzweifelhaft echte Urkunden Herzog Rudolf's III. vom 24. Juni 1305, worin er seinen Bürgern in Krems und Stein dieselben Rechte ertheilt, die sein Grossvater König Rudolf und sein Vater König Albrecht der Stadt Wien verliehen haben. Diese Urkunden enthalten nun nichts anderes als eine wörtliche Uebersetzung der Rudolfinischen Urkunde I. Ihre Bestimmungen über die Theilnahme der Stadt an den Gerichtswandeln, die Einschränkung der persönlichen Jurisdiction des Herzogs im Sinne einer Erweiterung der Stadtfreiheit finden sich wörtlich ins Deutsche übersetzt auch in den Kremser Urkunden.

Der Artikel 54 Rudolfinum I kommt in der Kremser Urkunde nicht vor. Dieser Artikel ist in dem bisher blos bekannten Lambacher'schen Abdruck der Urkunde äusserst lückenhaft und entstellt und hat daher auch zu Missverständnissen Anlass gegeben. Wir verweisen daher auf den in unserem Abdruck verbesserten Wortlaut.

Der Sinn desselben ist einfach der, dass Massenexcesse, grosse durch Fehden der mächtigeren Bürger in der Stadt herbeigeführte Störungen der inneren Ruhe nicht blos dem Richter gebüsst, sondern auch nebenbei noch vom Könige bestraft werden sollen, so lange er in Oesterreich sich befindet. Ist dies nicht der Fall, so soll die Gerichtsbarkeit der Bürger in derselben Weise eintreten wie bei anderen Verbrechen.

Er steht daher ganz mit den aufgeregten und noch ungeordneten Rechtszustanden unter König Rudolf im Einklange und musste endlich wegfallen, als mit der Kraftigung der Landeshoheit geordnetere Rechtszustande eintraten, und zugleich die Macht des Stadtrathes über die Bürger erstarkt war. Im Leopoldinum und im Stadtrecht Herzog Friedrich's II. vom Jahre 1244 hatte sich noch in einer Reihe von Fällen, besonders wenn es sich um mächtigere und Bürger höheren Standes handelte, der Landesfürst seine höchst persönliche Gerichtsbarkeit vorbehalten.

Alle diese Falle sind in dem Privilegium König Rudolf's I., das die Gleichheit aller Bürger vor dem Rechte herzustellen bestrebt ist, bereits weggefallen. Nur in diesem einzigen

Falle, bei massenhaften und gefährlichen Ruhestörungen in der Stadt, hat er sich noch ausnahmsweise persönlich die Judicatur vorbehalten. Aber auch in diesem Falle ist bereits der Uebergang zur ausnahmslosen Gerichtsbarkeit des Stadtrathes über alle Einwohner der Stadt angebahnt.

Auch in dem Stadtrecht Herzog Albrecht's II. vom Jahre 1340 finden wir in den Artikeln 77, 78 und 80 noch Fälle, wo er sich seine persönliche Jurisdiction vorbehält. Namentlich hat a. 78 Albrecht mit dem a. 54 Rudolf eine grosse Aehnlichkeit.

Aber vielleicht haben die Bürger von Wien auch Herzog Rudolf III. zu täuschen gewusst, haben ihm ihre Rechtsprojecte als die echten Urkunden König Rudolf's I. vorgelegt? Es ist kaum nöthig, diesen Gedanken ernsthaft zu ventiliren. König Albrecht, der Vater Herzog Rudolf's III., lebte noch, nahm auch, als er als deutscher König die Verwaltung von Oesterreich seinem Sohne Rudolf gab, auf die Regierung des Landes häufig einen unmittelbaren Einfluss. Er musste wohl die echten Urkunden König Rudolf's I. vom Jahre 1281 her kennen, auf die die Stadt 1288 feierlichst Verzicht geleistet, und die er gewiss 1296 bei Abfassung seines Stadtrechtes im Auge hatte. Wenn daher Herzog Rudolf III. im Jahre 1305

· den Inhalt der Kremser Urkunden als ein den Wienern von König Rudolf I. und von Albrecht I. gegebenes Recht bezeichnet, so ist es doch wohl nicht denkbar, dass er das Opfer einer von den Bürgern ausgegangenen frechen Impostur gewesen sei. Oder ist es glaublich, dass die Landherren, die auf den Kremser Urkunden als Zeugen erscheinen, von denen einige zugleich Zeugen des Privilegium Herzog Albrecht's I. vom Jahre 1296 waren, z. B. Graf Berchtold von Hardeck, Leutold von Chunring der Schenk, Stephan von Meissau der Landesmarschall welche zwei letzteren sogar auch in dem Privilegium König Rudolf's I. vom Jahre 1278 II aufgeführt sind – auch das Stadtrecht Albrecht's von 1296 hat mit dieser Urkunde Otto von Haslau den Landrichter, Otto von Perchtoldsdorf den Kammerer und Konrad Pilichdorf gemein, sich oder den Herzog so leicht hätten tauschen lassen?

Formelle Bedenken.

Gehen wir in die formellen Bedenken ein, so wurde zuerst als befremdend hervorgehoben, dass König Rudolf der Stadt Wien in dem Zeitraume von vier Tagen zwei so wichtige Privilegien gegeben haben solle. Dies behebt sich nun, seitdem aus einer zuverlässigeren handschriftlichen Grundlage das Datum der Urkunde I dahin rectificirt wurde, dass sie an demselben Tage wie die Urkunde II. somit beide Urkunden am 24. Juni 1278 ausgestellt wurden. Dass aber an demselben Tage einer und derselben Stadt mehrere Urkunden gegeben wurden, erklärt sich bei Schriftstücken von solchem Umfange, wie es die Stadtrechte gewöhnlich sind, aus graphischen Gründen von selbst, indem der Raum eines Pergamentbogens, der übrigens sowohl in der kaiserlichen als auch in den landesfürstlichen Kanzleien im XIII. und XIV. Jahrhundert nur auf einer Seite beschrieben werden durfte, zur Aufnahme des ganzen Inhaltes nicht ausreichte. Erst im XV. Jahrhundert wurde es gewöhnlich Stadtrechtsurkunden nicht mehr auf einem oder mehreren nur auf einer Seite beschriebenen Pergamentblättern auszufertigen, sondern auf mehreren von einer Schnur durchzogenen Pergamentbogen, an der sodann das Siegel angehangt wurde, so dass sie die Gestalt förmlicher Hefte annehmen. Das erste uns bekannte Beispiel dieser Art ist für Wien das Stadtrecht

Kaiser Friedrich's III. vom 5. Juli 1460, das ein Heft von achtzehn Pergamentblättern bildet, an denen die goldene Bulle hängt. Ebenso das gleichfalls mit der goldenen Bulle versehene Stadtrecht desselben Kaisers vom 13. Jänner 1493 für die Städte Krems und Stein. Dies wurde denn auch unter den nachfolgenden Kaisern Sitte. Das Stadtrecht Kaiser Maximilian's I. für Wien vom 20. November 1517 bildet ein Heft von acht, die Stadtordnung Ferdinand's I. ein Heft von dreissig, die Kaiser Maximilian's II. vom 26. September 1564 sogar von fünfundfünfzig, das Burgfriedens-Privilegium Kaiser Leopold's I. vom 15. Juli 1698 von zehn Pergamentblättern. Im XIII. Jahrhundert aber hielt man noch daran fest, dass Pergament nur auf einer Seite zu beschreiben. Waren es daher nicht graphische Gründe, die die Kanzleien nöthigten mehrere besondere Urkunden zu derselben Zeit auszustellen, so konnte der Grund auch in der Verschiedenheit der in ihnen enthaltenen Gegenstände liegen.

Ein weiteres formelles Bedenken wenigstens gegen die Urkunde I hat Lorenz S. 21 hervorgehoben. Er legt ein solches Gewicht darauf, dass er es allein für hinreichend ansieht, um auch der Urkunde I jeden Grad von Glaubwürdigkeit in der vorliegenden Form abzusprechen. In dem Eingange der Urkunde I sagt nämlich König Rudolf: innovantes et confirmantes eisdem (den Bürgern von Wien) antiquas quaslibet libertates et omnia jura, que sibi a dive memorie Friderico Romanorum imperatore, predecessore nostro concessa comperimus, etiam ex plenitudine regie potestatis adjicientes hiis alia nova veteribus, juxta quod in sequentibus elucescit. Wie müsse man aber, sagt Lorenz, höchlich erstaunen in der Urkunde die modificirten Statuten Herzog Leopold's VI. und nicht, wie er in diesem Eingange sagt, das Privilegium Kaiser Friedrich's II. zu finden? Es sei dies also ein offenbarer Widerspruch.

Allein es ist nicht schwer dieses Bedenken vollständig zu zerstreuen. Es konnte vielleicht befremden in einer Urkunde vom 20. Juni 1278 schon eine Hinweisung auf eine erst vier Tage später ausgestellte, vom 24. Juni zu finden. In einer an demselben Tage (24. Juni) mit einer andern wahrscheinlich den Bürgern zu gleicher Zeit übergebenen Urkunde enthält eine solche allgemeine Hinweisung auf den Inhalt der letzteren nichts Befremdendes. Beide Urkunden, obwohl aus graphischen Gründen von einander getrennt, bilden doch nur ein grosses Ganze, das in zwei Theilacte zerfällt. Allerdings ist es wahr, dass die Urkunde I sich durchaus dem Gange der Leopoldinischen Statuten anschliesst. Das meint auch König Rudolf, wenn er sagt, er habe den Wiener Bürgern 1. antiquas quaslibet libertates, also ihr altes Gewohnheitsrecht, das in den landesfürstlichen Privilegien eine Aufzeichnung erhalten hatte, bestätigt und erneuert. Dasselbe hat er aber auch 2. mit den vom Kaiser Friedrich den Wienern ertheilten neuen Stadtfreiheiten et omnia jura etc., gethan und hat sie überdies mit einigen neuen Freiheiten vermehrt, die in dem Friedericianum noch nicht enthalten waren. Diese bilden nun den Inhalt der Urkunde II, wie wirklich aus der Betrachtung beider Urkunden hervorgeht. Wahrscheinlich bezog Lorenz beide Ausdrücke antiquas quaslibet libertates ebenso wie et omnia jura etc. auf das Friedericianum, während die ersteren Worte doch offenbar getrennt aufzufassen sind und auf die von den Landesfürsten (Leopold VI., Friedrich II.) verliehenen Freiheiten der Stadt zu beziehen sind.

Eben so leicht ist es ein zweites von Lorens (S. 27 bezeichnetes Bedenken zu beseitigen, das sich auf die Urkunde II bezieht. Er findet es in dem gewohnheitswidrigen Abgang jeder Eingangsformel und der formlosen Adoption des Wortlautes des Friedericianum .

Nun enthält der Eingang der Urkunde II allerdings die Eingangsformel des letzteren mit einigen Abweichungen. Rudolf hat sich also diese angeeignet. Es wäre offenbar eine Fälschung gewesen, hätte Rudolf sich darauf beschränkt das Friedericianum selbst sammt der Eingangsformel etwa mit der Einleitung Privilegium Friedericianum, cujus tenor est hic einfach zu transsumiren, denn, wie wir schon oben nachgewiesen haben, sind die Abweichungen, obwohl selten, doch keineswegs Varianten, sondern sehr wesentlicher Natur. Dann ist es ja gar nichts Ungewöhnliches und kommt oft vor, dass die Aussteller der Urkunden bei Bestätigungen und Erneuerungen von Stadtrechten, ohne des früheren Verleihers namentlich zu gedenken, was König Rudolf übrigens schon in der Urkunde I gethan hatte, sich die Eingangsformel des früheren Stadtrechtes wörtlich aneigneten. So ist z. B. der Eingang des sich an das Leopoldinum von 1221 anschliessenden Stadtrechtes König Wenzel's I. für Brünn von 1243 genau derselbe, wie bei diesem. Dasselbe ist der Fall bei dem Stadtrechte Herzog Friedrich's II. für Wien vom Jahre 1244. Auch die Stadtrechte Herzog Albrecht's I. für Wien vom Jahre 1296 und Herzog Rudolf's III. für Krems adoptiren im Allgemeinen, abgesehen von den nothwendig gewordenen Veränderungen, den Eingang der Rudolfinischen Stadtprivilegien. Es kann daher nicht auffallen, wenn König Rudolf sich des Einganges des Friedericianum bedient, um so mehr als er dasselbe nicht wörtlich wiederholt, sondern allerdings kleine aber höchst wichtige Abänderungen in diesem vornimmt.

Viel ernsterer Natur ist das von Böhmer (Reg. S. 94) erhobene Bedenken wegen der Incompatibilität der Zeugen mit dem Datum. Wir können uns nicht verhehlen, dass in ihm der eigentliche Angelpunkt über die ganze Frage der Echtheit oder Unechtheit der Rudolfinischen Privilegien liegt. So lange dieses Bedenken besteht, fühlen wir, dass alle Mühe vergebens ist, die man auf den Nachweis der inneren Unbedenklichkeit der Urkunden verwendet. Zwar bezieht sich dasselbe blos auf die Urkunde II. Aber schon Lorenz hat gezeigt, wie innig beide Urkunden zusammenhangen, dass mit der Urkunde II zugleich die Urkunde I stehe oder falle, beide entweder echt oder unecht sind. Dieses Bedenken war es, das eigentlich alle Zweifel an diesen Privilegien angeregt und genährt hat.

Seite 94 sagt Böhmer zu dem Privilegium II wörtlich Folgendes: »Allein es ist nach den Zeugen gewiss, dass die fragliche Urkunde so nicht heute (am 24. Juni 1278) ausgestellt werden konnte, sondern wahrscheinlicher bald nach der Besetzung Wiens, etwa im December 1276 oder im Jänner 1277 ausgestellt worden ist. Denn von den genannten Zeugen schlossen vier gerade am heutigen Tage mit den rheinischen Städten einen Landfriedensbund, war des Königs Erstgeborner noch sieben Tage früher zu Bruck in Aargau (Hormayr, Archiv 1819 S. 408), und war der Bischof Leo von Regensburg schon am 12. Juli 1277 gestorben.

Sehen wir nun dem Bedenken Böhmer's scharf ins Auge. Es lässt sich nicht im Mindesten daran zweifeln, dass die angeführten Zeugen am 24. Juni 1278, dem Datum der Urkunde II nicht zusammen in Wien gewesen sein konnten, dass daher Zeugen und Datum der Urkunde sich gegenseitig auszuschliessen scheinen. Andererseits, wie schon Lorenz betont, weist der Artikel von der Verurtheilung Paltram's, die in der Mitte Mai 1278 stattfand, und was Böhmer und Lorenz noch nicht beachtet haben, die Aufnahme Stephans von Meissawe, des Nachfolgers des wegen seiner Theilnahme an dem Aufstand zu Gunsten Ottokar's im Mai des Jahres 1278 verurtheilten früheren Marschalls Heinrich von Kunring, als Marschall von Oesterreich unter die Zeugen ausdrücklich auf dieses Datum hin oder schliesst wieder die Annahme eines früheren Datums mit denselben Zeugen aus. Der bereits im Jahre 1277 verstorbene Bischof Leo von Regensburg und der »Marschall von Oesterreich« Stephan von Meissau scheinen sich nun einmal absolut gegenseitig und nebeneinander als Zeugen auszuschliessen.

Wenn nun vielleicht auch allenfalls angenommen werden könnte, dass der Landfriedens-bund auch mit Abgeordneten der rheinischen Städte abgeschlossen sein könne, als die vier Zeugen in Wien beisammen waren, dass ferner der erstgeborne Sohn König Rudolf's binnen sieben Tagen Angesichts des Ausbruches des Krieges mitten im Sommer immerhin aus der Schweiz schon in Wien angelangt sein konnte, daran lässt sich nicht rütteln, dass Bischof Leo von Regensburg, einer der treuesten Anhänger und Rathgeber König Rudolf's, der am häufigsten in seinen Urkunden vorkommende Zeuge, zwischen dem 13. und 27. Juli 1277 gestorben ist. (Vergl. Thomas Ried, Cod. dipl. Ratisponensis, Urkunden LXXV, DLXXVI, DLXXVII.) Gegen solche Thatsachen, scheint es, lasse sich nichts einwenden, und damit scheint das Urtheil über die Unechtheit der Urkunde II an ihrem Ende auch der damit zusammenhängenden Urkunde I unwiderleglich gesprochen und besiegelt.

Dessen ungeachtet wollen wir den scheinbar hoffnungslosen Versuch unternehmen der Sache eine andere Seite abzugewinnen. Vor Allem wollen wir bemerken, dass die in der Urkunde II erwähnten Zeugen in den Urkunden König Rudolf's aus den Jahren 1276 und 1277 und mit Ausnahme Leo's 1278 und 1279, theils einzeln theils mehrere von ihnen zusammen, als seine gewöhnlichen Rathgeber und Zeugen erscheinen, dass also nicht in der Aufnahme dieser Personen als Zeugen, die vielmehr durch zahlreiche Urkunden als die gewöhnlichen bestätigt werden, sondern in ihrer Zusammenstellung mit Beziehung auf das Datum die Schwierigkeit liegt.

Untersuchen wir zuerst die Art und Weise, wie ähnliche städtische Privilegien und Freiheitsbriefe zu Stande kamen. Schon das Leopoldinum vom Jahre 1221 sagt im Eingange: Hinc est, quod nos civium nostrorum Viennensium devotionem petitionemque affectuosam animadvertentes donavimus ipsis ac posteris eorum et juxta consilium et ammonitionem fidelium ac ministerialium nostrorum perpetua statuimus donatione jura etc. Am Schlusse erscheinen die Herren und Ministerialen als Zeugen angeführt. In gleicher Weise auch das Stadtrecht Herzog Friedrich's II. vom Jahre 1244. Die Bürger gaben demnach die Anregung, und die Summe der zu ertheilenden Rechte und Freiheiten wurde vom Fürsten nach einer Berathung mit seinen Räthen und den Landherren festgestellt und formulirt. So sagt auch die Urkunde König Friedrich's vom 21. Jänner 1320 Nr. XXVII, die den Wiener Stadtrathe die Anlegung eines eigenen Rechtsbuches, des Eisenbuches, gestattete: Do beriten wir uns mit unsern lanthern und auch mit in selben (den Bürgern), wie wir in daz bestetigeten und bevestigeten also, daz die recht, der sie von unsern gnaden gerten, mitsamt den rechten, die sie emaln von uns und unsern vordern gehabt habent, stæt und unzerbrochen beliben. Do verdacht wir uns des mit unserm rat und auch mit in selben, daz u. s. w. Am Aus-fuhrlichsten beschreibt diesen Vorgang Graf Albrecht als Verweser über Oesterreich in der Urkunde vom 24. Juli 1281: Darnach do unser herre und unser vater von uns gefuer, do sazze wir mit unserm rat, den lantherren, die unsern rat gesworn habent vor unserm herren dem Romischem chunich ——— es werden nun ihre Namen mitgetheilt und wurden mit in enein, wie wir allez lant sazten in guoten vride und in guot gewonheit, die lant und leuten guot were. Und wurden enein umb ein niderlege, daz deu ze Wienen in des riches hauptstat in Osterrich wurde. Do besant wir der stat rat von Wienne, daz die sæzzen zu denselben lantherren, die unser rat sind in Osterrich, und mit den enein wurden umb dieselben niderlege, wie deu wurde nach got und nach des landes fruomen. Der Rath der Stadt Wien legt sodann seine Rudolfinischen Urkunden vor, aus denen die oben angeführten zwei Artikel mitgetheilt werden. Wand aver uns und unsern den vorgenanten rat, die lantherren ze Osterrich und unsern rat ouz den purgern ze Wienen der vorgenanten satz und der artikel den choufleuten gesten ze swer doucht, so ändert er sodann diese Artikel ab.

Daraus ergibt sich, dass städtische Privilegien nicht das Product eines einzigen Momentes waren, sondern das Resultat reiflicher Ueberlegung und Erörterung sowohl mit den Bürgern als den Rathgebern der Fürsten, und diejenigen Männer, die an diesen Berathungen Theil nahmen, zugleich als Zeugen der Urkunden angeführt wurden, wohl ohne Rücksicht darauf, ob sie gerade im Momente der Expedition des ·Aufsatzes· gegenwärtig waren oder nicht. Einen ähnlichen Vorgang hat König Rudolf gewiss auch bei diesen zwei Stadturkunden beobachtet. Gewiss waren ihnen, wo so wichtige Landes- und Reichsinteressen ins Spiel kamen, langer dauernde Berathungen nicht blos mit den Bürgern sondern auch mit den Räthen des Königs: den Fürsten und Grafen aus dem Reiche, dann den österreichischen Landherren vorausgegangen, ehe es zu einem definitiven und zu einem kanzleimässigen Abschluss der Urkunden kam. Wien hatte bekanntlich seine Treue gegen König Ottokar dadurch bewährt, dass es dem heranziehenden König Rudolf nicht bereitwillig seine Thore öffnete, sondern geleitet von Paltram vom 28. September bis 26. November 1276 dem Belagerungsheere tapferen Widerstand leistete. Der Einzug Rudolf's erfolgte noch vor Abschluss des Friedens mit Ottokar, wie die Quellen einstimmig melden, gegen die feierliche Versicherung der Stadt Wien ihre Freiheiten und Privilegien bestätigen zu wollen. Die Berathungen uber diese mögen nun Ende des Jahres 1276 oder Anfang 1277 begonnen und noch vor August dieses Jahres zu Ende geführt worden sein. An diesen Berathungen nahmen nun unstreitig die in der Urkunde II genannten Zeugen insgesammt Antheil, denn sie erscheinen in gleichzeitigen Rudolfinischen Urkunden theils einzeln theils cumulativ als die gewöhnlichen Zeugen, unter ihnen in hervorragender Weise der treue Anhänger Rudolf's Leo, Bischof von Regensburg, wohl auch der Landmarschall von Oesterreich Heinrich von Kunring, wahrscheinlich auch als Landherr sein späterer Nachfolger Stephan von Meissau. Dass diese Berathungen am Ende Juli 1277 bereits zum Abschluss gekommen waren, darauf deuten unverkennbare quellenmässige Zeugnisse. Am 21. August 1277 Böhmer, S. 87. Herzog. Germ. Franc. 383 ertheilte König Rudolf den Bürgern von Eggenburg dieselben Rechte und Freiheiten, wie sie die von Wien haben. So allgemein diese Hinweisung ist, so viel geht doch aus ihr hervor, dass Rudolf die Rechte von Wien kannte, und dass sie bereits von ihm in einem öffentlichen Acte anerkannt gewesen sein mussten. Bestimmter aber weist das Privilegium König Rudolf's für Wiener-Neustadt vom 1. December 1277 auf unsere Urkunden und zwar namentlich auf die Urkunde I hin, indem es die Bürger in ihrer Rechtspflege auf die forma juris civitatis Wiennensis verweist, die demnach bereits verzeichnet und der Stadt Wien übergeben sein musste. In welcher Form die Urkunden den Bürgern übergeben wurden, datirt oder undatirt, mit oder ohne Zeugen, darüber lassen sich allerdings blos Vermuthungen aufstellen. Doch enthielt die Urkunde I sicherlich noch nicht ihr Proœmium, in dem Rudolf ihre Treue preist, sondern vielleicht nur die einfache Ueberschrift: Haec est forma juris civitatis Wiennensis, wie wir aus der Babenbergischen Zeit drei bisher noch nicht gedruckte formae besitzen: eine forma institutionis für den Marktverkauf von Lebensmitteln, eine forma mute, que purchmaut dicitur, und ebenso auch eine für die Wagenmauth. Die Urkunde II hingegen enthielt noch nicht den Artikel über Paltram und die nachfolgenden Jahrmarkts-Privilegien, sondern schloss mit dem Versprechen der Erneuerung unter der goldenen Bulle. Es wäre auch höchst sonderbar, dass die Stadt Wien, gegen die König Rudolf sich doch bei der Uebergabe besonders dazu verpflichtet hatte, und die er aus politischen Gründen für sich gewinnen musste, zu einer Zeit ohne Bestätigung ihre Rechte und Freiheiten geblieben wäre, wo König Rudolf mit Bestätigungen der Rechte anderer österreichischer und deutscher Städte so freigebig war, wo die benachbarte Stadt Wiener-Neustadt genau dieselben Rechte verbrieft erhielt, die den Inhalt der Urkunde II bilden. So gestattete König Rudolf 1276, 9. März der Stadt Augsburg (Böhmer S. 75) die Anlegung eines Statutenbuches, bestätigte am 31. Juli desselben Jahres die Freiheiten von Rheinfelden (S. 77), am 2. August die von Solothurn, am 15. October (S. 79) die Rechte und Privilegien Herzog Leopold's und Friedrich's II. für Enns; 1277, 19. Janner in gleicher Weise die für **Judenburg** (S. 81), am 22. April d. J. den Bürgern von Oppenheim (S. 84), am 5. Juli der Stadt Dieburg (S. 86), am 26. Juli den Bügern von **Freistadt** (S. 87) die Privilegien Herzog Leopold's und Friedrich's, verlieh am 21. August den Bürgern von **Eggenburg** die Rechte der Stadt Wien (S. 67), erhob am 22. August die Stadt Bruck in Steiermark zur freien Reichsstadt (Hormayr, Taschenbuch 1841, S. 113), gab am 24. November den Bürgern von Luzern die Rittermässigkeit (S. 89), eben solche Freiheiten am 1. December der Stadt **Wiener-Neustadt** sammt dem Rechte der Stadt Wien; bestätigte am 25. Mai 1278 (S. 92) den Bürgern von Schaffhausen die Freiheit vor auswärtigen Gerichten, gab am 20. September der Stadt Porlitz in Mähren (S. 96), am 28. der Stadt Prerau, am 29. der Stadt Leobschütz, den Bürgern von Iglau, am 20. September der Stadt Olmütz verschiedene Freiheiten u. s. w. Die Bestätigung der Rechte der Hausgenossen in Wien, ferner der Judenordnung Herzog Friedrich's II. durch König Rudolf fällt ebenfalls in das Jahr 1277.

Die Bürger liessen anfangs sich mit dieser Form der Urkunde genügen. Hatten sie ja die feierliche Versicherung König Rudolf's, dass er ihnen alle Privilegien nach seiner Kaiserkrönung unter der goldenen Bulle erneuern werde. In Hinblick auf Kaiser Friedrich II hielt es Rudolf der Würde der königlichen Gewalt angemessen die Urkunden mit der goldenen Bulle zu versehen, damit sie als würdiges Seitenstück sich an das Friedericianum anreihten. Vor seiner Kaiserkrönung hielt er sich dazu für nicht berechtigt. Zur selben Zeit trug er sich lebhaft mit dem Gedanken eines Zuges nach Italien, um sich zum Kaiser krönen zu lassen. Die Ordnung der Herzogthümer, vielleicht ein geheimes, nur zu sehr gerechtfertigtes Misstrauen gegen Ottokar liess ihn die Ausführung dieses Vorsatzes von Tag zu Tag verschieben. Die Erklärung der Stadt Wien zur reichsunmittelbaren musste für ihn ein Gegenstand der ernstesten Erwägung sein. Vielleicht mochte Rudolf auch bereits den Gedanken nähren Oesterreich und die Herzogthümer dauernd an sein Haus zu bringen und auch die Bürger von Wien nach und nach für seinen Plan zu gewinnen. Daher die verratherische Auslassung des oben erwähnten Passus über die Ausschliessung der Trennung vom Reiche für alle Zukunft, daher auch noch im letzten Augenblick die Schlussclausel der Urkunde II, wodurch er eigentlich die ganze Urkunde fraglich und prekär machte. Unterdessen ging die Verschwörung Paltram's und seiner Freunde in Wien, die Heinrich von Kunring's im Lande ihren stillen Weg. Paltram mochte wohl den Zweifel, ob ihre Rechte auch vollkommen formell beglaubigt seien, in den Bürgern anfachen und ihn als Hebel für seine Pläne benützen. Wie dem auch sei, die Verschwörung wurde im Mai 1278 entdeckt. Der Aufstand misslang, die Verschwörer wurden verurtheilt und geächtet. Nun stand der Krieg mit Ottokar vor der Thüre. König Rudolf musste fühlen, wie gebieterisch es sein Interesse und das des Reiches erheischten die mächtige Stadt Wien, in der sein Feind Ottokar ohnehin einen so starken Anhang hatte, dauernd für sich zu gewinnen. Auf der anderen Seite mochten die Bürger in Hinsicht auf den bevorstehenden Krieg, der die Erfüllung der versprochenen Erneuerung der Privilegien in eine unbestimmte Ferne rückte, dahin drangen an Stelle der erhaltenen Urkunden, mit denen sie sich bisher begnügt hatten, formell beglaubigte und von der königlichen Kanzlei regelmässig ausgefertigte, mit dem königlichen Siegel versehene Urkunden zu erlangen. Unter diesen Umständen erfolgte denn unmittelbar vor dem Auszuge König Rudolf's ins Feld die Ausfertigung unserer beiden Urkunden mit Zeugen, Datum und königlichem Siegel. Die Urkunde I wurde mit dem Proœmium versehen, wie wir sie jetzt besitzen. Zur Urkunde II kam der Artikel über Paltram, so auch die mittlerweile ertheilten Jahrmarkts-Privilegien. Was war natürlicher, als dass die königliche Kanzlei jene Männer als Zeugen nannte, die an der Berathung über diese Rechte im Sommer des vorigen Jahres theilgenommen hatten, und unter deren Mitwirkung der Abschluss und die Aufzeichnung erfolgt war? So erscheint auch der Regensburger Bischof Leo als Zeuge, obwohl er bereits verstorben war. War Heinrich von Kunring, als Marschall, wie es wahrscheinlich ist, bei der Berathung ebenfalls gegenwärtig, so wurde sein Name nach seiner Verurtheilung nunmehr natürlich weggelassen, dafür aber durch den seines Nachfolgers Stephan von Meissau, der wohl früher als Landherr auch an jener Berathung theilgenommen hatte, ersetzt.

So erklären wir uns den Vorgang ganz einfach und natürlich.

Die Stadtrechtsurkunden Herzog Rudolf's III. für die Städte Krems und Stein vom 24. Juni 1305 Nr. XXV. Ihre Bedeutung für die Rechtsgeschichte Wiens.

Es sind dies zwei auf sehr grossen Pergamentbogen (auf einer Seite) geschriebene Urkunden in deutscher Sprache, deren Originale in Kremser Stadtarchive erhalten sind. Sie sind von demselben Tage 1305 an sand Johannestach zu Sonnewenten, somit vom 24. Juni demselben Tage, an dem auch die entsprechenden zwei Urkunden König Rudolf's I. für Wien erlassen sind ist dies Zufall oder Absicht? – jedenfalls ein merkwürdiger Zufall! — datirt, mit den hangenden wohlerhaltenen Reitersiegeln Herzog Rudolf's III. in Wachs, von denen sich die erste Artikel für Artikel in einer ganz treuen Uebersetzung an die Urkunde I König Rudolf's I. für Wien anschliesst, während die zweite die Handfeste Herzog Albrecht's I. vom Jahre 1296 zur Grundlage hat. Rauch Script. III. 350 ff. theilt aus einer Bestätigung derselben mit wörtlicher Inserirung in dem Stadtrecht Kaiser Friedrich's III. für diese Städte vom Jahre 1463, 13. Jänner unter der goldenen Bulle nur den Eingang und die Schlussformel mit, während er für die erste Urkunde auf das Stadtrecht Herzog Friedrich's II. für Wien vom Jahre 1244 verweist, indem er der irrigen Ansicht ist, sie sei blos eine Uebersetzung dieses Stadtrechtes ins Deutsche. Doch schon Würth (Stadtrecht von Wiener-Neustadt S. 15) erkannte ihren richtigen Charakter als eine Uebersetzung der Urkunde König Rudolf's I. für Wien I. In neuerer Zeit hat Kinzl in seiner sonst verdienstvollen Chronik der Städte Krems und Stein (S. 482—491) sehr lückenhafte Bruchstücke aus beiden Urkunden mitgetheilt. Die Urkunden selbst waren bisher in extenso noch nicht gedruckt, und wir haben sie wegen ihrer hohen Bedeutung für das Wiener Stadtrecht unserer Herausgabe einverleibt. Schon der Eingang der ersten Urkunde Herzog Rudolf's III. stimmt im Ganzen und in einzelnen Sätzen mit der Urkunde I König Rudolf's I. wörtlich überein.

Weiter sagt Rudolf III. ausdrücklich: . . . Wir erneuern und bestetigen denselben allen unsern lieben purgern, armen und reichen, von Chrems und von Stain alle die recht und alle die genad, die sie gehabt habent unz an uns und ze wirden ir gerden (für geernten, verdienten) treuen van unsern sunden genaden so geben wir zu den alten rechten denselben steten andere neue recht, die Wiener habent und in gegeben sint von unserm enen chunich Rudolfen und van unserm vater chunich Albrechten von Rome. Und am Schlusse der Urkunde: . . . als sei unser purger von Wienne herbracht haben van unsern vordern und van uns. Und am Schlusse der zweiten Urkunde: als seu unser erbern purger von Wienne herbracht habent von alten fursten, van unsern vordern und auch van uns, und auch noch habent.

Es fehlen blos jene Artikel der Urkunde I König Rudolf's I., die sich speciell auf Wien, namentlich als Stapelplatz, und auf den Verkehr mit fremden Kaufleuten beziehen, also die Artikel 49, 50, 51, 62, offenbar desshalb, weil die fremden Kaufleute diese Städte nur passirten, ohne daselbst sich aufzuhalten, dann der Artikel 58 über Massenexcesse, wohl desshalb, weil es daselbst keine so mächtigen Bürger (potiores cives) gab wie in Wien, endlich Schlussformel und Datum a. 63 und 64. Unbedeutende Abweichungen kommen ferner vor im a. 1 statt in humilem personam: blos an einem mann. Der Zusatz des a. 5: sed de rebus suis fiat, ut superius est expressum, fehlt in der Kremser Urkunde. Im a. 6 ist a judice et consulibus, ut est tactum blos übersetzt mit von dem richter (wo wohl die Frohngewalt des Gerichtes im Allgemeinen gemeint ist); im a. 7 aliquod nobile membrum blos mit dehain lid. Der a. 16 enthält einen kleinen Zusatz, der bei Rudolf I fehlt, nämlich, dass der Richter wegen einer Beredung nichts nehmen solle; im a. 29 statt det judici decem libras: 10 Pfund der Stadt, 10 Pfund dem Richter; der Zusatz des a. 35: nisi forte visus sit illic cum aliis pugnare, tunc suum non recipiatur juramentum fehlt in Krems.

Sonst schliesst sich die Reihenfolge der Artikel und der wörtliche Ausdruck treu an seine lateinische Vorlage an. Diese Urkunde ist somit ein unwiderleglicher Beweis der Authenticität der Urkunde I König Rudolf's I. vom Jahre 1278 für Wien.

Ein zweites Stadtrecht Herzog Albrecht's I. für Wien. Damit ist jedoch ihre hohe Bedeutung für die Rechtsgeschichte Wiens noch nicht erschöpft. Es lassen sich aus diesen Urkunden noch zwei andere Schlüsse ableiten, die dem Schluss, den wir bereits aus ihnen gezogen haben, an Wichtigkeit nicht nachstehen. Die erste Kremser Urkunde sagt nämlich ausdrücklich, dass nicht blos König Rudolf I., sondern auch Albrecht I. den Wienern diese Rechte gegeben habe. Das uns erhaltene Stadtrecht Herzog Albrecht's I. vom Jahre 1296 schloss sich in seinem Gange an die Urkunde II König Rudolf's I. an, die wieder eine Erweiterung des Friedericianum enthielt. Von einem Privilegium Herzog Albrecht's I., das sich aber an das Leopoldinum, respective die Urkunde I Rudolf's anschlösse, ist uns Nichts bekannt. Keine Aufzeichnung, weder im Originale noch in Abschrift hat sich uns erhalten, und es scheint fast darin eine Bestätigung der Erzählung des Reimchronisten zu liegen, dass Herzog Albrecht I. alle Privilegien der Wiener, die eine Beeinträchtigung der herzoglichen Kammer auch nur um 10 Pfennige enthielten, ihnen ins Angesicht zerrissen habe (nach Pez, Script. rer. austr. S. 571).

> Die hantvest man all laz:
> Und waz der waz:
> An den man macht gechiesen,
> Daz daran möcht verliessen,
> Der Furst mit ainem ding
> Gegen zehen phening,
> Der liez er dhain nicht,
> Er zârt sey zu ir Angesicht,
> Die ander gab er in wider.

Schon Lorenz hat nachgewiesen, wie unzuverlässig die Erzahlung des Reimchronisten uber den Aufstand der Wiener sei, und wie wenig sichere Anhaltspunkte sich aus ihr fur die Geschichte der Wiener Stadtrechte gewinnen lassen. Halten wir uns jedoch an das Stadtrecht Herzog Albrecht's I. vom Jahre 1296 selbst, so weist schon dieses nach seinem Vorbilde, der Rudolfinischen Urkunde II auf eine Rechtsordnung (forma juris) hin, die den Wienern ubergeben worden sei. a. 18: Sie (die ratgeben) suoln auch sweren besunderlich, daz sie gænzlich und getreuelich **den orden und deu rechtichhait behalten, die in beschaiden, gegeben und zusammengevuoget sint an den hantvesten.** Eine wörtliche Uebersetzung von a. 11 Urkunde II Rudolf's I.: et jurabunt specialiter, quod formam **in privilegiis expressam ipsis traditam et confectam integre et fideliter observabunt**). Dass damit bei Rudolf nicht der Inhalt der Urkunde II selbst gemeint war, sondern vielmehr eben die Urkunde I, geht aus der Vergleichung mit der Urkunde König Rudolf's I. vom 1. December 1277 fur Wiener-Neustadt hervor, die fur diese Stadt ungefähr dieselben Freiheiten enthält, wie die Urkunde II fur Wien, bei dem betreffenden Passus über die Verfassung des Stadtrathes aber sagt: Cives respondebunt coram nobis vel suo judice secundum formam civitatis Wiennensis, womit offenbar das Privilegium König Rudolf's I. fur Wien und zwar I gemeint ist. Daraus lässt sich beinahe mit Gewissheit schliessen, dass Herzog Albrecht I. der Stadt Wien nicht blos das uns bekannte Privilegium vom Jahre 1296, das sich an die Urkunde II König Rudolf's I. anschloss, sondern noch ein zweites Privilegium auf Grundlage der Urkunde I König Rudolf's I. und zwar beide in deutscher Sprache, wahrscheinlich an demselben Tage ubergeben habe, das sich ubrigens viel getreuer an seine lateinische Vorlage I anschloss, als das uns von ihm erhaltene Stadtprivilegium an die Urkunde II.

Bringt man nun die erste Kremser Urkunde damit in Verbindung, die ausdrucklich von einer Verleihung der darin enthaltenen Satzungen durch Albrecht I spricht, und ergänzt man die wenigen aus der Urkunde I König Rudolf s I. nicht aufgenommenen Artikel, die sich auf Wien als Stapelplatz beziehen, aus dem Stadtrechte Herzog Albrecht's II. für Wien vom Jahre 1340, so hat man ungefähr wohl wörtlich den Inhalt des Privilegiums Herzog Albrecht's I. **Herzog Albrecht I. hat demnach beide Privilegien König Rudolf's I. für Wien I und II ins Deutsche übertragen, sie bestätigt und mit mehreren neueren Bestimmungen und Freiheiten vermehrt.** Es könnte auffallen, warum wir von diesem zweiten Stadtrechte Herzog Albrecht's I. nicht die mindeste Kunde haben. Schon aus der Lage der Verhältnisse lässt sich jedoch von vorneherein schliessen, dass Herzog Albrecht I. die Stadt Wien nicht ohne irgend eine Rechtsordnung gelassen habe, sei es auch nur, dass er ihr auf Grundlage ihrer praktischen Rechtspflege das alte Leopoldinum bestätigte, dass es aber nicht dieses, sondern die Urkunde I König Rudolf's I. gewesen sei, geht eben aus den Kremser Urkunden hervor. Uebrigens lässt es sich auch erklären, wie dieses Privilegium in Vergessenheit gerathen ist. Herzog Albrecht II. bestätigte und »verschrieb« nämlich am 24. Juli 1340 den Wiener Bürgern auf ihre Bitten »ir statrecht, als hernach von wart ze wart geschriben stet«; und die Vergleichung mit den Kremser Urkunden zeigt augenscheinlich, dass sein Stadtrecht im Wesentlichen kein neues Wiener Stadtrecht enthalte, sondern nur das alte Wiener Stadtrecht wörtlich verzeichnet. Durch diese neuerliche Aufzeichnung und Bestätigung seinem vollen Inhalte nach und durch seine Vermehrung mit einigen neuen Artikeln wurde demnach das alte Privilegium Herzog Albrecht's I., abgesehen von seinem historischen Werthe, praktisch ganz werthlos, und wir finden es daher auch in dem im Jahre 1320 angelegten Eisenbuche, dem die meisten Wiener Rechtshandschriften folgen, und in welches die Urkunde II König Rudolf's I. und das Stadtrecht Albrecht's I. vom Jahre 1296 erst nach dem Herzog Albrecht's II., also nach jenem Jahre 1340 eingetragen sind, nicht aufgenommen. Auch die Originalurkunde wurde nicht mehr beachtet und ging auf irgend eine Weise verloren, wie dies ja bei mehreren anderen wichtigen Urkunden Herzog Albrecht's I., z. B. den für die Laubenherren und die Münzgenossen der Fall ist.

Das Stadtrecht Herzog Albrecht's II. für Wien vom 24. Juli 1340 Nr. XXXVII.

Es lässt sich endlich noch eine dritte Folgerung von grosser Bedeutung für die Rechtsgeschichte Wiens aus diesen Kremser Urkunden ableiten.

Die erste Kremser Urkunde enthält nämlich eine Reihe von Artikeln, die in der Urkunde I König Rudolf's I. noch nicht vorkommen. Schon zwischen dem a. 46 dieser letzteren, der das Erbrecht der Wiener Bürger normirt, und dem nächsten über den Nachlass eines Fremden findet sich eine wichtige Bestimmung eingeschaltet, die eine Beschränkung der Vergabungen von liegenden Gütern an Kirchen und Klöster enthält. Nach dem a. 56 »Verbot der Einigung von Handwerkern) folgt eine Reihe von Bestimmungen über die verschiedenen Handwerker: die Handschneider, Bäcker, Fleischhacker. Sodann schliesst die erste Kremser Urkunde aus offenbar graphischen Gründen, da der obwohl sehr grosse Pergamentbogen bis auf den unteren Rand bereits vollgeschrieben war und für weitere Aufzeichnungen keinen Raum mehr bot. Die zweite Kremser Urkunde, die auf einem viel kleineren Pergamentbogen geschrieben ist, entspricht nun dem Stadtrechte Herzog Albrecht's I. vom Jahre 1296 für Wien, schliesst jedoch mit dem Verbote der Erbauung neuer Festen innerhalb des Burgfriedens

(a. 31). Nun folgen aber ganz unvermittelt Handwerker- und Marktbestimmungen, die offenbar auf der ersten Urkunde nicht mehr Platz fanden und daher in diese Urkunde übertragen wurden: über die Fischer, Saitkäufer, über das Weinmass. Hierauf folgen die a. 60 und 61 der Rudolfinischen Urkunde I, letzterer mit einem Zusatze, endlich die a. 57 und 59, die den Schluss bilden.

Vergleicht man nun diese in den Kremser Urkunden zu der Rudolfinischen Urkunde I neu hinzugekommenen Artikel und ihre Reihenfolge mit dem Stadtrechte Herzog Albrecht's II. für Wien vom 24. Juli 1340, das in der Originalurkunde auf einem colossalen Pergamentbogen im Wiener Stadtarchive erhalten ist, so sieht man, dass sie in der Regel in diesem wörtlich und in derselben Ordnung erscheinen. Schon Bischoff (Oesterr. Stadtrechte und Privilegien S. 195—198) sagt darüber Folgendes: »Dieses Stadtrecht ist zum grossen Theile eine wörtliche Uebersetzung des Rudolfinischen vom Jahre 1278, unterscheidet sich aber von diesem durch nicht wenige und wichtige Modificationen seiner Bestimmungen, durch Wieder-aufnahme von Bestimmungen des Friedericianischen Stadtrechtes vom Jahre 1244, welche im Rudolfinischen weggelassen wurden, endlich durch ganz neue Bestimmungen«, worauf er diese Stadtrechte eingehend vergleicht. Dagegen hat Lorenz die Bedeutung dieses Stadtrechtes für die Beurtheilung der Rudolfinischen Urkunde I S. 38 ganz kurz mit den Worten abge-fertigt: »dass aber dieses von uns als Entwurf bezeichnete Recht keinen Eingang gefunden hatte, beweist das Stadtrecht Albrecht's II. vom Jahre 1340 (Rauch, Script. III. 37), das sich ganz an das ursprüngliche Babenbergische Stadtrecht anschliesst und die zu Gunsten des Stadtrathes lautenden Bestimmungen unserer Rechtsaufzeichnung durchaus unberücksichtigt lässt«. Er verzichtet daher von vorneherein auf jeden Versuch die Urkunde I in derselben Weise aus der uns vorliegenden Form zu reconstruiren, wie er es rücksichtlich der Urkunde II durchgeführt hat.

Beide durften nun jetzt bezüglich der Behauptung, dass Herzog Albrecht II. in manchen Bestimmungen zu dem Friedericianum vom Jahre 1244 oder wohl gar ganz zu dem ursprünglichen Babenbergischen Stadtrecht zurückgegriffen habe, ihre Ansicht selbst ändern, nachdem in unserer Herausgabe auf Grund einer besseren handschriftlichen Grundlage der Text der Rudolfinischen Urkunde I in seiner correcten Gestalt vorliegt, und durch seine wörtliche Uebereinstimmung mit den Kremser Urkunden der überzeugende Beweis für seine Authenticität erbracht ist.

Weder in den in Albrecht's II. Stadtrechte neu hinzugekommenen Bestimmungen und Artikeln, die bei König Rudolf und in den Kremser Urkunden noch nicht vorkommen (a. 3, 4, 5, 6, 21, 31, 39, 52, 59, 60, 69, 70, 76, 77, 78, 79 noch in den kleineren Zusätzen und Ver-änderungen ist ein Zurückgehen zu den früheren Stadtrechten vor König Rudolf zu erkennen. Erstere scheinen vielmehr zum Theil wenigstens aus Satzungen hervorgegangen zu sein, die später im gemeinen Rathe der Stadt gefunden worden waren und nunmehr dem Landesfürsten zur Bekräftigung und zur Sanction vorgelegt wurden. Sie wurden sodann im Stadtrechte selbst am passenden Orte eingeschaltet. Damit stimmt auch das überein, was Herzog Albrecht II. selbst als Veranlassung zur Erlassung dieses Stadtrechtes sagt. Die Bürger hätten ihn gebeten ihnen ihr Stadtrecht zu verschreiben und zu bestätigen. Dies habe er mit diesem Briefe gethan, als hernach von Wort zu Wort geschrieben steht. Wenn er sodann am Schlusse sagt er nehme ihnen mit dieser Handfeste nicht ab die Rechte, die in ihrer alten

Handfeste geschrieben stehen, so ist damit wohl schwerlich die Friedrich's II. vom Jahre 1244, auch nicht die König Rudolf's vom Jahre 1278 I, sondern wahrscheinlich die uns verloren gegangene Herzog Albrecht's I. vom Jahre 1296 gemeint.

Wir lassen hier eine synoptische Tabelle über diese Stadtrechte folgen, die uns eine Einsicht in ihr gegenseitiges Verhältniss gewährt.

Rudolf I. Urk. I und Krems	Albrecht II.	Rudolf I. Urk. I und Krems	Albrecht II.	Rudolf I. Urk. I und Krems	Albrecht II.
1	1	24	29	blos Rudolf I. 49	57
2	2 die Beredung ist etwas modificirt	25	30	blos Rud. I. 50, 51	58 etwas verändert
			31 neu		59 neu
	3 neu	26	32		60 neu
	4 neu	27	33	52	61 bedeutend
	5 neu	28	34		modificirt
	6 neu	Zusatz 29	35	53	fehlt
3	7 kleiner Zusatz	30	36 kleiner Zusatz	54	62 etwas verändert
4	8	31	37 etwas verändert	55	63 sehr kleine Veränderung
5	9 kleiner Zusatz		und erweitert		
6	10	32	38 Zusatz	blos Krems [64]	64
7	11		39 neu	blos Krems [65]	65
8	12	33	40	blos Krems [66]	66
9	13	34	41	blos Krems [67]	67
10	14	35	42	blos Krems [68]	68
11	15	36	43		69 neu
12	16	37	44		70 neu
13	17	38	45	blos Krems [72]	71 Zusatz
14	18	39	46 kleiner Zusatz	blos Krems [72]	72 etwas verändert
15	19	40	47 kleiner Zusatz	57	73 Zusatz
16	20	41	48 kleiner Zusatz	59	74
	21 neu	42	49	61	75 kleiner Zusatz
17	22 kleiner Zusatz	43. 44	50		(wälscher Wein)
18	23	45	51 Zusatz		76 neu
19	24		52 neu		77 neu
20	25 kleiner Zusatz	46	53		78 neu
21	26	blos Krems [54]	54		79 neu
22	27	47	55	60	80 Zusatz
23	28	48	56		

In dem umfangreichen Stadtrechte Herzog Albrecht's II sind daher sechzehn neue Artikel, die bei Rudolf und in Krems noch nicht vorkommen, vierzehn mit kleineren oder grösseren Zusätzen, acht mit geringeren oder bedeutenderen Veränderungen, sonst findet die vollkommenste Uebereinstimmung (namentlich im deutschen Ausdrucke mit der Kremser Urkunde) und im Ganzen dieselbe Aufeinanderfolge in der Ordnung der Artikel statt.

Die neuen Zusätze und Veränderungen erklären sich in natürlicher Weise, wenn man bedenkt, dass zwischen den früheren Stadtrechtsurkunden und dem Stadtrecht Albrecht's II. beinahe ein halbes Jahrhundert dazwischen liegt. Es lässt sich jedoch mit grosser Zuversicht annehmen, dass ein grosser Theil derselben bereits in dem verloren gegangenen Stadtrechte Herzog Albrecht's I. vorkam, namentlich die Bestimmungen über Wien als Stapelplatz und den Fremdenverkehr, über die Handwerker, die a. 76, 77, 78, 79, und in die Kremser Urkunden blos wegen der einfacheren Verhältnisse daselbst nicht aufgenommen wurden. Vergleicht man die zweite Kremser Urkunde mit dem uns erhaltenen Stadtrecht Albrecht's I. vom Jahre 1296, so sehen wir auch hier, dass mancher Artikel des letzteren in der ersteren fehlt, manche eine einfachere Fassung erhielten. Durch diese Betrachtung schmilzt der in dem Stadtrechte Herzog Albrecht's II. vom Jahre 1340 neu hinzugekommene Stoff bedeutend zusammen, und man kann daher mit Grund sagen, dass das Stadtrecht vom Jahre 1340 im Wesentlichen kein neues Recht schuf, sondern dieses Recht, das Herzog Albrecht II. neu verzeichnen liess, bereits zu Herzog Albrecht's I. Zeiten, also am Ende des XIII. Jahrhunderts verzeichnet und in praktischer Geltung war. Sagt Jener doch selbst in seiner Handfeste: Wir nemen auch den obgenanten unsern purgern ze Wienn mit der hantfest nicht ab die recht, die in ir alten hantfest geschriben stent.

Diese bisher ganz unbekannte Thatsache wird uns durch die Kremser Urkunden erschlossen. Wenn sich auf diese Art aus diesen mit Sicherheit ergibt, dass die uns vorliegende Urkunde I vom 24. Juni 1278 das echte Privilegium König Rudolf's I. für Wien ist, dass sie Herzog Albrecht I. bestätigt, ins Deutsche übertragen und mit neuen Bestimmungen vermehrt hat, dass die Urkunde Herzog Albrecht's II. vom Jahre 1340 im Wesentlichen kein neues Stadtrecht, sondern blos eine Bestätigung und Erneuerung des verloren gegangenen Stadtrechtes Herzog Albrecht's I. enthält, so erhellt hieraus die ungemein grosse Wichtigkeit, die die Kremser Urkunden für die Rechtsgeschichte Wiens und des ganzen Rechtskreises, der durch das Stadtrecht von Wien beherrscht wird, somit für die Geschichte eines grossen Theiles des österreichischen Stadtewesens haben. Sie verbreiten dort erst ein klares Licht, wo wir bisher im Dunkeln herumtappten, sie schaffen uns erst einen festen Boden, auf dem die Darstellung des städtischen Rechtslebens sicheren Schrittes fortzuschreiten im Stande ist.

Höhepunkt und Blüte der städtischen Autonomie im XIV. und XV. Jahrhundert.

Auf dieser breiten Grundlage, die durch die Stadtrechte Herzog Albrecht's I. vom Jahre 1296 und Herzog Albrecht's II. vom Jahre 1340 gelegt wurde, deren geschichtlicher Zusammenhang mit den früheren Stadtrechten bisher erörtert wurde, schritt nun die spätere Rechtsentwickelung im stätigen Gange weiter. Sie zeigt sich uns wesentlich nur als Ausbau, als Ergänzung des bereits Gegebenen nach allen Seiten des Rechtslebens hin, in allen einzelnen Gebieten des Rechtes. Die der Stadt bereits in dem Privilegium König Rudolf's I. vom Jahre 1278 II a. 12 gewährleistete, in der Urkunde König Friedrich's vom Jahre 1320 Nr. XXVII feierlich bestätigte, durch die Gestattung der Anlage eines grossen Rechtsbuches bekräftigte Autonomie des Stadtrathes, die regelmässig hinzutretende, seine wichtigeren Beschlusse sanctionirende Autorität der Landesfürsten sind die Quellen, die für die Festhaltung der bereits gewonnenen Grundlagen, für die Fortbildung des städtischen Rechtslebens im XIV. und XV. Jahrhundert in reicher Fülle fliessen. So entwickelte sich das innere Leben der Stadt nach allen seinen Seiten in seinem Reichthum an vielgestaltigen Erscheinungen aus sich selbst heraus und traf nur auf wenig aussere Hindernisse, die unter dem schutzenden, seinen Aufschwung fordernden Einfluss der Landesfürsten ohne Schwierigkeit überwunden wurden. Es kann jedoch nicht unsere Absicht sein an diesem Orte ein erschöpfendes Bild der Rechtszustände jener Zeit, eine systematisch geordnete Uebersicht der zu Wien geltenden

Rechtssätze und Anschauungen zu geben. Dies muss einer besonderen Darstellung überlassen werden, die auf Grundlage des hier gegebenen und später zu veröffentlichenden urkundlichen Materiales an eine Aufgabe herantritt, die sich ebenso lohnend und dankbar als ergiebig für die Kenntniss des mittelalterlichen Städtewesens überhaupt und des österreichischen Rechtes insbesondere gestalten muss. Eine reiche Ergänzung des hier gebotenen Stoffes wird sich aus den zahlreichen Urkunden über einzelne Rechtsgeschäfte, wie sie in den bereits publicirten Urkundenbüchern der Klöster, namentlich des Schottenklosters, des zu Klosterneuburg, Heiligenkreuz u. s. w. vorliegen, endlich in hervorragender Weise aus den im XIV. und XV. Jahrhundert zu Stande gekommenen theoretischen Bearbeitungen des Wiener Rechtes, besonders dem von Schuster herausgegebenen »Wiener Stadtrechts- oder Weichbildbuch« schöpfen lassen. Die das Gewerbs- und Zunftwesen jener Zeit, den Handel und den merkantilen Verkehr betreffenden Urkunden mussten ungeachtet ihrer in das Rechtsleben der Städte im Mittelalter tief einschneidenden Bedeutung planmässig aus dieser Edition ausgeschieden und späteren Publicationen vorbehalten werden. Unsere Aufgabe kann hier nur die sein, die wichtigsten, das Rechtsleben im engeren Sinne unmittelbar und zunächst berührenden Erscheinungen einzeln und in ihrem geschichtlichen Zusammenhange darzustellen und es einer späteren rechtshistorischen Arbeit zu überlassen sie zu einem einheitlichen Bilde zu gestalten.

Fassen wir zuerst die Thätigkeit der Landesfürsten selbst ins Auge, wie sie sich theils in Bestätigungen und Erweiterungen der sei es der Stadt sei es einzelnen Corporationen gegebenen, theils in der Ertheilung neuer Freiheiten und Begünstigungen kund gab.

Die Verpfändung des »Werd« an die Stadt Wien durch die Herzöge Albrecht II. und Otto im Jahre 1337 für 600 Pfund Wiener Pfennige (Nr. XXXV) führte im Jahre 1396 (Nr. CV) zur Uebertragung seines Eigenthums an die Stadt Wien durch Herzog Wilhelm. Nr. CVIII wird eine Rechtsaufzeichnung der Werder in dem obern Werd mitgetheilt, die sie der Stadt mit der Bitte vorlegten sie bei ihren Rechten zu behalten. Hier entstanden später die Vorstädte Rossau (oberer Werd) und Leopoldstadt (unterer Werd). Der von Wien im Laufe der Zeit erworbene Besitz von Landgütern wird von den Landesfürsten in ihren besonderen Schutz genommen, so von Aichau und Lachsendorf 1358 von Herzog Rudolf IV. (Nr. LXVI, 1380 von Minchendorf, Hintperg, Ebersdorf von Herzog Albrecht III. Nr. XCV, 1364 (Nr. LXVI bestätigt Herzog Rudolf IV. der Stadt im Allgemeinen alle ihre Rechte, die in ihren Handfesten verbrieft sind, setzte 1360 (Nr. LXI, in späterer Zeit 1453 Nr. CLII, durch König Ladislaus bestätigt und erläutert die Ablösung der Burgrechte, Ueberzinse und Dienste an den Häusern der Bürger fest, ordnete in demselben Jahre (Nr. LXII an, dass alle die Immobilien betreffenden Rechtsgeschäfte vor dem Stadtrathe geschehen mussten und von diesem und nicht von den Grundherren gefertigt werden sollten. Davon später mehr. Im Jahre 1382 (Nr. XCVI) bestätigte Herzog Albrecht III. der Stadt die ihr bereits von König Rudolf I. 1278 II a. 30—33 (Nr. XVI und von Herzog Albrecht I. 1296 a. 35 38 Nr. XXIII) bewilligten zwei Jahrmärkte, jedoch mit Feststellung einer anderen Zeit für ihre Abhaltung. Ebenso auch die Herzöge Wilhelm, Leopold, dann Albrecht IV. im Jahre 1396 Nr. CIV. Dieselben Herzöge erneuern und bestätigen in demselben Jahre (Nr. CII der Stadt alle ihre Rechte, Freiheiten und Gnaden, gute Gewohnheiten, Briefe und Handfesten mit allen darin begriffenen Artikeln und Punkten. Dergleichen allgemeine, ungefähr gleichlautende Bestätigungen der Wiener Stadtprivilegien werden auch ertheilt im Jahre 1412 (Nr. CXIV) von

Herzog Albrecht V., 1443 (Nr. CXLI) von Kaiser Friedrich III. für sich und als Vormund für König Ladislaus, dann von König Ladislaus selbst 1453 (Nr. CLI); König Ladislaus schenkte in demselben Jahre (Nr. CLII) der Stadt die Mauth zu Stadlau, gestattete ihr die Anlage von Getreidekästen und Mehlgruben, gewährte ihr die Freiheit von allen Schulden an die Juden, die für die Zukunft von jeder Erwerbung liegenden Gutes in Wien ausgeschlossen wurden. In besonders feierlicher Form unter Anhängung einer goldenen Bulle bestätigte Kaiser Friedrich III. am 5. Juli 1460 (Nr. CLX) der Stadt nicht nur diese ihr von König Ladislaus ertheilten Schenkungen und Freiheiten, sondern auch unter wörtlicher Inserirung ihre früheren Stadtrechte und Urkunden. Die Urkunde mit der grossen goldenen Bulle, ein Heft von achtzehn von einer braunen Seidenschnur durchzogenen Pergamentbogen bildend, befindet sich noch heutzutage im Wiener Stadtarchive, enthält jedoch gleich der im Jahre 1493, 13. Jänner von demselben Kaiser den Städten Krems und Stein gleichfalls mit der goldenen Bulle ertheilten Stadtrechtsurkunde (siehe Kinzl, Chronik der Städte Krems und Stein S. 519) inhaltlich nichts Neues, sondern nur eine Wiederholung und Bestätigung der wichtigsten bereits erhaltenen Freiheitsurkunden mit vollständiger Aufnahme derselben. Ein Jahr darauf (1461, 26 September Nr. CLXIII) begnadigte er überdies die Stadt mit dem Rechte einen zweiköpfigen Adler, der auf seinen beiden Häupten eine kaiserliche Krone in Gold trägt, im Wappen zu führen, und mit dem ihr in allen officiellen Erlassen zukommenden Titel: Ehrsame, weise, besonder liebe und getreue. In diese Zeit (1469, 18. Jänner Nr. CLXVIII) fällt auch die Errichtung eines Bischofsitzes in Wien, welche bereits Leopold VI. im Anfange des XIII. Jahrhunderts vergebens angestrebt hatte, durch die Bulle des Papstes Paul II., wodurch Wien nach kirchlicher Anschauung erst den Rang und die Stellung einer Stadt (civitas) erlangte. Auch König Mathias bestätigte 1488 (Nr. CLXXI im Allgemeinen alle Privilegien und Freiheiten der Stadt Wien. Eine solche allgemeine Bestätigung erfolgte im Jahre 1490, 29. September (Nr. CLXXII) auch von König Maxmilian.

Unter den die **Verfassung** und den städtischen Verwaltungsorganismus betreffenden Urkunden heben wir zuerst hervor die Verordnung der Herzöge Wilhelm, Leopold und Albrecht IV. vom Jahre 1396, 24. Februar (Nr. CIII , dass fortan der Bürgermeister und der Rath der Stadt jährlich von der ganzen Gemeinde mit Stimmenmehrheit und zwar nicht blos aus den Kaufleuten, Erbbürgern und Reichen, sondern auch aus den gemeinen Handwerkern gewählt werden sollten. Es ist merkwürdig, dass es die Staatsgewalt ist, die über den einzelnen Classen stehend bestrebt ist, im Interesse der Gleichheit der städtischen Bürger das Uebergewicht und die Herrschsucht einer einzelnen Classe, der Reichen, zu brechen und auch den Armen einen Antheil an dem städtischen Regiment zu sichern. Durch das ganze XIII. und XIV. Jahrhundert hat die Regierung der Stadt Wien noch ein entschieden aristokratisches Gepräge. Ein Blick auf den Anhang zum II. Theil dieses Werkes zeigt, in welchem Grade die Geschlechterherrschaft vorwaltet, wie sich die Rathsstellen, das Amt des Bürgermeisters, Richters, Munzmeisters und überhaupt die städtischen Aemter in gewissen Familien regelmässig vererben, und die gemeinen Handwerker ganzlich von der Regierung der Stadt ausgeschlossen sind. Nunmehr sollten nicht mehr blos die Erbbürger, Kaufleute, die Reichen, nicht mehr blos Schwager, Eidame, Bruder, Vetter, sondern auch die gemeinen Handwerker, die Armen, im Rathe sitzen, damit kein Theil von dem andern »überdrungen und beschwert« werde.

Herzog Albrecht V. erweiterte im Jahre 1422 (Nr. CXXVII) die Machtsphäre des Rathes durch die Verordnung, dass fortan auch alle Kauf- und Satzbriefe über Judenhäuser mit dem Grundsiegel der Stadt zu fertigen seien. Im Jahre 1428 (Nr. CXXX) wurde durch Rathsbeschluss das Diebschergenwesen geregelt und die Verpflichtungen des Stadtkämmerers gegen sie festgestellt. Ebenso im Jahre 1432 (Nr. CXXXII) das Amt der sogenannten »geschwornen Vierer«, das ist von vier Männern, die jährlich vor den vier Thoren gewählt werden sollten, um die Wohnungen, Feuerstätten, Wege, Raine, Weingärten zu beaufsichtigen und eine Art Localpolizei zu üben, eine städtische Einrichtung, die dem Amt der heutigen »Bezirksvorsteher« analog ist. Das Armen- und Bettlerwesen wurde im Jahre 1443 Nr. CXL) durch die Gründung des Amtes eines »Sterzermeisters« geordnet. Im Jahre 1444 (Nr. CXLII) wurde die Stadt zu militärischen und Vertheidigungszwecken in vier Aemter oder Theile eingetheilt. Das städtische Schulwesen regelte die Ordnung der Schule zu St. Stephan im Jahre 1446 (Nr. CXLIII) und damit im Zusammenhange 1460 (Nr. CLXII) die Bestellung und Ordnung der Cantorei. Ueber den Verkehr der Stadt mit den Landesfürsten werden zwei interessante Schriftstücke mitgetheilt, eines vom Jahre 1458 (Nr. CLVI): eine Eingabe an Kaiser Friedrich III. über einige der Stadt schädliche Gebrechen, namentlich das Münzwesen und den Vorkauf betreffend, und die Art ihrer Abstellung, dann eine Bittschrift der Stadt an König Maximilian vom Jahre 1494 (Nr. CLXXIII), die einen äusserst lehrreichen Einblick in die Rechtsverhältnisse der damaligen Zeit gewährt. Im Jahre 1468 Nr. CLXVI) wies Kaiser Friedrich III. die Stadt an nirgends anders als im Rathhaus und im Beisein des landesfürstlichen Anwaltes Rath zu halten. Ueber die Rechtsverhältnisse der Vorstädte Schiffstrasse (die heutige Vorstadt Weissgärber) und Erdberg (ein jedesmaliges Kammergut der Gemahlin des jeweiligen ältesten österreichischen Herzogs) belehrt uns die Urkunde Herzog Albrecht's III. vom Jahre 1379 (Nr. XCIV).

Die wichtigeren, sich auf das **Gerichtswesen**, die Gerichtsverfassung und den **Process** beziehenden Urkunden sind folgende: Der Rathsbeschluss vom Jahre 1370 Nr. LXXXII, dass man ungesessenen Leuten nur einmal vorbieten solle; ferner vom Jahre 1417 Nr. CXX, dass Jeder, der nicht ein eigenes Haus in Wien hat, nur einmal vor das Gericht vorgeladen werden solle; die Entscheidung Herzog Albrecht's III. vom Jahre 1375 (Nr. LXXXIX) über die Grenzen der städtischen Gerichtsbarkeit und der des Schottenklosters. Hieher gehört auch der Schiedspruch Herzog Albrecht's V. vom Jahre 1438 (Nr. CXXXVI) über die Grenzen ihrer beiderseitigen Gerichtsbarkeit; derselbe Herzog entscheidet auch im Jahre 1415 Nr. CXIX) einen Streit zwischen dem Münzrichter und Stadtrichter über ihre Gerichtscompetenz; in der von den Herzögen Albrecht III. und Leopold im Jahre 1366 (Nr. LXXI) erlassenen Ordnung für die Goldschmiede in Wien werden diese der Gerichtsbarkeit des Münzmeisters unterstellt, wie die Münzer und die Hausgenossen, welches Privilegium ihnen im Jahre 1416 Nr CXLIV) durch Kaiser Friedrich III. erneuert und vermehrt wurde; im Jahre 1399 Nr. CVI) ertheilte Papst Bonifacius IX. den Bewohnern der Stadt Wien die Begünstigung, dass man sie nicht mehr ausser der Stadt vor ein geistliches Gericht laden dürfe. Eine durch den Landrichter von Nürnberg geschehene Ladung eines Wiener Bürgers vor ein Gericht im Jahre 1421 (Nr. CXXIV) wird in Folge der Beschwerde des Herzogs Albrecht V. vom Kaiser Sigismund (Nr. CXXV) annullirt, und das durch die früheren Privilegien den österreichischen Fürsten gewährte Privilegium de non appellando et de non evocando feierlichst anerkannt. Interessant ist auch in dieser Beziehung das über eine bei den westphalischen Gerichten gegen einen Wiener Bürger eingebrachte Klage mitgetheilte Schriftstück vom Jahre 1441 (Nr. CXXXIX); ebenso die durch Kaiser Friedrich III. im Jahre 1480 (Nr. CLXX) erfolgte Ungiltigkeitserklärung einer Ladung der Stadt Wien vor das Landrecht. Das Schreiben der Stadt Eggenburg an den Wiener Stadtrath vom Jahre 1458 (Nr. CLVIII) bekundet, dass sich in Folge der im Jahre 1277, 21. August von König Rudolf I. erfolgten Bewidmung der Stadt mit dem Wiener Stadtrechte wirklich ein Rechtszug nach Wien gebildet hatte, das einzige Beispiel einer Thätigkeit dieser Stadt als Oberhof, was uns bei der grossen Verbreitung des Wiener Rechtes und der Bewidmung so vieler Städte mit ihm billig Wunder nehmen muss.

Auch für das **Privatrecht** in allen seinen Theilen findet sich in unseren Urkunden ein nicht unergiebiger Stoff. Für das **Familienrecht:** der Rathsbeschluss vom Jahre 1351 (Nr. XLIII) über die Bezahlung der Heimsteuer; die Aufhebung jedes Heiratszwanges im Einklang mit den Bestimmungen der früheren Stadtrechte durch Rudolf IV. im Jahre 1364 (Nr. LXVI). Herzog Albrecht V. änderte im Jahre 1421 den Artikel 35 des Stadtrechtes Herzog Albrecht's II. vom Jahre 1340 zu Gunsten hinterbliebener Kinder bezüglich ihres Erbrechtes und der für sie einzusetzenden Vormundschaft ab. Für das **Sachenrecht:** In Verbindung mit der bereits erwähnten Verordnung Herzog Rudolf's IV. vom Jahre 1360 (Nr. LXI) über das Verbot der Fertigung der Grundbriefe durch die Grundherren scheint die Verordnung Herzog Albrecht's III. vom Jahre 1366 (Nr. LXX) zu stehen, durch welche den Grundherren verboten wird ihren Kauf- und Satzbriefen den Beisatz hinzuzufügen: Uns ohne Schaden. Die Erklärung eines Urtheils des Wiener Stadtrathes durch die kaiserlichen Räthe vom Jahre 1468 (Nr. CLXVII) spricht den Rechtssatz aus: Alle Geldbriefe und Sätze auf die Person **und ihre Erben** lautend sind Erbgüter, sonst fahrendes Gut. Namentlich für das **Erbrecht:** die Beschränkung der Dispositionsfähigkeit über Erbgüter (anererbtes Gut) im Gegensatze zu anerstorben gut durch Herzog Albrecht II. im Jahre 1350 Nr. XLII; die in demselben Geiste, wie bereits im Stadtrecht Herzog Albrecht's II. vom Jahre 1340 gehaltenen Bestimmungen Herzog Rudolf's IV. vom Jahre 1361 (Nr. LXIV) über die Vermächtnisse an Gotteshäuser; die Bestätigung eines wichtigen Rathsbeschlusses vom Jahre 1381 (Nr. XCVIII) über das Erbrecht durch Herzog Albrecht III., welche noch im Jahre 1819 durch ein k. k. Hofkammerdecret bezüglich des Heimfallsrechtes erbloser Güter an die Stadt eine authentische Interpratation erhalten hat; die Regelung des Erbrechtes zwischen Mann und Frau durch Herzog Albrecht V. im Jahre 1420 (Nr. CXXIII); die Erlauterung und Erklärung eines Rechtsspruches der Stadt Wien über ein »Geschäft« durch Kaiser Friedrich III. vom Jahre 1473 Nr. CLXIX. Für das **Obligationenrecht:** der Rathsbeschluss vom Jahre 1353 Nr. XLIX über die »Sonntagsknechte«; die später anzuführenden Bestimmungen über den Lohn beim Weingartenbau und über die Weingarten betreffenden Bestandverträge; die Ertheilung eines Moratorium für die Wiener Bürger und das Verbot der Veräusserung ihrer Güter zum Nachtheil der Glaubiger durch Kaiser Friedrich III. im Jahre 1441 (Nr. CXXXVIII); die Festsetzung der Höhe des »Judengesuches« durch die Herzoge Albrecht II und Otto im Jahre 1338 Nr. XXXVI; die den Wiener Bürgern durch die Herzöge Albrecht III. und Leopold im Jahre 1377 Nr. XCIII. zugesicherte Schadloshaltung für die Anhängung ihres Insiegels an die Judenhandfesten; die Begunstigung der Stadt Wien rücksichtlich der Judenschulden durch Herzog Albrecht III. im Jahre 1382 Nr. XCVII. Endlich die Statuten des Wiener

Stadtrathes vom Jahre 1375 (Nr. XCII und die darin neben andern strafrechtlichen und processualischen Bestimmungen enthaltenen privatrechtlichen Grundsätze — und andere Urkunden mehr.

Viele Bestimmungen sind polizeilicher Natur und beziehen sich namentlich auf die **Marktordnung.** Dahin gehören die wahrscheinlich noch in die Babenbergi-che Zeit fallende Marktordnung für den Verkauf der Lebensmittel (Nr. XII), die Bestellung von sechs Unterkäufeln im Jahre 1348 (Nr. XXXIX und XL); die Bestimmungen über den Glasverkauf im Jahre 1354 (Nr. LII), der Aufsatz des Rathes über den Stand der Glasverkäufer im Jahre 1454 (Nr. CLV), über den Verkauf von Glas und Wachs im Jahre 1460 (Nr. CLXI), über den Verkauf von Wachs im Jahre 1360 (Nr. LXIII), von Oel und Kerzen im Jahre 1432 (Nr. CXXXIV), über den Fischverkauf im Jahre 1400 (Nr. CIX), im Jahre 1357 (Nr. LX über den Verkaufsstand der Tuchbereiter und Lodenwirker; die Ordnung für die Fütterer vom Jahre 1368 (Nr. LXXVI und LXXVIII); die Bestimmung über den Verkauf Ungarischer und Wälscher Weine in Wien vom Jahre 1369 (Nr. LXXXI), das Verbot des Vorkaufes von Wein vom Jahre 1430 (Nr. CXXXII), im Jahre 1370 (Nr. LXXXIV) die Erlaubniss zur Errichtung einer Taverne zum Ausschank fremder Weine, die Festsetzung eines bestimmten Wiener Masses für den Weinverkauf im Jahre 1372 (Nr. LXXXV), der Rathsbeschluss über das Mass der Weingefässe vom Jahre 1410 (Nr. CXIII; die Feuerordnung vom Jahre 1454 (Nr. CLIV, und vom Jahre 1458 (Nr. CLVII) und andere mehr.

Den vorzüglichsten Nahrungszweig der Wiener Bürger bildete schon im XIII. Jahrhundert (siehe Stadtrecht Herzog Albrecht's I. vom Jahre 1296 a. 16) durch das ganze Mittelalter hindurch bis in die neueste Zeit der Weinbau. Die Ordnung des Weingartenbaues, der Schutz der Bürger gegen die Einfuhr fremder Weine, die Regelung des Ausschankes bildete daher einen Gegenstand besonderer Obsorge. Das Verbot der Einfuhr fremder Weine in Wien namentlich aus Ungarn und Italien war bereits in den ältesten Stadtrechten ausgesprochen worden und wurde wiederholt erneuert. Die umliegenden Städte, die reichen Stifte und Klöster in der Umgebung erwarben vom Wiener Stadtrathe die Begünstigung ihren Wein in einer gewissen Quantität in Wien einzuführen und daselbst auszuschanken. so z. B. bereits im XIII. Jahrhundert 1270 (Nr. XIII das Kloster Heiligenkreuz, 1288 (Nr. XXII das Stift Klosterneuburg. Interessant ist die Entscheidung eines Streites zwischen den Städten Wien und Wiener-Neustadt bezüglich des von letzterer behaupteten Niederlag- und Schankrechtes ihrer Weine in Wien durch Herzog Rudolf IV. im Jahre 1358 (Nr. LVII. Herzog Albrecht II. regelte in den Jahren 1352 und 1353 (Nr. XLVII und XLVIII) den Lohn für den Weingartenbau. Herzog Rudolf IV. verfügte im Jahre 1364 (Nr. LXVII die Auflösung aller Bestandverträge über Weingärten, gebot im Jahre 1364 (Nr. LXIX) allen Zechtnern die Bürger von Wien ihren Maisch frei fortführen zu lassen, den Zehent von ihnen in der Stadt und das Bergrecht nach dem städtischen Masse zu nehmen. (Siehe auch Nr. LXXIX und LXXXIII.) Dahin gehört auch das Verbot der Abreissung von Weinbeeren 1368 (Nr. LXXVII), die Ordnung des Weingartenbaues circa 1400 (Nr. CVII), der Rathsbeschluss vom Jahre 1403 (Nr. CX) über die Aufhebung der Weinmeister. Vergleiche auch 1412 (Nr. CXVI) und 1434 (Nr. CXXXV, die Verordnung Herzog Albrecht's V. vom Jahre 1412 (Nr. CXV) wegen Beobachtung der Ordnung über den Weingartenbau, und von 1413 (Nr. CXVII), den Schiedspruch desselben Herzogs vom Jahre 1422 (Nr. CXXVIII) zwischen den Klöstern in Wien und der Stadt bezüglich der Weineinfuhr und des Weinschankes, endlich das Verbot des Wegtragens der Überstücke- aus den Weingärten durch König Ladislaus vom Jahre 1452 (Nr. CIXL).

Schon die älteren Stadtrechte hatten aus politischen Gründen das Verbot von Einigungen unter den einzelnen Classen der Handwerker ausgesprochen und enthalten, besonders das Stadtrecht Herzog Albrecht's II. vom Jahre 1340, mehr oder weniger ausführliche Satzungen über die einzelnen Gewerbe und Zechen. Das **Gewerbsleben** der Stadt erhob sich im Laufe des XIV. und XV. Jahrhunderts zu einer hohen Blüte. Die einzelnen Gewerbsordnungen sind so zahlreich und so interessant für die Kenntniss jener Zeit, dass sie, obwohl tief eingreifend in das städtische Rechtsleben, einer abgesonderten Publication und Bearbeitung überwiesen werden mussten. Hier konnten nur einzelne Erscheinungen Platz finden, die zum Verständniss der bereits in den Stadtrechten enthaltenen Bestimmungen nothwendig sind und wegen ihres engen Zusammenhanges mit der städtischen Verfassung und dem Rechtsleben überhaupt schon in dieser Edition verwerthet wurden. Es wurde bereits darauf hingewiesen, dass sich die Regierung der Stadt durch das ganze XIV. Jahrhundert noch ausschliesslich in den Händen einzelner mächtiger und reicher Geschlechter befand, und dass erst durch landesfürstlichen Einfluss am Schlusse dieses Jahrhunderts auch die ärmeren Classen der Handwerker einen Antheil am Stadtregiment verfassungsmässig zu erwerben im Stande waren. Andererseits waren es aber auch die Landesfürsten, die im Interesse der Einheit des städtischen Lebens dem Streben der Zechen sich von dem Einflusse des Stadtrathes unabhängig zu stellen mit Entschiedenheit entgegentreten. Es ist ein eigenthümlicher Zug des deutschen Volkslebens, dass innerhalb grösserer Kreise, die sich autonomisch zu gestalten bemüht sind, sich so leicht kleinere bilden mit der partikularistischen Bestrebung sich abzusondern, in denen jener Trieb gleichmässig wirksam ist, und dass dem im deutschen Volke so mächtigen Associationstrieb gleich kräftig die Neigung zur Individualisirung gegenübersteht. Deshalb verbot Herzog Rudolf IV. im Jahre 1364 (Nr. LXVIII) alle Zechen, Einigungen und Gesellschaften unter den Handwerkern, erklärte alle Satzungen, Ordnungen und Aufsatze, die sie selbstständig ohne Genehmigung des Stadtrathes machen wurden oder gemacht hatten, für kraftlos, den Stadtrath allein für berechtigt solche zu geben und bestätigte zugleich die von der Stadt erlassene Fleischhackerordnung. Gelang es ihm auf diese Weise dem Streben der Zünfte nach vollständiger Emancipirung vom Stadtrathe für alle Zukunft einen Riegel vorzuschieben, so war er weniger glücklich in seinem für jene Zeit so merkwürdigen Versuche das Zunftwesen in seinem Grundprincipe: der Ausschliesslichkeit anzugreifen und einen Gedanken, den erst die neueste Zeit auszuführen berufen war, den der Gewerbsfreiheit an seine Stelle zu setzen. Im Jahre 1361 (Nr. LXIV) erklärte er, das fortan Jedermann, der sich in der Stadt dauernd niederlasse, die Arbeit oder das Handwerk, das er verstehe, nach seinem Belieben frei zu treiben und zu üben berechtigt und zugleich die ersten drei Jahre von der burgerlichen Schatzsteuer befreit sein solle. Diese Massregel widersprach zu sehr dem Geiste des Mittelalters, als dass sie im Stande gewesen wäre dauernde Wirkungen hervorzubringen. Schon im Jahre 1331 Nr. XXXIV. hatten die Herzoge Albrecht II. und Otto einige der Fleischhacker betreffende Satzungen erlassen und Albrecht II. im Jahre 1350 Nr. XLI. ihnen eine besondere Ordnung gegeben. Die Wiener Fleischhacker bildeten von Alters her gleich den Laubenherren eine der reichsten und mächtigsten Zünfte in Wien. Herzog Albrecht III.

entschied im Jahre 1384 (Nr. XCIX einen Streit zwischen den Laubenherren und den fremden Kaufleuten, den »Gästen«, zu Gunsten der ersteren. Kaiser Friedrich III. bestätigte ihnen im Jahre 1458 (Nr. CLIX) ihre bereits von den Babenbergern erlangten, im Jahre 1288 (Nr. XXI) von Herzog Albrecht I., im Jahre 1355 von Herzog Albrecht II. (Nr. LIII), im Jahre 1368 (Nr. LXXV) von den Herzögen Albrecht III. und Leopold erneuerten Privilegien, die ihnen Herzog Rudolf IV. abgenommen hatte. Herzog Albrecht II. erliess im Jahre 1340 (Nr. XXXVIII) eine Schneiderordnung; die Herzöge Albrecht III. und Leopold im Jahre 1366 (Nr. LXXI) eine Ordnung für die Goldschmiede, die ihnen von Kaiser Friedrich III. im Jahre 1446 (Nr. CXLIV) erneuert und vermehrt wurde. Ebenso wurde im Jahre 1373 (Nr. LXXXVI) das von den »Flamingern« oder den Farbern bereits im Jahre 1208 (Nr. II) erworbene Privilegium durch Herzog Albrecht III. erneuert, jedoch darin geändert, dass sie fortan nicht vor dem obersten Münzkämmerer sondern vor dem Herzog selbst oder seinem Stellvertreter zu Recht stehen sollten.

Die Verhältnisse der Kaufleute konnten hier nur insofern in Betracht gezogen werden, als sie den inneren kaufmännischen Verkehr betreffen. Der Handel in seinen auswärtigen Beziehungen ist planmässig von dieser Darstellung ausgeschlossen. Der Handel der Stadt Wien nach aussen gelangte im Mittelalter zu einer grossen Blüte. Schon aus dem XIII., in viel grösserer Anzahl aber aus den folgenden Jahrhunderten sind uns zahlreiche Handels-, verträge theils mit Städten theils mit Fürsten erhalten, die von dem lebhaften Betrieb und Aufschwung des Handels nach Polen, Ungarn, Böhmen, Mähren, Baiern, namentlich aber nach Venedig und dem Süden hin Zeugniss geben. Die Landesherren waren eifrig bestrebt, den Wiener Kaufleuten vertragsmässig für ihren weithin reichenden Handel bestimmte Handels-strassen zu sichern, vielfältige Absatzquellen zu eröffnen, sie durch vereinbarte Mauthtarife gegen willkührliche Zölle und Abnahmen zu schützen, ihnen in fremden Ländern eine günstige, wo möglich gleiche oder sogar bevorzugte Stellung mit den einheimischen oder anderen fremden Kaufleuten zu verschaffen. In ähnlicher Weise suchten fremde Fürsten auch ihrerseits ihren eigenen Kaufleuten bei ihrem Handel nach Wien gleiche Vortheile zu erwerben. Durch das uns erhaltene urkundliche, grösstentheils noch unbekannte später zu publicirende Material dürfte der Handelsgeschichte des Mittelalters eine grosse Bereicherung zugeführt werden.

Durch die schon im Stadtrechte Herzog Leopold's VI. vom Jahre 1221 erfolgte Erhebung der Stadt Wien zum Stapelplatz für den auswärtigen Handel waren zwar die Früchte des Handelsverkehrs grösstentheils den Wiener Kaufleuten selbst zugefallen, der Handel mit deutschen oder anderen ausländischen Kaufleuten, das Zuströmen solcher nach Wien aber dadurch nicht abgeschnitten worden. Nach wie vor bildete das Verhältniss der einheimischen zu den fremden Kaufleuten, den Gästen, der Grosshändler zu den Detail-verkäufern, der Kaufleute zu den Kramern den Gegenstand zahlreicher Streitigkeiten und Festsetzungen. Schon Albrecht I. änderte in seiner Handfeste für Wien als Niederlage und Stapelplatz vom Jahre 1281 (Nr. XIX zu Gunsten der fremden Kaufleute die Bestimmungen der früheren Stadtrechte ab, so dass sie sich mit ihren Waaren nicht blos zwei Monate, sondern so lang sie wollen, in Wien aufhalten und sie nicht blos an Burger sondern auch an Fremde verkaufen durften. Auch nahm er sie in seinen und des Landes Schutz und sicherte ihnen zu sie weder durch neue Aufsätze noch Zölle und Mauthen bedrucken zu wollen Herzog Friedrich hob im Jahre 1312 Nr. XXVI die Begünstigung der fremden Kaufleute rücksichtlich des Absatzes ihrer Waaren an andere fremde Kaufleute wieder auf und ordnete ausserdem das Verhältniss zwischen den Krämern und den Kaufleuten. Herzog Albrecht III. bestätigte im Jahre 1375 (Nr. XC) der Stadt Wien ihre alte Handfeste vom Jahre 1281 und jene vom Jahre 1312 ihrem vollen Inhalte nach. Die Einhaltung der alten Strassen und Wege nach Wien bei Gefahr des Verlustes ihrer Waaren wurde den fremden Kaufleuten wiederholt nachdrücklichst eingeschärft, so im Jahre 1351 (Nr. XLIV), im Jahre 1353 (Nr. L) und im Jahre 1369 Nr. LXXX), so auch das Verbot des Gold- und Silberkaufes und Verkaufes an einem anderen Orte als bei der landesfürstlichen Kammer oder den Hausgenossen im Jahre 1368 (Nr. LXXII). Der Rath wachte eifersüchtig über seine Vorrechte, wie seine Beschwerde an Herzog Albrecht V. vom Jahre 1417 (Nr. CXXI) bezeugt. Im Jahre 1506 Nr. CLXXIV) wurde den ausländischen Kaufleuten für den Verkauf ihrer Waaren eine eigene Ordnung gegeben, und noch im Jahre 1512 (Nr. CLXXV) entschied Kaiser Maxmilian I. einen Streit zwischen den fremden Kaufleuten und Wien im Sinne der städtischen Privilegien. Eine Bestätigung dieser Privilegien enthält auch die Hansgrafenordnung König Ladislaus' vom Jahre 1453 Nr. CL.

In die Statistik der wirthschaftlichen Bewegung und des bürgerlichen Verkehrs gewähren die **Mauth- und Zolltarife** eine deutliche Einsicht. Hieher gehören die Bestimmungen über die Burgmauth, die bereits frühzeitig von den Babenbergischen Fürsten der Stadt überlassen wurde Nr. III und XXVIII, über die Wagenmauth (Nr. IV und XXIX), über die Wassermauth (Nr. XXX), über den inneren Zoll (Nr. XXXI), über den Fleischzoll (Nr. XXXII), über den Getreidezoll (Nr. XXXIII), über die Rechte der Hainburger an der Burg- und Wassermauth zu Wien vom Jahre 1351 (Nr. XLV), über die Rechte der Wiener Bürger an der Mauth zu Neundorf und Salchenau circa 1375 (Nr. LXXXVIII), das Verbot der Abnahme aller Mauthgebühren zu Rotenstein an der Donau durch Herzog Albrecht V. vom Jahre 1413 (Nr. CXVIII), seine Ordnung des Brückenzolles über die Donau vom Jahre 1439 Nr. CXXXVII), die Ordnung und Besetzung der Donaubrücke circa 1450 (Nr. CXLVII), die der Wassermauth zu Stadelau aus gleicher Zeit (Nr. CXLV), welche im Jahre 1453 (Nr. CLII) der Stadt Wien von König Ladislaus geschenkt wurde.

Schliesslich mögen noch die das **Finanzwesen** betreffenden Bestimmungen zusammengefasst werden.

Das **Münz- und Geldwesen** nicht nur der Stadt, sondern des ganzen Landes befand sich seit alten Zeiten ausschliesslich in den Händen einer angesehenen, schon von den Babenbergischen Herzogen privilegirten, ursprünglich aus achtundvierzig Personen bestehenden Genossenschaft, der der Hausgenossen oder Münzer unter dem Münzmeister (magister monetae), dem sie auch mit Ausnahme der Blutgerichtsbarkeit gerichtlich unterstanden, und die gleich den Flandrern und später den Goldschmieden zur herzoglichen Kammer gehörte. Die Eigenschaft eines Hausgenossen war nach einer bestimmten Successions-Ordnung erblich, konnte jedoch frei veräussert oder testamentarisch übertragen werden. König Rudolf I. bestätigte ihnen im Jahre 1277 Nr. XIV ihre alten Privilegien, ebenso Herzog Albrecht I. in Jahre 1291, Herzog Rudolf IV. im Jahre 1362 Nr. LXV, Herzog Albrecht III. im Jahre 1368 Nr. LXXIV, der ihnen überdies die volle Steuerfreiheit verlieh (Nr. LXXIII), Herzog Wilhelm im Jahre 1405 Nr. CXI und Leopold im Jahre 1410 (Nr. CXII). Herzog Albrecht V. Nr. CXXIX, der zugleich zur Abstellung mehrerer Gebrechen und zur Ordnung des Münzwesens eine Normalmünzprobe für die neuen Pfennige einführte. Das ausführliche Münzrecht circa 1450 (Nr. CXLVIII) und das Kammerrecht ungefähr um dieselbe Zeit (Nr. CXLVI) gewähren uns einen lehrreichen Einblick in die österreichischen Münzverhältnisse im Mittelalter.

Was das **Steuerwesen** und die **Finanzwirthschaft** anbelangt, so sollte jeder Bürger mit der Stadt leiden, d. h. seinen Antheil an der regelmässigen an den Herzog zu entrichtenden Schatzsteuer tragen. Der Zusammenhang derselben mit den bei Entstehung der Stadt ursprünglich dem Herzog als Grundherr zu zahlenden Grundzinsen verliert sich ein ungeklärtes Dunkel. Doch genossen seit jeher die Kirchen und Klöster, die Freigründe und das Hofgesinde die Steuerfreiheit. In demselben Masse, als sich die Einkünfte der Stadt aus ihrem Antheil an den Gerichtswandeln, aus dem Erträgnisse der ihnen von den Landesherren allmälig überlassenen Zölle und Mauthen und aus anderen Quellen mehrten, steigerten sich auch allmälig ihre Bedürfnisse, und sie war daher nicht selten genöthigt zu ihrer Deckung ein »Ungeld« aufzusetzen. So erlaubte im Jahre 1351 (Nr. XLVI) Herzog Albrecht II. der Stadt Wien ein Ungeld auf Wein und Getreide zu legen, Herzog Albrecht III. bestätigte im Jahre 1374 (Nr. LXXXVII) die vom Stadtrathe gefassten Beschlusse über die Einhebung der jährlichen Stadtsteuer, ertheilte ihr im Jahre 1382 (Nr. XCVII) Begünstigungen rücksichtlich ihrer Judenschulden und das Recht eine Steuer aufzulegen, gebot im Jahre 1389 (Nr. C) und im Jahre 1391 (Nr. CI), dass Alle, die in Wien ihren Lebensunterhalt gewinnen, an der von der Stadt auferlegten Steuer Theil nehmen sollten, mit Ausnahme seines Hofgesindes. Interessant ist der Rathsbeschluss vom Jahre 1462 Nr. CLXIV) über die Angabe des Vermögens an Eidesstatt behufs der Berechnung der Steuer. Im Jahre 1466 (Nr. CLXV) gestattete Kaiser Friedrich III. der Stadt zur Bezahlung ihrer Schulden die Aufsetzung und Einnahme eines »Tetz« von allen Waaren. Höchst merkwürdig als erster Vorläufer der Verzehrungssteuer und einer indirecten Steuergesetzgebung überhaupt ist die Verordnung Herzog Rudolf's IV. vom Jahre 1359 (Nr. LVIII) über das »Ungeld«.

Am Schlusse dieser nach gewissen Hauptgesichtspunkten geordneten Uebersicht über den mitgetheilten urkundlichen Stoff sei es gestattet, noch einen Blick auf die hervorragende Thätigkeit eines leider nur zu kurze Zeit regierenden österreichischen Landesfürsten zu werfen. Wir meinen Herzog **Rudolf IV.**, den **Stifter**. So hochfliegend und weitausschend auch seine politischen Pläne waren, sie sind es nicht, die uns hier beschäftigen. Seine Regierung im Innern, die durchaus originellen, kühnen, seiner Zeit weit voraneilenden Ideen, die uns in seinen Erlassen entgegentreten, sind ebenso überraschend und fesselnd, als es auf der anderen Seite nicht Wunder nehmen darf, dass sie sich ebensowenig als die anderer Reformatoren fruchtbar und dauernd erwiesen haben. Wer vermag sich das Mittelalter zu denken ohne Unfreiheit oder Belastung des Eigenthums, ohne Zunftzwang und Unfreiheit der Arbeit? Mehr als vierhundert Jahre mussten verstreichen, ehe die Idee der Grundentlastung und der Gewerbsfreiheit in Oesterreich zum Durchbruch und zur Ausführung kamen. Und doch sind sie es, die die leitenden Motive in den Verordnungen des jugendlichen Herrschers von 1360 und 1364 bilden. Gleich seinem spateren Nachfolger Kaiser Josef II. war er tief erfüllt von der Vollgewalt und Würde seiner Stellung als Landesfürst, von ihr müsse alle Berechtigung ihren Ausgang nehmen -- so fordert es »die Wahrheit und gemeinen Rechte«, die kein »Sonderrecht« dulden. Die Staatsgewalt stellt sich über die Interessen der einzelnen Classen, im Sinne der allgemeinen Freiheit, Gleichheit und Entwickelung ist sie dazu berufen den

Sonderbestrebungen entgegenzutreten. Das Institut der Leihe, auf dem die Ordnung der socialen Verhältnisse im Mittelalter beruht, und das man gewohnt ist in der Form des Lehenwesens als das charakteristische Merkmal des mittelalterlichen Staates zu bezeichnen, wird nur zu häufig blos einseitig in seinen Beziehungen zu der Ordnung der staatlichen Verhältnisse von seiner politischen Seite aufgefasst. Und doch ist seine volkswirthschaftliche Bedeutung, seine Rückwirkung auf die agrarischen Verhältnisse ein nicht minder wichtiger Factor in dem System der gesellschaftlichen Zustände jener Zeiten. Diese Seite ist nicht weniger wichtig als jene, sie greift ebenso tief oder selbst tiefer in die Kulturverhältnisse der damaligen Gesellschaft ein als das »rechte Lehn« in die staatlichen und politischen. Angriffe auf sie stellen sich dar als Vorboten der neueren Zeit, sie mussten stranden, so lange der mittelalterliche Staat in seinen Grundpfeilern unerschüttert dastand. Erst der neuesten Zeit ist es gelungen, den Boden vollkommen zu entlasten. In den Städten zeigten sich die ersten Vorläufer dieses Kampfes, der in letzter Linie auf die Freiheit des Eigenthums und damit der Arbeit hinausläuft. Und hier sehen wir einen jugendlichen Herrscher, der erfüllt von der Staatsidee es wagt mit kühner Hand in die Speichen des Rades seiner Zeit einzugreifen und muthig versucht die Gesellschaft und den Staat in ihren Grundlagen umzugestalten.

Noch sind die gegen Ende dieser Periode durch Privatmänner entstandenen theoretischen Bearbeitungen des Wiener Rechtes zu erwähnen. Unter diesen heben wir besonders zwei grössere Arbeiten hervor, die aber in ihrem Charakter gründlich von einander verschieden sind.

. Es ist dies vor Allem jenes Stadtrechtsbuch, das in neuerer Zeit unter der Bezeichnung: das Wiener Stadtrechts- oder Weichbildbuch, durch die kritische Edition Dr. Heinrich Schuster's der wissenschaftlichen Benützung erschlossen wurde. Wenige Rechtsquellen dürften ihm an Reichhaltigkeit und Systematik gleichstehen. Von einem unbekannten Verfasser, der wahrscheinlich städtischer Vorsprecher war, verfasst, hatte das Werk zunächst den praktischen Zweck den Parteien vor Gericht einen Behelf zu geben, wie sie ihr Recht zu suchen und zu wahren hatten. Es stellt grösstentheils Gewohnheitsrecht dar, berücksichtigt und verarbeitet jedoch auch nebenbei gesetzliche Quellen und Rathsbeschlüsse. Sein Inhalt ist grösstentheils Privatrecht, für das es in allen seinen Theilen eine reiche Quelle bildet, sodann Process, besonders der Schuld- und Immobilienprocess, endlich auch hie und da Strafrecht. Die Hauptquelle, aus der der Verfasser schöpfte, ist wie beim Sachsenspiegel Erfahrung und Uebung. Die Zeit der Abfassung ist ungewiss und bedarf noch einer speciellen Untersuchung. Unserer Ansicht nach dürfte sie in die zweite Hälfte des XIV. Jahrhunderts fallen. Die Gründe, die der Herausgeber für die Abfassung zwischen den Jahren 1276 und 1296 anführt, vermochten uns nicht zu überzeugen. In dem Werke selbst finden wir keine Anhaltspunkte, die uns berechtigen an einen officiellen Auftrag zur Abfassung zu denken. Die grössere Anzahl von Handschriften jedoch vom XIV. bis XVI. Jahrhundert, die es enthalten — der Herausgeber kennt deren 23 , lässt schliessen, dass es einem wesentlichen Bedürfniss seiner Zeit entgegenkam und wohl auch von dem Stadtrathe selbst bei seinen Entscheidungen und Entschlüssen benutzt und zu Grunde gelegt wurde.

Wesentlich unterscheidet sich davon eine Privatarbeit, die wir bisher blos in einer einzigen Handschrift: in dem Codex der Wiener Hofbibliothek 4477 beschrieben bei Schuster S. 1, Hoffmann CLXXVIII, Homeyer sub 684. f. 107 163' in demselben, in dem sich auch jene Abschrift des Weichbildrechtes findet, die Schuster für die älteste halt — gefunden haben. Es ist dies eine sich in Form und Darstellung an die gleichzeitigen Summen anlehnende in lateinischer Sprache geschriebene Summa legum von einem unbekannten Verfasser, der aber in der Einleitung sagt, dass er aus väterlicher Liebe zu seinen Söhnen und zu ihrer Belehrung es unternehme diese Summe, so klar und kurz als es nur immer möglich sei, zu schreiben, was ihm aber viele Mühe und Nächte gekostet habe. Die Kenntniss der leges sei übrigens für einen Jeden, der ein obrigkeitliches Amt bekleide (gubernator civitatis), unerlässlich. Die Abfassung dürfte wahrscheinlich in die Regierungszeit Kaiser Friedrich's III. fallen. Die Grundlage ist römisches Recht, die Form romanisirend; was aber dieses Werk in vortheilhafter Weise von seinen italienischen Vorbildern unterscheidet, ist, dass der Verfasser in einer für seine Zeit ungewöhnlich verständigen Weise öfters den Versuch macht römisches und einheimisches Recht mit einander zu verschmelzen und sie zu einem einheitlichen Ganzen zu verarbeiten. Seine durch das Studium und die Kenntniss des fremden Rechts und gelehrte Bildung gewonnene Schärfe des Denkens und Präcision des Ausdrucks weiss der Verfasser auch für den aus anderen Quellen geschöpften Stoff am passenden Orte zu verwenden. Es erstreckt sich nicht blos auf das Privatrecht sondern auf alle Gebiete des Rechts, namentlich auf Verfassungs- und Verwaltungsrecht, Strafrecht, Process u. s. w. Dass es aber das Wiener Recht gewesen, aus dem der Verfasser seine Erfahrung schöpfte, beweist seine Benützung des Wiener Stadtrechtes für den Strafprosess, der Verfassungszustände der Stadt für seine Darstellung des öffentlichen Rechtes u. s. w. Ob und inwieweit diese Summa juris bisher beachtet wurde, ist uns zur Zeit unbekannt, jedenfalls ist sie einer eingehenderen Beachtung werth, als bisher geschah, wäre es auch nur von dem Gesichtspunkte aus, dass sie unsere Kenntniss von der Reception des römischen Rechtes in Oesterreich zu bereichern geeignet ist.

IV.

**Die neuere Zeit. Wachsender Einfluss der landesfürstlichen Gewalt.
Zurücktreten der städtischen Autonomie. Eingreifen des Staates in die Stadtfreiheiten
und alle Seiten der städtischen Verwaltung. Die Stadtordnung Ferdinand's I.
vom Jahre 1526.**

Die neuere Zeit charakterisirt sich durch die Verrückung des Schwerpunktes und der Quelle der städtischen Rechtsentwickelung. Durch das ganze Mittelalter hindurch bis zum XVI. Jahrhundert lag dieser Schwerpunkt in der Stadt selbst und der städtischen Autonomie, als deren Ausdruck der Stadtrath erschien. Die landesfürstliche Autorität, wenn sie auch ergänzend und bekräftigend hinzutrat, überliess im Ganzen und im Grossen die Entwickelung des städtischen Rechtes ihrem selbstständigen Gange, ohne ihrerseits durch einen unmittelbaren Einfluss auf sie der Erzeugung und Fortbildung des Rechtes eine andere Bahn anzuweisen. Anders seit Ferdinand I. Durch seine Stadtordnung vom Jahre 1526 griff er im legislativen Wege tief in die bisherige Verfassung ein, versetzte der Autonomie der Stadt den Todesstoss und verlegte den Schwerpunkt der städtischen Verfassung und Verwaltung in die beaufsichtigende und regelnde Thätigkeit der Staatsgewalt. Damit tritt aber auch das

Interesse, das in der Eigenart der städtischen Rechtsentwickelung liegt, mehr und mehr in den Hintergrund. Je mehr die Staatsgewalt ihre Einwirkung gleichmässig auf alle Classen der Unterthanen auszudehnen bemüht ist, desto mehr verliert sich die Theilnahme an den einzelnen Rechtskreisen und dem sich in ihnen selbstständig entwickelnden inneren Leben. Das sich nach und nach bildende Staatsbürgerthum ist es, das den Bürgerstand in den Hintergrund drängt, der fortan nur als ein einzelner Factor in dem Staatsleben erscheint. Eine Zeit lang bewahrt er neben den übrigen massgebenden Classen im Lande: dem Prälaten-, dem Herren- und dem Ritterstande noch seinen politischen Einfluss in dem inneren Staatsleben. Allein auch der Einfluss der Stände und ihre wirkliche Theilnahme an der Regierung des Landes schwindet allmälig, und der Schwerpunkt der inneren Staatsentwickelung verlegt sich ausschliesslich in die oberste Staatsgewalt und ihre Legislative.

Kaiser Maxmilian's I. Stadtrecht für Wien vom Jahre 1517. 20. November (Nr. CLXXI).

Dieses bisher gänzlich unbekannte und noch ungedruckte Wiener Stadtrecht steht auf dem Wendepunkte dieses Entwickelungsprocesses und gehört zum Theil noch der früheren Periode an. Das Original, aus vier Pergamentbogen bestehend, die ein Heft von acht von einer schwarzgoldenen Seidenschnur durchzogenen Blättern bilden, befindet sich im Wiener Stadtarchive.

Noch steht es insofern auf der früheren Grundlage, als es die früheren Stadthandfesten im Ganzen feierlich bestätigt, wie Maximilian es schon im Jahre 1490 (Nr. CLXXII) als römischer König im Allgemeinen gethan hatte. Doch schon tritt der Geist der neueren Zeit unverkennbar darin hervor, dass der Kaiser gewisse Artikel der früheren Stadtrechte, die ihm mangelhaft und den neueren Verhältnissen nicht entsprechend erscheinen, aus · fürstlicher Machtvollkommenheit· geradezu als aufgehoben erklärt, andere nach seinem Gutdünken ·erleutert und erklärt·

Indem er sich auf die Artikel 48, 49 und 50 des Albrechtinum vom Jahre 1340 bezieht, die die Anzahl der ·Genannten· auf zweihundert Personen erhöhten, erleutert er sie in nachfolgender Weise: Bisher waren diese zweihundert Genannten am 21. December jährlich zur Wahl der Rathsherren und des Bürgermeisters zusammengetreten und hatten ihre versiegelten Wahlzettel dem Landesfürsten oder· seinem dazu verordneten Stellvertreter übergeben. Dies solle zwar auch künftighin stattfinden. Doch wolle er die Wahlzettel prüfen, ob diejenigen, die die Mehrzahl der Stimmen haben, auch zu ihren Aemtern tauglich und geschickt, nicht verschuldet oder sonst unbeanstandet seien, und es sich vorbehalten, solche nach seinem Gefallen durch tauglichere Personen zu ersetzen. Uebrigens dürfe ein Bürgermeister drei Jahre nach seinem Amte nicht wieder gewählt werden. Dagegen solle die Einsetzung des Stadtrichters und die Dauer seines Amtes, wie bisher, blos von dem Willen des Landesfürsten abhängen· Der neugewählte Bürgermeister und Stadtrath habe jährlich nach seiner Wahl die Zahl der Genannten auf zweihundert Personen zu ergänzen.

Den a 53 erleutert er dahin, dass der Rath verwaisten Kindern und Erben eine Vormundschaft aus drei Personen, einer aus der Verwandtschaft und zwei anderen Burgern einsetzen solle, falls der Verstorbene nicht selbst bei seinem Leben die Vormünder bestimmt hat. Diese Gerhaben sollen jährlich dem Rathe über ihre Vermögensverwaltung Rechnung ablegen, und die Freundschaft berechtigt sein dagegen ihre Beschwerden einzubringen. Schaffe ihr der Rath nicht Recht, so dürfte sie sich mit diesen an den Landesfürsten wenden.

Mit Bezug auf den a. 54 ordnet er an, dass die geistlichen Guter in Jahresfrist verkauft werden sollten. Geschähe dies nicht, so sollten sie zur Hälfte vom Fiscus zur Hälfte zum Nutzen der Stadt confiscirt werden.

Den a. 6 der Handfeste Herzog Albrecht's I. vom Jahre 1296, dass ein Burger in Sachen, die ihm an seine Ehre und Treue gehen, nicht durch Zeugen überführt werden, sondern sich der Sache mit seinem Eide bereden könne, hebt er geradezu auf, es solle hierin bei dem gemeinen Landesrecht bleiben, jedes solche Urtheil aber vor seiner Publication dem Landesfürsten zur Bestätigung vorgelegt werden. Rücksichtlich der Niederlagsurkunde Albrecht's vom Jahre 1281 und der Urkunde Herzog Friedrich's vom Jahre 1312 Nr. XXVI verweist er auf einen früheren Erlass de dato Innsbruck 1515, 22. Jänner, den wir jedoch nicht aufzufinden vermochten.

Für die in den a. 12, 13, 14, 15, 16, 36 und 45 des Albertinum vom Jahre 1340 festgesetzten »Fälle und Wandel« setzt er eine andere Taxordnung fest. Ueber alle weder in jener Handfeste noch von ihm specificirten Wandel und Frevel solle der Rath zu Recht erkennen, ohne dass der Richter etwas darein zu reden habe. Schliesslich behält er sich und seinen Erben ausdrücklich vor diese Artikel künftig aus fürstlicher Machtvollkommenheit nach Gutdünken aufzuheben, zu vermehren oder zu vermindern, auf welchen Vorbehalt sich auch später Ferdinand I. in seiner Stadtordnung vom Jahre 1526 beruft.

Im Jahre 1520 Nr. CXXVII ordnete König Karl V. eine Neuwahl des Bürgermeisters und Rathes der Stadt Wien im Beisein von drei kaiserlichen Commissarien an und versprach dann der Stadt den Blutbann zu leihen.

Ein deutliches Bild der Organisation des Stadtrathes in dem damaligen Stadium der städtischen Verfassung entwirft uns ein Schreiben Cuspinian's vom Jahre 1525 an den Markgrafen Albrecht von Brandenburg (Nr. CLXXIX). Dieser hatte sich nämlich an Cuspinian, der damals das Amt eines landesfürstlichen Anwalts bei dem Stadtrathe von Wien bekleidete, mit der Bitte um Mittheilung der Wiener Handwerksordnungen gewendet. Cuspinian schreibt ihm nun, das sie enthaltende Buch (das noch heutzutage im städtischen Archive vorhanden ist und auch in der weiteren Publication der »Wiener Geschichtsquellen« benützt werden wird), sei so umfangreich, dass ein fleissiger Schreiber mindestens ein halbes Jahr zu seiner Abschrift brauche. Der Stadtrath bestehe übrigens aus einundzwanzig Personen: achtzehn Rathen, dem Stadtrichter, der den Blutbann in Malefizsachen handhabe, dem Bürgermeister, dem alle bürgerlichen Rechtssachen unterworfen seien, und dem fürstlichen Anwalte, ohne den Nichts geschehen darf, und der der Wächter des öffentlichen und landesfürstlichen Interesses ist. Die Rathsherren halten dreimal der Woche öffentliche Sitzung in dem Rathhaus zur Verhandlung aller Klagen von Bürgern gegen Bürger. Die anderen drei Tage sitzt der Richter mit besonderen Beisitzern auf der Burgerschranne in peinlichen und in Schuldsachen. Bei Bluturtheilen müsse er das Bekenntniss des Verbrechers vor zwei angesessenen Burgern schriftlich aufnehmen. Der ganze Rath findet das Urtheil, der Richter publicirt es und sorgt für seine Vollstreckung. Der Burgermeister handle auf diese Weise in civilibus, der Richter in criminalibus. Der ganze Rath gebe die Handwerksordnungen, vermehre oder mindere sie.

Ferdinand's I. Stadtordnung für Wien vom Jahre 1526, 12. März (Nr. CLXXX).

Schon im Jahre 1522 (Nr. CLXXVIII) hatte Ferdinand I. die »Genannten« und die uralte Genossenschaft der »Hausgenossen« durch ein Mandat in kurzem Wege abgeschafft, alle ihre Privilegien und daher auch ihren eigenen Gerichtsstand und ihre Exemtion von der Jurisdiction des Stadtrichters ausser Kraft gesetzt. Es war dies nur der Vorläufer seiner grossen Stadtordnung vom Jahre 1526, die er der Stadt von Augsburg aus gab, durch die er ihre ganze frühere Verfassung über den Haufen stürzte und auf einer ganz neuen Grundlage umgestaltete. Das im Wiener Stadtarchive erhaltene Original besteht aus fünfzehn Pergamentbogen, die ein Heft aus dreissig von einer rothgoldenen Seidenschnur durchzogenen Blättern bilden. Von da ab beginnt eine neue Ordnung der Dinge. Die städtische Autonomie, die bisherige Hauptquelle der Rechtsentwickelung, wird mit einem Schlage auf ein sehr bescheidenes Mass reducirt, überall macht sich die Oberaufsicht des Staates, sein Einfluss auf die städtische Regierung und Verwaltung geltend. Bis an das Ende des XVIII. Jahrhunderts bis zu Kaiser Josef II. ruht die Verfassung der Stadt auf den Grundlagen, die ihr durch diese Stadtordnung gegeben wurden. Alle folgenden Privilegien und Stadtrechte sind entweder genereller Natur oder beschränken sich darauf das Stadtrecht von 1526 wörtlich zu wiederholen und von Neuem zu bestätigen.

Dies ist der Fall bei allen späteren Bestätigungen, die uns im Originale im Wiener Stadtarchive erhalten sind. Sie enthalten durchaus nichts Neues, weder Zusätze noch Veränderungen, so umfangreich sie auch sein mögen. So besteht die nächste Bestätigung des Ferdinandeum von Kaiser Maximilian II. 1564 (Nr. CLXXXIV) aus einem fünfundfünfzig Pergamentblätter umfassenden, in rothen Sammt gebundenen, mit einer goldenen Schnur gehefteten Buche. Kaiser Rudolf II bestätigte im Jahre 1578 Nr. CLXXXVII blos im Allgemeinen die Privilegien und Freiheiten der Stadt Wien, so auch Kaiser Mathias im Jahre 1613 Nr. CLXXXIX, Kaiser Ferdinand II. im Jahre 1621 (Nr. CXC) und Kaiser Ferdinand III. im Jahre 1638 Nr. CXCII). Dagegen enthält wieder die Bestätigung der Wiener Rechte, Freiheiten und Privilegien durch Kaiser Leopold I vom Jahre 1657 (Nr. CXCIII) das Ferdinandeum mit allen nachfolgenden Bestätigungen wörtlich inserirt. Die letzte Bestätigung der Privilegien und Freiheiten der Stadt Wien rührt vom Kaiser Franz II im Jahre 1792 (Nr. CXCVI her; auch sie ist eine allgemeine. Da jedoch manche dieser Privilegien bereits erloschen, einige hingegen mit den jetzigen Verhältnissen ganz unverträglich seien, so lässt er diejenigen Freiheiten weg, »die mit der gegenwärtigen Landesverfassung nicht mehr vereinbarlich sind« und erneuert blos diejenigen, »in deren ruhigen Besitze sich die Stadt Wien noch befindet«, unter welchen er das Recht verschiedene Jahrmärkte zu halten und das Burgfriedens Privilegium Kaiser Leopold's I. besonders hervorhebt.

Es würde uns zu weit führen in den Inhalt dieser umfangreichen Stadtordnung im Einzelnen einzugehen. Wir wollen uns darauf beschränken die Hauptpunkte hervorzuheben.

In der Einleitung sagt Ferdinand, er habe gefunden, dass einige von seinen Vorgängern der Stadt Wien ertheilte oder bestätigte Freiheiten und Statuten nichts nütze gewesen und unter die Bürgerschaft nur Irrung gebracht hatten. In Berücksichtigung der veränderten Zeitverhältnisse, weil der Lauf der Natur immer neue Formen und Gestaltungen schaffe, wolle er dieser seiner Landeshauptstadt zwar ihre guten und löblichen Gewohnheiten erneuern, ihr aber auch neue Freiheiten und Satzungen geben, und hinfür solle sich die Stadt ausschliesslich nach dieser Confirmation und Ordnung halten.

Er hebt sodann das Stadtrecht Herzog Albrecht's II. vom Jahre 1340 mit Ausnahme des einzigen Artikels 75 als den Zeitverhältnissen nicht mehr angemessen auf und fügt hinzu, er habe an seiner Stelle der Stadt ein eigenes Stadtgerichtsbuch gegeben. Ebenso setzte er auch das Stadtrecht Herzog Albrecht's I. vom Jahre 1296, einige seiner Bestimmungen ausgenommen, ausser Kraft. Es sind dies die Artikel 10, 14, 16, 31, 32 und 34. Dagegen bestätigt er die Niederlagsurkunde Albrecht's vom Jahre 1281, dann die Urkunde Herzog Friedrich's vom Jahre 1312, jedoch mit Verweisung auf seine darüber aufzurichtenden Satzungen. Er bestätigt hierauf noch einige frühere landesfürstliche Urkunden, indem er sie ihrem vollen Inhalte nach wörtlich in seine Stadtordnung inserirt, und zwar die Urkunden XCVIII, XCVI, LXXXIII, CXLIX, und knüpft an die letztere Urkunde neue den Weingartenbau und Weinschank betreffende Freiheiten, Begünstigungen und Satzungen. Den geistlichen und weltlichen Grundherrschaften verbietet er nachdrücklichst aus Gelegenheit der von ihnen geführten Grundbücher sich eine Gerichtsbarkeit über Wiener Bürger anzumassen, mit Ausnahme der Besetzung eines unparteiischen Reissgerichts. Kaufbriefe müssen von den Grundherren gesiegelt sein. Die Taxe ist 24 Pfennige, und für den jedesmaligen Empfang der Gewer 72. Für die Stadt Wien habe er eine besondere Grundbuchsordnung erlassen.

Die Regierung der Stadt soll fortan aus hundert aus den tauglichsten, behausten Bürgern gewählten Personen bestehen. Diese bilden einen inneren (den Stadtrath) und einen äusseren Rath. Der Stadtrath besteht aus vierundzwanzig Personen, von denen zwölf behauste Bürger, die jedoch keine Handwerker sind, aus den hundert Personen gewählt, zwölf vom Landesfürsten ernannt werden. Die übrigen sechsundsiebenzig Personen bilden den äusseren Rath. Die Ergänzungswahl des inneren und äusseren Rathes geschieht alljährlich am 21. December und zwar die des Stadtrathes durch den äusseren, die des äusseren Rathes durch den Stadtrath. Die Wahlzettel werden eigens dazu verordneten fürstlichen Commissarien übergeben, und der Landesfürst wählt nach seinem Gefallen aus den vorgeschlagenen Personen. Jedes dritte Jahr solle ein Theil des Stadtrathes ausscheiden und in den äusseren Rath treten, aus diesem jedoch wieder ergänzt werden.

In gleicher Weise soll jährlich an demselben Tage durch diese hundert Personen ein behauster Bürger, aber kein Handwerker, sei es aus ihrer Mitte, sei es aus der ganzen Bürgerschaft, zum Bürgermeister gewählt, aus den gewählten aber der Tauglichste durch die Regierung genommen werden.

Eine höchst wichtige Stellung dem Stadtrathe gegenüber, obwohl ohne Stimme in demselben, nimmt der vom Landesfürsten eingesetzte und besoldete Anwalt des Stadtrathes ein. Er vertritt das landesfürstliche Interesse im Stadtrathe, wesshalb er die Pflicht hat wider demselben abträgliche Beschlüsse und Vorgänge nachdrücklich zu protestiren, sie bei Zeiten zur Kenntniss der Regierung zu bringen und auf ihre Abstellung zu dringen, wacht über die Ausführung der landesfürstlichen Befehle und Verordnungen, wohnt allen Berathschlagungen bei und übt auch eine Art Polizei über den Stadtrath selbst aus, indem er den fleissigen Besuch der Rathsmitglieder und ihren ordnungsmassigen Vorgang controlirt. Er selbst darf jedoch kein Bürger sein. Er ist demnach dasjenige Organ, durch welches die

Staatsgewalt fortan ihren ununterbrochenen controlirenden und regelnden Einfluss auf die Regierung und Verwaltung der Stadt ausübt.

Es werden sodann die Pflichten der einzelnen städtischen Aemter, von dem des Bürgermeisters angefangen, des Stadtrathes, des Stadtschreibers, des äusseren Rathes, des Stadtkämmerers, des Unterstadtkämmerers, der Spitalmeister, des Brückenmeisters, des Brückengegenschreibers, der Kirchenmeister, des Verwalters des Pilgrimhauses, der Rait-personen, der Steuerbeamten, der Viertelmeister, der Grundbuchsbeamten weitläufig beschrieben, und so die ganze städtische Verwaltung und Regierung in allen ihren Abzweigungen auf das Genaueste geregelt. Der Anwalt, der Bürgermeister, der Stadtrath, der äussere Rath und der Brückengegenschreiber werden von der Regierung auf die genaue Erfüllung ihrer Pflichten beeidet. Ueberall wird hier der Hauptnachdruck auf den Gehorsam gegen ihre fürstliche Obrigkeit, auf die Wahrung des landesfürstlichen Interesses und auf ihre Verpflichtung zur Anzeige bei der Regierung gelegt, wenn diesem irgendwie entgegen gehandelt werden sollte. Die übrigen Beamten schwören im Beisein des Anwaltes dem Bürgermeister und dem Rathe.

Hierauf folgen ausführliche Bestimmungen über die Inwohner, d. h. die in Wien domicilirenden Personen, die nicht Bürger sind, über die Tagwerker, über Heiraten überhaupt und Heiraten der Witwen, gefährliche, widerwärtige Heiraten, über den Eintritt in ein Kloster, über Testamente und Geschäfte von Männern, von Frauen und Testamente im Allgemeinen, über Vermächtnisse, über Gerhaben und Vormundschaft, Verschwender, über die vogtbaren Jahre, die er beim männlichen Geschlecht auf das zweiundzwanzigste, bei Frauen auf das zwanzigste Jahr festsetzt.

Dann bespricht Ferdinand die Bestellung des Stadtrichters, die allein vom Landes-fürsten abhängt, und dem er den Blutbann verleiht. Er hat zwar Sitz und Stimme im Stadtrath, ist aber nicht zum regelmässigen Besuch seiner Sitzungen verpflichtet.

Die zwölf vom Landesfürsten ernannten und von ihm besoldeten Mitglieder des Stadt-rathes bilden das Stadtgericht. Sie sind angewiesen unter dem Vorsitz des Stadtrichters nach Inhalt der Stadtgerichtsordnung Urtheil zu sprechen. Sie schwören dem Landesfürsten einen durch das Eidbuch formulirten Eid. Sie werden ausdrücklich verpflichtet einem landesfürstlichen Befehl Gehorsam zu leisten, der ihre richterliche Thätigkeit in einzelnen Fällen sistirt.

Schliesslich spricht er von den Begünstigungen, die die landesfürstlichen Räthe und Hofbeamten bezüglich der Weingarten, dann des Wein- und Bierschankes geniessen, und behält sich und seinen Erben das Recht vor Veränderungen zu treffen, bis dahin solle aber diese seine »Satzung und Libell« fest und unverbrochen in Kraft und Geltung sein.

Aus dem Inhalt der Ferdinandeischen Stadtordnung geht deutlich hervor, dass sie als das Grab der städtischen Freiheit und Autonomie zu betrachten ist. Sie sowohl, als die einzelnen Satzungen, auf die er ausdrücklich verweist: das Stadtgerichtsbuch, die von ihm gegebene Grundbuchsordnung sind reine Producte der landesherrlichen Legislation und für die Zukunft ausschliessliche Erkenntnissquellen des städtischen Rechts. Die Rechtsprechung wenigstens in peinlichen Sachen wird von landesherrlichen besoldeten Beamten geübt, deren einzige Richtschnur das Stadtgerichtsbuch oder sonstige Weisungen des Landesfursten sein sollen.

Wie oben erwähnt, beklagt sich Ferdinand I. in seiner Stadtordnung darüber, dass die Grundherren sich aus Veranlassung der Führung der Grund- und Satzbücher eine

Gerichtsbarkeit über ihre Grundinsassen anmassten, und sucht diese auf ein beschränktes Mass zurückzuführen. Aber es gelang nicht einmal seiner eisernen Hand, was bereits allen seinen Vorgängern misslungen war. Nach wie vor erhielt sich die Gerichtsbarkeit der Grundherren, die im Einklang mit den veränderten Verhältnissen allmälig nicht mehr durch die Genossen unter dem Vorsitz eines von jenen gesetzten Officials sondern ausschliessend durch die von ihnen bestellten Beamten, auf deren Wahl allerdings die Staatsgewalt durch die Vorschrift bestimmter Eigenschaften und Erfordernisse Einfluss nahm, zuletzt durch geprüfte Justiziäre ausgeübt wurde. So erhielten sich diese verschiedenen Grundgerichte bis auf die neueste Zeit bis zum Jahre 1848, wo der Staat die ganze Gerichtsbarkeit als Hoheitsrecht ausschliesslich in seine Hände nahm. Es hieng dies innig zusammen mit der Disparität der Elemente, aus denen die Stadt ursprünglich zu einem städtischen Gemeinwesen erwachsen war. Schon im XIII. Jahrhundert war es das Bestreben der Landesfürsten gewesen durch Beschränkung der Sondergerichte einen gemeinschaftlichen Gerichtsstand und die Rechtsgleichheit aller städtischen Bürger herbeizuführen, so König Rudolf's I. im Jahre 1278 (Nr. XVI a. 19), Herzog Albrecht's I. im Jahre 1296 (Nr. XV). Am schärfsten trat Herzog Rudolf IV. gegen die Grundherrschaften und ihre Sondergerichte auf, sie widersprächen, sagt er im Jahre 1360 (Nr. LXII), so alt sie seien, der Wahrheit und den gemeinen Rechten, Herr der Eigenschaft und des Grundes sei blos der Landesfürst, und nur der Rath der Stadt befugt, als sein Stellvertreter, die Grundbriefe zu fertigen und zu siegeln. Im Jahre 1361 (Nr. LXIV) hob er alle Sondergerichte mit Ausnahme des Hof-, Münz- und Judengerichts in der Stadt und den Vorstädten, dann alle Freibriefe von der Schatzsteuer auf. Fortan sollten alle Klöster, Gotteshäuser und andere Personen, selbst sein Hofgesinde von ihren Höfen und Häusern in der Stadt und den Vorstädten mit der Stadt leiden und dienen. Auch keine Freiungen solle es mehr geben, mit Ausnahme der Burg, des Schottenklosters und des Stiftes zu St. Stephan. Freilich zerstörten aber dieselben Landesherren mit der einen Hand wieder, was sie mit der anderen aufzubauen sich bemühten. Sie ertheilten Corporationen und einzelnen Personen, geistlichen und weltlichen, zahlreiche Exemtions-Privilegien von der Gerichtsbarkeit des Stadtrichters, wobei sie in der Regel nur die Blutgerichtsbarkeit ausnahmen. Insbesondere waren beinahe alle Klöster in Wien und die auswärtigen Stifter, die Besitzungen in Wien hatten (Beispiele davon: der Mölker-, Freisinger-, Passauer-, Klosterneuburger-, Heiligenkreuzerhof) rücksichtlich derselben von dem Richter und Rathe gefreit, übten daselbst Grundgerichtsbarkeit aus, hatten ihre eigens bestellten Officiale. Der stärkste Grundbesitzer in Wien war seit jeher das Schottenkloster, das schon ursprünglich mit einem bedeutenden Grundcomplex bewidmet worden war. Davon thaten nun die Klöster und sonstigen Grundbesitzer Parcellen an Handwerker und andere Leute als Hofstätten (areae) gegen einen mässigen Grundzins aus, über die und die darauf erbauten Häuser sie sodann obrigkeitliche Rechte ausübten. Je dichter die Bevölkerung, je mehr der Boden zum Häuserbau benützt wurde, desto zahlreicher wurden die Bürgerhäuser, die nicht der Stadt und dem Rathe sondern ihren Grundherren als Obrigkeit unterworfen waren. Die stadtische Gerichtsbarkeit war durch diese vielfach durchbrochen und durchkreuzt, und beschränkte sich eigentlich nur auf einen relativ geringen Theil der Stadt. So erhielt sich in ihr bis in dieses Jahrhundert eine grosse Zerfahrenheit der Jurisdictionen, und es liefen die verschiedensten Gerichtsbarkeiten durcheinander. Solche Exemptions-Privilegien in unsere Edition aufzunehmen hatte uns zu weit geführt. Als ein Beispiel mag die Urkunde Nr. XXIV vom Jahre 1298 dienen. Wie gross die Zahl der »Freihäuser« noch im XVI. Jahrhundert war, die nicht den Bürgermeister und den Rath der Stadt als Obrigkeit anerkannten und einer anderen Jurisdiction unterlagen, beweist das Uebereinkommen der Stadt mit den drei oberen Ständen: den Prälaten, Herren und der Ritterschaft über die Eigenschaft zahlreicher Höfe und Häuser, die sich im Laufe der Zeit verwischt hatte, als solcher vom Jahre 1552 (Nr. CLXXXI). Es wird hier eine grosse Anzahl gerade der grössten und umfangreichsten Höfe und Häuser aufgezahlt, die als Freihäuser nicht der Jurisdiction und Obrigkeit der Stadt sondern der des Landmarschalls unterlagen, die daher auch nicht mit der Stadt »litten und dienten«.

Im Laufe des XVII. und XVIII. Jahrhunderts wurden von der Stadt unter günstigen Umständen zahlreiche solche Freigründe und herrschaftliche Güter mit der an ihnen haftenden Obrigkeit und Jurisdiction angekauft und eingelöst. (Eine Aufzählung dieser Kaufbriefe siehe bei Weiss, Topographie von Wien S. 31.)

Auf der anderen Seite waren unter ungünstigen Verhältnissen namentlich während der Türkenbelagerungen viele Häuser und liegende Güter der Obrigkeit und Jurisdiction der Stadt dadurch entfremdet worden, dass sie durch Kauf oder auf andere Weise in fremde Hände übergegangen waren.

Im Jahre 1623 Nr. CXCI) gab ihr nun Kaiser Ferdinand II. das »Einstandsrecht«, d. h. die Befugniss, solche von ihren Besitzern gegen Erlegung einer billigen Schätzsumme wieder einzulösen. Diese sollten verpflichtet sein sie unweigerlich gegen Empfang dieser Summe an die Stadt abzutreten.

Ganz im Einklang mit der Stadtordnung Kaiser Ferdinand's I. vom Jahre 1526 ist der Abschied der niederösterreichischen Regierung und Kammer, durch den im Jahre 1566, 27. Juli (Nr. CLXXXVI) der Stadt Wien eine »Schrannen-Gerichtsordnung« ertheilt wurde. Bereits zwei Jahre früher 1554 (Nr. CLXXXII) hatte sich die niederösterreichische Kammer an den Bürgermeister und Rath um ein Gutachten namentlich wegen der Besoldung des Stadtrichters gewendet. In der ihnen gegebenen Ordnung wird nun die Competenz des Stadtrichters, Stadtgerichtes, Bürgermeisters und Stadtrathes in Sachen der Jurisdiction und der städtischen Verwaltung auf das Genaueste festgestellt und abgegrenzt.

Aus demselben Jahre 1566 ist uns auch eine von der gleichen Quelle ausgehende Grundbuchsinstruction für die Stadt Wien erhalten. Herzog Rudolf IV. hatte im Jahre 1360 die Fertigung und Besiegelung der Grund- und Satzbriefe in allen den Immobilienverkehr betreffenden Rechtsgeschäften seitens des Rathes der Stadt Wien angeordnet, sonst solle eine solche Urkunde ganz kraftlos sein. Den Grundherren wurde bei Strafe verboten solche Grundbriefe den Parteien zu fertigen und zu siegeln. Doch zeigt bereits die Verordnung Herzog Albrecht's III vom Jahre 1366 Nr. LXX, wenn sie gleich eine Einwirkung der erwähnten Verordnung Rudolf's IV. verrath, dass diese die uralte Rechtssitte nicht zu brechen im Stande war. Jedenfalls legte aber der Stadtrath seit dieser Zeit Grund- und Satzbücher an. Es ist uns eine Reihe der ältesten Wiener Grundbücher seit dem Jahre 1368, respective Satzbücher seit 1388 in dem Archive des Wiener Landgerichts, jedoch mit einigen Lücken, noch heutzutage erhalten. Allerdings tragen die ältesten mehr den Charakter von Kaufbüchern an sich. Ferdinand's Stadtordnung vom Jahre 1526 spricht von einer der Stadt Wien gegebenen besonderen Grundbuchsordnung. Eine solche vermochten wir nicht aufzufinden.

LXXV

Jedoch ist uns in einer Handschrift des Pester Nationalmuseum eine ebenfalls von der nieder-österreichischen Regierung und Kammer an die Stadt Wien ergangene Instruction und Information in Grundbuchssachen vom Jahre 1566 erhalten, die wir mit Auslassung der zahlreichen darin enthaltenen Grundbuchsformulare sub Nr. CLXXXV in verkürzter Gestalt mittheilen. Diese enthält an einem Orte, wo leider zwei Blätter ausgerissen sind, die wir nicht zu ersetzen im Stande waren, eine Grundbuchsinstruction von dem Fürsten in Oesterreich auf Güter« in Artikeln eingetheilt, die wahrscheinlich mit jener Grundbuchs-ordnung Kaiser Ferdinand's identisch ist. In demselben Jahre 1566 erging auch von derselben Stelle unter der Bezeichnung Generale (vergleiche Suttinger: Consuet. austr. S. 300) eine Instruction für Grundbuchssachen für ganz Oesterreich unter der Enns, in der ebenfalls aus-drücklich von einer der Stadt Wien gegebenen besonderen Grundbuchsordnung Erwähnung gemacht wird. In der Anordnung, Form der Behandlung und im Inhalt stimmt das Generale mit der von uns mitgetheilten Wiener Grundbuchsinformation grösstentheils überein. Auch hier ist der Stoff in Fragen und Antworten, dann in einer grossen Zahl von Formularen behandelt. (Bei Suttinger: Consuet. austr. findet sich in dem damit verbundenen Anhang: Tractatus aureus von dem österreichischen Kanzler Dr. Bernhard Walther als tract. VIII S. 903—920 ein Theil dieses Generale, doch unvollständig und hie und da incorrect abge-druckt. Vollständiger in einem Manuscript des kaiserl. Staatsarchives Nr. 127 Bl. 204 ff: Grundbuechsordnung, information, fragen und antwort sambt etlich nützlichen regln, wie es bei ihrer Röm. kais. mt. und bei allen grundbüechern in Österreich vermög kaiserlicher aus-gangenen generale gehalten werden solle. Durch Doct. Walterum Röm. kai. maj. rath und gewesten regentherrn derselben N. O. landen verfasst worden. In einer zweiten Handschrift desselben Archivs Nr. 125 Bl. 253 ff. kommt gleichfalls eine grösstentheils mit der obigen übereinstimmende »Grundbuchsordnung des landes Oesterreich unter der Enns« vor, in welcher jedoch die Fragen fehlen.)

Aeuserst lehrreich für die Geschichte der Entwickelung des Polizeiwesens ist eine von Kaiser Ferdinand I. im Jahre 1564 (Nr. CLXXXIII, im letzten Jahre seiner Regierung, an den Stadtanwalt ergangene Instruction über die Handhabung der polizeilichen Ordnung in der Stadt. Veranlassung dazu scheint die drohende Pestgefahr gegeben zu haben. Mit der Ausführung dieser Polizeiordnung beauftragt er vor der Hand bis zur Aufstellung eines eigenen Stadthauptmanns seinen Stadtanwalt. Sie bezieht sich mit Berücksichtigung der Localverhältnisse auf alle einzelnen Seiten der Polizei: Sanitäts-, Armen-, Fremden-, Markts-, Gewerbs-, Sicherheits-, Reinlichkeitspolizei und die Verproviantirung der Stadt. Man sieht, wie sich die Grundsätze dieses Zweiges der Verwaltungslehre so recht eigentlich an und aus dem städtischen Leben herausgebildet haben.

Zu erwähnen ist auch noch die Verordnung Kaiser Rudolf's II. vom Jahre 1582 (Nr. CLXXXVIII) über die Bestrafung der Malefizpersonen. Bei minder wichtigen Verbrechen, wo eine Begnadigung möglich sei, solle das Urtheil vor seiner Vollstreckung der nieder-österreichischen Regierung vorgelegt werden. Bei schweren Verbrechen hingegen: Mord, Raub, Brand u. dgl., wo es nothwendig sei ein Exempel zu statuiren, könne das Urtheil sogleich vollstreckt werden.

Durch die kriegerischen Ereignisse, deren Schauplatz Wien namentlich zur Zeit der Türkenbelagerung war, unter denen besonders die Vorstädte gelitten und grosse Veränderungen erfahren hatten, hatten sich im Laufe der Zeit die Grenzen des **Burgfriedens**, der Eigenthums-verhältnisse und der Gerichtsbarkeit der Gemeinde verwischt, und es waren in Folge dessen zahlreiche Streitigkeiten mit den verschiedenen Grundherrschaften entstanden. Schon Rudolf I. hatte im Jahre 1278 (Nr. XVI. a. 21) die Grenzen des Burgfriedens der Stadt auf den Umkreis einer »Rast« festgesetzt, und Herzog Albrecht I. im Jahre 1296 diese Bestimmung in seinem Stadtrechte (Nr. XXIII a. 31) erneuert. Die Blutgerichtsbarkeit des Stadtrichters hatte sich nun wohl seit jeher auf dieses Gebiet erstreckt, aber die obrigkeitlichen Rechte und die Jurisdiction, die der Bürgermeister und der Stadtrath ausübten, waren durch die mannigfaltigen Veränderungen in den Grenzen der Grundherrschaften vielfach verwischt und verdunkelt worden. Eine Festsetzung dieser in Verwirrung gerathenen Verhältnisse war ein dringendes Bedürfniss für die Stadt. Dies geschah im Jahre 1698 durch ein Privilegium Kaiser Leopold's I. (Nr. CXCIV), durch welches die Grenzen des Burgfriedens im Einzelnen auf das Genaueste festgestellt und auch durch kaiserliche Huld in mancher Beziehung erweitert wurden. Das in einem Heft von zehn Pergamentblättern enthaltene, im Stadtarchive auf-bewahrte Burgfriedensprivilegium Kaiser Leopold's I. wurde auch von Kaiser Franz II. im Jahre 1792 (Nr. CXCVI) ausdrücklich bestätigt.

Organisation des städtischen Magistrats durch Kaiser Josef II.

Die durch die Stadtordnung Ferdinand's I. vom Jahre 1526 begründete Verfassung der Stadt erhielt sich in unveränderter Gestalt bis auf Kaiser Josef II. Dieser hob nun im Einklang mit den von ihm vorgenommenen Justizveränderungen die bisherigen Einrichtungen durch ein Hofdecret vom Jahre 1783 (Nr. CXCV) vom 1. November dieses Jahres angefangen auf und gab der Verfassung der Stadt eine ganz neue Organisation, die sich bis in die Mitte dieses Jahrhunderts erhielt. An der Spitze der Stadt solle fortan statt des früheren Stadt-richters, Stadtrathes und Stadtgerichtes der »Magistrat der kaiserlichen Residenzstadt Wien« nicht als eine landesfürstliche Stelle, sondern in der Eigenschaft einer bürgerlichen Behörde bestehen, und zwar unter einem Bürgermeister mit zwei Vice-Bürgermeistern an der Seite. Der Magistrat, obwohl nur einen Körper bildend, solle in drei Senate zerfallen: a in publico-politicis et oeconomicis, b in judicialibus civilibus, c in judicialibus criminalibus. Diese werden von ständigen Räthen und zwar a aus zwölf, b aus achtzehn und c aus zwölf (im Ganzen demnach zweiundvierzig) mit dem übrigen Hilfspersonale gebildet. Alle Gehalte werden genau fixirt, und die Besoldungen ad aerarium übernommen, dagegen aber alle Magistratual-taxen incamerirt. Der Bürgermeister und die zwei Vice-Bürgermeister werden von der Bürgerschaft auf vier Jahre gewählt, vom Landesfürsten bestätigt, ebenso auch die Räthe, jedoch diese auf Lebenszeit. Das übrige Beamtenpersonale ernennt der Magistrat selbst. In Civilsachen gebührt dem Magistrat die Gerichtsbarkeit sowohl in Streitsachen als in den Geschäften des edeln Richteramts in ihrem ganzen Umfange über alle innerhalb der Linien von Wien wohnenden Parteien, soweit dieselben nicht der Gerichtsbarkeit des Reichshofraths und der Reichskanzlei, der Militärgerichtsbehörde, des Merkantil- und Wechselgerichtes, ferner einer Grundherrschaft unterliegen oder Unterthanen der Ottomanischen Pforte sind. In crimina-libus hat sich der Magistrat bis zum Erscheinen eines neuen Criminalgesetzbuches nach der Theresiana zu halten und in die Amtssphäre des bisherigen Stadtgerichtes einzutreten.

Die in Folge der Ereignisse des Jahres 1848 eingetretenen Veränderungen in der städtischen Verfassung, durch welche der Stadt ihre selbstständige Regierung und die freie Vermögensverwaltung, somit ein grosser Theil jener Autonomie, die ihre Grösse im Mittelalter begründete, wiedergegeben wurden, fallen jenseits der Grenzen unserer Darstellung und gehören der zeitgenössischen Geschichte an.

Für eine Edition der Rechte und Freiheiten der Stadt Wien liess sich wohl kaum ein passenderer Abschluss finden, als die Urkunde Nr. CXCVII, nämlich das k. k. Hofkammerdecret vom 21. September 1819 (Justiz-Gesetz-Sammlung Nr. 1609). Es enthält eine »authentische Auslegung« des Albertinischen Freiheitsbriefes von Lichtmess des Jahres 1383 (Nr. XCVIII) bezüglich des Heimfallsrechtes erbloser Güter an die Stadt Wien. Diese Bestimmungen haben sofort in die »gesetzliche« Wirksamkeit zu treten und der Magistrat erhält zugleich den Auftrag sie »in seine Gedenkbücher einzutragen und als den gesetzlichen Inbegriff des städtischen Heimfallsrechtes den Freiheiten und Privilegien der Stadt Wien einzuschalten«. In Befolgung dieses Auftrages findet sich das Decret auch wirklich in dem Eisenbuche S. 45 eingetragen. Das Heimfallsrecht der Stadt Wien wird auch noch in einem späteren Hofkanzleidecret vom 5. Februar 1838 niederösterr. Provinzial-Gesetz-Sammlung B. 20 ausdrücklich anerkannt.

Daran liesse sich eine in juristischer Beziehung interessante Untersuchung knüpfen über Fragen, die unter Umständen eine grosse praktische Wichtigkeit erlangen können. Vorerst ob das Caducitätsrecht der Stadt Wien auf erblose Güter Wiener Bürger auch heutzutage noch als rechtlich bestehend angesehen werden könne. Sodann aber auch ob die Freiheiten und Privilegien der Stadt Wien noch in der Gegenwart eine formelle Geltung haben.

Es lässt sich nicht bestreiten, dass jene Decrete eine gesetzliche Kraft hatten, da unter den damaligen Verfassungsverhältnissen von Oesterreich die Grenzen zwischen Verordnungs- und Gesetzesrecht nicht gezogen werden können. Nun enthält das erstere, wie es selbst sagt, nur eine authentische Interpretation des Privilegiums vom Jahre 1383, erkennt somit dieses implicite noch immer in merito als rechtlich geltend an. Allerdings haben sich seit dem Jahre 1848 die Justiz- und die politischen Verhältnisse wesentlich geändert. Die Stadt übt keine Gerichtsbarkeit mehr aus und ist auch nicht mehr Grundobrigkeit. Aber eine andere Frage ist die, ob mit der Veränderung dieser Verhältnisse das Heimfallsrecht der Stadt Wien seit dem Jahre 1848 nunmehr seine gesetzliche Wirksamkeit verloren habe. Das Hofkammerdecret beabsichtigt nicht das Heimfallsrecht als einen Ausfluss der der Stadt zukommenden Gerichtsbarkeit oder Grundobrigkeit darzustellen, sondern nur den Umfang und die Grenzen dieses Rechtes zu bestimmen, es enthält eben nur eine Auslegung des Privilegiums von 1383, das mit klaren Worten sagt: Wär aber, das man kainen erben erforschen mochte noch kunde, der die gueter nach dem vorgeschriben rechtn solt erben, so sullen dieselben erbgueter gefallen der stat zu Wienn in ainem gemainem nutz, als dann mit rechten herchomen ist.

Weder diese Worte noch die ganze geschichtliche Entwickelung des Heimfallsrechtes lassen aber dieses Recht etwa als ein Gerichtsgefälle, als eine Pertinenz der Jurisdiction oder Grundobrigkeit erscheinen. Nach dem §. 760 des allgem. bürgerl. Gesetzbuches hatte demnach nicht der Fiscus sondern die Stadt auch heutzutage noch immer einen gesetzlichen

Anspruch auf erblose Güter von Wiener Bürgern. Dann lässt sich aber auch noch weiter fragen, ob durch dieses Hofkammerdecret nicht auch die Freiheiten und Privilegien der Stadt Wien überhaupt in ihrer rechtlichen Giltigkeit anerkannt wurden, und somit der §. 11 des allgem. bürgerl. Gesetzbuches vom Jahre 1811 auf sie eine Anwendung finde: »Nur jene Statuten einzelner Provinzen und Landesbezirke haben Gesetzeskraft, welche nach der Kundmachung dieses Gesetzbuches von dem Landesfürsten ausdrücklich bestätigt werden«. Was hatte der Auftrag sie neben die übrigen Freiheiten und Privilegien in die Gedenkbücher der Stadt einzuschalten für einen Sinn, wenn sie praktisch werthlos geworden wären, wenn ihnen blos ein historischer Werth beigelegt werden könnte?

Wie verhält es sich nun heutzutage mit diesen Freiheiten und Privilegien der Stadt Wien, durch die sie einst hervorragte unter den Städten des Landes? Bestehen sie noch, oder sind sie spurlos untergegangen unter dem nivellirenden Einflusse der neueren Zeit? Wir halten diese Frage für eine müssige. Der moderne Staatsgedanke duldet keine Sonderrechte. Ihr Hauptinhalt ist jetzt Gemeingut aller Staatsburger geworden. Der ärmste Bauer und Arbeiter befindet sich heute im Vollgenusse jener Vorrechte, auf deren ausschliesslichen Besitz der Wiener Bürger in früheren Zeiten so stolz war. Hat darum die Stadt Wien ihre individuelle Bedeutung im Staatsleben verloren? Ist ihre Aufgabe, die sie nunmehr mit allen übrigen Factoren desselben in gleicher Weise theilt, jetzt eine minder wichtige und grosse, als jene, die sie in früheren Zeiten in so hervorragender Weise erfüllt hat? Es wäre dies ebenso widersinnig als die Bedeutung der Arbeit leugnen zu wollen, weil sie heutzutage frei ist, die Kraft der Association, weil es ein freies Vereinsrecht gibt, den Werth des Einzeln-eigenthums, weil das Eigenthum von seinen Fesseln befreit ist. Das Ziel, das das Ganze anstrebt, ist allerdings nur zu erreichen durch die zusammengreifende Thätigkeit der Einzelnen. Ein Organismus jedoch, der seine Entstehung und feste Ausbildung der Vergangenheit verdankt, hat auch im Rechts- und Staatsleben der Gegenwart eine Aufgabe, die um so grösser und bedeutender ist, je gewaltiger er selbst unter den günstigen Einflüssen früherer Zeiten geworden ist. Wie ein Brennpunkt vereinigt er in sich und zieht heran alle Strahlen des geistigen Lebens, die wirthschaftlichen Kräfte des Volkes, gestaltet sich zum Kern- und Mittelpunkt der sonst sich zersplitternden Bestrebungen der Einzelnen. Er bedarf keines künstlichen Schutzes mehr, Vorrechte und Privilegien sind zu seinem Gedeihen überflüssig geworden. Er hat in sich selbst die Kraft gefunden ohne Sonderrecht und Ausschliesslichkeit erspriesslich fortzuarbeiten an der grossen Mission, die ihm die Gegenwart und die Zukunft zuweist. So lange die Pflanze noch schwach war, bedurfte sie einer besonderen Pflege, um den Stürmen des Lebens zu widerstehen. Seitdem hat sie tiefe Wurzeln geschlagen, sie ist emporgewachsen zu einem mächtigen Baume, unter dessen breitem und schirmenden Dache nunmehr Hunderttausende Schutz und Zuflucht finden.

Urkundliches und handschriftliches Materiale.

Der Stoff, der dieser Herausgabe zu Grunde gelegt wurde, ist theils aus Original-urkunden und Actenstücken theils aus Handschriften geschöpft. Nur in äusserst seltenen Fällen, wo es an beiden durchaus fehlte, wurde ein bereits vorhandener alterer Abdruck benützt. Es versteht sich von selbst, dass dort, wo die Originale zu Gebote standen, diese mit Ausserachtlassung der Abschriften zur Grundlage dienten, und nur höchstens in einzelnen Fällen zur Feststellung zweifelhafter Lesung letztere, namentlich die im Eisenbuche, in Betracht gezogen wurden.

Für die **Original-Urkunden** und Actenstücke bot sich in dem wohlgeordneten Archive der Stadt Wien eine reichhaltige Quelle dar. Allerdings gehen die Urkunden nicht allzuweit zurück. Aus dem XIII. Jahrhundert ist uns daselbst von bedeutenderen städtischen Urkunden nur der Niederlagsbrief des Grafen Albrecht vom Jahre 1281 und das Stadtrecht Herzog Albrecht's I. vom Jahre 1296 im Original erhalten. Viel zahlreicher sind dagegen die Originale aus dem XIV. und aus den folgenden Jahrhunderten. Nebenbei konnten wohl auch andere Archive, namentlich das k. und k. Staatsarchiv zu Wien, das königl. Reichsarchiv in München, das ehemals ständische niederösterreichische Landesarchiv, das Pester Nationalmuseum, das Kremser Stadtarchiv und einige Klosterarchive benützt werden.

Die Zahl der **Handschriften**, die entweder ausschliesslich für diesen Zweck angelegt oder in Verbindung mit anderen Stücken Wiener Rechtsurkunden oder Rechtsaufzeichnungen in Abschrift enthalten, ist eine ziemlich beträchtliche. Unter allen ragt durch Reichhaltigkeit des Inhalts, Sorgfalt der Aufzeichnung und namentlich durch den Charakter einer officiellen Autorität, die ihr zukommt, das im Wiener Stadtarchive aufbewahrte sogenannte Eisenbuch hervor. Eine grosse Zahl der übrigen an verschiedenen Orten zerstreuten Wiener Rechts-handschriften sind entweder blosse Abschriften davon oder schliessen sich ihm mit grösserer oder kleinerer Freiheit der Anordnung und Behandlung mehr oder weniger an. Es ist daher natürlich, dass diese Handschrift, wo Originale fehlten, vorzugsweise benutzt und auf ab-weichende Lesearten anderer Handschriften nur dann hingewiesen wurde, wenn sie in solchen vorkommen, die mit dem Eisenbuch in keinem innerlichen oder äusserlichen Zusammen-hange stehen.

Wir beabsichtigen hier nicht eine genaue und erschöpfende Beschreibung aller bekannten Wiener Rechtshandschriften zu geben, sondern beschränken uns darauf auf jene hinzuweisen, die bei dieser Herausgabe mehr oder weniger in Betracht gezogen wurden.

Eine Ausnahme machen wir blos rücksichtlich des Eisenbuches, das bis jetzt noch nirgends genauer beschrieben wurde, und dessen Bedeutung für die Rechtsgeschichte Wiens eine eingehendere Behandlung an diesem Orte rechtfertigt.

I.

Das Eisenbuch oder früher sogenannte grosse Stadtbuch.

Geschichte. Die der Stadt bereits durch die Babenbergischen Herzöge Leopold VI. und Friedrich II. bis zu einem gewissen Grade gegebene, durch König Rudolf I. im Jahre 1278 bedeutend erweiterte Autonomie und das ihr eingeräumte Recht der statutarischen Gesetzgebung erhielt im Jahre 1320 durch König Friedrich (Urkunde Nr. XXVII) einen äusseren Ausdruck und eine formelle Bekräftigung. Die Wiener Bürger brachten ihm Klagen darüber vor, dass ihre Rechte mit dem Ableben der älteren Bürger immer mehr in Vergessenheit geriethen, und baten ihn sie darüber aufzuklären und der daraus hervorgehenden Rechtsunsicherheit zu steuern. König Friedrich berieth sich mit ihnen und den Landherren über die dazu führenden Mittel und gestattete ihnen die Anlage eines Rechtsbuches zur Eintragung aller von ihnen gefundenen Rechte, die sodann für alle Zeiten Kraft und Wirksamkeit haben sollten. Wie S. XXXIX erwähnt, hatte bereits König Rudolf I. im Jahre 1276, 9. März den Bürgern der Stadt Augsburg das Recht zur Anlage eines ähnlichen Stadtrechtsbuches verliehen, das auch daselbst wirklich angelegt und später zuerst von Max von Freyberg, Sammlung deutscher Rechtsalterthümer Band 1 Heft 1, dann von Walch, Beiträge zum deutschen Recht B. IV S. 23—418 herausgegeben wurde (vergleiche Gengler: Cod. jur. mun. Germ. S. 77). Die Bezeichnung Rechtsbuch für diese und ähnliche Bücher ist jedoch keine passende, wenigstens nicht in dem Sinne, in dem wir heute dieses Wort zu nehmen gewohnt sind. Es sind keine von Privaten unternommene Aufzeichnungen des Gewohnheitsrechts oder Bearbeitungen des Rechts, sondern mit officieller Autorität bekleidete Sammlungen von positiven Erzeugnissen der städtischen Autonomie und der gesetzgeberischen Thätigkeit der Landesfürsten. Der in Wien später dafür adoptirte Name »grosses Stadtbuch« (siehe z. B. die Urkunden XLI, XLV, XLIX, LXIII, XCVIII u. s. w.) ist viel angemessener und wurde erst in jüngerer Zeit offenbar wegen des starken Metallbeschlages des Buches mit der Bezeichnung ·Eisenbuch« vertauscht. In der jüngsten Aufzeichnung vom Jahre 1819 Nr. CXCVII; ist der Ausdruck ·Gedenkbuch« gebraucht. Die bis dahin fortwährend im officiellen Auftrage erfolgten Aufzeichnungen erlangen dadurch eine Autorität, die hinter jener der Originalurkunden nicht zurücksteht, dieselbe vielleicht sogar wenigstens in ihrer praktischen Wirksamkeit zurückdrängt, da sie der wirklichen Thätigkeit des Stadtrathes zu Grunde gelegt wurden. Manche Urkunden finden sich auch mehrmals eingetragen.

Aeussere Form. Das Eisenbuch ist ein sehr schöner Pergamentcodex in Gross-Folio, im Ganzen 356 Blätter umfassend, von denen jedoch nur 333 mit arabischen Ziffern gezählt sind. Der lederne Einband stammt aus jüngerer Zeit, wobei jedoch offenbar die alten dicken, mit gepresstem Schweinleder überzogenen Holzdeckel benützt wurden. Die Ecken sowie die Ränder sind durch sehr starke, schön ausgeführte metallene Beschläge geschützt, an denen Gravirungen angebracht sind. An den Eckbeschlagen so wie auch in der Mitte finden sich sehr starke Buckel von Messing befestigt. Zwei starke Spangen von Metall halten das Buch zusammen. Länge 44·5, Breite 32, Dicke 14 Centimeter. Da die vom Jahre 1320 anfangenden bis zum Jahre 1819 reichenden Aufzeichnungen so viele Jahrhunderte umfassen, so ist es natürlich, dass sie sowohl in der Form als im Charakter der Schrift auffallend von einander abweichen. Bei den Aufzeichnungen des XIV. und XV. Jahrhunderts herrscht die gothische Majuskel vor, die allmälig in die Minuskel und bei den jüngsten in Cursiv- und deutsche Currentschrift übergeht.

Inhalt. Die im Mittelalter allgemein üblichen und bis zum Ausgang des XV. Jahrhunderts ausschliesslich gebrauchten Zeitbestimmungen der Urkunden wurden durchgängig nach der heutigen Bezeichnung aufgelöst, und bei den in der Herausgabe benützten Stücken auf die entsprechenden Nummern hingewiesen.

Die ersten dreizehn Blätter sind nicht paginirt. Das erste Blatt ist leer. Das zweite eine Art Titelblatt mit den Worten: Dum Leopoldo caesare mortuo Josefus filius Germaniae et Hungariae rex, archidux Austriae regna iniit, et perillustrem, praenobilem, strenuum et consultissimum dominum Jacobum Danielem Tepser in consulatu sequentesque praenobiles, strenuos et consultissimos dominos: Joannem Franciscum de Peickart, Joannem Nicolaum Ruckebaumb, Paulum Schnuderer, Joannem Sebastianum Hopffner de Brenlt, Ferdinandum de Raidegg, Joannem Ferdinandum Stain, Augustinum de Hirneys, Adamum Schreyer, Joannem Laurentinum Frunck de Guettenberg, Joannem Georgium Mozzi, Joannem Kirmreyter, Stephanum Joannem Gundl in senatoria authoritate confirmavit, ac perillustris clarissimus et consultissimus dominus Franciscus Andreas Gall J. U. Doctor civitatis syndicus et archigrammateus et dominus Sigismundus Gutmann secretarius fuit, *liber iste, qui ob antiquitatem destructus erat, nova compagine* accommodabatur. Ita disponebat Michael Hyrstel, expeditor.

Nach einem leeren Blatt folgt auf Blatt 4 — 11 das Register mit der Ueberschrift: Das ist die Tafel des gegenwärtigen statpuchs. Es wurde bereits im XIV. Jahrhundert begonnen. Verwiesen wird auf die Paginirung bis Blatt 333. Diese und die folgenden Blätter sind linirt und zwar mit 43 feinen Zeilen. Das 12. und 13. Blatt sind leer.

Von da beginnen die paginirten Blätter. Die ferneren Eintragungen sind doppelspaltig.

332 Kaiserliche Ratification dieses Vergleichs respective des Kaufs und Verkaufs der Grundherrlichkeit auf der Wieden. Wien 1726, 4. Februar.

332' Recognition des Wiener Erzbischofs über den Empfang von zwei Obligationen von Seite der Stadt aus Veranlassung dieses Vergleichs respective Verkaufs. Wien 1727. 9. Juni.

333 Vergleich zwischen der Stadt Wien und Klosterneuburg über einige streitige Punkte, z. B. einen Steinbruch zu Ober-Sifering. Wien 1729, 21. März.

Hierauf folgen noch vier unnumerirte Blätter, von denen drei leer sind. Einige Pergamentblätter scheinen herausgeschnitten zu sein. Das letzte ist auf dem Deckel aufgeklebt.

II.

Andere Wiener Rechtshandschriften.

Ausserdem besitzt das **Wiener Stadtarchiv** noch zwei andere Wiener Rechtshandschriften, die jedoch dem Eisenbuch an Werth und Bedeutung bei weitem nachstehen:

1. Eine Papierhandschrift circa 1400 in Klein-Folio, bestehend aus 18 Lagen und 216 mit arabischen Ziffern gezählten Blättern. (Inv. Nr. 28. Sign. M. 1. p. Homeyer 685, Lassberg 175.)

2. Eine Papierhandschrift von 1435 in Klein-Folio, bestehend aus 259 Blättern, wovon 208 mit römischen Ziffern gezählt sind. Inv. Nr. 29. Sign. M. 1. q. Homeyer 686. Lassberg 176.)

Sie finden sich beschrieben in den »Sylvesterspenden, Gerold 1858«, eine Sammlung von historisch-philologischen Abhandlungen verschiedener Verfasser, von Heinrich Siegel, auf dessen sehr sorgsame Beschreibung mit Angabe der Orte, wo einzelne Urkunden in den bisher bekannten Werken im Abdruck vorkommen, wir hier verweisen.

Die kaiserl. **Hofbibliothek zu Wien** bewahrt mehrere Handschriften, die theils ausschliesslich theils in Verbindung mit anderen Stücken in grösserer oder kleinerer Anzahl Aufzeichnungen über Wiener Recht enthalten. Ihre nähere Beschreibung ist aus dem grossen Handschriftenkatalog der Hofbibliothek zu entnehmen.

3. Ein Pergamentcodex aus dem XIII. Jahrhundert, der jedoch auch spätere Eintragungen aus dem XIV. enthält (352. Olim Salisb. 416).

Nach einigen historischen Stücken, Annalen u. dgl.:

Bl. 66 — 68' Stadtrecht Herzog Friedrich's II. für Wien. 1244, 1. Juli (Nr. X). Von einer älteren, sehr leserlichen Hand eingetragen.

68' — 69' Forma mute, que *purchmaut* dicitur. Ohne Datum (Nr. III). Von derselben Hand.

69' Dieze ist der Wienner recht von der *wazzenmaut* (Nr. IV).

70 Forma institutionis über die *Marktordnung* (Nr. XII).

70 — 71 Privilegium Kaiser Friedrich's II. für Wien vom Jahre 1237, April (Nr. VI). Von einer etwas späteren Hand eingetragen. Hierauf andere Aufzeichnungen.

73 — 75' Stadtrecht Herzog Leopold's VI. 1221. 18. October (Nr. V). Von einer sehr netten älteren Hand. Hierauf andere Eintragungen.

92 — 94 Stadtrecht König Rudolf's I. 1278, 24. Juni II (Nr. XVI). Sehr leserlich mit kurzen Rubriken.

94 — 97 Stadtrecht König Rudolf's I. 1278, 24. Juni I (Nr. XV). Von derselben Hand des XIII. Jahrhunderts.

97' Verschiedene Aufzeichnungen.

98 beginnt das Stadtrecht Herzog Albrecht's I. vom Jahre 1296 (Nr. XXIII). Von einer etwas gröberen Hand des XIII. Jahrhunderts.

Sonst finden sich keine weiteren Rechtsaufzeichnungen.

4. *Ein Pergamentcodex des XIII. Jahrhunderts* (2733. Olim hist. prof. 915).

Enthält blos einige Rechtsaufzeichnungen:

Blatt 104 Haec est forma institutionis. *Marktordnung* (Nr. XII).

105 — 107' Stadtrecht Kaiser Friedrich's II. für Wien vom Jahre 1237 (Nr. VI).

108 — 116' Stadtrecht Herzog Leopold's VI. 1221 (Nr. V).

5. *Papiercodex aus dem XV. Jahrhundert* (12.688. Olim Suppl. 404, Homeyer 310), der sich früher in der Bibliothek des Grafen Ferdinand von Harrach befand.

Die nähere Beschreibung bei Hasenöhrl, Oesterr. Landrecht S. 8—12, wo die darin vorkommenden Wiener Rechtsaufzeichnungen zusammengestellt sind.

6. *Papierhandschrift aus dem XIV. oder Anfang des XV. Jahrhunderts.* (4477. Hoffmann CLXXVIII. Homeyer 684. Siehe auch Schuster: Wiener Stadtrechtsbuch S. 1.)

Enthält Blatt 107 163' nebst dem Wiener Weichbildrecht, das Schuster für die älteste Aufzeichnung hält, auch noch jene merkwürdige romanisirende Summa legum mit Rücksicht auf das praktische Rechtsleben, die Seite LXVII besprochen wurde.

7. *Papierhandschrift aus dem Anfang des XV. Jahrhunderts.* (2973. Mit einem Zettel von Professor Gaupp. Hoffmann CLXXVI. Siehe Schuster: a. a. O. S. 9.)

8. *Papierhandschrift des XV. Jahrhunderts.* (2988. Hoffmann CLXXVII. Siehe Schuster: a. a. O. S. 2.)

9. *Papierhandschrift des XV. Jahrhunderts.* (2803. Hoffmann CLXIX. Lassberg 160. Homeyer 683. Schuster S. 11.)

Die ehemals Prandau'sche Handschrift (Codex Prandavianus), die Rauch (Script. rer. Austr. III. dem Abdruck seines Wiener Quellenmaterials zu Grunde gelegt hat, ist gegenwärtig verschollen.

Das Servitenkloster in der Rossau zu Wien besitzt eine

10. *Pergamenthandschrift des XIV. Jahrhunderts,* beschrieben von Meiller im Notizblatt zum Archiv österr. Geschichtsquellen 1853, 181.

Enthält das Stadtrecht Herzog Friedrich's II. vom Jahre 1244 für Hainburg in deutscher Sprache, dann das Judenrecht Herzog Friedrich's II. vom Jahre 1244, 1. Juli (Nr. IX), dann die Urkunde XLV.

In Graz befinden sich drei Wiener Rechtshandschriften:

11. *Handschrift der Joanneumsbibliothek* (168), beschrieben von Sandhaas: Sitzungsberichte der kaiserl. Akademie 1863 B. XLI S. 368—378.

12. *Eine zweite Handschrift derselben Bibliothek,* beschrieben von Sandhaas a. a. Orte.

13. *Handschrift der Universitätsbibliothek,* beschrieben von Stark: Sitzungsberichte B. XXXVI H. 1 S. 86 ff.

Im Kloster Seitenstetten in der Stiftsbibliothek zwei Wiener Rechtshandschriften:

14. *Papierhandschrift, Klein-Folio, aus der zweiten Hälfte des XV. Jahrhunderts,* sehr reichhaltig, beschrieben bei Schuster a. a. O. S. 13.

15. *Papierhandschrift, Folio, XV. Jahrhundert,* bei Schuster S. 10.

In Linz im Museum Francisco-Carolinum eine

16. *Papierhandschrift des XV. Jahrhunderts.* (Siehe Schuster a. a. O. S. 3.)

In **Pest** im ungarischen Nationalmuseum eine

17. Papierhandschrift in Folio (1444), beschrieben bei Schuster a. a. O. S. 13.

In **Nikolsburg** in der fürstlich Dietrichstein'schen Schlossbibliothek II. 100 und 102 zwei Rechtshandschriften: eine

18. Pergamenthandschrift aus dem XV. Jahrhundert, Klein-Folio, beschrieben bei Schuster S. 16.

19. Papierhandschrift aus dem XV. Jahrhundert, Klein-Folio, beschrieben bei Schuster S. 9.

In **Wolfenbüttel** in der herzoglichen Bibliothek eine

20. Papierhandschrift aus dem XV. Jahrhundert, Folio, beschrieben bei Schuster S. 3.

In **Lübeck** in der Stadtbibliothek eine

21. Papierhandschrift aus dem XV. Jahrhundert, Folio (629). Jurispr. f., beschrieben bei Schuster S. 3. Hasenöhrl a. a. O. S. 1.

In **München** in der königl. Bibliothek zwei Wiener Rechtshandschriften:

22. Papierhandschrift aus den Jahren 1375 und 1402, Folio (1113), beschrieben bei Schuster S. 5.

23. Papierhandschrift aus dem XV. und XVI. Jahrhundert, Folio (Cod. germ. 3350), bei Schuster S. 10.

In **Berlin** in der königl. Bibliothek eine

24. Papierhandschrift aus dem XV. Jahrhundert, Folio (575), beschrieben bei Schuster S. 7.

In **Giessen** in der Universitäts-Bibliothek eine

25. Papierhandschrift aus dem XV. Jahrhundert, Folio (Bibl. Senckenberg Ms. Nr. 120), bei Schuster S. 12.

Durch diese Aufzählung ist die Zahl der an verschiedenen Orten zerstreuten Wiener Rechtshandschriften allerdings nicht erschöpft oder abgeschlossen. Sie sind es jedoch, welche bei dieser Herausgabe mehr oder weniger in Betracht gezogen wurden.

Verfahren bei dieser Herausgabe.

Beschränkung der Aufgabe und Auswahl des urkundlichen Stoffes. Nach der in dem Theilungsplane dieser Edition zugewiesenen Aufgabe soll sie sich auf die Aufnahme der das Rechtsleben der Stadt betreffenden Urkunden und Actenstücke beschränken. Es war demnach Alles auszuscheiden, was sich auf die gewerbliche, commerzielle, finanzielle und andere Seiten des städtischen Lebens bezog. Dass in einzelnen Fällen eine Ausnahme von diesem Grundsatz gemacht werden musste, wo eine solche Ausscheidung wegen des unzertrennbaren Zusammenhanges mit der Rechtsentwickelung ohne wesentlichen Nachtheil für ihre richtige Auffassung nicht möglich war, bedarf wohl kaum einer Rechtfertigung.

Aber selbst innerhalb des so begrenzten Kreises musste sich die Herausgabe gewisse engere Schranken setzen, die zum Theil schon durch die Rücksicht auf einen nicht zu überschreitenden Umfang des Werkes geboten wurden. Privataufzeichnungen über das Wiener Recht, denen jeder officielle Charakter abging, konnten, auch wenn sie noch so interessant waren, nicht aufgenommen werden. Die wichtigste dieser Gattung »das Wiener Stadtrechts- oder Weichbildbuch« liegt uns ohnehin in der Ausgabe Schuster's vor. Urkunden und Actenstücke über einzelne Rechtsgeschäfte, wie sie namentlich in den vielen bereits publicirten Urkundensammlungen der Stifter und Klöster zerstreut in grosser Anzahl vorkommen — eine äusserst fruchtbare Quelle zur Erkenntniss der älteren Rechtszustände —, mussten gleichfalls, um den Umfang des Werkes nicht ungebührlich anzuschwellen, von der Aufnahme ausgeschlossen werden. Dies war auch mit Urtheilen und Entscheidungen einzelner Rechtsstreitigkeiten der Fall, selbst dann, wenn sie von dem Stadtrichter oder dem Bürgermeister und Stadtrathe ausgingen. Eine Ausnahme wurde nur in jenen Fällen gemacht, wo das Urtheil ein über die Entscheidung des einzelnen Falles hinausgehendes allgemeineres Interesse darbietet, namentlich wenn in demselben ein wichtigerer Rechtssatz zum ersten Mal einen bestimmten äusseren Ausdruck erhielt. Es lag ferner in der Natur der ganzen geschichtlichen Rechtsentwickelung der Stadt und in ihrem Gange, dass Urkunden, die dem Mittelalter angehören, wo die Hauptquelle der Rechtserzeugung noch in der städtischen Autonomie lag, in grösserer Zahl aufgenommen und sorgfältiger berücksichtigt wurden, als Urkunden und Actenstücke der neueren Zeit, seit sich ihr Schwerpunkt in die sich nicht mehr auf die Stadt beschränkende, sondern immer weitere Kreise umfassende Legislative verlegt. Für die neuere Zeit, wo das Interesse an der städtischen Rechtsentwickelung doch mehr und mehr in den Hintergrund tritt, weil sie nicht mehr als das Product ihrer Eigenart erscheint, konnten nur die wichtigsten Erscheinungen Platz und Aufnahme finden.

Wenn daher der eigentliche **Kern** und der **Hauptstoff** dieser Herausgabe näher bezeichnet werden soll, so besteht er in den **Erzeugnissen der städtischen Autonomie** namentlich Statuten, Willküren, Rathsbeschlüssen und Rathschlagen, dann in **Ausflüssen der landesfürstlichen Legislation**, sofern diese ausschliesslich oder zunächst für das städtische Rechtsleben von Bedeutung sind. Er umfasst übrigens einen Zeitraum von mehr als sechs Jahrhunderten. Die älteste Urkunde ist vom Jahre 1192, die jüngste vom Jahre 1819.

Die **Reihenfolge** der aufgenommenen Urkunden ist eine streng chronologische. Nur in einzelnen Fällen, z. B. bei Urkunde LXI, wurde im Interesse der inneren Zusammengehörigkeit der Urkunden eine Ausnahme von diesem Grundsatze gemacht. In der Regel wurde die Urkunde ihrem vollen Wortlaute nach aufgenommen. Nur wenn Urkunden wörtlich inserirt vorkamen, oder grössere Stücke unverändert wiederholt wurden, ist auf den früheren Abdruck zurückgewiesen. Bei undatirten Urkunden oder solchen, bei denen die Bestimmung des Datum zweifelhaft war, entschieden für ihre Einreihung an einem Orte innere und äussere Gründe. Zuweilen begnügte man sich blos das Regest der Urkunde mitzutheilen, ohne sie ihrem Inhalte nach aufzunehmen. Es geschah dies nur dann, wo dieser absolut nichts Neues enthielt, und eine kurze Angabe genügte um überhaupt auf ihre Existenz hinzuweisen. Die den einzelnen Urkunden vorangesetzten **Ueberschriften** beschränken sich darauf den Inhalt möglichst kurz und genau anzugeben und schliessen sich in der Regel an die Ausdrücke an, die in der Urkunde selbst zur Bezeichnung ihres Inhalts gebraucht sind. Sie rühren von dem Herausgeber her. Dasselbe ist der Fall bei den **Artikeln**, in die die älteren Stadtrechte bis zu jenem Herzog Albrecht's II. vom Jahre 1340 eingetheilt sind, und ihrer Zählung, wobei wo möglich darauf Rücksicht genommen wurde, dass die dem Inhalt oder dem Ausdruck nach übereinstimmenden Abschnitte mit derselben Zahl versehen wurden. Sonst wurde jedoch bezüglich der **Absätze** regelmässig an der handschriftlichen Grundlage festgehalten, wo nicht Gründe der Uebersichtlichkeit oder der logischen Zusammengehörigkeit eine Abweichung geboten. Ueberhaupt hat die Herstellung des Textes die treue Wiedergabe der Urkunden oder Handschriften, die als Vorlage dienten, zur Grundlage, und es wurde keine Sorgfalt versäumt um den Abdruck dem Texte möglichst conform zu gestalten. **Varianten** fanden überhaupt nur dann Aufnahme, wo nicht Originalurkunden sondern Abschriften aus verschiedenen Handschriften als Vorlagen benützt wurden, und wo diese in wesentlichen Punkten, sei es im Ausdrucke oder im Inhalte, von einander abweichen. Bei der grossen Zahl von Abschriften wäre es ein Leichtes gewesen, Varianten zu häufen, ohne jedoch dabei weder dem Verständniss noch der Sache selbst irgend welchen Gewinn zuzuführen. Zuweilen mussten unvollständige Stellen der Handschriften aus anderen ergänzt werden, was natürlich jedes Mal in entsprechender Weise ersichtlich gemacht wurde.

Leitende Grundsätze für den Abdruck. Es erübrigt nur noch von den Grundsätzen Rechenschaft zu geben, die für den Herausgeber bezüglich der diplomatischen **Treue des Abdruckes** massgebend und leitend waren. Im Ganzen schliesst er sich an den Vorgang an, den J. Weizsäcker bei Herausgabe der deutschen Reichstagsacten I. B. München 1867, dann H. Siegel und K. Tomaschek bei der der Salzburgischen Taidinge Wien 1870 beobachtet und an die Ansichten, die sie in der Einleitung zu den genannten Werken entwickelt haben. In erster Linie sollte demnach die treue und genaue Einhaltung der Schreibart der Quellen, die als Vorlage benützt wurden, für den Abdruck entscheidend sein. Der Herausgeber konnte sich jedoch dabei der Erwägung nicht verschliessen, dass bei einem Quellenmateriale, das so vielen verschiedenen Jahrhunderten angehört, und an dem so zahlreiche Hände thätig waren, eine zu weit getriebene Genauigkeit nur auf Kosten der Verstandlichkeit des Textes und der Gleichförmigkeit der Darstellung hätte eingehalten werden können. Im Interesse der Lesbarkeit und des Verständnisses erschienen daher sowohl im Einzelnen als im Allgemeinen durchgreifende Abweichungen geboten, die allerdings mit Ausschluss jeder subjectiven Willkühr nur von wohldurchdachten Principien getragen werden durften. Diese Abweichungen konnten jedoch nicht soweit gehen um das sprachliche Interesse, das sich an die einzelnen Denkmäler knüpft, wesentlich zu beeinträchtigen. Dieses steht vielleicht hinter ihrer Bedeutung für die Rechtsgeschichte nur wenig zurück. Dialektische Eigenthümlichkeiten und Sonderbarkeiten, die erweisbar ihren Grund in der baierisch-österreichischen oder specifisch-Wiener Mundart haben, sofern sie sich in der Schreibart der Quellen ausdrücken, wurden daher überall im Interesse der historischen Dialektforschung beibehalten, selbst dort, wo sich ein Schwanken in einer und derselben Urkunde zeigt. Hieher gehört z. B. das schwächer oder stärker aspirirte k (kh, kch), ferner das ph für pf. Auch heute noch bewahrt der österreichische Dialekt eine Neigung das h nach einer labialis in f übergehen zu lassen pfiat di got: Behüte dich Gott!). So auch bei der Endsilbe niss muos, nus, nues, nûs, nûs, nus, nies, niss) u. a. m.

Die **Interpunktion** gehört bei der völligen Principlosigkeit der Handschriften in dieser Beziehung ganz dem Herausgeber an. Der Strichpunkt vertritt die Stelle des Punktes, wo ein innerer Gedankenzusammenhang die äusserlich getrennten Sätze näher verbindet. Der Doppelpunkt wurde dort gebraucht, wo der folgende Satz oder Ausdruck eine Erklärung oder Evolution des früheren enthält, die Majuskel nach dem Doppelpunkt jedoch nur dann angewendet, wenn entweder eine Stelle wörtlich angeführt wurde, oder überhaupt eine längere und selbstständige Auseinandersetzung folgt. Dagegen wurde mit dem Komma innerhalb der einzelnen Sätze und Satztheile möglichst gespart, namentlich bei Sätzen, die dasselbe Subject haben. Die Erleichterung der Auffassung des Sinnes, nicht sowohl der heutige Gebrauch entschied in den meisten Fällen über die Anwendung.

Die **Majuskel** wurde nicht nur im Anfang eines Absatzes sondern schon nach dem blossen Punkte zur Anwendung gebracht, ferner bei Personen- und Ortsnamen und solchen Appellativis, die den Werth der Eigennamen haben. So schrieben wir z. B. Hof, Hohermarkt, Neuermarkt, Freiung, Burgthor, Rotherthurm u. s. w. Wir befürchten nicht, wie es Weizsäcker a. a. O. S 70 thut, dass durch die Anwendung der Majuskel nach dem Punkte der Vortheil die Eigennamen hervorzuheben wieder grösstentheils verloren gehe. Ebenso wurden die Sonn- und Festtage gross, dagegen die Namen der Monate und Wochentage klein geschrieben.

Abkürzungen in der Schreibung der Handschriften wurden durchgängig aufgelöst. Nur dort wo auch der heutige Druckgebrauch sie leicht verständlich macht, z. B. Pfd. für Pfund, d. oder den für Pfennig oder Denar, ss für Schilling, fl. für Gulden u. s. w., wurden sie beibehalten.

Die Buchstaben u und i sind im Abdrucke nur vokalisch, v und j nur consonantisch gebraucht ohne alle Rücksicht auf die Vorlage. Die Handschriften selbst wechseln willkürlich in diesem Punkte. Das Verständniss wird wesentlich durch die Beobachtung unserer heutigen Schreibweise gefördert. Weizsäcker hat vollkommen Recht, wenn er sagt: dies ist mehr eine graphische und keine orthographische Frage. Bei ie und seinen Zusammensetzungen

z. B. ieman, ieder u. s. w. wurde aus sprachlichen Gründen davon eine Ausnahme gemacht. Der Gebrauch von y wurde ganz ausgeschlossen und dafür durchgängig i gebraucht. Eine Ausnahme wurde nur für Eigennamen, für fremden Sprachen, namentlich der griechischen entnommene Wörter, endlich in jenen im Ganzen seltenen Fällen gestattet, wo y erweislich die Stelle von ü oder ii (ij) vertritt. Doppeltes u wurde durch w ersetzt, ebenso w durch u, wo es namentlich in Diphthongen diesen Buchstaben vertritt, selbst dann wenn noch ein Vocal darauf folgt, z. B. frau für fraw; frauen für frawen, treu für trew, treuen für trewen, eu (euch) für ew, euer für ewer. Für das lange f wurde, selbst wo es am Wortschlusse vorkam, immer das kurze s gesetzt.

Eine besondere Sorgfalt der Behandlung erforderte der **Vocalismus**. Im Ganzen hielt man sich an den Gebrauch der Handschriften. Doppelte Vocale, die die Dehnung anzeigen, wurden beibehalten, ebenso der Gebrauch des e nach i oder der des dehnenden h ausser nach Diphthongen. So wurde auch durchgängig die und sie geschrieben, die älteren Formen diu, deu, siu, seu aber beibehalten.

Uebereinandergeschriebene Vocale (literae columnatae) wurden, wo eine Auflösung mit Sicherheit angenommen werden konnte, und sie nicht rein graphischer Art sind, z. B. das zuweilen vorkommende Uzeichen, in die einzelnen Vocale aufgelöst z. B. u in ou oder häufiger in uo, ů in ue, å in ae æ, ẻ zuweilen in ae u. s. w. In einigen Fällen, wo die Art der Auflösung der Columnation zweifelhaft war, wurde diese beibehalten.

Eine solche Auflösung wurde häufig selbst in solchen Fällen vorgenommen, wo durch die Nachlässigkeit oder Schnelligkeit des Schreibers der überschriebene Vocal z. B a, e oder o nicht deutlich hervortritt, vorausgesetzt dass sie unzweifelhaft vorgenommen werden konnte.

Regelmässig treten in den späteren Handschriften blos zwei wagrechte oder schräg von links nach rechts aufsteigende zuweilen durch Haarstriche verbundene Strichlein oder Punkte an die Stelle dieser Ueberschreibungen. Eine Auflösung wurde dann nur vorgenommen, wenn sie als eine Art Verkümmerung eines überschriebenen Vocals erschienen, besonders wo sie über anderen als umlautsfähigen Vocalen vorkamen. Meistens drücken indessen diese Zeichen blos den Umlaut aus und wurden daher durch den übergesetzten Doppelpunkt im Drucke bemerkbar gemacht. Wo sie sich zu einem blossen Punkt oder einem Strichlein abschwächen, wie es besonders in jüngeren Handschriften äusserst häufig vorkommt, wurden sie hingegen im Drucke grösstentheils ganz vernachlässigt. Wo über e oder a ein Dach vorkommt (ê, â), wurde es beibehalten.

Bezüglich des **Consonantismus** war bei der völligen Regellosigkeit und dem Schwanken der Handschriften im Interesse der Gleichförmigkeit der Schreibart eine Vereinfachung zur Erleichterung des Verständnisses dringend geboten. Namentlich findet in Schriftstücken jüngeren Datums eine das Verständniss in hohem Grade erschwerende Neigung statt Consonanten in beinahe unerträglicher Weise zu häufen.

Die im Anlaute des Wortes oder der Sylbe häufig vorkommenden Verdoppelungen oder Verstärkungen des consonantischen Lauts durch die Verbindung einer media mit einer tenuis wurden durchgängig fallen gelassen.

Consonanten im Auslaut des Wortes oder der Sylbe verloren im Drucke besonders dann ihre Verdoppelung oder Verstärkung, wenn sie in unbetonten Sylben z. B. nemenn = nemen, oder in betonten nach einem zweifellos langen Vocal oder nach einem

Diphthong folgten z. B. krieg für kriegk, laut für lautt, chauf für chauff. Namentlich wurde der in den Handschriften häufig wechselnde, oft auch graphisch schwer zu unterscheidende Gebrauch des tz und cz regelmässig durch ein einfaches z ersetzt, wenn nicht tz im Auslaute der Sylbe oder des Wortes der heutigen Schreibweise gemäss beibehalten wurde. Dasselbe ist der Fall mit ck, das dann im Drucke auch die Stelle der handschriftlichen kk, gk, ghk, kch, ckh vertritt, wenn nicht etwa dann das h aus Rücksichten für den Dialekt stehen blieb. Die Verbindung von media und tenuis wurde bald zu Gunsten der einen bald der anderen vereinfacht mit Rücksicht auf die heutige Schreibweise oder den sonstigen Gebrauch der Handschrift z. B. gold statt goldt, grund oder grunt für grundt u. s. w. Bei Contractiv-formen hingegen blieb die Verdoppelung oder diese Verbindung stehen z. B. irr für irer, denn für denen, lautt für lautet, wirdt, wo es für wirdet stehen mag u. s. w. Bei th blieb das h nach t in der Regel, wo nicht aus anderen Gründen eine Vereinfachung nothwendig war; h nach j z. B. in jhar fiel weg. Bezüglich des Gebrauches von s, z, ss, zz und sz wurde an der Schreibweise der Quellen festgehalten.

Beim Abdruck von Originalurkunden oder älteren Quellen war das Verfahren übrigens conservativer als bei jenen, die der neueren Zeit angehören.

Diese Andeutungen mögen genügen, um das in der Herausgabe gewählte System der Orthographie, von dem auch in den jüngsten Urkunden nicht abgewichen wurde, zu rechtfertigen, und den Benützer in den Stand zu setzen sich, wenn er will, bei Abweichungen von der Schreibung der Quellen den ursprünglichen Text selbst zu vergegenwärtigen.

CORPUS

JURIS MUNICIPALIS

VIENNENSIS.

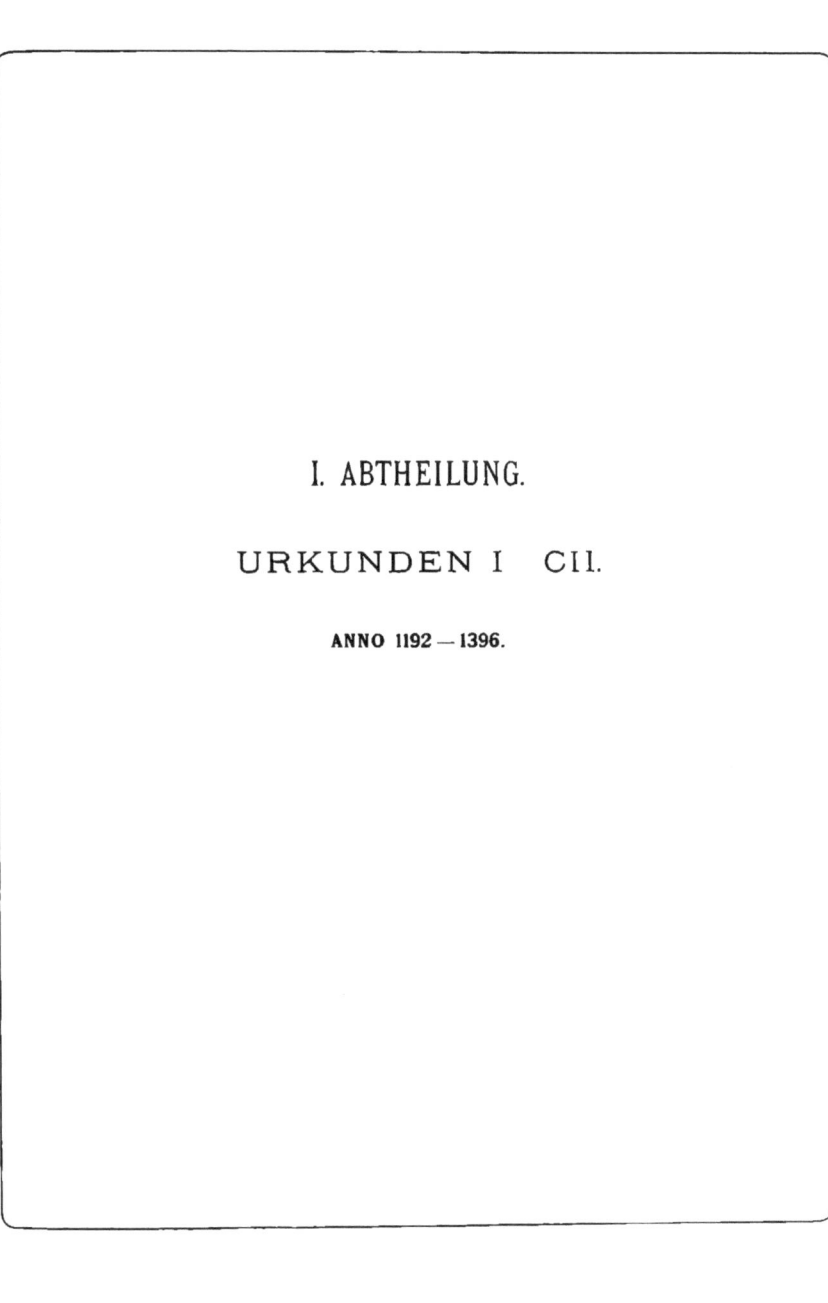

I. ABTHEILUNG.

URKUNDEN I — CII.

ANNO 1192 — 1396.

I.

Satzung Herzog **Leopold's V.** für die nach Wien und Oesterreich Handel treibenden
Bürger von Regensburg.

1192, 9. Juli Wien.

Aus der Originalurkunde im königl. Reichsarchive in München. Hängendes beschädiges Reitersiegel. Gedruckt im Archiv für Kunde österreichischer Geschichtsquellen, herausgegeben von der kaiserlichen Akademie der Wissenschaften zu Wien X. B. S. 93—96, von Andreas von Meiller. Fehlerhafter Abdruck in Christ. Ludw. Scheid's Origines Guelficae. T. III. Praefatio p. 30—32. Nr. II.

n nomine sancte et individue trinitatis. *Liupoldus* dei gratia *dux Austrie et Stirie.* Glorie principis interest, propensius obsequentes ampliori affectione diligere et eorum utilitatibus curam adhibere efficacem. Sic enim rite dignitatis sue privilegio fungitur, dum benemeritos ita remunerat, ut ad benemerendum alios incitet. Inde est, quod nos pensato fideli obsequio civium *Ratisponensium*, quod serenitati nostre sepenumero prestiterunt, dignum duximus eos plus ceteris honorandos, quorum pre ceteris devotionem evidentibus rerum argumentis totiens experti sumus.

De justitia itaque nostra, que nobis solvebatur de rebus, quas in terram nostram venales adduxerunt sive inde reduxerunt, solita liberalitate partem ipsis remisimus, et contra insolentiam eorum, qui officiis nostris presunt, eos veluti familiarius nobis obligatos stabili jure condonamus in posterum, immobili firmitate statuentes, ut, si aliquis ipsorum vulneraverit hominem ita, ut exinde detrimentum membrorum incurrat, quod vulgariter *lene* dicitur, decem talenta judici componat.

Quod si vulneratus sine jam dicto dampno membrorum fuerit inventus, pro effusione sanguinis tria talenta judici componat.

Ceterum, si aliquis ipsorum quempiam occiderit, ei certam emendandi formam non prescribimus, sed secundum quod potest cum judice componat. Hoc tamen adicimus, ut si forte judicem in compositione nimis districtum invenerit, componat cum domino terre, si voluerit

Statuimus preterea, ut, qui pugno vel fuste aliquem percusserit ita, ut exinde tumor proveniat, judex super cutem et crines ejus judicare potestatem habebit.

Eandem etiam patietur penam, qui sine detrimento membrorum vulneraverit aliquem, si prescriptam pecuniam solvere non poterit.

Quicumque vero hominem depilaverit vel in maxillam percusserit, tres solidos componat. Si autem denarios solvere non poterit, quadraginta plagas in presentia judicis cum baculo recipiet.

Si vero quispiam verba contumeliosa alicui dixerit et filium meretricis appellaverit, quadraginta denarios dabit. Quodsi filium canicule vel furem nominaverit, eandem sustinebit penam, quam pro depilatione et maxille percussione prenotavimus.

Si quispiam servientem suum verberibus vel qualicumque modo corripuerit, judici super hoc non respondebit.

Si serviens alicujus eorum aliquid contra judicium fecerit, de eo judicetur jure statuto, et dominus ejus in pace et sine molestia cum omnibus, que habet, manebit.

Si judex alicui eorum aliquid objecerit, nec sit, qui super eodem accuset eum sive querimoniam faciat, sola manu se purgabit.

Si forte querimonia de conventione mercationis eorum orta fuerit, hii, qui vocantur *litchoufare*, contra eos non admittantur in testimonium, immo honesti viri, qui appellantur *hospites*, item *wirte*, et quibus merito credi debeat, sive sint *Wiennenses*, sive *Ratisponenses*, in causa eorum audiantur.

Si de hereditate inter eos querimonia mota fuerit, judex de hoc non judicabit, sed ad judicem, in cujus jurisdictione hereditas illa posita est, eos recurrere faciat.

Idem fieri volumus, si pro debito querimonia nata fuerit, nisi probari possit, quod de mercatione hic facta res agatur.

Si alibi quam in terra nostra quispiam eorum quempiam vulneraverit, et hic postea lesus eum invenerit et de eo querimoniam fecerit, secundum prestatutam justitiam de eo judicabitur. Si vero is, qui lesus est, defuerit, nulli alii super hoc respondebit.

Si aliquis eorum uni de civibus mercimonia qualiacumque vendiderit, si emptor ea, que emit, non previdet sed extra civitatem duxerit, et postea venditorem super vili mercatione coram judice convenerit, venditor super ipsa mercatione non respondebit. Quodsi dampnum absconditum post mercationem factam civis invenerit, et hospes dampnum sine judice emendare voluerit, judex postea verbum ad hospitem super hoc facto non habebit.

Si pannum incisum hospes uni civium dederit, et emptor venditorem super hoc coram judice pulsaverit, si hospes sola manu se hoc ignorasse juraverit, judici nichil penitus propter hoc solvet sed dampnum tantum emendabit. Porro si jurare noluerit, dimidium talentum judici dabit et preconi duodecim denarios.

Volumus etiam, ut sine omni impedimento emant aurum, cutes et omnia, que voluerint, excepto argento.

Item de onere plaustri, quod vulgari dicitur *ain wagingicant*, sicut funibus circumligatis a *Colonia* ducitur, tria talenta solvantur. Si vero mutario visum fuerit, vestes ejusmodi onus plaustri, de quo dictum est, excedere, hospes sola manu affirmabit, nil amplius esse.

Item si casu vel necessitate quispiam tale onus dissolverit et denuo ligaverit, ad quantitatem pannorum, qui de *Colonia* ligati veniunt, se ligasse sola manu asseverabit.

Item de dimidio vestimento duodecim solidi dentur, de quarta parte vestimenti sex solidi, de centum cutibus L denarii, de XV centenariis cere L denarii; in descensu LII denarii judici solvantur in *Wienna*, in *Medelich* XXX sex, ad *sanctum Ypolitum* IIII, in *Tulna* XII de uno curru vestium.

Quandocumque potius terra quam navigio cum curribus venire voluerint vel cum propter hiemis asperitatem aliter fieri non poterit, de uno curru vestium duo talenta dabunt venientes, redeuntes dimidium talentum.

Si institores de mercimoniis suis, que *cramgiwant* dicuntur, secum duxerint, si possint equipperari dimidio currui vestium, XII solidos dabunt; si ad quartam partem, VI solidos; de paratis variis pellibus nullus dabit mutam.

De centenario cupri, stagni, eris campanarum X denarios apud *Stein* dabunt, in *Muthusin* nichil. De onere alleciorum, quod dicitur *last*, L denarios in *Stein* dabunt, in *Muthusin* nichil.

Ruzarii, quocumque tempore vadant, duo talenta solvant, et in reditu ex *Ruzia* dimidium talentum; duodecim denarios dabunt, ubicumque velint intrare.

Si quis cum muliere soluta consensu et voluntate ejus dormierit, judex nec alius aliquis super hoc verbum habebit ad ipsum. Quodsi cum meretrice publica aliquis dormierit, et ipsa, quia non tantum datur, ut vellet, super violentia, que *notnunft* dicitur, de eo querimoniam fecerit, non audiatur, nec ipse respondere teneatur. Si autem quisquam mulierem turpem ad maxillam percusserit sive depilaverit, non quorumlibet sed honestorum, quibus credi possit, convictus testimonio, sicut de capillatione prescripsimus, emendabit.

Ut autem jura prenotata et a nobis dilectis nostris *civibus Ratisponensibus* ex sola liberalitate collata, nulla aliquando presumptione turbentur, sed perpetua firmitate et stabilitate subnixa permaneant, istud nostre benevolentie factum etiam sigilli nostri impressione munimus et testium adhibitione corroboramus, quorum nomina sunt hec:

De ordine *nobilium:* Comes *Cuonradus de Pielstein*, comes *Laupoldus de Plein* et frater suus comes *Heinricus*, *Ekibertus de Tekindorf*, *Ulricus de Aspara*, *Wernherus de Grizpach*, *Craft de Ameinspach*.

De ordine vero *ministerialium: Wichardus de Scvelt*, *Hademarus de Chunringin*, *Wichardus de Zebingin*, *Irinfridus de Gnauindorf*, *Ulricus Struz*, *Ortolfus* camerarius, *Ruodolfus Stubich*, *Ulricus de Trutmannistorf*, *Marquardus de Hintperch*, *Otto d. Haslowe*, *Otto de Chiowe*, *Bertoldus de Arnstein*, *Theodericus de Lihtinstein*, *Hugo de Otinstein*, *Albero de Dobra*.

Data *Wienne* anno dominice incarnationis millesimo centesimo nonagesimo secundo, indictione X^{ma}, VII^m idus julii, *Heinrico* feliciter imperante Romanis.

II.

Herzog **Leopold VI.** eximirt die „**Flandrer**" in Wien von der Gerichtsbarkeit des Stadtrichters.

1208.

Aus dem Originale, einer Pergamenturkunde mit einem an einer röthlichen Seidenschnur hängenden, stark beschädigten Reitersiegel im landständischen Archive in Wien. Mehrmals gedruckt. Herrgott: Monum. II. I. 240, Nr, 1; Rauch: Script. III. 117 Nr, 35; Hormayr: Wien I. 2. S. 195—197.

 n nomine sancte et individue trinitatis. *Leupoldus* dei gratia dux Austrie et Stirie in perpetuum. Labente tempore factum quodlibet a memoria labitur, nisi vetustati scriptorum perseverantia obvietur. Ne igitur antiquitas hanc nostram presentem concessionem valeat abolere, tam presentibus quam futuris notum fieri volumus, quod burgenses nostros, qui apud nos *Flandrenses* nuncupantur, taliter in civitate nostra Wienna instituimus, ut ipsi in officio suo jure fori nostri in civitate et in terra nostra libertate et privilegio aliorum nostrorum burgensium omnimodis gaudeant et utantur. Preterea ipsos ab officio judicis nostri in *Wienna* ita eximimus, ut super quibuscunque querimoniis coram ipso non respondeant sed coram camerario monete nostre trahantur in causas, speciali exceptione de omnibus responsuri. Subjungimus insuper et confirmamus, ut in eorum officio negotiari nullus presumat nec audeat, nisi ab ipsis receptus in consortium cum eis sub eodem jure in omni pensione et stiura respondeat sicut ipsi. Ut autem a nobis hec talis nostra traditio in posterum semper maneat inconvulsa, presenti cedule factum conscribi fecimus et subscripto curie nostre testimonio impressione nostri sigilli in tenacem memoriam roboramus. Testes *Wichardus* dapifer, *Rudolfus de Potendorf*, *Marquardus de Himperch*, *Ulricus Strano*, *Iremfradus* filius *Marquardi de Himperch*, *Ulricus Stuhso*, *Heinricus* dapifer de *Pranne*, *Heinricus* camerarius de *Tribanswinchel*, *Dietmarus de Katelenberge*, *Rudigerus de Holr*, *Dietricus* magister monete, *Getofridus* camerarius, *Marquardus* judex; cives Wiennenses: *Piterolfus*, *Paltramus* frater ejus, *Liupoldus Pippinch*, *Heinricus Schoncho*, *Wirento*, *Rudegerus* incisor, *Heinricus* socius ejus, *Albero de Padistorf*, *Sifrit Schutewerfel*, *Mahtfridus* monetarius, *Albrelt Chlebarius*, *Eberhardus Tanewaschel*, *Grifo*, *Chunradus* maritus domine *Sigale*, *Chunradus Suevus*, *Wolf*. Actum anno incarnationis dominice M°CC°VIII°, indictione autem XI.

III.

Bestimmungen für die „**Burgmauth**" in Wien.

.

Ohne Datum.

Aus einer Pergamenthandschrift des XIII. Jahrhunderts in der kaiserlichen Hofbibliothek zu Wien. Nr. 352. Olim Salisb. 410 f. 68'–69'. Bisher ungedruckt.

 ec est forma mute. que *purchmaut* dicitur observanda. Mercator de patria aliena, cujuscumque sit conditionis, det de deicheselwagen XII dn., quocquod equi aut boves traxerint aurum, sive ducat pannos, sive merces alias qualescunque, de ennzwagen VI dn., de carruca III dn.; de deichselwagen cum melle XXIIII dn., de ennzwagen XII dn.; de deichselwagen cum hophen XII dn., de ennzwagen VI dn. Si hospes merces et res suas, quas in porta jure suo soluto introduxerit, non vendiderit nec de curru posuerit, set sicut venit, recesserit, liber erit in portis ab omni solutione ammodo exigenda; si vero deposuerit et vendiderit merces suas et exoneraverit rebus aliis comparatis, det purchmaut et marchtzol et vadat liber. Item hospes det de bove non jugato unum denarium. Item de curru cum anguinis carnibus duos dn., de duabus ovibus unum dn., de capra valente XXX dn. det obolum; si minus valuerit, det nichil. Item hospes de curru cum pernis det IIII dn., de curru cum caseis duos dn., de curru ovorum unum dn., de curru cepis unum dn., de curru fructuum duos dn., de charruca fructuum cum equo unum dn., de carruca, quam vir traxerit, det obolum. Item si aliquis vinum Ungaricum sive aliud vinum de alienis terris introducere presumpserit sine licentia, privabitur ipso vino. Item hospes de carrata medonis det sex dn., de dimidia tres dn.; si minus, det secundum estimationem modum. De carrata cervisie, quatuor dn., de dimidia duos dn. De curru onerato cum subere IIII dn., de charruca duos dn. Omnis homo, cujuscumque fuerit conditionis, quicquid ducat in aqua in navi, que dicitur *zwivzentiger schot*, det XII dn., de *einpanm* VI. dn., de cymba tres dn., de struc id est *floz* lignorum venalium, det XII dn.; si minus fuerit, det minus secundum quantationem sic floz. Item advena, qualiscumque fuerit, det de truchsel sive de pallen in navi XII dn., item de centum ulnis linei panni unum dn., item de lana sive de lino vel rinderhar seu de consimilibus, unde currus onerari poterit, det duos dn.; si a duobus viris importatum fuerit, det unum dn., si ab uno, det obolum. Item hospes si venditis mercibus suis alia educere voluerit mercimonia quocunque in Ungariam, det in porta de deichselwagen XII dn., de ennzwagen sex dn., de charucca tres dn. Si vero versus Ungariam processerit, tantummodo dabit phuentmaut, et in portis nichil. Item omnes *Sueci* et *Ratisponenses*, *Aquisgrani* et *Meeenses* et de *Mastriht* non dant phuentmaut set puerchmaut. Item omnes cives aut mercatores Wienn. aut aliarum civitatum, sive indigene hujus terre dabunt de curru, quicquid introduxerint in portis, unum dn. Set cives de *Haimburch* et de *Prucke* de curru ducta de Ungaria in civitatem Wiennensem dabit duos

dn., de curra portante allecia II. dn. Item civis quilibet sive indigena hujus terre det de bove, quem vendere voluerit, obolum, de vacca obolum, de porco valente XXXª dn. vel plus obolum. Carnifices Wiennenses de quatuor porcis unum dn. Item quilibet homo de octo ovibus unum dn., item de quatuor capris unum dn. Item de curru salis aut fructuum sumpto aput Danubium unum dn. Item pabulator Wienensis, quantumcumque avene duxerit in uno curru, det unum dn. Item geuman de curru frugum, cimberholz, chol, ziunstechen, weinstechen, chien, rueben, moeren unum dn. Item de curru compositi feni, graminis, straminis, viuerholz obulum. Item de panno, qui dicitur *lod*, portato in humeris unum dn., de dimidio obolum. Item quicumque importaverit cujuscumque rei merces valentes LX dn. det unum dn.; si valuerint XXXª dn., det obolum, si minus, nichil dabit. Item de sporta aut portica sive cophino per duos portantes cum corrigiis aut pellibus animalium vel rebus consimilibus det obolum. Item de curru caseorum, panum, anserum, ovorum, cepis, fructuum unum dn. Item de metreta concessa ad menendum [1]), quantumcumque sit in curru, obolum, de curru papaveris II dn. Item de omni, quod comedi poterit, sive bibi, quot in humeris importatur, nichil detur. Item hospes sive civis de vino empto, quod vendere voluerit nec consumere in propria domo, det de carrata sex dn., de dimidia III dn. Item de omnibus victualibus, que homo emit in domum suam et expendere voluerit, nichil dabit. Item quicquit civi in curria villicali aut aliis culturis aut pratis creverit, de hiis omnibus nichil dabit. Civis de equo empto aut vendito nichil solvat.

Omnes *Ratisponenses* et *Patavienses*, de quacumque provincia *Bavarie* venientes cum quibuscumque pannis tinctis sive lineis dent de navi III dn. ad wassermaut, et ad purchmaut de pallen XII dn; item recedentes cum curribus et navibus, dent de centum cutibus preconi II dn. et de navi ad stechenrecht XII dn.

[1] So in der Vorlage. Wahrscheinlich verschrieben für vehendum.

Die Gründe der Einreihung dieser und der nachfolgenden Mauthordnung in diese Zeit sind folgende: Nach am Artikel 27 des Stadtrechtes Kaiser Rudolf's I. von 1278, 24. Juni, und dem damit übereinstimmenden a. 34 jenes Herzog Albrecht's I. vom Jahre 1296, 12. Februar, gehörte die Burgmauth in Folge der Schenkung der Herzoge von Oesterreich, also wohl der Babenberger, der Stadt an. Bei dieser Gelegenheit wurde ihr wahrscheinlich dieser und der nachfolgende, mit ihr im Zusammenhang stehende, gesetzlich geordnete Mauthtarif, »forma mutae« nach dem technischen Sprachgebrauch dieser Zeit, übergeben. Die später mitgetheilten Mauthordnungen, gleichfalls undatirt, stehen mit ihnen in einem inhaltlichen Zusammenhange, wurden jedoch offenbar bereits in einer späteren Zeit aufgezeichnet. Die Zeit, wann die Uebertragung an die Stadt erfolgte, ist zwar urkundlich nicht näher bezeugt, doch geht aus dem Inhalt dieser Aufzeichnung hervor, dass sie noch vor dem Jahre 1221 geschehen sein musste. Denn das Stadtrecht Herzog Leopold's für Wien von diesem Jahre a. 23) erklärte Wien bereits als Stapelplatz für die fremden Kaufleute aus Schwaben, Regensburg und P..... und verbot ihnen, ihre Waaren nach Ungarn zu führen. Nach dieser Aufzeichnung dürfen jedoch fremde Kaufleute ihre Waaren noch nach Ungarn weiter führen. Daraus, dass Schwaben, Regensburger u. s. w. jedenfalls die Burgmauth zahlen sollen und nicht blos wie andere die Pfundmauth, lässt sich blos der Schluss ziehen, dass sie Wien nicht per......en durften ohne ihre Waaren zum Verkaufe auszupacken, worin bereits der Uebergang zu jener Erklärung Wien's als Stapelplatz zu erkennen ist, nicht aber, dass sie Ungarn mit ihren Waaren nicht betreten dürfen. Auch darf ...... dar.... und ausländischer Wein noch in Wien, wenn gleich nur nach erwirkter Erlaubniss dazu, eingeführt werden, ... vom Stadtrecht Herzog Friedrich's II. für Wien vom Jahre 1244 bereits unbedingt verboten ist. Vergleiche .... Herzog Rudolf's III. für Kreus und Stein und a. 75 des Stadtrechtes Herzog Albrecht's II. ... . 24. Feb. 13...

IV.

Bestimmungen für die „**Wagenmauth**" in Wien.

Ohne Datum.

Aus der Pergamenthandschrift des XIII. Jahrhunderts in der kaiserlichen Hofbibliothek in Wien Nr. 352. Olim Salisb. 416 f. 60'. Bisher ungedruckt.

itze ist der Wienner reht von der wagenmaut. Vert ein man mit einem ennzwagen gegen *Bechem* mit hiuten oder mit vischen, der geit sehzich phenninge, von dem deihselwagen ein halphunt, von dem graben gewant unde von dem weine zwelfe phenninge; an der widervart von *Behem* bringet er ainvarbes gewant, so geit er von dem soume vierzich phenninge. Zeechen tuoch von *Jent* ist ein soum. Ahte scharlachen ist ein soum. Zwelf tuoch von *Eypper* ist ein soum. Sehzehniu von *Hoy* ist ein soum. Zehen stampfart von *Arra* ist ein soum. Ahzehen valzin ist ein soum. Vierzehniu von *Doru* ist ein soum. Sehzehniu quintein ist ein soum. Zwai unde drizzich *Loevir* ist ein soum. Zwainzich von *Paerst* ist ein soum. Unde vert ein burgaere gegen *Baiern*, unde fuert er hophen, der geit von dem ennzwagen dreizzich phenninge, von dem deichselwagen sehzige phenninge, an der widervart git er von dem wagen zwelf phenningine; bringet er *Bremisch* werch, so geit er von tausent zwelf phenninge, von dem massa [1] vischen unde von den haeringe git er niht. Vert ein burger gen *Veneden* unde fuert er huet, so git er, als do vorgeschriben ist; an der widervart git er zwelfe phenninge; bringet er *celeris*, so git er zwelf phenninge, von dem veigen git man tuhr; bringet ein man driu tuoh oder viriu, der git, als iz an dem soum geziuchet. Von swelher stat man daz ainvarbe gewant bringet, daz berihtet man nah dem soum. Swa die burgere von *Greez* oder ab der *March*, die gebent nah Wienner reht. Vert ein burgere gegen *Baiern* und fuert vische oder hiut, der git, als do geschriben ist. Vu'r *Marcher* datz *Ens* oder anderswa, der git, als do vorgeschriben ist. Die gest von *Ah* unde von *Regenspurch*, die gebent an der nidervart von dem soum vierzich phenninge, ist iz chramgewant, so gebent sie von dem soum zwanzich phenninge; an der ausvart gegen *Baiern* gebent sie von dem deihselwagen ein halphunt, von dem ennzwagen sehzige phenninge, von dem charren dreisich. *Regenspurger* und *Salzburger* gebent nah geste rechte von dem zenten pleis ein phenninch.

---

[1] So in der Vorlage. Vielleicht für *maisen*?

V.

Stadtrecht Herzog **Leopold's** VI. für **Wien.**

1221, 18. October. Wien.

Die Originalurkunde nicht mehr vorhanden. Aus einer Handschrift des XIII. Jahrhunderts in der königl. Hofbibliothek zu München. Die Varianten aus zwei Handschriften der kaiserl. Hofbibliothek in Wien: Nr. 2733 Olim Hist. prof. 015 f. 108—110' und Nr. 352 Olim Salish. 416 f. 73—75'. Mehrmals gedruckt. Am besten bei Meiller: Archiv der kaiserl. Akademie B. X. S. 100 107. Ferner in den Wiener Jahrbüchern der Lit. B. XXXIX. Anzeigeblatt (15 – 22). Hormayr's Taschenbuch für 1843. S. 344. Gaupp: deutsche Stadtrechte B. II. S. 238– 251. Gengler: deutsche Stadtrechte S. 530 539. -- Wolfgang Lazius, Vienna. S. 70 ff. theilt ein Bruchstück dieses Stadtrechtes mit. wo gleich nach der Einleitung der Artikel 17 folgt: Statuimus igitur C viros etc. ohne Zeugen und mit dem Schlusse. Data Viennae anno a domino nostro Christo nato MXCVIII. somit wohl 1198. dem Jahre des Regierungsantrittes Herzog Leopold's VII. Unter demselben Datum gedruckt in Hormayr. Wien I. 1. Urkdb. p. 38 Nr. 15.

n nomine sancte et individue trinitatis [1], L.[2]) dei gratia dux Austrie et Stirie universis Christi fidelibus tam presentibus quam futuris salutem in domino [3]) in perpetuum. Gloria principum latius uberiusque per pacem et quietem subditorum elucescit, quando fama, clementia [4]) et diligentia protectionis eorum [5]) extenditur in posteros. Salutem quoque merentur a domino, cum eos, quibus presunt, bonis et honestis consuetudinibus et institutis ab enormitatibus, quibus non solum corpora sed et anime perdentur [6]), cohibent et ad justitie tramitem conservationemque bonam et cuilibet proximo suo utilem juris severitate perducunt. Hinc est, quod nos civium nostrorum Viennensium devotionem petitionemque affectuo, sam pia [ ] animadvertentes consideratione [ ], donavimus ipsis ac posteris eorum et [7]) juxta consilium et ammonitionem fidelium ac ministerialium nostrorum perpetua statuimus donatione jura, per que clementer eorum [8] providimus paci ac tranquillitati [9].

1. Statuimus ergo, ut si aliquis civium, habens infra murum civitatis et fossatum ad quinquaginta talenta, quemquam occidat, talis non indigeat ulla pro se fidejussione, sed a judice civitatis tribus edictis vel [9] uno pro omnibus peremtorie citetur. Si vocatus venerit et si se hujusmodi [10] incusationis voluerit ostendere inculpabilem, expurget se secundum quod pax est instituta. Si vero homicida confessus fuerit se homicidium perpetrasse vim vi repellando, i. e. *notsceruch*, probet hanc notswer cum ignito ferro [11]). Si probaverit, liber sit ab actore et judice. Si non probaverit, habeat licentiam fugiendi, quocumque velit per [12] diem illum et noctem sequentem, et judex eum proscriptum pronunciet. Si post has inducias deprehensus fuerit, judicetur de eo. Itaque pacem civitatis taliter instituimus, ut defensio proprii corporis i. e. *notwer* probetur pro mortuo cum ignito ferro, pro vulnerato autem eum denominatis i. e. cum XX personis honestis, quas judex accurate denominabit. Si autem homicida deprehensus fuerit in ipsa actione i. e. *an der hanthaft*, cum sanguinolento gladio, et si judex hoc probare poterit cum VII. viris honestis et credibilibus, qui dixerint, eum homicidium hoc [13] perpetrasse vim vi non repellendo i. e. *mit sceruch*, capite puniatur. Si vero homicida legitimis ter vocatus

induciis [14]) non venerit, judex eum proscriptum pronunciet, et due partes bonorum suorum sint [15]) in potestate uxoris sue et liberorum [16]), tertia pars sit in potestate judicis. Si non habeat uxorem nec [17]) liberos, antequam in proscriptionem deveniat, disponat de illis duabus partibus, qualitercumque velit. Si decesserit antequam in proscriptionem veniat, ita quod de rebus suis nichil disponat, duo partes bonorum suorum reserventur annum et diem; et si infra terminum illum aliquis veniat, cui reddere debeat de bonis illis, sibi reddatur, dummodo probare possit, quod ille, qui mortuus est, debitor suus extiterit. Quicquid autem ultra debitum remaneat, pro anima ipsius impendatur. Si autem homicida non habet nec potest ostendere infra murum valens I. talenta et tamen fidejussorem pro se invenire poterit, ille fidejussor fidejubeat pro eo sub periculo et perditione proprie persone. Sed si fidejussorem habere non poterit, judex capiat et teneat, donec judicetur [18]) de ipso, sicut justum fuerit. Quicquid autem de rebus homicide ordinatum sit, si homicidium notorium fuerit, nec ille negare quiverit precise, talis capite puniatur. Item si reus homicidii ad judicium vocatus contumax fuerit et ob hoc proscriptus vel jam proscribendus fuerit, medio tempore de rebus propriis mobilibus (et immobilibus) [19]) nullam ordinandi habeat facultatem; cum uxore et filiis disponat, quid velit, et res sue sub testimonio trium idoneorum virorum a judice civitatis fisco nostro applicentur. Si cuiquam debuit aliquid, antequam hoc maleficium perpetraret, solvatur ei de rebus illis, si probare quiverit bono testimonio, quod ille debitor suus extiterit. Et si quid de rebus illis superfuerit, due partes cedant uxori et filiis, tertia nostro judici.

2. Si aliquis vulneratus fuerit adeo, quod ad judicium venire non potest, et si putatur non posse evadere, si reus hujus facti ad judicium venerit, judex teneat ipsum captivum, donec videatur, si vulneratus possit vivere nec ne. Si autem aliquis velit fidejubere pro ipso, fidejubeat pro eo pro I. talentis, donec ille vel convaleat vel [20]) moriatur, et secundum hoc tunc emendet.

De vulnerantibus autem sic. Si quis civium alicui amputaverit manum vel pedem vel oculum aut nasum aut aliquot nobile membrum, judici det X talenta, ei qui dampnum recepit totidem. Si vero [21]) is, qui dampnum fecit, denarios habere non poterit, judicetur de ipso secundum legem, videlicet oculum pro oculo, manum pro manu et sic de ceteris membris. Si talis voluerit fieri inculpabilis, probet innocentiam suam, sicut pax est instituta. Si talis persona fuerit, ipsum etiam volumus judicare. Quicumque aliquem ita vulneraverit, quod patiatur detrimentum membrorum, quod dicitur *lem*, hic det judici V talenta et vulnerato V talenta, vel eodem modo puniatur. Si magne et honestiori persone id acciderit, nostrum etiam non desit judicium. Si autem quis quempiam temerarie cecaverit, hic nonnisi nostro puniendus judicio reservetur. Item quicumque aliqui amputaverit digitum vel ita vulneraverit, quod patiatur detrimentum membrorum, quod dicitur *lideschaert* [22]), judici det tria talenta, ei, qui dampnum recepit, tria talenta. Si denarios habere non poterit, eodem modo puniatur vel expurget se, sicut pacem instituimus. Si talis persona fuerit, nostram etiam obtineat gratiam. Si quis autem aliquem vulneraverit ita, quod vulneratus convaleat, videlicet tantum simplici vulnere, judici det duo talenta, vulnerato duo talenta. Si denarios non habuerit, decalvatus et decutatus verberetur coram judicio, non ibi ubi fures verberantur, vel liberetur, sicut pax est instituta. Si vero aliquis citatus legitime impetitur, quod alium vulneraverit sine lesione tamen membrorum nobilium i. e. simplici tantum vulnere, et ille e converso proponat defendendo se ipsum hoc fecisse, hic metquinta manu ex XX a judice denominatis juramento calumpnie suimet secundi interposito se expurget. Si se non expurgaverit, emendet judici sicut justum fuerit. Si quis vulneratus fuerit in crepusculo vel in nocte, ipsi, de quibus suspicio fuerit, quod alium vulneraverint, si tantum in bonis non habuerint, ut sufficiant ad emendandum vel non habent [23] fidejussorem, a judice usque in crastinum detineantur, et in mane vulneratus ipsos suspectos coram judicio conveniat, juramento calumpnie ab ipso actore metsecundo prius prestito. Et si vulneratus pre nimia debilitate corporis ad judicium venire nequiverit, due idonee persone cum nuncio judicis ad eum veniant et in stratu egritudinis ab eo metsecundo recipiant [24] calumpnie juramentum.

3. Volumus itaque, ut a nullo recipiatur juramentum, quod dicitur *vorait*, nisi ita met-secundus juret. Item vorait non prestabitur extra judicium, sed tantum in judicio, nisi, sicut supra dictum est, si vulneratus fuerit adeo debilis, et si incusatus, super quem taliter est jura-mentum, velit se expurgare, judex denominet sibi X (homines sue professionis et X)[25] alios viros honestos, ut ex omnibus illis incusatus eligat [26] IIII[or], ut ita ipse metquintus se expurget. Si denominatos habere non poterit, expurget se cum judicio aque [27]), et sit liber. Si vero incusatus dicit, quod, quando maleficium hoc, de quo incusatur, accidit, ipse tunc fuerit in alio quocumque loco, si hoc probaverit per tres viros justos et honestos, quibus id constat, absolvatur.

4. Statuimus, ut quicumque aliquem bonum hominem [28], *der niht ein ahpaer man ist*, cedat fustibus, judici det II talenta et ceso II talenta vel expurget se, sicut pax est instituta. Si honestiori persone acciderit, nostrum etiam judicium non evadet. Si aliquis infra murum ad XXX talenta habens fustibus cesus fuerit, cedens det judici V talenta, ceso V talenta, insuper obtineat gratiam nostram. Si autem aliquis verberet aliquam inhonestam personam, scilicet garzionem [29] vel levem joculatorem [30], qui verbis vel aliqua indisciplina hoc erga ipsum meruerit, si hoc probaverit, nichil det judici, verberato etiam nichil. Si vero quis alicui domestico *aeret*, qui tamen non est de honestioribus et divitibus unus, percusserit alapam, judici det V talenta, verberato [31] etiam V talenta. Si talis fuerit, obtineat etiam gratiam nostram. Si autem servienti vel alicui leviori persone percusserit alapam, judici det LX denarios, verberato LX denarios. Si vero is, qui alapam percussit, probabit, quod alter erga ipsum hoc meruerit qualicumque indisciplina, et licet idem, qui percussus fuerit, sit vir aliquantolumhonestus, judici det I talentum, et illi nichil. Si autem fuerit serviens vel aliqua levissima persona, judici det LX denarios et ceso nichil. Si vero is, qui alapam recepit, sanguinolentus appareat, et alter, qui eum percussit, probabit, quod eum tantum manu percussit, nichil inde, nisi ut de simplici alapa, judicabitur. Si quis autem servum suum vel ancillam percusserit sine armis, ita quod sanguinet, judici propter hoc non respondebit.

5. Quicumque pro quacumque causa in proscriptionem venerit, et inde exire volens dignam actori satisfactionem coram judicio exhibere voluerit, et ille remuerit, absolvatur. Si quis vero in facto ille usque in secundam proscriptionem *in averacht* [32] perseveraverit, non absolvatur absque actoris assensu et voluntate.

6. Quicumque civium incusatus fuerit, quod scienter proscriptum aliquem hospitio recepit, expurget se suisolius juramento et sit liber. Sin autem, judici det X talenta. Si denarios non habuerit, manus sibi amputabitur. Si autem ille datis X talentis iterato pro-scriptum eundem servaverit, et hoc judex cum VII vicinis illius probaverit, persona sua et res in nostra stent potestate. Sin autem, sui solius juramento se expurget

7. Item si quis aliquem in quacumque causa vel lesione offenderit, et ille debitam satisfactionem et stat tam pene propter hoc coram judicio sibi exhibere voluerit, et ille,

videlicet) 33) injuriam passus contumaciter renuerit, judex accipiat statutum illud et per XIIII dies ter sibi offerat testimonio duorum 34) vel plurium (personarum 35 ; qui si infra terminum illum non receperit, judex (habeat sibi, et injuriam passus)36) nobis teneatur in XXX talenta. Si denarios non habuerit, proscribatur; si in proscriptione deprehensus fuerit, manus sibi amputabitur.

8. Statuimus etiam, quod quicumque virginem vel mulierem honestam vi oppresserit vel rapuerit, et illa infra XIIII dies testimonio duorum credibilium virorum se clamasse probaverit, ille judicio iguiti ferri se expurget. Si vero se non expurgaverit et si post inducias datas fugiendi deprehensus fuerit, sententiam capitalem subibit. Si autem illa infra XIIII dies, quando hoc fecit ei, testimonio VII credibilium virorum illum convicerit, nulla sibi conceditur expurgatio sed predictam sententiam subibit. Si vero infra XIIII dies mulier illa, sue potestatis constituta, querimoniam non moverit, postea non audiatur. Si mulier aliqua communis conqueratur, se vi oppressam, etiam non audiatur.

9. Volumus quoque, ut unicuique civium domus sua sit pro munitione, et commansionariis suis, et cuilibet fugienti vel intranti domum. Nullus ad domum alterius invadendum vel alias in civitate ad pugnandum cum arcu vel balista accedat. Qui contrarium fecerit, si habet domum, illa nobis cedat, vel redimat eum a nobis cum XXX talentis. Si domum non habuerit, amputetur sibi manus, vel redimat eam cum X talentis. Item si alicujus domus invaditur, liceat ei defendere eam omnibus modis, quibus potest, 'preter arcus et balistas 37. Qui contrarium fecerit, det nobis X talenta. Quicumque ergo temeritatem illam sive invasionem domus, que dicitur *heimsuchunge*, casualiter exercuerit, cum dominus domus illius propter hoc querimoniam super eum movens ipsum cum juramento suimetsecundi ad hoc deduxerit, quod sibi respondere tenebitur, oportet, quod ipse suam probet innocentiam semetquinto idoneorum virorum. Si se 38) expurgaverit, liber sit. Sin autem, judici det II talenta, domestico, cujus domum invaserit, II talenta. Si (quis) 39) aliquem vulneraverit in domo illa, det judici II talenta, (hospiti III et) 40) vulnerato II talenta. Si denarios non habet, manus ei amputabitur. Si vero non casualiter sed 41) premeditative 42), assumptis aliquibus amicorum suorum, *heimsuchunge* 43) exercuerit, judici nostro solvat justitiam suam supradictam et nostrum super hoc experiatur judicium.

10. Item statuimus, quod judex non judicet quemquam, nisi ille sit presens, qui deponat querimoniam super illum, vel nisi judex testibus probare possit talibus, qui non sint 44) homines vel subditi sui, quod aliquis antea deposuerit ei querimoniam super illum. Preterea si aliquis faciat querimoniam de alio, et ille, qui conqueritur, postea velit dissimulare, occultam cum eo faciens compositionem, que dicitur *halsunc*, judex debet eum cogere, ut querimoniam suam prosequatur. Si noluerit eam prosequi, solvat judici penam 45 *scundel*, quam reus solvere debuerat.

11. Volumus etiam, quod, si aliquis intret civitatem, ut defendatur ab inimicis suis, si inimici sui eum velint capere vel occidere in civitate, cives, qui eum ab inimicis suis liberaverint, non respondebunt judici pro hoc facto, etiamsi in defendendo illum propter importunitatem ipsorum, ut in tali strepitu fieri solet, a burgensibus aliquod dampnum acciderit. Item si aliquis intret civitatem, ut civis efficiatur, burgenses debent tueri illum ab omni violentia usque ad presentiam nostram.

12. Pugna vel rixa orta in civitate, quicumque illuc, ut fieri solet, cum armis vel sine armis concurrerit, si incusatus fuerit, quod causa pugnandi illuc venerit, et ille dicit, quod

tantum causa sopiendi illam et concordiam faciendi advenerit, si hoc suisolius juramento confirmare poterit, liber sit ab actore et judice, nisi forte visus sit illic cum aliis pugnare: tunc ejus non recipiatur juramentum. Si aliquis civium inculpetur, quod vel hospes suus vel amicus ejus aut aliquis de familia sua de domo sua vel in domum [46]) aliquod maleficium perpetraverit, si juramento suisolius se in hoc inculpabilem ostenderit, absolvatur. Sin autem, judici det III talenta.

13. Quicumque dixerit alteri: fili meretricis, judici det LX denarios. Si honesta persona fuerit, judici det II talenta. Si denarios non habuerit, verberetur et decutetur, non ubi fures ceduntur. Si vero tanta ac talis persona fuerit, nostro etiam ipsum volumus astare judicio.

14. Si quis convictus fuerit cum VII viris honestis et credibilibus, quod falsum testimonium perhibuerit, abscindatur ei lingua, vel redimat eam X talentis, et quem falsitate sua dampnificavit, illi dampnum suum emendet.

15. Qui dominum deum et sanctos suos vituperaverit, abscindatur ei lingua et non liceat sibi redimere cum ullo pretio.

16. Item apud quemcumque infra muros civitatis cultellus longus, qui dicitur *stechenmezzer* [47]), in cingulo suspensus (deprehensus) [48]) fuerit, hic det judici I talentum et eundem cultrum. Qui vero eum infra caligam vel alias apud se ubicumque latenter et furtive portaverit, judici det X talenta vel manum amittat.

17. Ad devitandas etiam cavillationes impiorum et perjurorum [49]) testium falsitatem nec non et eorum improbitatem, qui justa et digna facta hominum lapsu temporum injuste solent retractare [50]), statuimus [51]) C. viros in civitate fideliores de singulis vicis et prudentiores, quorum nomina in cartula speciali notata juxta privilegium hoc semper habeantur, et si quis illorum moriatur, alter statim communi consilio in locum suum substituatur. Hos ad hoc instituimus, ut omnis emptio et venditio, (obligatio) [50]), pignoratio, donatio prediorum, domorum, vinearum vel quarumcumque rerum, que estimate fuerint ultra tria talenta, et quodlibet negotium arduum [51] memoria dignum coram duobus vel pluribus illorum centum virorum celebretur et agatur. Quicumque ergo civium ex his C testibus habuerit duos, quorum unus moriatur, hic cum illo solo superstite et alio quocumque credibili viro testificetur. Denique quicunque illorum C testium noluerit coram judicio vel alibi coram ecclesia esse testis alicujusde re, quam novit, judex compellat eum ad testimonium ferendum; in quo si contumax fuerit, et alter [52] per eum sit dampnificatus, volumus, ut in penam contumacie illi dampnum suum emendet

18. Inhibemus etiam, ne qua vidua bona puerorum suorum, que hereditarie eos contingunt, velit conferre alteri viro, quem postea duxerit. Nec vir talis possit ferre testimonium super bonis talium puerorum, qui ad annos nondum pervenere discretionis. Si quis vero testimonio duorum vel plurium de illis C testibus per civitatem constitutis probaverit, quod mater vel amici puerorum, dum jam discretionis arripuissent annos, voluntate et assensu eorum sibi bona illa foro vel aliquo pacto congruo contulerint, ipsum bona talia quiete possessarum censemus

19. Statuimus etiam, quod quicumque civium moriatur, si uxorem habeat vel liberos, judex se non intromittat de bonis vel de domo ipsius, sed sint in potestate uxoris et liberorum. In arbitrio quoque sit vidue non nubere vel nubere, cuicumque velit, quod nemo inde habeat aliquid facere, dummodo nubat civi et non militi. Si vero militem duxerit, persona sua et

res in gratia et voluntate nostra persistant. Id ipsum etiam statuimus de filia vel [53], nepte cujuslibet civium, quod et de vidua. Si autem is, qui moritur, non habet uxorem vel liberos, in ordinatione ipsius consistant bona sua. Quodsi decesserit absque testamento et ordinatione rerum suarum, bona sint proximi heredis sui, si locatus fuerit infra terminos nostros. Si vero heres sit extraneus, nichil cedat ei, nisi se stabiliter transferat in civitates nostras vel supra alia bona nostra in Austria, sed omnia [54] nobis cedant.

20. Item volumus, et undecumque venerit advena, si moriens aliquid de rebus suis ordinaverit, rata maneat ejus ordinatio. Hospes ejus, in cujus domo moritur, statim summam bonorum suorum coram civibus et judicio manifestet, et si quid fraudulenter fortasse reticuerit de bonis illis, eorundem tamquam fur reputetur. Si vero moriens nichil ordinaverit, cives ejus custodiant bona defuncti annum et diem, infra quod quidem spatium, si aliquis venerit, qui se heredem, vel socium vel creditorem legitime ostenderit, eidem absque contradictione assignentur bona defuncti, que eum contingunt. Si autem nemo venerit, due partes bonorum illorum nos contingant, tertia pars detur pro anima illius; et ubicumque advena velit sepeliri, liberum habeat arbitrium.

21. Statuimus etiam, ne advena aliquod testimonium possit facere super civem nec civis super advenam cum hiis, qui dicuntur *leitchenfaer* [55], quin habeat alios testes honestos cum illis.

22. Volumus etiam, ut, si advena civi vel civis extraneo aliquid vendat, et alter hoc pro bono recipiat, judex inde nichil judicet, quin alter eorum ei faciat querimoniam.

23. Nulli civium de *Saevia* vel de *Ratispona* vel de *Pataria* liceat intrare cum mercibus suis in *Ungariam*. Quicumque contrarium fecerit, solvat nobis duas marcas auri. Nemo etiam extraneorum mercatorum moretur in civitate cum mercibus suis ultra duos menses, nec vendat merces, quas adduxit, extraneo, sed tantum civi. Et non emat aurum neque argentum. Si habuerit [56] aurum vel argentum, non vendat nisi ad cameram nostram.

24. Item precipimus, ut nullus extraneorum intret civitatem cum arcu tenso, sed ante portam civitatis cordam arcus dissolvat, et si habet aliquid tractare in civitate, in hospitio suo arcum relinquat et peractis negotiis exeat civitatem, etiam arcu non tenso. Quicumque contrarium fecerit, auferatur ab eo importune [57] et arcus et pharetra. Nulli etiam civium liceat exire vel intrare civitatem cum arcu tenso. Si quis contrarium fecerit, et apud quemcumque sagitte cum ferramentis [58] gestate infra murum deprehense fuerint, dabit judici nostro LXXII denarios.

25. Ex cujuscumque civium domo ignis vel incendium orta fuerit, ita ut flamma ultra tectum illius conspiciatur, ille judici dabit I talentum. Si vero domus eadem tota exusta fuerit, judici nichil solvat, sed sufficiat sibi proprium dampnum.

26. Item apud quemcumque in civitate inventa fuerit injusta mensura, que dicitur *hame*, vel injusta ulna vel injustum aliquod genus ponderis, judici solvat V talenta. Si talis persona fuerit, nobis volumus, ut emendet.

27. Placet etiam, ut pro quacumque causa judex civitatis lucretur I talentum, subjudex et preco ab eo, qui illud dederit, habeant XXX denarios. Si judex habuerit dimidium talentum, ipsi accipiant ab eo XV denarios, et sic de magno et de parvo, secundum quod provenire potest.

28. Denique statuimus, ut XXIIII civium, qui prudentiores in civitate inveniri poterunt, juramento confirment, quod disponant de mercatu et de universis, que ad honorem et utilitatem

civitatis pertinent, sicut melius sciverint; et quicquid iidem in hoc agant et disponant, judex civitatis nullo modo audeat irritare. Sed quicumque in aliquo contra illorum XXIIII statuta fecerit, solvat judici penam ab ipsis institutam, et hii XXIIII quanto sepius conveniant pro disponendo statu civitatis [59].

Ut autem hec nostra donatio tam a nobis, quam a successoribus et posteris nostris in perpetuum rata et inviolata permaneat, presentem paginam super hoc scribi sigillique nostri karactere roborari subscriptioneque testium, quorum nomina sunt hec, perenniter jussimus muniri [/]: (Patruus noster dux *Heinricus de Medelich*. *Heinricus* marchio *de Andelse*, *Cuuradus* comes *de Hardecke*, comes *Lintoldus de Plaie*, *Siboto* comes *de Herrautestein*. De ordine *liberorum*: *Otto* advocatus *de Leugenbach*, *Weruhardus* et *Heinricus de Scouenbergh*, *Ulricus de Valchenberch*, *Cunradus de Altah*, *Cholo* et *Otto de Slunze*. De ordine *ministerialium*: N (sic). Ex capellanis nostris: N (sic). *Consules civitatis*: N (sic). Data apud *Wiennam* XV kalendas Novembris anno domini M°CC°XXI°, presidente sedi apostolice in Roma sanctissimo patre nostro domno Honorio papa III., et regnante illustrissimo semperque augusto domno Friderico Romanorum imperatore secundo, regeque Sicilie glorioso, quando etiam populi cruce signatorum Damiatam civitatem paganorum in Egypto, quam adjutorio dei strenue expugnaverant et plus quam per duos annos possederunt, in insula quadam ibidem ab ipsis obsessi et ex inundatione Nili mirabiliter constricti Soldano et aliis VIII regibus gentilium heu! restituerunt) [60].

a) pie Lazius, *b)* Fehlt bei Lazius, *c)* Bis hieher Lazius, Das Folgende fehlt bei ihm, *d)* Von hier beginnt Lazius wieder, *e)* igitur Lazius, *f)* Bei Lazius: Data Viennae, anno a domino nostro Christo nato MXCVIII, Ohne Zeugen.

[1] amen. [2] Lupoldus, [3] in domino salutem, [4] clementie, [5] corumdem, [6] perduatur. [7] Fehlt, [8] corumdem. Fehlt, [9] huius, [10] Der eingeklammerte Satz fehlt, [11] Fehlt, [12] hoc homicidium, [13] indictis, [14] -tcut, [15] et tertia, et liberos, [16] judicet, [17] Die eingeklammerten Worte fehlen, [18] Die eingeklammerte Stelle fehlt, [19] autem, [20] lidschaft, [21] habeant, [22] accipiant, [23] Die eingeklammerten Worte fehlen, [24] sibi, [25] frigide, [26] qui non est nobilis homo, [27] garziones, [28] leves joculatores, [29] percusso, [30] Das Eingeklammerte fehlt, [31] Das Eingeklammerte fehlt, [32] duorum, [33] Das Eingeklammerte fehlt, [34] Statt der eingeklammerten Worte: -redigat id in usus suos, et Iesus ille contumax-, [35] Das Eingeklammerte fehlt, [36] taliter, [37] Das Eingeklammerte fehlt, [38] Das Eingeklammerte fehlt, [39] sponte et, [40] premeditatus, [41] invasionem domus, [42] mali, [43] id est, [44] -nam, [45] stechmezzer, [46] Das Eingeklammerte fehlt, [47] pravorum, [48] Das Eingeklammerte fehlt, [49] et, [50] alius, [51] de, [52] bona, [53] Leuthoufter, [54] habeat, [55] oportune, [56] in manibus, [57] Hierauf folgt der Zusatz: Quicumque deprehensus fuerit in adultcrio cum uxore viri alicuius -secularis, judex non judicet, sed plebanus hujus civitatis, [58] Das Eingeklammerte fehlt.

VI.

Kaiser **Friedrich's** II. **Freiheitsbrief** für die Stadt **Wien**.

1237, im April. Wien.

Die Originalurkunde, ursprünglich mit einer goldenen Bulle versehen, nicht mehr vorhanden. Aus der Aufzeichnung im Eisenbuche f. 33 – 33', verglichen mit dem Codex der kaiserl. Hofbibliothek zu Wien Nr. 352 f. 70 – 71' und dem eben daselbst befindlichen Nr. 2733 f. 105 — 107'. Gedruckt bei Lazius Vienna II c. V S. 66 und nach ihm in Kollar Analecta monumentorum Viennensia T. 1. S. 46. Lünig Reichsarchiv VII 265. Steyerer Comment. 437. Hanthaler Fasti Campil. II. 842. Lambacher Interregnum 10. Hormayr, Wien I, 2. 20. Nr. 50. endlich bei Meiller im Archiv der kaiserl. Akademie X. 125—127.

 ridericus secundus, dei gratia Romanorum imperator semper augustus, Jerusalem et Sicilie rex. Romanum imperium ad tuitionem fidei et diversarum gentium moderamina per eum, qui celestia simul et terrestria moderatur, filium summi regis, qui condit regna et firmat imperia, summe dispensationis munere constitutum ex dispensatione divina robur et regimen sue dignitatis accepit, ut subjectos sibi populos in opulentia pacis et justitie foveat et fidem provehat, perfidiam persequatur, humiles protegat, sublimes humiliet, fastidiosas oppressiones relevet subditorum ab improbis et ingratis dominis, quos excessuum commissorum enormitas indignos imperio representat, materiam bonorum subtrahat, per que deo et hominibus se prorsus efficiunt odiosos et desuper sortem justorum virgam afferunt iniquorum.[1]

Eapropter noverit presens etas et futura posteritas, quod nos attendentes, quam fideliter et devote cives Wiennenses nostri, universi pariter et singuli, magni et parvi nostrum et imperii dominium sunt amplexi oppressionis jugum et injustitie declinando [2], quibus Fridericus quondam dux a suorum progenitorum probitate degenerans, oblitus devotionis et fidei civium predictorum, contempta imperii nostri reverentia, in juris injuriam contra eos per fas et nefas enormiter seviebat, exercens in omnes indifferenter pro judicio voluntatem, credens cuncta sibi licere pro libitu, pauperes aggravans, divites inquietans, pupilli causam et vidue non admittens spolia omnium sitiens et diversas neces excogitans in personas nobilium virorum quam plurimum honestorum), considerantes insuper, qualiter iidem cives devotione promptissima et fide sincera se nobis et imperio indissolubiliter alligarunt, et quod nostra interest, commissum nobis populum, utpote qui pro ejus salute ac de commissa nobis reipublice cura et universitatis regimine generali tenemur summo regi reddere rationem, potentis dextre subsidio relevare, dictam civitatem et cives in nostram et imperii perpetuo et irrevocabiliter recepimus ditionem, ut ammodo in nostris regum et imperatorum, successorum nostrorum manibus teneantur, et quod nunquam per concessionem alicujus beneficii de nostra et imperii transeant potestate, quin potius speciali nostro et imperii muminine munificentie nostre privilegiis, libertatum et bonarum approbatione consuetudinum, quasi pro fidei eorum pignore, velut murorum propugnaculis munirentur.

1. Statuimus igitur et presentis privilegii auctoritate sancimus, ut ammodo in eadem civitate judex singulis annis per nos reges et imperatores successores nostros, communicato ad hoc, si necesse fuerit, consilio civium, statui debeat, qui pro honore et utilitate et felicitate nostra sufficiens et idoneus videatur ad idem officium exercendum, presenti prohibentes edicto, quatenus nullus judex, a nobis vel a rege seu ab aliquo successorum nostrorum pro tempore constitutus, nostra vel alicujus successoris nostri vel sua presumat auctoritate talliam seu precariam in predictos cives facere, nec eos impetere seu cogere ad aliquid nobis seu nostris successoribus exhibendum, nisi quod et quantum dare voluerint spontanea voluntate.

2. Preterea ex habundanti gratia ³) indulgemus, ut nemini liceat prenotatos cives ad aliquod servitium ultra progredi cohibere ⁴), quam ut eo die, quo clara luce de domibus exierint, cum splendore solis regredi permittantur.

3. Ad hec catholici principis partes fideliter exequentes, ab officiorum prefectura judeos excipimus, ne sub pretextu prefecture opprimant christianos, cum imperialis auctoritas a priscis temporibus ad perpetrati judaici sceleris ultionem eisdem judeis indixerit perpetuam servitutem. *

4. Declaramus insuper et observari censemus, ut, si quando contra quenquam civium civilis seu criminalis actio intemptatur, secundum jura et approbatas consuetudines civitatis ejusdem a civibus judicetur. lese majestatis crimine vel prodende civitatis excessu dumtaxat exceptis, in quorum animadversionem, velut detestabilium criminum, licite cives et exteros mandamus admitti.

5. De duello vero si quis civis impetitur, si septima manu honestarum personarum expurgare se poterit, cum ab impetitione duelli decernimus absolutum.

6. Volentes etiam commodo studio provideri, per quod prudentia docetur in populis, et rudis etas instruitur puerorum, potestatem damus plenariam magistro, qui Wienne per nos vel successores nostros ad scholarum regimen assumetur, ut alios doctores in facultatibus substituat de consilio prudentum virorum civitatis ejusdem, qui habeantur sufficientes et idonei circa suorum studium auditorum.

7. Ceterum ut sub augustalis felicitate dominii continuum recipiat eadem nostra imperialis civitas incrementum, statuimus, ut omnes incole et advene, ibidem habitare volentes, in nostra et imperii dominatione sub tuta et libera lege ab omni servili conditione liberi vitam agant, qui videlicet annum et diem sine alicujus impetitione pro civibus tenti fuerint secundum jura et approbatas consuetudines civitatis.

8. De innata quoque clementia sedis nostre, que pacem et justitiam comitatur, decernimus et mandamus, ut si quando aliquis Wiennensium civium naufragii casum incurrerit, res suas, quas ab impetu torrentis manus hominis asportaverit, libere possit repetere et habere a quolibet detentore; cum indignum penitus censeamus immisericorditer reliquias naufragii detineri per hominem, quibus fluvii rapacis seviens unda pepercit.

9. Statuimus itaque et presentis auctoritate privilegii prohibemus, quatenus nullus dux, marchio, comes, advocatus, scultetus vel aliqua persona, ecclesiastica vel mundana, humilis vel sublimis, contra prescripte gratie et concessionis nostre tenorem venire presumat. Quod qui presumserit, in vindictam temeritatis sue centum libras auri se compositurum agnoscat, medietatem camere nostre et reliquam passis injuriam persolvendam.

Ad quorum omnium predictorum memoriam et robur perpetuo valiturum presens privilegium fieri fecimus et bulla aurea typario majestatis nostre impressa jussimus insigniri.

Testes autem huius rei sunt: venerabilis *Sifridus Moguntinus*, *Eberhardus Salisburgensis* archiepiscopi, *Eckbertus Bambergensis*, *Sifridus Ratisponensis*, imperialis aule cancellarius, *Rudegerus Pataviensis*, *Chunradus Frisingensis* episcopi, *Otto* comes palatinus Rheni, dux Bavarie, *Heinricus* landgravius Thuringie, comes *Heinricus de Ortenberch*, *Hermannus* marchio de Baden, *Chunradus* burgravius de Nurenberg, *Gotfridus de Hohenloch*, *Fridericus de Truhendinge*, comes *Hermannus de Dillingen*, comes *Hermannus de Ortenburch*, comes *Wilhelmus de Hunburch*, comes *Chunradus de Hardeck*, *Heinricus de Schoumbevch*, *Heinricus de Brunne*, *Irnfridus de Hintperch*, *Hadmarus de Snneperch* et alii quam plures.

Datum *Wienne* anno dominice incarnacionis M⁰CC⁰XXXVII⁰ mense aprilis, X indictionis, imperii nostri anno XVIII⁰, regni Jerusalem XII, regni vero Sicilie XXXVIII⁰. Feliciter amen.

¹) Das Eingeklammerte fehlt in dem Abdruck des Lazius. ²) Das Eingeklammerte fehlt bei Lazius. ³) Im Codex 2733. Ex habundantia gratie. ⁴) prohibere.

VII.

Deutsche Uebersetzung der vorangehenden Urkunde.

Aus dem Eisenbuch f. 37.

az ist kaiser Fridreichs von Rom und kunig von Jerusalem und Sicilii handfest, die von latein ze dæutsch bracht ist. In dem namen der heiligen und ungetailten drivaltichait. Wir *Fridreich* von gottes genaden Romischer kaiser, ze allen zeiten ein merer des reichs und kunig ze Jerusalem und ze Sicilii. Romisch reich, das gesatzt ist ze ainem scherm des gelauben und ze ainer ordnung und modelung alles volchs von des obristen kunigs sun, der himelischen und irdischen ordent und modelt und beschaffet die reich und beveste, die kaisertum mit der gab der obristen speisung, daz hat chraft und gewalt seiner wirdichait enphannen von der dazgleichen auzgebung, daz ez sein undertanes volch heppe und hai in reichtum des friedes und gunst der grechtichait und die diemutigen erhohe und die hochfertigen diemutig und die eiteln unterdruchung seiner undertanen vertilig von den unfrumen und ungenemen herren, die auch die poshait irr austretung und missetat, die sie begangen habent, unwirdig dem reich erzäigt und machet, want sie die materi aller gueten dingen untertruchent, damit sie sich got und der werlt genzleich gehezzig machent und die gerten der posen zutragent auf daz loz der gerechten, und darumb sol wizzen daz gegenburtig alter und die chunftig nachomenhait, daz wir betrachten, wie getreuleich und andechtichleich unser purger ze Wienne gemainchleich und jetweder sunderleich, grozz und chlain, unserr herrschaft und des reiches umbvangen habent, abnaigund daz joch der ungerechtikchait und niederdruchung, damit Fridreich weilnt herzog, missegeraten von der frumchait seiner vordernt vergezzen hat der egenanten purger treu und andechtichait und versmecht die ere unsers reiches, und grimmet unærtikchlaich wider seu mit der ungerechtichait des unrechten pilleich und unpilleich und ubet gegen allen leuten unverschaidenleich seinen willen fur das recht und went, daz im alleu ding pilleich ze tun sein, und beswert die armen und unruebt die reichen und der waisen und der witiben sache nindert beleiben laezzet und begert aller leut raub und erdeucht im gegen menigern edeln und erbern laeuten menigerlai tode.

Und daruber so haben wir betracht und gemercht, wie dieselben purger mit beraiter andechtichait und lauterr treu sich uns und dem reich unerlosleich angepunden habent, also daz uns angehoret daz volch, daz uns empholichen ist, umb des heil wir schuldig sein von der sorg und phleg des gemain dings und der gemainn ordnung und gweltigung aller-menichleichs, die uns empholichen ist wider ze raiten dem obristem kunig, und erhefen die egenanten stat und die purger mit der hilf der rechten mechtigen hant, und haben sie genommen in unsern und des reichs gewalt ewichleich und unwiderrufleich, also daz sie furbaz behalten werden in unserr kunigen und chaisern und unserr nachomen handen, und daz sie nimmer auz unserm und des reiches gewalt chome, und liber nur bewart werden mit unserr sunder und des reichs bewarnung unserr mechtichait mit hantfesten der vreihait und mit bewarnung guter gewanhait, alz ze einem phant irr treue, als die mauer mit perichfriden und aerichgern besichert und bewart werdet.

1 Wie man den richter setzen schol der stadt und der gemain.

Wir setzen auch und bestaeten mit gewalt disen gegenburtigen hantfest, daz furbaz alle jar von uns kunigen und kaisern und unsern nachkomen und darzugenomen des rates der purger, ob des durft wirt, der gemain ein richter gesatzt wird, der genuegsam und weis sei daz ampt ze uben nach unsern ern, nutz und treun, und verpieten mit disem gegenburtigen pot, daz dhain richter, wer je zter zeit gesatzt ist von uns kunigen und unsern nachomen, geturr von unserm gewalt noch von dhaines unser nachomen gewalt gemachen hinz den egenanten purgern steur oder losung, noch seu darumb anhaischen noch sie dwingen uns, unsern nachomen ichts ze raichen und ze geben, nur waz oder wie viel sie von irem gutleichen willen geben wellent.

2. Daz man dhain purger icht verrer nott zu hervert ze varn, denne pei dem tag auz und desselben tages zeider haim bei der sunne.

Daruber so gebieten wir von uberfluzzigen gnaden, daz niemant erlaubt sei die vor-genanten purger ze notten ze dhainen dienst auzzevaren furbazz, denne des tages, und seu pei liechtem tag von iren haeusern auzvaren, daz sie denne pei dem sunneschein wider gelazzen wern haimzevaren.

3 Daz die juden nicht gesatzt werden an der christen ampt.

Darzu wir christenleichen fursten volfueren getreuleich alle tail, nemen auz die juden von dem ubersatz der ampt, daz sie icht underdruchen die christen mit der verdachung des ubersatzten gewalt, wann chaiserleicher gewalt denselben juden von alten zeiten her durch der begangen judschen poshait willen raechung und ewichen dienst hat aufgesatzt.

4 Daruber so leutern wir und haizzen ze behalten, ob immer wider dhainen purger ein sach oder tat gefurt werde, sie wer statleich, bezleich oder tedleich, die nach den rechten der stat und bewerten gewonhaiten von den purgern sol gericht werden, wenne des durft geschecht, ez sei wider kaiser gewalt die missetat oder wider die stat, auzgenomen der posen mutwilligen widerwertichait als der vertailten missetat, darumb wir pilleich velazzen purger und die andern.

5. Von dem champh.

Swer auch umb einen champh angesprochen wirt, der beschon sich mit der sibenten hant erberr leut; den sagen wir ledig von dem champh.

6. Von der schüler lernung.

Wir wollen auch gemachsamer lernung versehen, davon weishait an dem volch gelernt wirt, und daz ungelert alter der chinder gelert wirt, und geben vollen gewalt dem maister, swer von uns, unsern nachchomen genomen wirt ze der schuel ze Wienn ze verwesen, daz der ander maister und lerer nach der weisen rat ze Wienne saetze, die genuegsam und weis sein der lernung ierr hoerer.

7. Daz die purger vrei sein und nicht aigen.

Daruber daz unser chaiserleich stat enzig aufnemung nem under der saelichhait merunder herschaft, so setzen wir, daz alle purger und inwaner und zukomund, die unversprochenleich jar und tag in der stat behalten sint nach der stat recht und pewerten gewonhaiten der stat, daz die leben in unserr und des reiches herschaft under sicherr und vreier ee, ledig und vrei vor aller dienstleich beschaiden.

8. Daz die purger mit recht ire gueter, die vor ertrunchen sint, wo sie die vindent, wol gevordern mugen.

Und von angeporner guetichait unsers stuels, der da nachvoligt frid und der gerechtichait, so ertail wir und pieten, ob immer etleich purger ze Wienne von der vraise der veltgüsse oder ander grozzen wazzer chaem in den val des schefverderwen mit seinem guet, und die im menschen hant abtrueg, daz er die vreileichen mug gevodern und haben von einem isleichem aufhalder, wann wir ez ertailen genzleichen unpilleich und unparmherzichleich sein die gueter, die in schefverderben beleiben und von der wuetunden unde der raeuplichen wazzer hin choement, ein mensch aufhalten scholt.

9. Daz dhain man wider die hantvest tue.

Wir setzen auch und verpieten und weren mit gewalt diser gegenburtigen hantfest, daz dhain herzog, marchgraf, graf, voit, schulthaiss noch dhain person, geistleich oder werltleich, hoche oder nider, geturren chomen oder getuen wider die vorgeschriben gnad unsers leichens; und swer dawider getorst, der wizze sich ze einer rach seiner fraevel ze geben und zusammelegen hundert march golts, die halbe gevallen schullen unserr chamer und halb den gelaidigten, die daz unrecht geliten habent, und darumbe ze einer gedechtnusse und ze einer vestunge ewichleich geben wir diseu gegenburtige hantfest mit unserm kaiserleichen guldein insigel besigelt. Des sint gezeugen die ersamen: *Seifrid,* bischof ze *Mainz, Eberhart* erzbischof ze *Salzpurch, Eckprecht* bischof ze *Babenberch, Seifrid* bischof ze *Regenspurch* und chanzler des kaiserleichen sals, *Ruger* bischof ze *Passau, Chuurat* bischof ze *Freising, Otto* phalzgraf am Rein und herzog ze *Paiern, Hinr.* lantgraf ze *During* und phalzgraf ze *Sachsen, Wernhart* herzog ze *Kernten,* graf *Hinr. ze Hortenburch, Herman* marchgraf ze *Baden, Chunr.* purchgraf ze *Nuernberch, Gotfrid von Hohenloch, Fridrich ze Truhending, Herman* graf *ze Dilingen, Herman* graf *ze Ortenberch, Wilhalm ze Hennenberch, Chnr.* graf *ze Hardecke, Hur. ze Schaunberch, Hur. ze Prunn, Irnfrid ze Hintperch, Hadmar ze Sunberch* und anderr erbern leut genueg

VIII.

Kaiser **Friedrich's Judenordnung** für Wien.

1238, im August. Bei der Belagerung von Brixen.

Aus der Original-Pergamenturkunde (die goldene Bulle fehlt) im k. k. Staatsarchive zu Wien. Abgedruckt in Hormayr's
Taschenbuch für 1812 p. 60 und Hormayr's Wien I. 2. Urkundenbuch S. XXII. Nr. XLIX. Schlager: Skizzen II.
u. s. w., bei Meiller im Archiv der kaiserl. Akademie X. 127 – 128.

 ridericus dei gratia Romanorum imperator semper augustus, Jerusalem
et Sicilie rex. Per presens scriptum notum fieri volumus universis, quod
nos *judeos Wienne*, servos camere nostre sub nostra et imperiali protectione
recipimus et favore. Preterea statuimus, ut in domibus ipsorum absque
eorum consensu hospites non recipiantur. Si autem apud eos res furtiva
inventa fuerit, si dixerit judeus se emisse, juramento probet secundum legem
suam, quantum emerit, et tantundem recipiat et rem ei, cujus est, restituat.

Nullus filios vel filias ipsorum invitos baptizare presumat, aut si captos vi vel furtim
raptos vel coactos baptizaverit, duodecim libras auri ad erarium nostrum persolvat. Si autem
aliquis ipsorum sponte baptizari voluerit, triduo reservetur, ut integre cognoscatur, si vere
christiane religionis causa aut pro aliqua illata injuria legem suam deserat. Et sicut legem
patrum suorum reliquit, ita etiam relinquat hereditatem.

Mancipia quoque eorum pagana nullus optentu christiane religionis baptizans ad servitia
eorum convertat. Quod si fecerit, bannum id est tres libras argenti persolvat et servum
domino suo reddat.

Si judeus in christianum vel christianus in judeum contenderit, uterque, prout res est,
secundum legem suam justitiam faciat et rem suam probet.

Et nemo judeum ad ignitum ferrum, vel ad calidam aquam seu frigidam probet, nec
flagellis cedat vel in carcerem mittat, sed juret secundum legem suam post quadraginta dies.
Nullus testibus nisi simul judeis et christianis convinci possit qualibet de causa.

Pro quacunque re imperialem appellaverint in presentiam, inducie eis concedantur. Si
quis adversus aliquem eorum consilium fecerit aut eis insidiatus fuerit, quod occidatur, uterque
et consiliator et occisor duodecim libras auri ad erarium nostrum persolvat. Si vere cum vulneraverit sed non ad mortem, libram unam auri componat, et si sit servus, qui illum occiderit vel
vulneraverit, dominus ejus aut supradictam compositionem impleat, aut servum ad penam trahat.

Et si judei ipsi litem inter se aut causam aliquam habuerint determinandam, coram
eo, qui preest eis, judicentur.

Et si aliquis inter eos perfidus rei alicujus inter eos geste occultare voluerit veritatem,
ab eo, qui est super eis, veritatem fateri cogatur. Si autem de aliqua magna causa inculpati
fuerint, inducias apud imperatorem habeant.

Preterea vinum suum, pigmenta et antidota possint vendere christianis.

Ad cujus rei memoriam presens scriptum fieri et bulla aurea typario majestatis nostre impressa jussimus insigniri. Hujus autem rei testes sunt dilecti principes nostri . . venerabilis patriarca *Aquilegiensis.* S *Maguntinus* . . . *Magdeburgensis* archiepiscopi . . . *Coloniensis* et . . *Leodiensis* electi . . . *Pataviensis* . . *Herbipolensis* . . *Guarmaciensis* et . . *Misnensis* episcopi . . dux *Karinthie.* H. comes *Ascharie,* comes G *de Aruestain* et quam plures alii . . Acta sunt hec anno dominice incarnationis millesimo ducentesimo, tricesimo octavo mense Augusti, undecime indictionis, imperante domino nostro *Friderico* dei gratia Romanorum imperatore semper augusto, Jerosolime et Sicilie rege invictissimo, anno imperii ejus octavodecimo, regni Jerosolomitani tertiodecimo, regni vero Sicilie quarto decimo. Feliciter amen.

Datum in obsidione *Brixie* anno, mense et indictione prescriptis.

IX.

Satzungen Herzog **Friedrich's** II. über die Rechtsverhältnisse der **Juden**.

1244, 1. Juli. Starkenberg.

Aus einer Pergamenthandschrift des XIV. Jahrhunderts des Servitenklosters in der Rossau in Wien. Gedruckt bei Meiller im Archive der kaiserl. Akademie X. S. 146—148.

ridericus dei gratia dux Austrie et Stirie et dominus Carniole omnibus hanc literam inspecturis salutem in perpetuum. Quoniam uniuscujusque conditionis in nostro dominio commorantes volumus gratie ac benivolentie nostre participes inveniri, judeis universis et in districtu Austrie constitutis hec jura statuimus ipsis inviolabiliter observanda. Statuimus itaque primo, ut pro pecunia mobili aut pro re immobili aut in causa querimoniali, que tangit personam aut res judei, nullus christianus contra judeum nisi cum christiano et judeo in testimonium admittatur.

Item si christianus judeum inpetit asserens, quod ei sua pignora obligavit, et judeus hoc diffitetur, si christianus judeo simplici verbo fidem adhibere noluerit, judeus jurando super equivalente sibe oblato suam intentionem probabit et transiet absolutus.

Item si christianus obligaverit pignus judeo affirmans, quod judeo pro minori pecunia obligavit, quam judeus confiteatur, jurabit judeus super pignore sibi obligato, et quod jurando probaverit, christianus ei solvere non recuset.

Item si judeus christiano testibus non assumptis dicat se pignus mutuasse, et ille negaverit, super hoc christianus suisolius juramento se expurget.

Item judeus recipere poterit nomine pignoris omnia, que sibi fuerint obligata, quocumque nomine vocentur, nulla de hiis requisitione facta, exceptis sanguinolentis et madefactis, quas nullatenus acceptabit.

Item si christianus impetiverit judeum, quod pignus, quod judeus habet, ei furtim aut per violentiam sit ablatum, judeus juret super illo pignore, quod, cum recepit, furtim esse ablatum aut raptum ignoravit, hoc in suo juramento implicito, quanto sit ei pignus hujusmodi obligatum, et sic probatione facta christianus sortem et usuras ei persolvet medio tempore accrescentes.

Item si aut per casum incendii aut per furtum aut per vim res suas cum obligatis sibi pignoribus amiserit, et hoc constiterit, et christianus, quod obligavit, nichilominus eum impetit, judeus juramento proprio absolvatur.

Item si judei de facto inter se discordiam moverint aut guerram, judex civitatis nostre nullam sibi jurisdictionem vendicet in eosdem, set ipse dux aut summus terre sue camerarius judicium exercebit. Si autem vergebit [1]) in personam, soli duci hic casus observabitur [2]) judicandus.

Item si christianus judeo vulnus qualecumque inflixerit, reus duci solvat duodecim marcas auri sue camere deferendas, vulnerato XII marcas argenti et expensas, quas pro suimet curatione impenderit medicine.

Item si christianus judeum interemerit, morte digno judicio puniatur, et omnia rei mobilia et inmobilia in ducis transeant proprietatem.

Item si christianus judeum ceciderit, ita tamen quod sanguinem ejus non effuderit, solvet duci IIII[c] marcas auri, percusso IIII[a] marcas argenti; si pecuniam habere non potuerit, per detruncationem manus satisfaciat pro commisso.

Item ubicumque judeus dominium nostrum transierit, nullus ei aliquod impedimentum preparabit nec molestiam inferat nec gravamen, set si aliquas merces aut alias res duxerit, de quibus muta debeat provenire, per omnia mutarum loca nonnisi debitam solvat mutam, quam solveret unus civium illius civitatis, in qua judeus eo tempore demoratur.

Item si judei juxta suum consuetudinem ex mortuis suis aut de civitate ad civitatem aut de provincia ad provinciam aut de una terra in aliam deduxerint, nichil ab eis a mutariis nostris volumus extorqueri; si autem mutarius aliquid extorserit, ut predatio mortui, quod vulgariter rerunb dicitur, puniatur.

Item si christianus cimeterium judeorum quacumque temeritate dissipaverit aut invaserit, in forma judicii moriatur, et omnia sua proveniant camere ducis, quocumque nomine nuncupentur.

Item si aliquis temerarie jactaverit super scolas judeorum, judici judeorum duo talenta volumus ut persolvat.

Item si judeus judici suo in pena pecuniali, que dicitur wandel, reus inventus fuerit, nonnisi XII denarios solvat ei.

Item si judeus per edictum sui judicis primo et secundo non venerit, pro utraque vice solvet judici IIII denarios. Si ad tertium edictum non pervenerit, solvat XXXVI denarios judici memorato.

Item si judeus judeum vulneraverit, suo judici duo talenta in penam, que wandel dicitur, solvere non recuset.

Item statuimus, ut nullus judeus juret super roddi, preterquam ad nostram presentiam evocatus.

Item si judeus dampno[s] fuerit interemptus, ut per testimonium constari non posset amicis suis, quis eum interemerit, si post inquisitionem factam aliquem suspectum habere ceperint, non judeis contra suspectum pugilem volumus exhibere.

Item si christianus alicui judee[1]) manum injecerit violentam, manum illius volumus detruncari.

Item judex judeorum nullom causam ortam inter judeos in judicium deducat, nisi per querimoniam fuerit invitatus.

Item si christianus a judeo pignus absolverit ita, quod usuras non persolverit, si easdem usuras infra mensem non dederit, illis usuris accrescant usure.

Item in domo judei nullum volumus hospitari.

Item si judeus super possessiones aut litteras magnatum terre pecuniam mutuaverit, et hoc per suas literas et sigillum probaverit, nos judeo possessiones assignabimus obligatas et ei eas contra violentiam defendemus.

Item si aliquis vel aliqua puerum judei abduxerit, ut fur volumus condempnari.

Item si judeus receptum a christiano pignus per spatium unius anni tenuerit, si pignoris valor mutuatam pecuniam et usuram non excesserit, judeus judici suo pignus demonstrabit et postea vendendi habeat libertatem. Si quod pignus per annum et diem aput judeum remanserit, nulli super hoc postea respondebit.

Item volumus, ut nullus judeum super solutione pignorum in sua feriali die audeat cohercere.

Item quicumque christianus judeo per vim abstulerit pignus suum aut violentiam in domo ejus exercuerit, ut dissipator camere nostre graviter puniatur.

Item contra judeum nisi coram suis scolis nusquam in judicio procedatur, nobis exceptis, qui eos possimus ad nostram presentiam evocare.

Item statuimus, ut et judei de talento per singulas ebdomadas nonnisi octo denarios participant[5]) in usuris.

Ut autem hec nostra donatio gratiosa perpetuam obtineat firmitatem, super hoc presentes litteras conscribi jussimus et sigilli nostri munimine roborari, testibus, qui aderant, subnotatis, qui sunt venerabilis electus *Sckoweensis Ulricus*, *Lenprandus* tumprepositus *Pataviensis*, *Leupoldus* prepositus *Ardacensis*, magister *Lenpoldus* plebanus in *Wienna* prothonotarius noster, comes *Chunradus de Hardek*, comes *Leutoldus de Hardeke*, *Anshalmus* vir nobilis *de Justinge*, *Otto de Slcunz*, *Wernhardus* et *Heinricus*[6]) *de Seveld*, *Chadoldus*, *Hainricus de Prunne*, *Chunradus de Hutperch*, *Heinricus Habespach* pincerna. *Hainricus de Hakenperch*, *Chunradus de Sekine*[7] judex curie nostre et alii quam plures. Datum aput *Starchenberch* anno ab incarnatione domini M°CC°XLIIII° kl. julii, secunde indictionis.

[1]) recte vergit. [2]) recte reservabitur. [3]) sic, corrumpit fur clam. Vergl. Rössler, das altprager Stadtrecht S. 183. [4]) sic, recte judeos. Vergl. Rössler a. a. O. S. 184. [5]) sic, recte perciperint. [6]) Aus der Vergleichung mit den Zeugen des Stadtrechtes H. Friedrich's II. v. 1244. 1. Juli, muss hier supplirt werden fratres de Schowenberch Hainricus de (Sevelde) etc., wie es bereits Meiller in seinem Abdrucke gethan hat. [7] In dem obigen Stadtrechte de Zekinge.

Obwohl diese Rechtsordnung für die Juden von Herzog Friedrich II. sich nicht ausdrücklich auf Wien bezieht, so müsste denn eine solche ausdrückliche Beziehung in dem Ausdruck judei civitatis nostre judea wollte wohl die Kaiser Friedrich's II., vielmehr alle unter der Regierung des Herzogs vereinigte Länder umfasst, so ist doch nicht zweifeln, dass die Rechtsverhältnisse der Juden in Wien die Grundlage dieser Inconstituten bildeten. Geboten war die als Knechte zur Kammer des Herzogs, der seine Residenz zu Wien hatte. Sie konnten daher an diesem Orte schon wegen ihres inneren Zusammenhanges mit den kaiserlichen Satzungen nicht umgangen werden. Uebrigens ist diese Judenordnung eines der frühesten Beispiele von Landesordnungen und wurde theils allein, theils in Verbindung mit den Satzungen des Kaiser Friedrich's II. noch in diesem Jahrhunderte wörtlich von vielen Landesfürsten in ihren Territorien publicirt und im Laufe des XIV. Jahrhunderts und auch später erneuert und wiederholt. Sie bildete demnach in früher Zeit ein gemeines Judenrecht für einen grossen Theil Deutschlands, für Böhmen, Mähren, Schlesien und auch ausserhalb Deutschlands für Polen und Ungarn. Ueber diese einzelnen Judenordnungen sich Otto Stobbe, Geschichte der deutschen Rechtsquellen I., 572 ff. Uebrigens wurde sie von Kaiser Rudolf I. im Jahre 1277 ausdrücklich bestätigt. (Böhmer, Reg. Rud, Nr. 338).

X.

Stadtrecht Herzog Friedrich's II. für Wien.

1244, 1. Juli. Starkenberg.

Aus einem Pergament-Codex der kaiserl. Hofbibliothek zu Wien Nr. 352 f. 66 ff. Einziger Abdruck bei Meiller im Archive der kaiserl. Akademie X. 131—138. — Eine im Wesentlichen damit übereinstimmende deutsche Uebersetzung dieses Stadtrechtes für Haimburg von demselben Datum enthält eine Pergamenthandschrift des XIV. Jahrhunderts im Servitenkloster in der Rossau zu Wien f. 216'—225. Gedruckt in Senckenberg Vision. p. 268 Nr. 2 und von Meiller Archiv X. 138—145.

 n nomine sancte et indivudue trinitatis amen. *Friedericus* dei gratia dux Austrie et Stirie et dominus Carniole universis Christi fidelibus tam presentibus quam futuris in domino salutem in perpetuum. Gloria principum latius uberiusque per pacem et quietem subditorum elucescit, quando fama clementie et diligentia protectionis eorum extenditur in posteros. Salutem quoque merentur a domino, cum eos, quibus presunt, bonis et honestis consuetudinibus et institutis ab enormitatibus, quibus non solum corpora set et anime perduntur, cohibent et ad justitie tramitem conversationemque bonam et cuilibet proximo suo utilem juris severitate perducunt.

Hinc est, quod nos civium nostrorum Wiennensium devotionem petitionemque affectuosam pia animadvertentes consideratione donavimus ipsis ac posteris eorum et juxta consilium et ammonitionem fidelium ac ministerialium nostrorum perpetua statuimus donatione jura, per que clementer eorundem paci ac tranquillitati possit comode provideri.

1. Statuimus ergo, ut si aliquis civium, habens infra murum civitatis et fossatum ad valorem quinquaginta talentorum, de homicidio fuerit incusatus, aut casualiter in humilem personam perpetraverit, aut vim vi repellendo, quot vulgariter dicitur *notwer*, homicidium commiserit, tales non indigeat ulla pro se fidejussione, set a judice civitatis tribus edictis vel uno pro omnibus peremptorie citetur. Si vocatus venerit et si se hujusmodi incusationis voluerit ostendere inculpabilem, expurget se secundum, quod pax fuerit instituta. Si vero homicida confessus fuerit se homicidium perpetrasse vim vi repellendo, id est *notwerude*,

probet hanc, prout exigit ordo juris. Si probaverit, liber sit a judice et actore. Si non probaverit et aliquam personam humilem interemerit, habeat licentiam fugiendi, quocumque velit, per diem illum et noctem sequentem, et judex eum proscriptum pronunciet. Si post has inducias deprehensus fuerit, judicetur de eo. Si vero aliquem ex nobilibus terre occiderit, aut aliquem de familia nostra aut quemcumque alium, non vim vi repellendo, convictus secundum justitiam puniatur. Pacem itaque instituimus civitatis taliter, ut defensio proprii corporis, id est *notwer*, probetur cum viris idoneis et fide dignis pro mortuo, et secundum, quot pax fuerit instituta, pro vulnerato autem cum denominatis, id est cum XX⁰ personis honestis, quas judex accusato denominabit. Si autem homicida deprehensus fuerit in ipsa actione, id est *an der hauthaft*, cum sanguinolento gladio, et si judex hoc probare poterit cum duobus viris honestis et credibilibus, qui dixerint eum hoc homicidium perpetrasse, non vim vi repellendo, id est *unnotwernde*, capite puniatur. Si vero homicida legitimis ter vocatus induciis non venerit, judex eum proscriptum pronunciet, et due partes bonorum suorum stent in potestate uxoris sue et liberorum, tertia pars sit in potestate judicis. Si non habet uxorem et liberos, antequam in proscriptionem deveniat, disponat de illis duabus partibus, qualitercumque velit. Si decesserit, antequam in proscriptionem veniat, ita quod de rebus suis nichil disponat, due partes bonorum suorum reserventur annum et diem; et si infra terminum illum aliquis veniat, cui reddere debeat de bonis illis, sibi reddatur, dummodo hoc probare possit, quod ille, qui mortuus est, debitor suus extiterit. Quicquid autem ultra debitum remaneat, pro anima ipsius inpendatur. Si autem homicida non habet nec potest ostendere infra murum civitatis valens L talenta et tamen fidejussorem pro se invenire poterit, ille fidejussor fidejubeat pro eo sub periculo et perditione proprie persone. Sed si fidejussorem habere non poterit, judex capiat eum et teneat, donec judicet de ipso, sicut justum fuerit. Quicquit autem de rebus homicide ordinatum sit, si homicidium notorium fuerit, nec ille negare quiverit, talis capite puniatur. Item si reus homicidii ad judicium vocatus contumax fuerit et ob hoc proscriptus vel jam proscribendus fuerit, medio tempore de rebus propriis mobilibus et inmobilibus nullam ordinandi habeat facultatem. Cum uxore et filiis disponat quod velit, et res sue sub testimonio trium idoneorum virorum a judice civitatis fisco nostro applicentur. Si cuiquam debuit aliquit, antequam hoc maleficium perpetraret, solvatur ei de rebus illis, si probare quiverit bono testimonio, quod ille debitor suus extiterit. Et si quit de rebus illis superfuerit, due partes cedant uxori et filiis, tertia nostro judici.

2. Si aliquis vulneratus fuerit adeo, quod ad judicium venire non potest, et si putatur non posse evadere, et si reus hujus facti ad judicium venerit, judex teneat ipsum captivum, donec videat, si vulneratus possit evadere nec ne. Si autem aliquis velit fidejubere pro ipso, fidejubeat pro eo pro L talentis, donec ille convaleat vel moriatur, et secundum hoc tunc emendet.

De vulnerantibus autem sic. Si quis civium alicui amputaverit manum, vel pedem, vel oculum aut nasum, aut aliquot nobile membrum, judici det X talenta, ei qui dampnum recepit totidem. Si vero is, qui dampnum fecit, denarios habere non poterit, judicetur de ipso secundum legem: videlicet oculum pro oculo, manum pro manu, et sic de ceteris membris. Si talis voluerit fieri inculpabilis, probet innocentiam suam, sicut pax est instituta. Si talis persona fuerit, ipsum etiam volumus judicare. Quicumque aliquem ita vulneraverit, quod patiatur detrimentum membrorum quod dicitur *lem*, hic det judici quinque talenta et vulnerato V talenta, vel eodem modo puniatur. Si magne et honestiori persone id acciderit, nostrum etiam non desit judicium. Si autem quis quempiam temerarie cecaverit, hic nonnisi nostro puniendus judicio reservetur. Item quicumque alteri amputaverit digitum vel ita vulneraverit, quod patiatur detrimentum membrorum, quod dicitur *lideschart*, judici det tria talenta, ei, qui dampnum recepit, tria talenta. Si denarios habere non poterit, eodem modo puniatur vel expurget se, sicut pacem instituimus. Si talis persona fuerit, nostram etiam obtineat gratiam. Si quis autem aliquem vulneraverit ita, quod vulneratus convaleat videlicet tantum simplici vulnere, vulnerato det duo talenta, judici duo talenta. Si denarios habere non poterit, decalvatus et decutatus verberetur coram judice, non ibi, ubi fures verberantur, vel liberetur, sicut pax instituta. Si vero aliquis citatus legitime inpetitur, quod alium vulneraverit sine lesione tamen membrorum nobilium, id est tantum simplici vulnere, et ille e converso proponat defendendo se ipsum hoc fecisse, ille cum quatuor aliis ex viginti a judice denominatis juramento calumpnie, adjuncto sibi alio viro idoneo, se expurget. Si se non expurgaverit, emendet judici, sicut justum est. Si quis vulneratus fuerit in crepusculo vel in nocte, ipsi, de quibus suspicio fuerit, quot alium vulneraverint, si tantum in bonis non habent, ut suficiant ad emendam, vel non habent fidejussorem, a judice usque in crastinam detineantur, et in mane vulneratus ipsos suspectos coram judicio conveniat, juramento calumpnie ab ipso actore cum sealtero prius prestito. Et si vulneratus pre nimia debilitate corporis ad judicium venire nequiverit, due idonee persone cum nuncio judicis ad eum veniant, et in stratu egritudinis ab eo et alio aliquo idoneo accipiant calumpnie juramentum.

3. Volumus itaque, ut a nullo recipiatur juramentum, quod dicitur *vernit*, nisi ille et aliüs secum juret. Item vorait non prestabitur extra judicium, set tantum in judicio, nisi sicut supra dictum est, si vulneratus fuerit adeo debilis, et si incusatus, super quem taliter est juramentum, velit se expurgare, judex denominet sibi X homines sue professionis, et decem alios viros honestos, ut ex omnibus illis incusatus eligat IIIIᵒʳ, ut ita ipse cum quatuor aliis sibi adjunctis se expurget. Si denominatos habere non poterit, expurget se, ut juri videbitur expedire. Si vero incusatus dicit, quod, quando maleficium hoc, de quo incusatur, accidit, ipse tunc fuerit in alio quocumque loco, si hoc probaverit per tres viros honestos, quibus id constat, absolvatur.

4. Statuimus, ut quicumque aliquem bonum hominem, qui non est nobilis homo, cedat fustibus, judici det duo talenta, et ceso duo talenta, vel expurget se, sicut pax est instituta. Si honestiori persone acciderit, nostrum etiam judicium non evadet. Si aliquis infra murum ad triginta talenta habens fustibus cesus fuerit, cedens judici det quinque talenta, ceso quinque talenta, insuper obtineat gratiam nostram. Si autem aliquis verberet inhonestam personam aliquam, scilicet garziones, vel leves joculatores, qui verbis vel aliqua indisciplina hoc erga ipsum meruerunt, si hoc probaverit, nichil det judici, verberato etiam nichil preter tres plagas, quas cidem hilariter superaddat. Si vero quis alicui domestico, qui non est de honestioribus et divitibus unus, percusserit alapam, judici det quinque talenta, percusso quinque talenta. Si talis fuerit, optineat etiam gratiam nostram. Si autem servienti vel alicui leviori persone percusserit alapam, judici det LX denarios, verberato LX denarios. Si vero is, qui alapam percussit, probabit, quod alter erga ipsum meruerit qualicumque indisciplina, et licet idem, qui percussus fuerit, sit vir aliquantulum honestus, judici tantum det unum talentum, et illi nichil. Si autem fuerit serviens vel aliqua persona levissima, judici det LX denarios, ceso nichil. Si vero is, qui alapam recepit sanguinolentus appareat, et alter, qui eum percussit, probabit, quod eum

tantum manu percussit, nichil inde, nisi ut de simplici alapa, judicabitur. Si quis autem servum suum vel ancillam percusserit sine armis ita quod sanguinet, judici propter hoc non respondebit.

5. Quicumque pro quacumque causa in proscriptionem venerit, et inde exire volens, dignam actori satisfactionem coram judicio exhibere voluerit, et ille renuerit, absolvatur. Si quis vero in facto illo usque secundam proscriptionem, que dicitur *acerucht*, perseveraverit, non absolvatur absque actoris assensu et voluntate.

6. Quicumque civium incusatus fuerit, quod scienter proscriptum aliquem hospitio receperit, expurget se suisolius juramento, et sit liber. Sin autem: judici det X talenta. Si denarios habere non poterit, manus sibi amputabitur. Si autem ille datis X talentis iterato proscriptum eundem servaverit, et hoc judex cum septem vicinis illius probaverit, persona sua et res in nostra stent potestate. Sin autem: suisolius juramento se expurget.

7. Item si quis aliquem in quacumque causa vel lesione offenderit, et ille debitam satisfactionem et statutum pene propter hoc coram judicio sibi exhibere voluerit, et ille, videlicet passus injuriam, contumaciter renuerit, judex accipiat statutum illud, et per quatuordecim dies ter sibi offerat testimonio duarum vel plurium personarum; qui si infra terminum illum non receperit, judex redigat id in usus suos, et lesus ille contumax teneatur nobis in XXX talentis. Si denarios non habuerit, proscribatur. Si in proscriptione deprehensus fuerit, manus sibi amputabitur.

8. Statuimus etiam, quod quicumque virginem vel mulierem honestam vi oppresserit vel rapuerit, et illa infra XIIII dies testimonio duorum credibilium virorum se clamasse probaverit, cum opprimeretur vel cum raperetur, convictus plectatur sententia capitali. Sed si illa in probatione defecerit, ille, contra quem agit, solus se expurget prestito sacramento. Si vero infra XIIII dies mulier eadem, sue potestatis constituta, querimoniam non moverit, postea non audiatur. Si mulier aliqua communis conqueratur se vi oppressam et probaverit, eidem sicut alii etiam honeste justitia impendatur.

9. Volumus quoque, ut unicuique civium domus sua sit pro munitione, et commansionariis suis, et cuilibet fugienti vel intranti domum. Nullus ad domum alterius invadendam vel alias in civitate ad pugnandum cum arcu vel balista accedat. Qui contrarium fecerit, si habet domum, illa nobis cedat, vel redimat eam a nobis pro tanto etiam, quantum valet. Si domum non habet, amputetur sibi manus, vel redimat eam cum X talentis. Item si alicujus domus invaditur, licet ei defendere eam omnibus modis, quibus potest, preter arcus et balistas. Qui contrarium fecerit, det nobis X talenta. Quicumque ergo temeritatem illam, sive invasionem domus, que dicitur *hainsuchunge*, casualiter exercuerit, cum dominus domus illius, propter hoc querimoniam super cum movens, ipsum cum juramento suimet et alius ad hoc deduxerit, quod sibi respondere tenebitur, oportet, quod ipse suam probet innocentiam, adjunctis sibi quatuor viris idoneis. Si se expurgaverit, liber sit; sin autem: judici det duo talenta, domestico, cujus domum invasit, duo talenta. Si aliquem vulneraverit in domo illa, det judici tria talenta, hospiti tria talenta, vulnerato duo talenta. Si denarios non habet, manus sibi amputabitur. Si vero non casualiter, set sponte et premeditatus, assumptis aliquibus amicorum suorum, invasionem domus exercuerit, judici nostro solvat justitiam suam supradictam, et nostrum super hoc experiatur judicium.

10. Item statuimus, quod judex non judicet quemquam, nisi ille sit presens, qui deponat querimoniam super illum, vel nisi judex testibus probare possit talibus, qui non sint

28

homines vel subditi sui, quod antea aliquis ei deposuerit super illum querimoniam. Preterea si aliquis faciat querimoniam de alio, et ille, qui conqueritur, postea velit dissimulare, occultam faciens secum compositionem, que dicitur *halsnone*, judex debet eum cogere, ut querimoniam suam prosequatur. Si noluerit eam prosequi, solvat judici penam, id est *wandel*, quam reus solvere debuerat.

11. Volumus etiam, quod, si aliquis intret civitatem, ut defendatur ab inimicis suis, si inimici sui velint eum capere vel occidere in civitate. Cives, qui eum ab inimicis suis libera verint, non respondebunt judici pro hoc facto, etiam si in defendendo illum inimicis propter importunitatem ipsorum, ut in tali strepitu fieri solet, a burgensibus aliquod dampnum acciderit. Item si aliquis intret in civitatem, ut civis efficiatur, burgenses debent eum tueri ab omni violentia usque ad presentiam nostram.

12. Pugna vel rixa orta in civitate, quicumque illuc, ut fieri solet, cum armis vel sine armis concurrerit, si incusatus fuerit, quod causa pugnandi illuc venerit, et ipse dicit, quod tantum causa sopiendi rixam illam et concordiam faciendi advenerit, si hoc suisolius juramento confirmare poterit, liber sit ab actore et judice; nisi forte visus sit illic cum aliis pugnare: tunc ejus non recipiatur juramentum. Si aliquis civium inculpetur, quod vel hospes suus vel amicus ejus, aut aliquis de familia sua de domo sua vel in domum aliquid maleficium perpetraverit, si juramento suisolius se in hoc inculpabilem ostenderit, absolvatur. Sin autem: judici det tria talenta.

13. Quicumque dixerit alteri fili meretricis, judici det LX denarios. Si denarios non habuerit, verberetur et decutetur, non ubi fures ceduntur. Si vero tanta ac talis persona fuerit, nostro etiam ipsum volumus astare judicio.

14. Si quis convictus fuerit cum septem viris honestis et credibilibus, quod falsum testimonium perhibuerit, abscindatur ei lingua, vel redimat eam X talentis, et quem falsitate dampnificavit, illi dampnum suum emendet

15. Qui dominum deum et sanctos suos vituperaverit, abscindatur ei lingua, et non liceat sibi redimere cum ullo pretio.

16 Item qui cultellum longum, qui dicitur *stehmezzer*, infra caligam vel alias apud se ubicumque latenter et furtive portaverit, judici det X talenta vel manum amittat.

17. Ad devitandas etiam cavillationes impiorum et perjurorum testium falsitatem, nec non et eorum improbitatem, qui justa et digna facta hominum lapsu temporum injuste solent retractare, statuimus centum viros in civitate fideliores de singulis vicis et prudentiores, quorum nomina in cartula speciali notata juxta privilegium hoc quod semper habeantur, et si unus illorum moriatur, alter statim communi consilio in locum suum substituatur. Hos ad hoc instituimus, ut omnis emptio et venditio, pignoratio, donatio prediorum, domorum, vinearum vel quarumcunque rerum, que estimate fuerint ultra tria talenta, et quodlibet negotium arduum et memoria dignum coram duobus vel pluribus illorum centum virorum celebretur et agatur. Quicumque ergo civium ex hiis centum testibus habuerit duos, quorum unus moriatur, hic cum illo solo superstite et alio quocumque credibili viro testificetur. Denique quicumque illorum centum testium noluerit coram judicio vel alibi coram ecclesia esse testis alicujus de re, quam novit, judex compellat eum ad testimonium ferendum. In quo si contumax fuerit, et alius per eum sit dampnificatus, volumus, ut in penam contumacie ille dampnum suum emendet, judici jus consuetum

18. Inhibemus etiam, ne qua vidua bona puerorum suorum, que hereditarie eos contingunt, velit conferre alteri viro, quem postea duxerit. Nec vir talis possit ferre testimonium super bonis talium puerorum, qui ad annos nondum pervenere discretionis. Si quis vero testimonio duorum vel plurium de illis centum testibus per civitatem constitutis probaverit, quod mater vel amici puerorum, dum jam discretionis aripuissent annos, voluntate et assensu eorum sibi bona illa foro vel aliquo pacto congruo contulerint, ipsum bona talia quiete possessurum censemus.

19. Statuimus etiam, quod quicumque civium moriatur, si uxorem habet vel liberos, judex se non intromittat de bonis vel de domo ipsius sed sint in potestate uxoris et liberorum. In arbitrio quoque sit vidue non nubere vel nubere cuicumque velit, quod nemo inde habeat aliquid facere, dummodo nubat civi et non militi. Si vero sine licentia nostra militem duxerit, persona sua et res in gratia et potestate et voluntate nostra persistant. Id ipsum statuimus etiam de filia vel nepte cujuslibet civium, quod et de vidua.

Si autem is, qui moritur, non habet uxorem vel liberos, in ordinatione ipsius consistant bona sua. Qui si decesserit absque testamento et ordinatione rerum suarum, bona sint proximi heredis sui, si locatus fuerit infra terminos nostros. Si vero sit heres extraneus, nichil cedat ei, nisi se stabiliter transferat in civitates nostras vel super alia bona nostra in Stiria (sic), set omnia nobis cedant.

20. Item volumus, ut undecumque venerit advena, si moriens aliquid de rebus suis ordinaverit, rata ejus maneat ordinatio. Hospes ejus, in cujus domo moritur, statim summam bonorum suorum coram civibus et judicio manifestet, et si quid fraudulenter fortasse reticuerit de bonis illis, eorundem tamquam fur reputetur. Si vero moriens nichil ordinaverit, cives bona custodiant defuncti annum et diem, infra quod quidem spatium, si aliquis venerit, qui se heredem vel socium vel creditorem legitime ostenderit, eidem absque contradictione assignentur bona defuncti, que eum contingunt. Si autem nemo venerit, due partes bonorum illorum nos contingunt, tertia pars detur pro anima illius. Et ubicumque advena velit sepeliri, liberum habeat arbitrium.

21. Statuimus etiam, ne advena aliquid testimonium possit ferre super civem nec civis super advenam cum hiis, qui dicuntur *litchenfar*, quin habent alios testes honestos cum illis.

22. Volumus etiam, ut, si advena civi vel civis extraneo aliquid vendat, et alter pro bono recipiat, judex nichil inde judicet, quin alter eorum ei faciat querimoniam

23. Nulli civium de *Saxvia*, vel de *Ratispona* vel de *Patavia* liceat intrare cum mercibus suis in *Ungariam*. Quicumque contrarium fecerit, solvat nobis duas marcas auri. Nemo etiam extraneorum mercatorum moretur in civitate cum mercibus suis ultro duos menses nec vendat merces, quas adduxit, extraneo set tantum civi. Et non emat aurum neque argentum. Si habeat aurum vel argentum, non vendat nisi ad cameram nostram.

24. Ex cujuscumque civium domo ignis vel incendium exortum fuerit, ita ut flamma ultra tectum domus illius conspiciatur, ille judici dabit unum talentum. Si vero domus eadem tota exusta fuerit, judici nichil solvat, set sufficiat sibi proprium dampnum.

25. Item aput quemcumque in civitate inventa fuerit injusta mensura ultra vel citra, quod nos statuimus, que dicitur *haune*, vel injusta ultra, vel injustum aliquod genus ponderis, judici solvat quinque talenta. Si talis persona fuerit, nobis volumus, ut emendet.

26. Placet etiam, ut pro quacumque causa judex civitatis lucretur unum talentum, subjudex et preco ab eo, qui illud dederit, habeant XXX^ta denarios. Si judex habuerit dimidium talentum, ipsi accipiant ab eo XV denarios, et sic de magno et parvo, secundum quod provenire potest.

27. Denique statuimus, ut XXIIII^or civium, qui prudentiores in civitate inveniri poterunt, juramento confirment, quod disponant de mercatu et de universis, que ad honorem et utilitatem civitatis pertinent, sicut melius sciverint; et quicquid idem in hoc agant et disponant, judex civitatis nullo modo audeat irritare; sed quicumque in aliquo contra illorum XXIIII^or statuta fecerit, solvat judici penam ab ipsis institutam, et hii XXIIII^or quanto sepius conveniant pro disponendo statu civitatis.

28. Quicumque deprehensus fuerit in adulterio cum uxore alicujus viri secularis, judex non judicet sed plebanus hujus civitatis.

29. Super hec omnia statuimus, ut nullus vinum Ungaricum terminis civitatis, qui termini vocantur purchfride, inducere debeat ad vendendum.

30. Specialiter autem omnes mercatores nostros et alienos cum suis mercibus nostrum dominium intrantes in specialem protectionem recipimus et favorem, ipsos et eorum amicos et posteros ipsorum favorabiliter promoturi.

Ut autem hec nostra donatio tam a nobis quam a successoribus et posteris nostris in perpetuum rata et inviolata permaneat, presentem paginam super hoc scribi sigillique nostri karactere roborari subscriptioneque testium, quorum nomina sunt hec, perenniter jussimus comuniri: Venerabilis electus Sekoviensis Ulricus, Liuprandus tumprepositus Pataviensis, Liupoldus prepositus Ardacensis, magister Liupoldus plebanus Wiennensis prothonotarius noster, comes Chunradus de Hardecke, Liutoldus de Hardecke, Ansalmus vir nobilis de Justinge, Otto de Sleunze, Wernhardus et Heinricus fratres de Schouenberch, Heinricus de Scevelde, Chadoldus de Paumgarten, Heinricus de Prunne, Chunradus de Hiutperch, Hainricus de Habesperch pincerna, Hainricus de Hackenberch, Chunradus de Zekinge et alii quam plures. Datum aput Starchenberch anno ab incarnatione domini M°CC°XL.IIII° kalendis julii, secunde indictionis.

XI.

Erneuerung des **Freiheitsbriefes** Kaiser **Friedrich's** II. für Wien vom April 1237.

1247, im April.

Original nicht mehr vorhanden. Gedruckt bei Lambacher: Oesterr. Interregnum. Urkundenb. II. S. 10—14.
P. Hanthaler: Fast. Campil. II., 842.

 ridericus secundus dei gratia Romanorum imperator semper augustus, Jerusalem et Sicilie rex etc. Justis fidelium nostrorum petitionibus condescendere cogimur, quas, nisi favorabiliter audiremus, quod juste petitur, non obaudire per injuriam videremur. Eapropter noverit tam presens etas quam futura posteritas, quod cives Wiennenses fideles nostri culmini nostro attentius supplicarunt, quod, cum dudum inter excellentiam nostram et Fridericum, quondam ducem Austrie et Stirie aborta discordia, dum iidem cives ex fervore devotionis, quam ad celsitudinem nostram gerebant, magnificentie nostre, abdicato ejusdem ducis dominio, constanter et fideliter adheserunt, tradentes in manibus nostris civitatem Wiennensem cum rebus suis pariter et personis, quodam privilegio nostro ipsos et civitatem Wiennam duximus muniendam, idemque privilegium per ducem memoratum, postquam gratie nostre reformatus civitatem Wiennam de consensu et voluntate nostra recuperavit, sublata in ea aurea bulla nostra, qua insignitum exstitit, fractum fuerit, ipsum eis privilegium, civitate ipsa post obitum ejusdem ducis ad nostrum et imperii dominium libere devoluta, innovare de nostra gratia dignaremur, cujus tenor per omnia talis est:

Hierauf folgt das Privilegium Friedrich's II. für Wien, wörtlich inserirt.

Nos igitur, qui fidelium nostrorum merita irremunerata transire non patimur, suprascriptum privilegium nostrum de verbo ad verbum insertum de imperiali preeminentie nostre gratia duximus innovandum. Acta sunt hec dominice incarnat. millesimo ducentesimo quadragesimo septimo, mense aprili, quinte indictionis etc.

XII.

Marktordnung für den Verkauf der Lebensmittel.

Nach der Handschrift der kaiserl. Hofbibliothek zu Wien Nr. 352 f. 70. Die Varianten nach der ebenfalls daselbst befindlichen Handschrift Nr. 2733 f. 104.

 ec est forma institutionis, que fit per civium arbitrium annuatim tempore, quo denarii renovantur, pro rerum venalium qualibet emptione. Primum est, quod burgenses meliores, quorum consilio tota civitas regitur, in simul conveniunt consedentes, et in quocumque statu anni bono sive caro fore sciverint et viderint universa victualia, sic juxta modum eorum prudentie forum statuunt et exponunt, et omnem institutionis inventionem cujuslibet rei, quam eorum rationis ordo dictaverit, conscribi faciunt littera speciali et missis ex eis duobus aut tribus civibus cum . . . [1] proclamando sub obtentu gratie domini regis[2] magistrique monete nec non judicis civitatis faciunt firmiter observari, talem apponentes conditionem, quod, quisquis[3] formam totius institutionis infringere presumpserit ausu temarie, pena, que per eos statuta fuerit, punietur. Forma vero penarum hec est. Quicumque mensuram vini medonisque statutam infregerit, dabit I tal. et XII dn. Ex hiis dimid. tal. cedet judici civitatis, et ad opus civitatis dimidium tal. assignabit, residuos vero XII dn. posteriori judici noverit se daturum. Is autem, qui mensuram cervisie non servaverit deputatam, summo judici et posteriori judici dabit LXXII den. pro emenda. Panifices quoque, qui violaverint hoc statutum, proiciuntur in lutum, nisi tunc ex emptione pecuniaria per gratiam judicis et civium exsolvantur. Item carnifices, qui transgressores extiterint hujus mandati, pena vini prehabita punientur. Item quicumque cassaverint institutionem pullorum, anserum, caseorum, ovorum, piscium et cancrorum et horum consimilium, illis universa, que aput eos in foro reperta fuerint, recipientur, et media pars dabitur judici civitatis, altera pars assignabitur provisori, qui de jussu ac favore civium hujusmodi speculetur[4]. Item calcifices, pellifices, corriatores, textores et tenatores[5] corriguntur secundum discretionem et arbitrium civium predictorum. Hanc autem formam institutionis dum ad festum sancti Egidii sub edicto penarum prescriptarum duximus jugiter observari. Preterea quocquo spatio temporis anni civitas ingruente necessitatis articulo defectum patitur aut jacturam, ad informationis correctionem civium premissorum reformabitur iterato.

---

[1] Diese Lücke auch im Codex 2733. [2] statt et regis» ducis Austie. [3] quicumque. [4] Die Handschrift 352 . . . aus Missverständniss des Testes cividium und specialiter. [5] Tenator oder tannator Gerber.

*

Die Hinordnung dieser Marktordnung in diese Zeit rechtfertigt sich durch ihren Inhalt, der auf ein solches Stadium der städtischen Verfassung hinweist, wie sie nur unter den Babenbergern oder höchstens unter König Ottokar . . . haften . . . Wechsel in den Ausdrücken dux und rex in den zwei uns erhaltenen Abschriften . . .

XIII.

Die **Wiener Bürger** ertheilen dem Kloster **Heiligenkreuz** das Recht, eine gewisse Quantität **Wein** in Wien einzuführen und zu verkaufen.

1270, 1. August. Wien.

Aus der Originalurkunde mit anhängendem Bürgersiegel im Archive des Klosters Heiligenkreuz. Abschrift im Eisenbuche f. 20. Gedruckt Fontes. X. 34, dann Pez, Thesaur. VI. II. 118. Nr. 209.

 uoniam ex variis temporum successibus antiquorum statuta facta et dicta, quasi non fuerint, per varios casus in memoria non habentur, ideo per attestationem multorum ipsa jura servantur. Hinc est, quod nos *burgenses in Wienna* fratribus monasterii *Sancte Crucis* attestationem plenam juxta donationem, liberalitatem et indulgentiam principum eis indultum esse et perpetualiter concessum LXXII carratas vini inducendi et vendendi absque omni exactione et gravamine et omnia jura, que nos habemus et ministeriales terre intus et extra, ipsos habere verissime agnoscimus. Ut autem hec attestatio nostra et approbatio per successores nostros non minuatur aut infringatur, presenti scripto sigillum nostrum apponimus, nomina nostra eidem paginule per testimonium inserendo. Testes sunt *Otto de Foro, Hainricus de Gotcusveldc, Dietmarus de Schönchirchen, Otto* filius *Haymonis, Chuno* quondam magister monete, *Paltramus* ante cimeterium, *Wernhardus Speismaister, Rudegerus* et *Paltramus* fratres an dem Wytmarchte, *Dietricus* an der Hochstrazz, *Paltramus Vatz, Seyfridus Leubel, Wilhelmus* dictus *Scherant, Ulricus* et *Chuno* fratres, *Chunradus* dictus *Hesner* et alii quam plures. Datum *Wienne* anno domini MCCLXX kalendis augusti.

I.

XIV.

König **Rudolf's** Privilegium für die „**Hausgenossen**" in Wien.

1277.

Die lateinische Originalurkunde nicht mehr vorhanden. Zwei von einander nicht unwesentlich abweichende Uebersetzungen, die eine aus zwei Handschriften: einer von Seitenstetten aus dem XV. Jahrhundert f. 146 - 149 und einer Münchener Handschrift des XIV. Jahrhunderts, Cod. germ. 1113, Kat. civ. 229 f. 28—29', die andere aus dem Münzbuche Albrecht's von Ebersdorf im k. k. Staats-Archive in Wien Nr. 420. Suppl. f. 24' LVI. Gedruckt von Karajan im Oesterreichischen Geschichtsforscher, herausgegeben von Josef Chmel I. S. 467—472. Mit Varianten nach der Bestätigungs-Urkunde Herzog Albrecht's vom Jahre 1291. Im Münzbuche f. 28'. Die Uebersetzung der ursprünglich lateinischen Urkunde rührt vom Herzog Albrecht her.

A.

 ir *Rudolf* von gottis genaden, Romischer konig, zu allen zeiten merer des reichs etc. verichen und thun kund mit disem brief allen den, die in lesen oder horen lesen, die nu lebend und hernach kunftig werend [1], das unser lieb getreuen, die hausgenossen zu Wienn unser gnad vleissiglichen paten, das wir in ire recht, die sie haben gehabt von dem edeln herzog *Leupolten* und herzog *Fridericlien*, die auch etwon fursten in Oesterreich gewesen sind, sunderlich bestetten und bewereten mit unser hantfest [2], die sie haben gehabt von den genannten fursten, und [5] die recht derselben hantfest, als hernach geschriben stet:

Das erst, das wir wellen, das die hausgenossen und all ir diener, die sie [4] zu der munz helfen, all gemainiglich [5] gehorend in unser kammer, der genaden sullen sie [6] ewiglich geniessen mit steter und [7] so getaner beschaidenhait, das chain [8] landrichter noch [9] ainvaltiger richter [10] uber die vorgenanten hausgenossen noch uber ir gut kain sach nicht zu richten haben, dann [11] allain der statrichter, ob sie ein frevel begingen, der [12] an dem frid der stat [13] tref [14], und umb chain andre sach man sol sie [15] beclagen vor niemant anders, dann vor dem munzmaister: vor dem sullen sie antworten. Es sol auch der kamrer des lands den vorgenannten hausgenossen, ob sie so getane not angieng, ir recht vordern und helfen vor [16] dem fursten des lands uber die sach, die sie zu clagen haben.

Das ander [17] ist das [18] chaufen oder verchaufen golt, silber oder alt phenning, dann allain die hausgenossen. Wer aber, das jemand das gepot uberging, es weren cristen oder juden, des leib und gut sol man antworten dem fursten des lands und dem munssmaister.

Es ist auch mer ein recht: ob ain gesell von der munss phenning bring in die schlachstuben [19], die sol er tragen auf die haut, die darzu gehort, und sol damit nichts zu schatten haben, unz das sie versucht und bewert werden von dem munssmaister; so sie dann versucht und bewert worden sind, so mag der vorbenante hausgnos das gelt tragen an die [20] wechsel und mag dann [21] sitzen mit seinen [22] gesellen, oder wen er mag gehaben von dem urlaub des munssmaisters oder [23] ander [24] hausgnossen. Wer auch dann, das ainer zu im kömb an die [25] wechsel, der ein velscher oder abprecher seiner eren war, und wolt versuchen sein phenning und sein gold²⁶), ob icht valsch daran wer, das zimpt im nicht ze thun, dann²⁷) allain, das der²⁸ phenning mit offner, und mit aufgerichter²⁹ hand gezaigt³⁰) wird³¹, und nicht anders.

Es sol auch kein hausgnos weder silber noch alt phenning verkaufen, sunder³²) sie sollen es pringen in den nutz der munz; wer des nicht entet, des hausgnosschaft sol ledig sein, also das man sie furpas niemand³³) leihen³⁴) schol³⁵). Sie mugen aber friescher und ander phenning gewonlich munz, werchgolt³⁶), guldine oder silbreine trinkvas oder andre clainet wol verkaufen³⁷), nach seinem³⁸ freien³⁹) willen, und mugen es auch geben, als¹⁰) es wert ist in deu kamer des fursten oder mugen es verkaufen⁴¹) mit gunst und willen des munzmaisters.

Wir wolen auch, ob einer under den hausgenossen oder ire¹²; diener⁴³; kom auf frembde jarmarkt⁴⁴, und wolt⁴⁵) pfenning wechseln und wirt der⁴⁶) pfenning beraubt, die sol man im widerkeren von der fursten kammer so zuhant¹⁷, wann¹⁸ es bewert wirt mit¹⁹; der münz⁵⁰). Man sol auch beweren⁵¹) zal derselben pfenning, und wann die vorgenanten hausgenossen von unsern vorvordern mit sundern genaden begabt sind, (wellen wir dieselbe genad nicht krenken, was in von unsern vorgesprochen vorvordern gesetzt ist)⁵².

Wir wellen und setzen: wo ir einer an frembden merkten sei in⁵³ dem wechsel, und⁵⁴) von ungluckh oder von geschicht geschach, das er jemant⁵⁵; wundet (oder schlug tod;⁵⁶), das der richter desselben markts oder stat, do⁵⁷) es geschicht, des guts, das in die kammer gehort, in nichts⁵⁸) berauben sol, sunder er sol in mit den pfenningen, die zu der egenanten⁵⁹) kammer gehoren, senden dem munzmaister und den hausgenossen gein Wienn, da sol dann der munzmaister⁶⁰) richten (umb sein recht, und der statrichter⁶¹, umb die wunden oder⁶²; todschlag richten⁶³).

Wir wellen auch, das in allen (steten oder⁶⁴; merkten, die zu dem land gehorend, niemand⁶⁵ sol wechseln, dann⁶⁶) allain die hausgnossen. Sie sullen auch dem richter desselben markts (oder der stat⁶⁷) nicht mer geben dann zwen und sibenzig pfenning zu marktrecht, (und nicht mer)⁶⁸.

Wir wellen auch: welch⁶⁹) graven, freien und dienstherren ir merkt emphelhen⁷⁰, von niemant wechseln dann von den hausgenossen, dann⁷¹ allain die merkt, die sunderlich⁷² zu der fursten kammer gehorend. Wer aber, das der hausgnossen ainer an frembder stat hiet valsch pfenning oder falsch gold oder andre ungerechtigkait, umb dieselben ungerechtigkait sol in der richter desselben markts oder stat nit bekumern, sunder er sol in senden mit leib und mit gut dem munzmaister gein⁷³) Wienn⁷⁴.

Wir wellen auch: wann von recht den munzmaister angepurt zu richten uber valsch, das chain richter in dem land gegen velschern nicht zu richten⁷⁵ hab, sunder sie antwurt mit allem dem valsch, den man bei im vindet, wo man sie begreift in dem land, dem munzmaister gen Wienn (sul antwurten).

Wir wellen auch, das der hausgnossen nicht mer sein dann acht und vierzig, und setzen und wellen: ob jemant wolt kemmen⁷⁶) zu der obgenanten gesellschaft, das sol geschehen mit der hausgenossen aller guten⁷⁷ willen, und nicht anders.

Wir wellen auch, ob der furst des lands pfenning wolt verneuen mit ainem ainfalten⁷⁸ eisen, das sol nindert geschehen, dann zu Wienn, zu der Neumstat, zu Enns, und sullen auch der eisen⁷⁹ mit gutem vleis die hausgnossen.

Wir wellen auch, das sie die besunder genad haben von uns, als herkomen ist von unsern vorvordern, und setzen: Ob ein schedlich oder ein unschedlich mensch fluchtig wirt zu der schlachstuben, wenn es kumbt zu[89]) der tur derselben stuben, so sol es furpas niemant (bechumern), dann der munzmaister; an demselben willen stet es, ob er in dem gericht will antwurten oder selbs behalten, dieselben gnad geben wir auch den obgenanten hausgnossen und iren heusern.

Wir wellen auch, das des fursten marschalh oder chain richter chain gast leg in eins hausgenossen haus, es sei dann sein guter will.

Wir wellen[81]), das der munzmaister hab silberprenner nach seinem willen, wievil er well. Dieselben prenner sullen das geprent silber geben in unser kammer bei irem aid; und ob man sie dann[82]) icht ungerecht vindet, so sol man sie pessern an leib und an gut.

Wir wellen auch, das niemants anders silber prenn, dann der oder die der munzmaister darzu schafft und setzt; wer es daruber thut, dem sol man die ess zuschlahen[83]), und sol zu pein[84]) geben II d.[85]); wer aber das er der phenning nicht hiet[86]), so schlag man im einen daumen ab.

Wir wellen auch, das niemant (kainerlai gewicht nicht hab)[87]), dann[88]) phuntglot, dann[89]) allain die hausgnossen: die mugen wol haben manigerlei[90]) gelot.

Wir wellen auch nach einer alten gewonhait, das ein petlicher[91]) hausgnoss an seiner erben willen mog sein hausgnosschaft[92]) verkaufen und versetzen, wem er will. Wer aber, das der hausgnossen einer starb an geschefft, so sol dieselb hausgnosschaft werden seinem eltern sun; hiet er aber chainen sun, so gevall auf die eltern tochter; hiet er nicht tochter, so gevall auf sein hausfrauen; hat er nit ein hausfraun, so gevall auf sein nachsten erben; und ob derselb[93] den[94]) hausgenossen nicht geviel zu einem hausgnossen, so sol er dasselb[95]) hausgnossenschaft verkaufen nach der hausgnossen rat.

Wir wellen auch, wer zu munzmaister wirt gesetzt, das[96] der einkauf golt, silber, alt pfenning, nachdem und es den hausgnossen gesatzt ist, nicht ubersteigen sol.

Wir wellen auch: welcher unter den[97] hausgnosschaft hat freilich[98]) an alle clag ain jar; kem[99] ainer, der bei im in dem land wer gewesen[100] und hat in nicht beclagt und wolt in darnach nach jarsfrist peclagen und hat doch gehabt die jar seins alters, so sol man in (mit nichte)[101] horen.

Wir wellen auch: ob icht krieg wurden under[102] den schaffern unser kammer und von den, die gut sullen gelten in die kammer, wie die genannt sind, welich beweren mugen[103]) gen einander, das sie recht haben, die sullen das thun mit zweien schaffern[104] unser kammer; ob[105] man jemant gut leicht von der kammer; gilt er des nicht zu der zeit, als er es solt gelten, so sol in der obrist kämmerer[106] oder der munzmaister schaffen[107] darzu zwingen, das er das gelt recht und redlich gelt. Ob aber das wer, das der obrist kammerschaffer[108] das nicht thun mocht, so soll es thun der kamrer des lands zu Oesterreich; und wann die hausgenossen all in unser kammer gehoren, so wellen wir, das sie dieselben recht behalten[109] an irem gut wider zu vordern, was[110] zu der kammer[111] gehort.

Wir wellen auch, das der obrist schaffer unser kammer und der munzmaister mit einem gemein rat der hausgnossen sitzen an der erneuung der pfenning, und sie das offenlich haissen verrufen, das es niemant getur widerruefen oder widerreden noch zuprechen, als lieb im leib und guet sei.

Wir wellen auch, das alle recht die vorgeschriben stend, unzuprochen beleiben; und wer dawider thet, der mvsse sich wider unser genad und huld schwerlich geton haben)[112].

Anno domini M CC LXXVII.

Die Seitenstätter Handschrift enthält noch die nachfolgenden Zusätze:

Item es sol auch niemant erlaubt sein kainen alten pfenning noch frembde munz zu kaufen, dann allain den hausgnossen. Es sol auch chain gast golt noch silber noch kainerlai neuer phenning kaufen noch von dem land furen, als er will meiden die pein leibs und guts.

Item dovon gepieten wir ernstlichen und wellen auch, das niemant weder purger, noch gast, noch juden golt, noch silber noch chainerlai munz nicht kaufen noch wechseln sullen, dann unser kammrer und uhsre hausgnossen.

¹) sind. ²) daran haben wir seu erhört und haben in alle ireu recht bestetigt. ³) sint. ⁴) Fehlt. ⁵, gemain. ⁶) alle gemain. ⁷) Diese zwei Worte fehlen. ⁸) hauptman noch chain. ⁹) weder. ¹⁰) noch ander amptleut, wie sie genant sint. ¹¹) an. ¹²) Fehlt. ¹³) oder der gemain. ¹⁴) Fehlt. ¹⁵) auch. ¹⁶) von. ¹⁷) recht. ¹⁸) chain mensch sol. ¹⁹) die man versprechen sol. ²⁰) den. ²¹) daran. ²²) seinem. ²³) der. ²⁴) andern. ²⁵) dem. ²⁶) glot. ²⁷) an. ²⁸) die. ²⁹) aufgerachter. ³⁰) zaig. ³¹) Fehlt. ³²) sunderleich. ³³) jement. ³⁴) leich. ³⁵) Fehlt. ³⁶) Fehlt. ³⁷) sie mugen auch under in selber chlaines golt umb silber verchaufen. ³⁸) irem. ³⁹) Fehlt. ⁴⁰) wez. ⁴¹) um phenning. ⁴²) ir. ⁴³) ainer. ⁴⁴) mercht. ⁴⁵) wellent. ⁴⁶) derselben. ⁴⁷) satzhant. ⁴⁸) weren. ⁴⁹) nach dem recht. ⁵⁰) wann dieselben phenning besunderleich gehorent in des fursten chamer. ⁵¹) die. ⁵²) Das Eingeklammerte fehlt. ⁵³) an. ⁵⁴, ob. ⁵⁵) slueg oder. ⁵⁶) Fehlt. ⁵⁷) daz. ⁵⁸) nichtesnicht. ⁵⁹) Fehlt. ⁶⁰) uber in. ⁶¹) Fehlt. ⁶²) den. ⁶³) nach irem recht. ⁶⁴; Fehlt. ⁶⁵) nicht. ⁶⁶) an. ⁶⁷) Fehlt. ⁶⁸) Fehlt. ⁶⁹) welchen die. ⁷⁰) daz dieselben. ⁷¹) an. ⁷²) besunderleich. ⁷³) ze. ⁷⁴; der sol in darumb pezzern, als vorgeschriben stet. ⁷⁵) icht ze sprechen. ⁷⁶) chem. ⁷⁷) gunst und. ⁷⁸) ainvoltigen. ⁷⁹; huetten. ⁸⁰) under. ⁸¹) auch. ⁸²) daran. ⁸³) niderslachen. ⁸⁴) wandel. ⁸⁵) phenning. ⁸⁶) enthiet. ⁸⁷) welherlai leut chain glot haben. ⁸⁸) wann. ⁸⁹) an. ⁹⁰) igleich. ⁹¹) geben. ⁹²) erb. ⁹³) andern. ⁹⁴) dieselb. ⁹⁵) die hausgenozzen daz golt, silber oder alt phening icht teurer chaufen, denn in gesetzt wird von dem munzmaister. ⁹⁶) hausgenozzen sein. ⁹⁷) und. ⁹⁸) und kem. ⁹⁹) ein ganz jar. ¹⁰⁰) durch nichte nicht. ¹⁰¹) von. ¹⁰²) schullen. ¹⁰³, oder mit zwaien schreibern. ¹⁰⁴) und ob. ¹⁰⁵) kamerschaffer. ¹⁰⁶) Fehlt; dafür: denselben gelter. ¹⁰⁷) und der munzmaister. ¹⁰⁸) haben. ¹⁰⁹) daz. ¹¹⁰) munz. ¹¹¹) taet gar swaerleich wider unser gnad und huld etc. Damit schliesst die Münchner Handschrift, ohne Datirung. *)

*) In derselben Handschrift findet sich S. 28 ff eine undatirte Bestätigung dieses Rudolfinischen Privilegiums für die Hausgenossen in Wien mit wörtlicher Inserirung desselben, jedoch ebenfalls ohne Anführung des Datums und mit folgenden Eingangsworten: Wir Albrecht von gots gnaden herzog in Osterreich und in Steir, herr zu Chrain, der Marich und ze Portnau verichen und thun chund allen den, die diesen prief lesent, sehent oder hörent lesen, daz ze ainen zeiten zu uns chomen die weisen und getreun leut, die hausgenozzen unser munzz ze Wienn, und paten uns, daz wir ain hantfest erneuten und bestetigen von unserm lieben vater chunich Rudolfen, der ain merer waz des Romischen reichs, der hantfest wort und sein (Sinn) ist, alz hernach geschriben stet u. s. w.

In Albrecht von Ebersdorf's Münzbuch (Oester. Geschichtsforscher II. S.477) f. 28' LVI findet sich das Datum der Bestätigung ergänzt: Geben zu Wienn (Haimburg?) durch maister Gotfriden, obristen schreiber nach Christi geburd in dem zwelif hundertisten und ainz und neunzigisten jar in dem dritten idus des anderen maien.

ir[1] *Rudolf* von gotes gnaden Römischer kunig, zu allen zeiten merer des reichs, allen getreun des Römischen gepiets in ewichait. Ein erzaigung eins gutigen[2] gunsts wirt geschetzt[3] an aim fursten, wenn er als vil gutlich williger[4] ist den peten seiner getreun undertan, als vil sie sich seiner herschaft treulich undertenigen verpflicten[5]). Darumb sullen wissen gegenwurtig und auch kunftig, das do unser lieben getreun munsser ze Wienn, genant die hausgenossen, vleissiclich paten unser gnad, das wir in recht und gesetzt[6]) ir genastschaft, die sie von erst[7]) haben von dem durchleuchtigisten *Leupolten* etwen herzogen zu Oesterreich, der en ist gewesen des durchleuchtigen herzogen *Friedreich*, geruchten mit kraft unsers insigels[8] bestetten, haben wir angesehen die innigkait der treun, damit sie uns und das reich treulich haben umbfangen zu einer bewērung des gunsts, mit dem wir in gnädichlich nachvolgen[9], und haben erpeten willig und gunstlich sein, und wellen in[10]) all recht benant genatschaft nach ir[11]) ersten[12] aufsatzung mit unsern hantvesten oder besundern briefen beweren und also iren nutz[13]) genclich ewichlich behalten, und derselben recht laut wellen wir mit dem gegenburtigen brief nacheinander offenwaren der[14] kundschaft allermēniclich, und derselben recht laut ist genzlich also:

Seit das aller würchunden genatsschaft handel sind zuegeschafft menschlichem nutzen, so wirt geschetzt[15] der handel der gnatstschaft so vil gnēmer den anderen, als vil sein martri wirdet gewent nutzer. Darumb wellen wir und setzen zu ainem rechten, das all hausgenossen mit allen den, die in[16] derselben künst helfen arbaiten, sullen zu unser und des reichs kamer[17] an mitl ewiglich gehoren, und sullen ewiglich geniessen einer solchen phargab, das chain haubtmann noch chain landrichter noch chain ander richter oder ambtman ichts hab zu richten uber die hausgenossen oder uber ire güter, aber alain der stattrichter mag uber seu richten umb zeprechung des frieds und umb chain ander sach nicht[18]): man sol seu bechlagen vor dem munsmaister, und vor dem sullen sie antwurten umb all zuspruch, und der kamrer des lands sol den benanten hausgenossen vor dem landsfürsten, ob sein not beschicht, uber ir chlag recht vordern.

Item chainem menschen ausgenomen die hausgenossen sol erlaubt sein ze chaufen oder zu wechseln golt, silber oder alt phennig. Wurd aber imant erfunden ein ubertretter des gepotts[19], er wer christen oder jud, der sol mit leib und mit guet geantwurt werden dem gewalt des landfursten und des munsmaister.

Item bringt ein hausgenoss phennig in slachstuben, das man seu sul versüchen, die sol er legen auf die haut, die darzue geschickt ist, und sol damit nichts handeln, unz sie versucht und bewert sind von dem munsmaister; wenn sie dann versucht sein und von der munss getragen, und mit in ain hausgenoss oder ain ander mit urlaub des munsmaister und der hausgenossen sitzt an seiner stat an dem wechsel[20], ob jemant kumbt zu den phennig, der zu uneren des, der da sitzt, dieselben phennig oder sein gelöt wolt versuechen, ob icht valsch daran sei, das zimt im nicht zu tun, nur allain er hab die[21] phening oder das gelt[22] mit aufgehebter oder aufgerechter hand zu beweren; ob der ander die phennig oder das gewicht [23] wolt vernichten oder widertreiben [24]), darzue ist er mit nichte zu lassen.

Item es sol auch chain hausgenoss silber oder alt phennig verkaufen, aber man sol die bringen zu nutz der münss. Ob aber imant aus in das gesetz ubertret, des hausgenossschaft sol ledig sein und sol hinfür niemand verlihen werden. Sie mugen aber wol verkaufen vriescher phennig und ander phennig gewönlicher münss, werchgold, guldein oder silbrein trinkelnus [25]) und ander chlainat. Sie mugen auch under in selbs chlainat, gold und silber verchaufen [26]), und edelgestain mugen sie nach irem willen handeln [27]) oder nach seinem wert geben in des fursten kamer oder mit urlaub des münsmeister umb pfennig verchaufen [28];.

Item ob ain hausgenoss oder wechsler oder ein ander kumbt auf ain fremden markcht [29]) und fürt mit im phennig, die er wechsln will, wirt er seiner phennig beraubt, so sol man im dieselben widerkeren aus des fursten kamer zuhand, wenn es nach gewonhait der münss bewert wirdet, darumb das dieselben phennig besunderlich gehörn [30]) zu des fursten kamer. Man sol auch ee bewären [31]) die zal derselben phennig.

Item wann die vorgenanten hausgenossen von unserm vorvordern dem landesfürsten mit besunder gnad [32]) sind begabt, dieselb gnad wellen wir in under der herschaft unsers schirms nicht krenkchen, sunder wir wellen, das das vestichlich werd gehalten, das wo eur ainer durch wechsels willen ist auf ainem markch [33]), ob er von geschicht etwen wundt oder tött daselbs [34]), das der richter [35]) im das gelt, das er do fürt, nicht nemen sol, sunder er sol [36]) in mit dem gelt, das zu des fursten kamer gehört [37], senden dem munsmaister und [38], den hausgenossen gen Wienn. Den sol denn der münsmaister, was in angehört, nemen, und der stattrichter sol in umb die wunden oder todslag puessen [39].

Item in allen markchten, die zu dem land gehorent, erlaub wir niemand ze wechseln, an allain den hausgenossen, und sullen auch dem richter desselben markchts geben zwen und sibenzig phennig zu markchtrecht und nicht mer.

Item wenn [40]) grafen, dienstherrn in markcht hinlassen, dem pieten wir, das er von niemant denn von den hausgenossen phennig schul entnemen, ausgenomen die markcht, die besunder gehorent zu der fursten kamer. Geschech auch, das ir ainer mit velschen das gewicht oder die phennig oder mit ander unerbarchait an fremder statt begriffen wurd, wellen wir die benanten hausgenossen mit grosser gnad begaben [41]), das in desselben markts richter darumb nicht sol richten, sunder er sol in senden mit leib und mit guet dem munsmaister [42]) gen Wienn.

Item seit den münsmaister angepürt uber die velscher der münss ze richten, so erlauben wir chainem andern richter in dem land uber seu ze richten, sunder wir wellen und pieten [43]), das man sie mit allem, das man valsch bei in vindt, wo man seu begreift, sol antburten dem munsmaister gen Wienn.

Item wir wellen auch, das die zal der hausgenossen hinfur nicht sull gemert werden uber acht und sechzig [44] person, und wellen, das dieselb zal bei in sol rechtichlich gehalten werden, und setzen auch und wellen, ob imant begert zu komen zu derselben hausgenatschaft, das geschech mit ir aller gunst und willen und nicht anders.

Item ob der lande fürst die Wienner phennig schlüff mit aim ainfoltigen eisen zu verneun [45], so wellen wir, das sie allein zu der Neunstat und zu Enns mit vleis der hausgenossen sullen behut [46]) werden und in chain statt des ganzen lands zu Oesterreich, nur allain zu Wienn, die die vordrist und haubtstatt ist desselben lands, sol die munss verneut werden.

Item aus grossen not [47] unser vordern verleichen auch wir den benanten hausgenossen die gnad, ob ain schuldiger oder unschuldiger mensch fluchtig würd zu der slachstuben, alspald und er begreift die tür derselben stuben, das in fürbas nimant bekümern oder nacheilen sol, es stee ee mit dem münsmaister, ob er in zu seinen handen wel nemen oder dem richter [48]) antburten, und dieselb gnad verleihen wir allen hausgenossen und auch iren hausern. Auch sol chain marschalkch des lands noch chain richter ainen gast legen in ains hausgenossen haus, es sei denn sein gütlich lieb will, das der fursten munss dester leichter [49]) gehuett werden.

Item wir wellen auch, das die versuecher des silber, genannt die prenner, sullen nicht ander noch mer sein, denn dem münsmaister, der sie zu setzen hat, gevellig ist. Und dieselben prenner sullen das silber, das sie versucht haben, bei irem aid antburten in die kamer, und ob sie darinn unrecht tun [50]), so sullen sie an leib und gut swarlich darumb gepessert werden.

Item wir setzen, ob ander imant denn der, den der münsmaister darzu gesetzt hat, silber versucht, dem sol zuhand die es nidergeschlagen werden [51]), und sol zu wandel geben zwai phunt phennig; hat er der nicht, so slach man im den daumb [52]) ab.

Wir wellen auch, das chain mensch, was stands [53]) er sei, anders denn phuntgelöt tür gehaben, ausgenomen die hausgenossen: die mugen wol haben weniger gelöt.

Item wir wellen, das ain ider hausgenoss müg an seiner erben will sein hausgenotsschaft geben zu verchaufen oder versetzen, wenn er will. Und ob geschech, das ain hausgenoss an gescheftt abgieng, so sol sein hausgenotsschaft gevallen seinem eltern sun. Hat er nicht sun, so gevall auf die elter tochter. Hat er nicht tochter, so gevall auf sein hausfraun. Hat er der auch nicht, so gevall auf sein nagst erben. Und ob derselb erb den andern hausgenossen nicht gevelt zu ainem hausgenossen, so verkauf er sein hausgenotsschaft nach der benanten [54] hausgenossen willen.

Item wer munsmaister gesetzt wirdet, das er die sum, die den hausgenossen in kaufen gott, silber und alt phennig aufgesatzt ist, mit nichte turr nicht gemeren.

Item welcher hausgenoss sein hausgenotsschaft ain ganz jar berubt und an ehlag hat besessen, und darnach chumbt ainer und wil im darumb zusprechen mit [55] recht, der ist darumb nicht zu hören, besunderlich ob er zu seinen jaren komen und das ganz jar bei im in dem land gewesen ist und in darumb fur rechten nicht hat geladen [56].

Item wir wellen, ob zwaiung oder krieg auferstunden zwischen den schaffern unser kamer ainstails und den, die gelten sullen in die kamer des andern, welher tail erweisen gegen dem andern well [57], der sol das mit zwain schaffern oder schreibern unser kamer tun, und anders nicht.

Item welcher mensch, er sei wer er [58] sei, gelt entnimbt von unser kamer, der solt nicht lassen, er gelt das zu gesetzter zeit [59], anders der obrist kamerschaffer oder munsmaister sol den gelter pfrengen [60] an leib und an gut zu der zalung twingen. Weren aber die zu swach darzue, so sol der kamrer des landes zu irer vordrung [61] die gelter der kamer twingen und noten [62], das der kamer gelt wider gehabt werden; und wann die hausgenossen all in unser kamer gehorent, wellen wir, das sie dasselb recht sullen haben in ir vordrung irs guts, das zu der munss gehort.

Item wir wellen und setzen, was der obrist schaffer unser kamer oder der muns-maister mit wolbedachtem rat der hausgenossen setzt oder ordent an verneuung der munss und let das offenlich ruefen [63], dawider sol nimant tun bei leib und bei gut. Darumb sol chainem menschen ziemlich sein den [64] brief unser setzung, bestetigung und verneuung widersprechen oder in mit frefelichem türren engegen. Ob das aber imant torst versuechen, der sol das wissen, das unser majestat grosslich er damit laidigt; und sind gezeugen etc. [65]. Geben in dem zwelifhunderstisten' und sibenzigisten jaren des herren, aber unsers reichs in dem vierden.

[1]) Fehlt. [2]) guten. [3]) erkannt. [4]) Statt dieser vier Worte: sovil volger. [5]) und beptlichten. [6]) erdacht und erfunden nbungen ir . . . [7]) emphaugen. [8]) zu. [9]) nachhengen. [10]) denselben hausgenossen. [11]) von. [12]) mit. [13]) ubung. [14]) durch. [15]) geschafft. [16]) zu ubung. [17]) uns und der kamer. [18]) der missetat. [19]) gesetzt. [20]) Von hier lautet der Artikel: Kumbt jemant denn zu wechseln dieselben phenig, der zu entziehen den eren des, der daselbs sitzet, wolt offenbaren dieselben phennig oder gewicht ainmal haben des valsch, das zimt u. s. w. [21]) verschunden. [22]) gewicht. [23]) gelöt. [24]) Für beide Zeitwörter widerwären. [25]) trinkehassach. [26]) geben nach irem willen. [27]) Die vier letzten Worte fehlen. [28]) geben. [29]) zu unsern merkten. [30]) geschafft sind. [31]) Auch das vonerst beweist sei. [32]) gunstlichait unz her. [33]) an aussern merkchten. [34]) und gesiagen ward. [35]) desselben markts, do es geschehen ist. [36]) vordern genugtun umb die missetat vor dem munsmaister zu Wienn, und sol das benant gelt. [37]) mutsambt dem gefangen. [38]) oder statt und. [39]) richten. [40]) wenn die frein, grafen und dienstherren des landes. [41]) Statt dieses Artikels: Wir wellen auch die vorbenennten hausgenossen mit merer gnad begaben an dem: ob ir ainer mit velsch der wag oder phennig oder mit unrechtichait ubertrett, das in u. s. w. [42]) und den hausgenossen. [43] Statt der letzten vier Worte: man soll. [44]) acht und vierzig. [45]) ob der fürst des landes schaff die vernenten Wieuner pfennig zu slahen mit ainem ainvoltigen eisen. [46]) behalten. [47]) merer gnad. [48]) stattrichter. [49]) sicherlicher. [50]) misstun. [51]) dem sol man die zuhand niderslahen, und sol. [52]) ain dann. [53]) welichs wesens. [54]) nach rat der andern hausgenossen. [55]) Statt der letzten zwei Worte: fürwenden. [56]) mit aim rechten nicht hat zuegesprochen. [57]) soll. [58]) welcher. [59] Dafür: gelt entnimt aus unser kamer zu parig oder zu wechsel, der sol das gelten zu gesetzter zeit. [60] pfrongnus. [61] wenn sie in vordern. [62]) Diese zwei Worte fehlen. [63]) wissen und ruefen. [64] gegenburtigen. [65] Das Folgende fehlt.

1.

XV.

König **Rudolf's** Freiheitsbrief für **Wien** I.

1278, 24. Juni. Wien.

Die Originalurkunde nicht mehr vorhanden. Aus einer Pergamenthand-chrift des XIII. Jahrhunderts der kaiserl. Hofbibliothek in Wien Nr. 352 Olim Salisb. 416 f. 94—97. Abgedruckt bei Lambacher, Oesterr. Interregnum Urkundenbuch Nr. XC S. 146—158 nach einem Codex MS. Canon. Tiernsteinensis (der uns nicht zugänglich war), jedoch mit
dem Datum 20. Juni (duodecimo Kalendas Julii), sehr uncorrect. Nach ihm von Bischoff, Oesterreichische Stadtrechte S. 177—194. dem Stadtrechte Herzog Friedrich's II. vom Jahre 1244 gegenübergestellt. Vergleiche darüber
Böhmer: Regesta imperii inde ab a. 1246 usque ad a. 1313 S. 93, und Lorenz: Sitzungsberichte der kaiserl. Akademie
B. XLVI S. 72 ff.

 udolphus dei gratia Romanorum rex semper augustus universis Romani
imperii fidelibus in perpetuum. Cum vota fidelium gratiose prosequitur regie
benignitatis applausus, ipsis famosius insignitur immensitas, et in cultu
continuo principalis honoris accenditur rutilantius fides et devotio sub
ditorum. Excellentia namque principum eo potius proficit et ascendit ad
culmina potestatum, quo largius profectui populorum consulit liberalitas et
munificentia praesidentis. Insigne siquidem speculum Austrie, nobilis illa civitas Wiennensis
in medio tenebrarum caliginose obnubilationis impatiens sed in fidei claritate micantius
ceteris illustrata, dum major adversi moliminis immineret hostilitas, et discrimen adesset in
limine facta, et in seditione constantior, fortior in adversis, nostrum et imperii Romani dominium
fidei naturalis instinctibus omnibus aliis anteponens, propter quod non indigne promeruit
memorabilis ejus fides laudum attolli suffragiis et a nobis et ipso imperio affluenti beneficientie
munere premiari.

Hinc est, quod nos predictam civitatem Wiennensem et incolas ejus tam posteros
quam presentes in specialis nostre ac imperii Romani gremium gratie perpetuo confovendos
assumimus, innovantes et confirmantes eisdem antiquas quaslibet libertates et omnia jura, que
sibi a dive memorie Friderico Romanorum imperatore, predecessore nostro concessa comperimus,
etiam ex plenitudine regie potestatis adjicientes hiis alia nova veteribus, juxta quod in sequentibus illucescet.

1 De homicidio

Statuimus ergo, quod si aliquis civium habens intra murum civitatis et fossatum ad
valorem quinquaginta talentorum de homicidio fuerit accusatus aut casualiter[1] in humilem
personam homicidium perpetraverit, talis non indigeat pro se ulla fidejussione, sed a
judice civitatis citetur tribus edictis juxta antiquas consuetudines, quarta die peremptorie
responsurus.

Si autem vocatus venerit, et se hujusmodi suspicionis ostendere voluerit innocentem,
expurget se secundum quod pax fuerit instituta.

2. De pace.

Pacem itaque instituimus civitatis taliter, quod contra quemcumque propter incusationis notam querimonia oriatur, et ab actore impetitur secundum pacem id est *nach dem friede*, et hoc fiat sive pro homicidio, sive pro vulnere sive pro quibuscumque excessibus aliis violentis, illi judex civitatis viginti personas honestas denominabit, quorum decem sint pro sua professione seu de suis idoneis convicinis, et ex hiis personis quatuor assumat, et tunc per juramentum suum et illarum suam probet innocentiam et ostendat. Si vero aliquem ex nobilibus terre occiderit, vel aliquem de honesta nostra familia aut aliquem de consulibus et potioribus civibus civitatis, secundum justitiam puniatur.

3. Item de homicidio.

Item si homicida deprehensus fuerit in ipsa actione: *an der handhaft* cum sanquinolento gladio, cultello vel quocumque alio instrumento, et si judex vel lesus hoc probare poterit cum duobus viris credibilibus et honestis, qui dixerint cum hoc homicidium perpetrasse, capite puniatur.

Si vero homicida non venerit legitimis ter vocatus induciis, ut est tactum, judex eum proscriptum pronunciet et de bonis suis mobilibus ad valorem triginta talentorum recipiat et non amplius pro emenda; alia vero bona sua stent in potestate uxoris sue et liberorum et heredum; si autem non habeat uxorem, liberos ac heredes, ex tunc antequam in proscriptionem deveniat, disponat de bonis suis residuis, que ultra emendam judicis habuerit, qualitercumque velit. Si autem homicida decesserit, antequam in proscriptionem deveniet, ita quod de rebus suis nichil disponat, omnes res sue per ordinationem consulum civitatis reserventur annum et diem, et si infra terminum illum aliquis veniat, cui reddere debuit, et hoc probaverit sufficienti testimonio, de bonis illis sibi sua debita persolvantur; quidquid autem ultra debitum remaneat, pro ipsius anima tribuatur.

4. De homicida.

Item si homicida non habet nec potest ostendere infra murum civitatis quinquaginta[2] talenta et tamen pro se fidejussorem poterit invenire, ille fidejussor fidejubeat pro eo sub periculo et perditione proprie persone; si vero fidejussorem habere non poterit, judex capiat eum et teneat, donec de ipso judicet, sicut dictaverit ordo juris.

5. De homicidio notorio.

Item quicumque homicidium notorium perpetraverit et in foro judicii communis[3] sententiam receperit capitalem, mors ipsius pro satisfactione sufficiat, nec judex de omnibus bonis suis et rebus emendam recipiat aliqualem, sed de ipsis rebus fiat, ut superius est expressum.

6. De homicida contumace.

Item si reus homicidii vocatus ad judicium ut contumax venire contempserit et ob hoc proscriptus fuerit, de rebus propriis mobilibus et immobilibus nullam ordinandi habeat facultatem, cum uxore et liberis suis ordinet, quicquid velit, res autem sue sub testimonio virorum idoneorum a judice civitatis et consulibus sub interdicto ponantur, ut si cuique debuerit aliquid, antequam hoc maleficium perpetraverit, solvatur eidem de rebus illis, ita si prius probaverit bono testimonio, quod ille debitor suus exstiterit; quicquid autem super emendam judicis et debita creditorum illius de illis rebus superfuerit, cedat uxori et heredibus vel pro sua anima, ut est tactum.

7. De vulnere.

Item si aliquis in tantum vulneratus fuerit, quod ad judicium venire non potest, et si putatur non posse evadere, tunc reum hujus facti, imo si ad judicium venerit, judex detineat, donec videat, si vulneratus possit evadere nec non.

8. De truncatione membrorum.

Item si quis civium alteri manum amputaverit, pedem, aut oculum, aut nasum aut aliquod nobile membrum, judici det decem libras, et ei, qui dampnum accepit, totidem. Si autem iste, qui damnum fecit, denarios habere non poterit, judicet de ipso videlicet secundum legem: videlicet oculum pro oculo, manum pro manu et sic de ceteris membris.

9. De vulnere lem.

Item quicumque alium ita vulneraverit, quod patiatur detrimentum membrorum, quod dicitur *lem*, hic det judici quinque talenta et vulnerato tantum, vel eodem modo, si denarios non habeat, puniatur.

10. De cecato.

Item si aliquis aliquem temerarie cecaverit, det judici viginti libras, et cecato viginti libras [1], et in usum civitatis viginti libras [2], nichilominus ejiciatur de civitate et a terminis civitatis, nullo unquam tempore sine licentia [3] consulum reversurus.

11. De vulnerato.

Item quicumque alium ita vulneraverit, quod patiatur detrimentum membrorum, quod dicitur *lideschart*, judici det tria talenta, vulnerato tria talenta; si denarios habere non poterit, eodem modo puniatur.

12. De simplici vulnere.

Item si quis alium vulneraverit simplici vulnere, dummodo lesus evadat, judici det duo talenta, vulnerato duo talenta [4]; si denarios habere non poterit, ut decalvatus et decutatus, non ubi fures verberantur, sed circa judicium verberetur.

13. De vulnere noctis.

Item si quis vulneratus fuerit in crepusculo vel in nocte de ipsis, de quibus suspicio fuerit, quod alium vulneraverint, si tantum in bonis non habeant, quod sufficiat ad emendam, vel non habeant fidejussores, a judice usque in crastinum detineantur, et in mane vulneratus ipsos suspectos coram judicio conveniat, juramento calumnie ab ipso actore metsecundo [5] prius prestito; et si vulneratus pre nimia debilitate corporis ad judicium venire nequierit, due persone idonee cum nuncio judicis ad eum veniant et in stratu egritudinis ab eomet sedendo accipiant calumnie juramentum.

14. De juramento.

Item volumus, ut a nullo recipiatur juramentum, quod dicitur *vorait*, nisi ille metsecundus juret.

15. De juramento vorait.

Item vorait [*] non prestabitur extra judicium, sed tantum in judicio, nisi vulneratus fuerit et adeo sit debilis, ut superius est expressum.

16. De excusatione.

Item si incusatus dicit, quod, quum maleficium hoc, de quo incusatur, accidit, ipse tunc fuerit in alio loco quocumque, si hoc probaverit per tres viros justos et honestos, quibus hoc constitit, absolvatur.

17. De verberato fustibus.

Item statuimus, ut quicumque aliquem bonum hominem, qui non unus de idoneis et honestis, fustibus cedat, judici det duo talenta [10], vel expurget se secundum, quod est pax instituta.

18. Item de fustibus verberatis.

Item si aliquis infra murum ad triginta talenta valens fustibus cesus fuerit, cedens det judici quinque libras, ceso quinque talenta similiter pro emenda.

19. Item de fustibus percussis.

Item si aliquis percusserit personam inhonestam scilicet garziones vel alias viles personas: lenones, joculatores, qui verbo vel aliqua alia indisciplina hoc erga ipsum meruerit, nichil det judici, nichil et verberato preter tres plagas, quas eidem hilariter superaddat.

20. De alapa.

Item si quis alicui domestico, qui non est unus de honestioribus et divitibus, percusserit alapam, det judici quinque libras, percusso similiter quinque libras.

21. Item de alapa.

Item si aliquis servienti vel leviori persone alapam dederit, judici det sexaginta [11] denarios, et verberato sexaginta denarios similiter emendabit. Si vero is, qui alapam percussit, probavit, quod alter erga ipsum meruerit qualicumque indisciplina, et licet ille, qui percussus fuerit, sit vir aliquantulum honestus, judici det tantum unum talentum et illi nichil; si autem fuerit serviens vel aliqua persona levissima, judici det sexaginta denarios, ceso nichil; si autem is, qui alapam recepit, sanguinolentus appareat, et alter, qui eum percussit, nichil inde nisi de simplici alapa judicabitur; si autem servum aut ancillam sine armis percusserit, ita quod sanguinet, judici propter hoc non respondebit.

22. De proscripto.

Item quicumque pro quadam causa in proscriptionem venerit et inde exire volens juris ordine observato et actori satisfactionem debitam et condignam coram judicio voluerit exhibere, et ille renuerit, absolvatur. Si autem proscriptus per suam contumaciam vel negligentiam usque in secundam proscriptionem, que *everacht*, dicitur, perseveraverit, absque actoris assensu et voluntate nullo modo absolvatur.

23. Qui proscriptum servaverit.

Item quicumque civium incusatus fuerit, quod scienter aliquem proscriptum hospitio receperit, expurget se suosolius juramento et sit liber; si autem reus fuerit, judici det decem talenta; si autem denarios non habuerit, amputabitur ei manus; si autem iterato post emendam proscriptum eundem servavit, et hoc judex cum septem convicinis illius probaverit, persona sua et res stent in ordinatione et potestate *consulum* et judicis civitatis.

24. De volenti satisfacere.

Item si quis aliquem in quacumque causa vel lesione offenderit [12], et ille debitam satisfactionem et statutum pene propter hoc actori coram judice voluerit exhibere, et passus injuriam contumaciter illud renuerit acceptare, judex statutum pene accipiat et per quatuordecim dies ter sibi offerat testimonio duarum vel plurium personarum, qui si infra terminum illum non acceperit, judex redigat in usus suos, et lesus ille ut transgressor et contumax proscribatur, et si in proscriptione deprehensus fuerit, amputabitur sibi manus [13].

25. De virginis oppressione.

Item statuimus, quod quicumque virginem seu mulierem vi oppresserit vel rapuerit, et illa infra quatuordecim dies testimonio duorum credibilium virorum se clamasse probaverit, cum opprimeretur vel raperetur, convictus plectetur sententia capitali; sed si illa in probatione defecerit, ille contra quem agit [14] suisolius juramento se expurget prestito juramento; si autem infra quatuordecim dies eadem mulier in sue potestatis arbitrio libere constituta querimoniam non moverit, postea nullatenus audiatur [15].

26. De meretricibus.

Item de communibus mulieribus nullum statutum facimus, quia indignum esset ipsas legum laqueis innodare; volumus, ne ab aliquo indebite offendantur, sed offensor pro qualitate offense ad arbitrium [16] consulum corrigatur.

27. De jure domus.

Volumus quoque, ut unicuique civium domus sua sit pro munitione et tutissimo refugio sit et commansionariis suis, et cuilibet fugienti vel intranti domum.

28. De impugnatione domus alterius.

Nullus ad domum alterius invadendam vel alias in civitate ad pugnandum cum arcu vel balista accedat; qui vero contrarium fecerit, judici det decem libras et ad usus civitatis similiter decem libras; si domum non habet, amputetur manus sibi, vel pro decem talentis manum redimat, quorum quinque talenta judex recipiat, alia vero quinque in usus civitatis redigantur.

29. De defendenda domo cujuslibet.

Item si alicujus domus invadatur, liceat ei eam defendere omnibus modis, quibus potest, preter arcus et balistas. Qui vero contrarium fecerit, det judici decem libras.

30. Haimsucchung.

Quicumque ergo temeritatem illam sive invasionem domus que dicitur, *haimsuchunge* casualiter exercuerit, cum dominus seu inhabitator domus illius propter hoc per querimonias debitas ipsum ad forum traxerit judicii, ex tunc incusatus suam innocentiam juxta instituta pacis metquintus [17] virorum idoneorum si probaverit, liber erit; sin autem: judici duo talenta et duas libras det domestico, quem invasit; si autem aliquem vulneraverit in domo illa, det judici tria talenta [18] et vulnerato duo talenta; si denarios non habet, amputetur sibi manus; si vero non casualiter sed sponte premeditatus assumptis aliquibus amicorum suorum invasionem domus exercuerit, det judici decem talenta [19] et in usus civitatis similiter decem libras.

31. Ne judicetur absens.

Item statuimus, quod judex non judicet quemquam, nisi ille sit presens, qui deponat querimoniam super illum.

32. De occulta compositione.

Si autem aliquis querimoniam facit de alio, et ille, qui conqueritur, velit postea dissimulare querimoniam vel si occultam de reo compositionem accipiat post querimoniam, judex debet eum cogere, ut querimoniam suam prosequatur; si noluerit eam prosequi, solvat judici penam id est *wandel* [20], quam reus solvere tenetur.

33. Ut advena defendatur.

Item statuimus, quod si aliquis intret civitatem, ut defendatur ab inimicis suis, si inimici sui volunt eum capere vel occidere in civitate, cives, qui eum ab inimicis suis liberaverint, non respondebunt judici pro hoc facto, imo si in defendendo illum ab inimicis propter importunitatem eorum, ut in tali strepitu solet fieri, a burgensibus aliquod dammum acciderit, nichil pro eo et judici vel [21]) actoribus tenebuntur.

34. Ut advena civis defendatur.

Item si aliquis intrat civitatem, ut civis efficiatur, judex et burgenses debent illum defendere ab omni violentia et tueri.

35. De pugna orta.

Item pugna vel rixa orta in civitate, quicumque illuc, ut fieri solet, cum armis vel sine armis concurrerit, et si incusatus fuerit, quod causa pugnandi illuc venerit, et ipse dicat, quod tantum causa sopiendi rixam illam et concordiam faciendi advenerit, et hoc suisolius juramento confirmare poterit, ab actore et judice liber erit, nisi forte visus sit illic cum aliis pugnare: tunc suum non recipiatur juramentum.

36. De servatione malorum.

Item si aliquis civium incusatur, quod vel hospes suus vel amicus ejus aut aliquis de familia sua de domo sua vel in domum aliquid maleficium perpetraverit, si juramento suisolius se inculpabilem ostenderit, absolvatur; sin minus: det judici tria talenta.

37. De vituperio.

Item quicumque dixerit alii fili meretricis, judici det sexaginta denarios; si autem honeste persone dixerit, det judici duas libras. Si denarios non habet, verberetur et decutetur fortiter, sed non ubi fures ceduntur; si autem honesta persona honeste persone dixerit, decem talenta det judici et usibus civitatis.

38. De falso testimonio [22].

Item si quis convictus fuerit cum septem viris honestis et credibilibus, quod falsum testimonium perhibuerit, abscindatur ei linqua, vel redimat eam decem libris, et quem perjurio suo damnificavit, illi emendet integraliter damnum suum, et omnino in omnibus causis testimonium suum nullatenus admittatur.

39. De blasphemia.

Item qui dominum deum nostrum, gloriosam [23], virginem, vel sanctos vel principes Romanorum blasphemaverit, abscindatur ei lingua, et non liceat ei eam redimere pretio vel pecunia aliquali.

40. De longo cultello.

Item quicumque longum cultellum, qui *stechmesser* dicitur, infra caligam vel calceum vel alias apud se latenter et furtive portaverit, judici et civitati det decem libras vel manum amittat [24].

41. De denominatis statuendis.

Item ad evitandas cavillationes impiorum et perjurorum testium falsitatem nec non et eorum inprobitatem, qui justa et digna facta hominum lapsu temporum injuste solent retractare, statuimus centum viros in civitate vel plures, si necesse videbitur, fideliores de singulis vicis et plateis ac prudentiores, quorum nomina in carta specialiter notata juxta privilegium hoc semper habeantur; et si unus illorum moriatur, alter statim communi consilio in locum suum substituatur.

42. De venditione.

Hos ad hoc instituimus, ut omnis emptio, venditio, pignoratio, donatio domorum et vinearum vel quarumcumque rerum, que estimate fuerint ultra tria talenta, et quodlibet negotium arduum memoria dignum coram duobus vel pluribus illorum denominatorum legitime celebretur.

48

43. De statuendis denominatis.

Quicumque ergo civium ex his denominatis testibus habuerit duos, quorum unus moriatur, hic cum solo illo[23] superstite et alio quocumque credibili viro testificetur.

44. Ut denominatus cogatur esse testis.

Denique quicumque horum denominatorum testium noluerit coram judicio vel alibi coram ecclesia esse testis alterius, de re, quam novit, judex compellat eum ad testimonium ferendum; in quo si contumax fuerit, et alius sit per eum damnificatus, volumus, ut in penam contumacie illi damnum suum emendet, et det judici jus consuetum.

45. De hereditate viduarum.

Item inhibemus, ne aliqua vidua bona puerorum suorum, que hereditarie eos contingunt, debeat conferre alteri viro, quem postea duxerit, nec vir talis possit ferre testimonium super bonis talium puerorum, qui ad annos nondum pervenere discretionis; si quis vero testimonio duorum vel plurium de illis denominatis testibus per civitatem constitutis (probaverit)[26], quod mater vel amici puerorum, dum jam annos discretionis arripuissent, voluntate et assensu eorum sibi bona illa foro vel aliquo pacto congruo contulerint, ipsum censemus quiete bona talia possessurum.

46. De vidua non ledenda.

Item statuimus, quod quicumque civium moriatur, si uxorem habet vel liberos, nullus hominum se intromittat de bonis aut de domo ipsius, sed sint in potestate uxoris et liberorum. In arbitrio autem vidue sit non nubere vel nubere cui velit, dummodo nubat utiliter civitati et juxta suam et puerorum suorum decentiam et honorem; si vero lascive nupserit et despecte et suis pueris indecenter, extunc ipsi liberi, si annos discretionis habeant, se de sua hereditate et aliis bonis suis totaliter intromittant, exceptis bonis dotalitiis suis, que domina per se tantum reservabit; si vero pueri annos discretionis nondum habeant, consules civitatis ipsos pueros et omnia bona eorum assignent alicui amicorum suorum idoneo et fideli, qui bonis presit et pueris provideat pulchro modo.

47. De hospite moriente.

Item volumus, ut undecumque sit advena, si moriens de rebus suis aliquid ordinaverit, rata maneat ejus ordinatio; hospes ejus, in cujus domo moritur, statim summam bonorum suorum coram judicio et civibus[27] manifestet, et si quid fortasse fraudulenter subticuerit de bonis illis, tanquam fur reputetur; si vero moriens nichil ordinaverit, consules bona defuncti custodiant annum et diem, infra quod quidem spatium si aliquis venerit, qui se heredem vel socium aut creditorem legitime ostenderit, eidem absque contradictione assignentur bona defuncti, que ipsum contingunt; si autem nemo venerit, medietas bonorum suorum in usus civitatis et alia medietas pro sua anima impendatur; si autem defunctus res modicas habeat, tunc omnia pro sua anima erogentur; et ubicumque advena velit sepeliri, eligendi liberam habeat facultatem.

48. Leitchaufer[28]

Item statuimus, ne advena aliquid testimonium possit ferre super civem nec civis super advenam cum hiis, qui dicuntur *leitchaufer*, quin habeant cum illis alios testes idoneos et honestos.

49. Ne judex judicet advenam[29].

Volumus etiam, ut si advena civi vel civis advene aliquid vendat, et alter hoc pro bono accipiat, judex inde nichil judicet, quin alter eorum ei faciat querimoniam.

50. *Ut deponantur mercimonia.*

Item nulli hominum de Suevia vel Ratispona vel Patavia vel de terris aliis quibuscumque liceat intrare cum mercibus suis Ungariam, sed via regia in Viennam procedat tantummodo et deponat ibi per singula merces suas; quicumque non⁻⁶⁻ fecerit, solvat civitati duo talenta auri.

51. *De mora mercatorum.*

Nemo etiam extraneorum mercatorum moretur in civitate cum mercibus suis ultra duos menses, nec vendat merces suas extraneo, quas adduxit, sed tantum civi, ita si civis eas pro foro emere voluerit competenti; et non emat aurum nec argentum; si habet aurum et argentum, non vendat, nisi ad cameram nostram.

52. *De arcu tenso non ducendo.*

Precipimus, ut nullus extraneorum intret civitatem cum arcu tenso vel balista, sed ante portam civitatis cordam arcus vel baliste dissolvat, et si habet aliquid tractare in civitate, in hospitio suum arcum vel balistam relinquat et peractis negotiis suis exeat civitatem arcu non tenso et balista; quicumque contrarium fecerit, auferatur importune arcus, pharetra et balista.

53. *De sagittis ferratis.*

Item apud quemcumque sagitte cum ferramentis in manibus gestate infra murum deprehense fuerint, det judici nostro septuaginta duos denarios.

54. *De igne exorto.*

Ex cujuscunque domo civium ignis vel incendium exortum fuerit, ita ut flamma ultra tectum domus illius conspiciatur, ille judici dabit unum talentum; si vero domus eadem tota exusta fuerit, judici nihil solvat, sed sufficiat proprium sibi dampnum.

55. *De injusta mensura.*

Item apud quemcumque in civitate inventa fuerit injusta mensura, que *ham* dicitur, vel injusta ulna vel injustum aliquod genus ponderis, solvat judici quinque libras; si autem fuerit persona correctione dignior, pene et correctioni consulum subjaceat omnimodo.

56. *De unione delenda.*

Item omnium mechanicorum, carnificum, panificum, piscatorum, gallinatorum et aliorum, quocumque nomine nuncupentur, uniones singulas strictius prohibemus; si vero contrarium fecerint, per judicem et consules civitatis graviter puniantur.

57. *De adulterio.*

Quicumque deprehensus fuerit in adulterio cum uxore alterius viri, secularis judex non judicet, sed plebanus illius civitatis.

58. *De magnis causis.*

Statuimus etiam, ut omnis excessus summe nocivus et enormis, qui nobis in Austria constitutis in potiores a potioribus³⁴⁻ perpetratur, correctioni regie juxta nostre discretionis arbitrium post emendam judicis debeat subjacere, nobis vero extra limites Austrie positis, hujusmodi correctionis et pene vallatio juxta decreta consulum usibus civitatis pleno plenius impendatur.

59. *De probatione.*

Item statuimus, quod judex adversus civem civitatis per suos precones et suam familiam nihil probet.

60. *De causis aliis.*

Item alie cause, que in foro judicii emerse fuerint et non sint tacte in privilegiis nec expresse, secundum statuta consulum et antiquas civitatis consuetudines judicentur.

61. *De vino alieno non inducendo.*

Super hec omnia statuimus, ut nullus vinum Ungaricum terminis civitatis, qui termini vocantur *purchvrid*, introducere debeant ad vendendum.

62. *De protectione regis.*

Specialiter omnes mercatores et alienos suis mercibus nostram civitatem Wiennensem subintrantes in specialem nostram protectionem recipimus et favorem, ipsos et amicos et eorum posteros in omnibus favorabiliter promoturi.

63. *Confirmatio de supradictis.*

Ut autem hec universa et singula, que premisimus, et superius sunt expressa, rata et inconvulsa in omnibus suis articulis observentur, presens scriptum majestatis nostre sigillo jussimus communiri.

64. *Anni domini.*

Datum *Wienne* VIII·[32] kalendas julii, indictione VI·, anno domini millesimo ducente-simo septuagesimo octavo, regni vero nostri anno quinto.

Die Abweichungen des Lambacher'schen Textes sind, wie schon eine oberflächliche Vergleichung mit dem von uns gegebenen zeigt, grösstentheils auf offenbare Lesefehler und eine beinahe unglaubliche Nachlässigkeit des Copisten zurückzuführen. Sie verdienen daher gar nicht beachtet zu werden. Indessen scheint die Tierns-teiner Hand-chrift doch eine an manchen Stellen nicht ganz unwesentlich abweichende Vorlage benützt zu haben, daher wir mit Uebergehung der unzweifelhaften Irrthümer des Abschreibers dieselben nachstehend als Varianten mittheilen.

[1] Nach casualiter eine Lücke bis talis non indigeat. [2] Statt quinquaginta: C wahrscheinlich Lesefehler. [3] Statt communis: convictus. [4] und [5] Statt viginti libras: totidem. [6] nulla unquam licentia consulum. [7] Statt duo talenta: totidem. [8] metsecundo fehlt. [9] Statt vorait: tale juramentum. [10] Beisatz: cesso duo talenta. [11] Statt sexaginta LXX wahrscheinlich Lesefehler. [12] Statt offenderit: leserit. [13] Der Zusatz et si in proscriptione bis manus fehlt. [14] Der Zusatz contra quem agit fehlt. [15] Statt auditator: admittatur. [16] Nach arbitrium: judicis et consulum. [17] Statt metquintus: testimonio quatuor virorum etc. [18] Nach tria talenta folgt der wesentliche Zusatz hospiti domus illius tria talenta. [19] Nach decem talenta der wesentliche Zusatz hospiti N. [20] Der Zusatz id est wandel fehlt. [21] actoribus vel etiam iudici. [22] Der Artikel de falso testimonio kommt erst nach dem Artikel de bla phemia. [23] Nach gloriosam: dei genitricem Mariam virginem. [24] Statt amittat: perdet. [25] Statt solo illo: consule. [26] probaverit, welches Wort offenbar auch in unserm Texte zu ergänzen ist, daher unter Klammern in denselben aufgenommen wurde. [27] et civibus fehlt. [28] und [29] Die beiden Artikel Leitchaufer und Ne judex judicet advenam fehlen ganz. [30] Statt non: contrarium. [31] in potiores a potioribus fehlt. [32] Statt VIII°: duodecimo wohl ebenfalls auf eine falsche Lesung zurückzuführen.

Die Eintheilung in Artikel und die Ueberschriften derselben fehlen übrigens in dem Lambacher'schen Abdruck.

XVI.

König **Rudolf's Freiheitsbrief** für **Wien**. II.

1278, 24. Juni. Wien.

Die Originalurkunde nicht mehr vorhanden. Aus einer Pergamenthandschrift des XIII. Jahrhunderts der kaiserl. Hofbibliothek in Wien. Nr. 352 f. 92—94. Abgedruckt bei Lambacher Interr. Urkundenb. Nr. XCI S. 158—167 nach einer ihm angeblich (siehe S. 219 Nota 6 ad §. CLXIX) von P. Herrgott aus einer nunmehr verschollenen Wiener-Neustädter Handschrift mitgetheilten Abschrift und zwar mit dem Artikel 29 über Paltram, ferner mit denselben Zeugen und demselben Datum. Dagegen fehlen diese drei Stücke in der im Eisenbuche f. 34—35' enthaltenen Aufzeichnung, sowie in allen übrigen bekannten Wiener Rechtshandschriften, mit Ausnahme unserer Vorlage und einer Papierhandschrift der Lübecker Stadtbibliothek aus dem XV. Jahrhunderte f. 39—42', Wiener Rechtsaufzeichnungen enthaltend, (beschrieben bei Hasenöhrl, Oesterr. Landesrecht S. 4, und Schuster, Das Wiener Stadtrechtsbuch S. 3), welche mit Nr. 352 der Hofbibliothek bezüglich dieser Urkunde ganz übereinstimmt. Vergleiche übrigens über diese Urkunde Böhmer's Regesta S. 94 und 483 und Lorenz an dem bei der vorangehenden Urkunde angeführten Orte.

udolfus dei gratia Romanorum rex[1]) semper augustus omnibus sacri imperii fidelibus in perpetuum. Romanum imperium ad tuitionem fidei et[2]) diversarum gentium moderamina per eum, qui celestia simul et terrena moderatur, filium summi regis, qui conditit regna et firmat imperia, summe dispensationis munere constitutum et[3]) dispensatione divina robur et regimen sue dignitatis accepit, ut subjectos[4]) sibi populos in opulentia pacis et favore justitie foveat, fidem provehat, humiles protegat, superbos humiliet, fastidiosas oppressiones relevet[5]) subditorum. Eapropter[6]) noverit presens etas et futura posteritas, quod nos attendentes, quam fideliter et devote cives Wiennenses vere fideles nostri, universi pariter et singuli, magni et parvi, nostrum et imperii dominium sunt amplexi, devotione promptissima et fide sincera, se nobis et imperio indissolubiliter obligarunt[7], et quod nostra interest commissum nobis populum, utpote qui pro ejus salute et de commissa nobis reipublice cura et universitatis regimine generali tenemur summo regi reddere rationem, potentis[8] dextre subsidio relevare, dictam civitatem et cives in nostram et imperii Romani perpetuo et irrevocabiliter recepimus ditionem sic, ut ammodo in nostris[9] regum et imperatorum successorum nostrorum manibus teneantur, et ipsa civitas inter fideles et dilectas civitates imperii specialiter computetur, ac etiam speciali nostro et imperii munere et magnificentie nostre privilegiis, libertatum et bonarum approbatione consuetudinum quasi pro fidei eorum pignore velut murorum propugnaculis muniantur.

1. De jure judicis[10].

Statuimus igitur et presentis privilegii auctoritate sancimus, ut ammodo in eadem civitate judex singulis annis per nos reges et imperatores, successores nostros, communicato ad hoc consilio civium, statui debeat, qui pro honore nostro et fidelitate sua sufficiens et idoneus videatur ad idem officium exercendum, presenti prohibentes edicto, quatenus nullus judex a nobis vel a rege seu ab aliquo successorum nostrorum pro tempore statuendus nostra vel [11], successoris nostri sua presumat auctoritate talliam seu precariam [12] vel exactionem aliam qualemcumque in predictos cives facere, nec eos impetere sive cogere ad aliquid nobis seu nostris successoribus exhibendum, nisi quot et quantum dare voluerint spontanea voluntate.

2. De spatio belli.

Preterea ex habundanti gratia indulgemus, ut nemini liceat prenotatos cives ad aliquod servitium bellicum ultra progredi cogere vel artare, quam ut eo die, quo clara luce de suis domibus exierunt, cum splendore solis regredi permittantur.

3. Ne judei sint officiales.

Ad hec katholici principis partes fideliter exequentes ab officiorum prefectura judeos repellimus, ne sub pretextu prefecture vel officii publici opprimant christianos, cum imperialis auctoritas a priscis temporibus ad perpetrati sceleris judaici ultionem eisdem judeis indixerit perpetuam servitutem.

4. De diversis causis.

Declaramus insuper et observari censemus, ut si quando contra quenquam civium civilis vel criminalis actio intemptatur, secundum jura et approbatas consuetudines civitatis adversus talem testimonium tantum civium admittatur, lese majestatis crimine vel prodende civitatis excessu duntaxat exceptis, in quorum animadversionem velut detestabilium criminum licite cives [13] extraneos mandamus admitti.

5. De duello.

De duello vero si quis civium impetitur, si se septima manu honestarum personarum expurgare poterit de crimine sibi objecto, eum ab impetitione duelli decernimus absolvendum.

6. De studio clericorum.

Volumus etiam comode studio studentium provideri, per quod prudentia docetur in populis, et rudis etas instruitur puerorum: potestatem damus plenariam magistro, qui Wienne per nos vel successores nostros ad scolarum regimen assumetur, ut alios sibi doctores in facultatibus substituat [14] de consilio prudentum virorum civitatis ejusdem, qui habeantur sufficientes et idonei circa suorum studium auditorum.

7 De advenis

Ceterum ut sub augustalis felicitate dominii continuum recipiat eadem nostra imperialis civitas incrementum, statuimus, ut omnes incole et advene, cujuscumque conditionis fuerint, ibidem inhabitare volentes in nostra et imperii dominatione sub tuta et libera lege ab omni servili conditione liberi vitam agant, qui videlicet (militaris vel alterius, ut tactum est, cujuscumque conditionis existant) [15], annum et diem sine alicujus impetitione pro concivibus a concivibus [16], habiti fuerint secundum jura et approbatas consuetudines civitatis.

8. De cive submerso

De innata quoque [17] clementia sedis nostre, que pacem et justitiam comitatur in principe, decernimus et mandamus, ut si quandoquidem [18] aliquis civium Wiennensium naufragii casum incurrerit, res suas, quas ab impetu torrentis manus hominis asportavit, libere possit repetere et habere a quolibet detentore, quum indignum penitus censemus inmisericorditer reliquias naufragii detineri per hominem, quibus rapacis fluminis seviens unda pepercit.

9 Ne quis opponat se civibus.

Statuimus etiam, ut nullus judicum seu officialium, sublimium vel humilium, provincialium vel etiam civitatum, aut alii [19], quocunque nomine nuncupentur [20], contra memoratos cives nostros Wiennenses super causis civilibus vel criminalibus, realibus seu personalibus sive mixtis, vel possessionibus quibuscumque judicandi aliquam habeat potestatem, sed solus judex civitatis Wiennensis et non alius de omnibus supradictis questionibus, quocumque modo emerserint, habeat judicare, exceptis vineis, quarum judicium verum montis magistrum vinearum respicit, et feodis, de quibus feodis dominus judicabit, salva etiam magistro monete et ejus consortibus Wiennensibus, qui *hausgenozzen* vulgariter nominantur, omni sua jurisdictione et alia qualibet libertate, salvis etiam juribus aliarum civitatum nostrarum, si cives Wiennenses possessiones vel causas habuerint in eisdem.

10. De feodis recipiendis.

Indulgemus nichilominus de gratia speciali civibus supradictis, quod in testimoniis ferendis, accusationibus faciendis, et feodis recipiendis et habendis ac conferendis et quibuslibet aliis legitimis actibus exercendis gaudeant jure militum et militarium personarum.

11. De numero consulum.

Statuimus et hoc statutum perheniter conservari stricto strictius precipimus et mandamus, ut de tota universitate civitatis viginti viri, deum habentes pre oculis, sapientiores, fideliores et utiliores de potioribus pro consulibus eligantur, qui ad promovendum omnem honorem, utilitatem, comodum ac profectum tam nostrum quam sacri imperii et etiam civitatis, tam pauperum quam divitum, pro posse eorum per jusjurandum pleno plenius se astringant, et jurabunt specialiter, quod formam in privilegiis expressam, ipsis traditam et confectam integre et fideliter observabunt. Teneantur sub debito juramento omnibus rebus venalibus congruum forum inponere et similiter omni mercatui [21] emptiones et venditiones instituere, ita ut vendenti et ementi [22] juxta necessitatis et temporis exigentiam caveatur [23].

12. De consilio civium.

Item quidquid illi consules civitatis [24] in omnibus eorum consiliis atque factis juxta honorem imperii et utilitatem civium et civitatis ordinent et disponant, gratum et ratum habebimus et haberi facimus et mandamus, ita quod nec ab eorum judice nec ab alio homine quocumque aliqualiter irritetur, immo si judex civitatis utilibus eorum ordinationibus debita promptitudine non astaret, ipsum quasi statuta imperialia contempnentem per gravem correctionem rerum et persone corrigi faciemus.

13. De firmitate sigilli.

Omnis etiam causa, actio vel tractatus, qui de unanimi et maturo eorum consilio habitus fuerit coram eis et civitatis sigillo in cautelam et testimonium confirmatur, semper valetudinem habeat et robur perpetue firmitatis.

14. De mutatione consulum.

Item iidem consules habeant personas consulum, ubi necesse fuerit, inmutare et numerum ipsorum minuere vel augere, juxta quod honori et profectui civitatis expediens visum fuerit, et hoc intelligendum est, quando major et sanior pars consilii concordaverit in predictis.

15. Ut cives bis conveniant.

Injungimus etiam ipsis consulibus per juramentum, quod sacro imperio et eorum concivibus prestiterunt et prestabunt etiam in futuro, quod singulis septimanis bis vel saltem semel conveniant et consedeant super omnibus promotionibus, honoribus et utilitatibus civium et civitatis fideliter tractaturi.

16. De omnibus malis.

Quia cum multa salus civitatis ex conmissione nostra in ipsis consulibus dependeat, volumus et sub obtentu gratie nostre precipimus et mandamus, ut ipsi consules omnibus indempnitatibus inhabitantium civitatem, caveant, sicut melius uniquam possint.

17. De negligentia civium.

Precaveant etiam diligenter, ne per eorum negligentiam jura et libertates civitates infringantur, sicut jacturam rerum et personarum per indignationem majestatis nostre voluerint evitare.

18. Ut juri astent.

Mandamus etiam, ut tota conmunitas et universitas civitatis pro conservandis eorum privilegiis, juribus et libertatibus judici et consulibus rebus et persona debeant astare.

19. De judicio consortum.

Item ex imperiali nostra munificentia predilectis et fidelibus nostris civibus Wiennensibus hanc gratiam addimus, damus, facimus et in perpetuum confirmamus, ut super quacumque querimonia, re, causa vel sententia coram judice civitatis vel coram magistro monete nostre, qui etiam de consortibus monete, qui *hausgenozzen* dicuntur, habet specialiter judicare, fuerit appellatum, ad nullius conditionis, dignitatis seu officii hominem appellatio talis fiat et nusquam robur habeat firmitatis, sed tantummodo ad consules, id est ad indicatum²⁵) civitatis consilium appelletur, a quibus omnis appellationis et sententie²⁶) (ut grata et rata) diffinitio reportetur. Si autem appellatio vel sententia nimis intensa videbitur consulibus et obscura, extunc ipsi consules super eadem appellatione vel sententia nos requirant, quam de consilio ipsorum et nostrorum nobilium ad diffitionem debitam perducemus. Sed si nos abesse contigerit, quemcumque loco nostri extunc terre pro tempore prefecerimus, causam hujusmodi habeat terminare.

20. De appellatione.

Omnis etiam homo, qui super causa aliqua voluerit appellare in judicio, primo juret, quod semota omni deceptione, dilatione et cavillatione sine dolo appellationem suam faciat ad inveniendam puriorem juris et justitie veritatem.

21. De castris non edificandis.

Inhibemus etiam juxta antiquam prohibitionem principum Austrie, quod nulla persona alta vel humilis, ecclesiastica vel mundana, aliquod castrum sive munitionem infra terminos civitatis, quos ²⁷) ad spatium unius raste instituimus ²⁸), circumquaque erigere debeat, audeat vel presumat. Quicumque hujus mandati nostri contrariator fuerit aut transgressor, hujus edificatio funditus exstirpetur, et ²⁹ transgressor pena debita puniatur.

22. De castris destruendis.

Nichilominus ut civitatis privilegia conservemus, omnia castra constructa in eisdem terminis post mortem Friderici, quondam ducis Austrie pie recordationis, mandamus similiter demoliri.

23. De violentia civium.

Item statuimus, quod nulla persona nobilis vel humilis violentiam aliquam realem vel personalem inferat civibus Wiennensibus. Si autem, quod absit, contra hoc statutum ab aliquo gravarentur, infra quatuordecim dies ad requisitionem civium hujusmodi gravaminis violentia, si notoria fuerit, retractetur, quod si non³⁰) fieret auctoritate nostra, cives nostri pro posse eorum habeant infra civitatem vel extra juxta qualitatem meritorum ledentis liberum arbitrium maleficium vindicandi.

24. De homagio.

Item statuimus, ut nullus hominum nobilium vel potentum cives seu inhabitatores civitatis ad tale homagium, quod *muntmanschaft* [31]) nuncupatur, trahat vel recipiat quoquomodo. Qui autem contrarium fecerint et de hoc convicti fuerint, ille homo, qui *muntman* dicitur, det judici quinque libras. Si denarios non habeat [32]), perdat manum, et ille, qui cum ad tale homagium traxerit, solvat judici decem libras; (item si secundo aliquem sibi taliter attraxerit, solvat iterum decem libras) [33]); si tertio fecerit, omnia sua bona per judicem confiscentur, et nichilominus a civitate per judicem et consules eiciatur, sine nostro speciali mandato nullatenus redditurus.

25. De venditione rerum viduarum.

Item statuimus, quod si vir vel mulier in viduitate vel celibatu persistentes ad tantam inopiam pervenerint, quod propter necessitatem possessiones eorum vendere vel distrahere conpellantur, et heredes vel consanquinei ipsorum distractioni vel venditioni hujusmodi [34], contradicant, extunc consules civitatis illi cause supersedeant et considerent diligenter, quod ipse vir vel mulier non sint dissipatores libre [35]) importuni et quod sine venditione hereditatis non possunt eorum inopiam relevare, et si ita est, ipsi consules malis gratibus heredum vel amicorum habeant per sigilla et literas civitatis venditiones taliter emergentes [36]) in integrum confirmare.

26. De occulto laudamento conjugum [37]).

Item si vir humilis vel suspectus et longe inferioris conditionis, quam sit mulier, dolose impetit virginem vel mulierem, quod per occultum laudamentum ipsum ducere promiserit in maritum, et si in illa probatione defecerit, et calumpnia detecta fuerit in judicio seculari, calumpniator ad arbitrium consulum puniatur. Si vero femina similis conditionis, ut dictum est, idem fecerit et adtemptaverit, idem sibi fiat, ut per hoc filiis et filiabus et amicis civium caveatur, ne ad dolosa matrimonia per fraudes hominum reducantur.

27. De confirmatione mute civitatis.

Item mutam, que ab antiquis temporibus ex donationibus ducum Austrie ad civitatem Wiennensem pertinuit, que *purchmaut* dicitur, ipsis [38], dilectis nostris civibus Wiennensibus confirmamus perpetuo possidendam.

28. De aureo sigillo.

Item promittimus, quod, postquam domino concedente diademate imperii fuerimus coronati, omnia privilegia per nos predictis civibus Wiennensibus tradita et concessa ipsis renovabimus, aureo thypario consignanda.

29. De Paltramo [39]).

Et quia *Paltramum* et filios suos videlicet: *Paltramum, Petrum, Pilgrinum, Hainricum Eberhardum, Jacuslinum* et *Marquardum* fratrem senioris Paltrani lese majestatis et prodite civitatis et patrie, judicio publico condemnatos, ultimo perdendos supplicio juxta leges Romani imperii censuimus, bonis eorum omnibus fisco nostro adjectis, ac eorum pueris exheredatis et perpetua infamia annotatis, ac [40] regia sanctione precipimus, ut de cetero nullus eorum ad civitatem nostram Wiennensem ad bona eis adjudicata [41] aliqualiter admittantur. Quod si forte cives Wiennenses ipsos vel ex ipsis aliquos revocaverint vel admiserint ad civitatem vel ad bona ipsorum, ex tunc omnia privilegia a Romano imperio memorate civitati [42] cassamus et esse cassa et irrita volumus ipso facto.

30. De nundinis habendis [12].

Ad hec regia largitate volentes honorem predicte civitatis honorabiliter amplius honorare liberalitate et largitione perpetua indulgemus, ut in eadem civitate bis in anno solempnes et publice nundine frequententur tali videlicet tempore: in estate a festo beati Jacobi apostoli quatuordecim diebus contiguis nundine celebrentur, item ante festum purificationis gloriose virginis Marie septem diebus et post septem diebus nundine similiter frequententur.

31. De securitate nundinarum.

Nos etiam universos et singulos ad easdem nundinas venientes sub imperii Romani protectione et pace recipimus, dantes ipsis securitatem, quod pro nulla causa vel debito commisso extra nundinas, quam diu veniant et vadant ad nundinas et morentur in ipsis et ab eisdem recedant, in quocumque judicio valeant conveniri. Qui autem sine judicio ipsos turbaverit, hic judicabitur violator pacis et patrie perturbator.

32. De justa qualibet [11] *mensura.*

Preterea res venales et mercata, que in predictis nundinis distrahentur, ad justam et rectam estimationem consulum civitatis nostre Wiennensis sub pondere, numero et mensura rectis et debitis taxabuntur, sic ut contrahentibus legalitas, fidelitas et equalitas observetur.

33. De libertate nundinarum.

Ad hec venientibus cum mercimoniis ad nundinas supradictas vectigalia, mutas et thelonia in civitate Wiennensi, que nos et imperium respiciunt, relaxamus.

34. Confirmatio predictorum.

Hiis omnibus et singulis gratiis et privilegiis civitatem et cives Wiennenses ex nostre benignitatis munificentia taliter insignimus, ut nulli prorsus homini liceat inmutare, quod fecimus aut quod ipsis concessimus, temere expugnare, salva tamen imperiali seu regia potestate, que juris vinculis non ligatur.

35. Pena

Si quis autem in contrarium forsan attemptare presumpserit, gravem nostre indignationis offensam se noverit incursurum et nichilominus centum libras auri componat, mediante [15] fisco regio, et medietate altera memoratis civibus nostris Wiennensibus applicanda [16].

In cujus rei testimonium presens scriptum exinde conscribi, et majestatis nostre sigillo jussimus communiri. Testes hujus rei sunt: venerabilis *Fridericus Salzburgensis* archiepiscopus, *Petrus Patavicus*, *Leo Ratisponensis*, *Hainricus Basilicus*, *Hainricus Trident.*, *Frisingensis*, *Gurcensis*, *Laventinus*, *Joannes Chiemensis* et *Werinhardus Secoviensis* episcopi. Et illustres *Ludowicus* comes palatinus Reni dux Bawarie, *Albertus* dux Saxonie, principes et filii nostri karissimi. Insuper clarissimi viri *Albertus* comes *Goricie*, *Meinhardus* comes *Tirolensis*, *Albertus* et *Hartmannus* de Habspurch et Chiburch, comites filii nostri karissimi, *Albertus* comes de *Hohenberch*, sororius noster dilectus [17], *Hugo de Werdenberch* comes, marchio de Burgowe, marchio de Baden junior, marchio de Hahperch, *Eberhardus* comes *de Chatzenellenpogen*, *Fridericus* comes *de Leminge*, *Fridericus* purkravius de *Nuornberch*, *Heinricus* comes *de Fuorstenberch*, *Heinricus* comes *de Phannenberch*, *Fridericus* comes *de Ortenburch*. Et ministeriales nostri *Fridricus de Pettowe*, *Wuolvingus de Stubenberch*, *Hertnidus de Wildonia*, *Otto de Hasloice*, judex Austrie generalis, *Otto de Perchtoltsdorf*, camerarius Austrie, *Ulricus de Pilchdorf*, dapifer Austrie et *Chuuradus* frater ejusdem, *Lautoldus de Chuonringe* pincerna Austrie, et *Albertus* frater suus, *Stephanus de Meissawe*, marscalcus Austrie, magister *Chuuradus*, scriba

Austrie, predilectus et fidelis noster, et quam plures alii fide digni. Datum *Wienne* octavo kalendas julii, indictione sexta, anno dominice incarnationis millesimo ducentesimo LXXVIII, regni vero nostri anno quinto.

Varianten nach dem Eisenbuch und nach dem Abdruck der Wiener-Neustädter Handschrift von Lambacher:

[1] Eisenb. et. [2] Lamb. et fehlt. [3] Eisenb. ex statt et. [4] Lamb. subditos. [5] Eisenb. elevet. [6] Lamb. Quapropter. [7] Eisenb. alligarunt. [8] Lamb. præpotentis. [9] Eisenb. nostra. [10] Eisenb. Zusatz prima. [11] Eisenb. vel alicujus. [12] Eisenb. und Lamb. portariam. [13] Eisenb. et. [14] Lamb. et. [15] Die eingeschlossenen Worte fehlen bei Lamb. [16] a concivibus im Eisenb. ausgestrichen. Lamb. Statt a: et. [17] Eisenb. nostra. [18] Lamb. quidem fehlt. [19] Eisenb. alius. [20] Eisenb. nuncupetur. [21] Lamb. mercatori. [22] Eisenb. Nach ementi von späterer Hand eingeflickt legalitas, fidelitas et equalitas. [23] Eisenb. teneatur. [24] civitatis fehlt bei Lamb. [25] Eisenb. und Lamb. juratum statt indicatum. [26] Lamb. Statt der eingeklammerten Worte finis et recta. [27] Eisenb. quos fehlt. [28] Eisenb. instituimus im Text ausgestrichen. [29] Eisenb. et ut. [30] non fehlt im Eisenb. [31] Lamb. Mund-schafft. [32] Lamb. habet. [33] Der eingeklammerte Satz fehlt bei Lamb. [34] Lamb. huic. [35] Lamb. sive. [36] Eisenb. in fehlt. [37] conjugum fehlt im Eisenb. [38] ipsis fehlt im Eisenb. [39] Dieser ganze Artikel de Paltramo fehlt im Eisenb. [40] Lamb. hac. [41] Lamb. abjudicata. [42] Lamb. concessa Zusatz. [43] habendis fehlt im Eisenb. [44] So auch qualibet. [45] Lamb. und Eisenb. medietate. [46] Damit schliesst die Urkunde im Eisenb. Zeugen und Datum fehlen. [47] sororius noster dilectus fehlt bei Lamb. — Bei Lambacher fehlen übrigens alle Ueberschriften der Artikel.

XVII.

Deutsche Uebersetzung der vorangehenden Urkunde.

Aus der Aufzeichnung im Eisenbuche f. 38'—41. Ganz übereinstimmend damit die Münchener Handschrift Cod. germ. 1113 f. 19—22 und andere Wiener Recht-handschriften. Ueberall ohne den Artikel über Paltram und ohne Zeugen und Datum. Gedruckt bei Senckenberg, Selecta tom. IV fasc. IV p. 443, und bei Rauch, Rerum Austriacarum Scriptores III S. 1—14.

as ist Ruedolfs kunig ze Rom hantfest. Wir *Ruedolf* von gotes genaden kunig ze Rom und ze allen zeiten ein merer des reichs allen getreun des heiligen reichs ewichleich. Roemisch reich ist gesatzt ze einem scherm des gelauben und ze einer ordnung und modlung alles volchs von des obristen kuniges sun, der himlischeu und irdischen ordent und modelt und beschaffet die reich und bevestet den kaisertum mit der gab der obristen speisung, der auch chraft und gwalt enphangen hat von der gotleichen auzgebung, daz er sein undertanes volch heppe und hai in reichtum des frides und gunst der gerechticbait und den gelauben furziech und die ainvoltigen bescherm und die hochvertigen diemutig und die eiteln verdruchung seiner undertan erhef. Daz wir betrachten, wie getraeuleich und andechtichleichen unser purger ze Wienne werleichen unser getreun, gemeinleichn und jetweder sunderleich, grozz und chlain, unser herschaft und des reiches herschaft umbvangen mit beraiter andachait und lautern treun und sich uns und dem reich unerlozzleichen angepunden habent. also uns angehoret unser volch, das uns enpholhen ist als die umb sein hail schullen widerraiten dem

obristen kunig von der phleg des gemainn dings und der gemainn ordnung und geweltigung und schullen erhefen die vorgenannten stat und purger mit der hilf unserr rechten mechtigen hant, und nemen die stat und purger in unsern und des Romischen reiches gewalt ewichleichen und unwiderrufleichen, also daz sie furbaz in unserr kunigen und kaisern und nachkomen handen werden behalten, und auch die stat schol sunder gezalt werden under andern getreun und lieben steten des reiches, und schullen auch mit unserr sundern gab und des reiches unserr maechtichait bewert werden mit hantfesten der freihait und bewarnung gueter gewonhait ze einem phant irr treun, als mit paerichfriden und aerichgern bewaert wirt die mauer.

1. Von den rechten der richter.

Wir setzen und bestaeten mit gewalt ditz gegenburtigen briefs, daz furbaz alle jar von uns kunigen und kaisern und unsern nachkomen und darzugnomen des rates der purger ein richter gesatzt werd, der weis, guet und gnuegsam sei daz ambt ze uben nach unsern ern und seinen treun. Wir verpieten mit disem gegenburtigen pot, daz dhain richter, wer je ze der zeit ze setzen ist von uns kunigen oder unsern nachkomen, von unserm gewalt noch von seinem gewalt geturr gemachen noch auflegen hinz den egenanten purgern dhain steuer, losung, noch dhain petlechen, noch dhainerlai schatzung, noch seu angeaischen, noch sie noten noch twingen ichts ze raichen uns und unsern nachkomen, nur waz oder wie vil sie von ierm guetleichem willen geben wellent.

2. Daz dhain purger in herfert genott werde, denn pei schonem tag auz und an demselben tag wider haim.

Daruber so gepieten wir von uberfluzzigen gnaden, daz niemant erlaubt sei die vorgenanten purger ze noten ze dhainem dienst ze streit verrer auzzevaren, denne, als sie pei schonem liechten tag von iren haeusern varen, daz sie desselben tages pei der sunne schein wider haim gelazzen werden.

3. Daz die juden der christen ambt icht besitzen.

Darzu daz wir volfueren eines christenleiches fursten tail getreuleich, so vertreiben wir juden von der herschaft der ambt, daz sie icht mit dem gewalt der ambt die christen underdruchen, wan kaiserlicher gewalt von alten zeiten ze rach der begangen sunt denselben juden ewigen dienst aufgesatzt hat.

4.

Wir lautern auch und haizzen behalten, ob gegen jemant purger ein sach oder tate gesuecht wuerd, sie wer statleich, laezleich oder todleich, gegen dem schol nuer der purger zeugnuss gelazzen wern, ez wer wider kaiserlich gewalt die missetat oder wider die stat, wann des darft ist, auzgenomen der posen mutwilligen widerwertichait als uberbezeugte missetat: die uberzeugen purger und auzzer leut.

5. Von dem champh.

Und ob ain purger angesprochen wirt umb einen champh, und mag sich der mit der sibenten hant bereden, darumb er angesprochen ist, den sag wir des champhs ledig.

6. Von der studenten lernung.

Wir wellen auch gemachsam fuersehen der lernung der studenten, damit waishait gelerent wirt an dem volch, und daz ungelert alter der chinder gelerent wirt, und geben vollen gewalt dem maister, der von uns und unsern nachkomen genomen wirt zu verwesen die schul, das der ander lerer in den clunsten setze nach der weisen rat derselben stat, ob sie gnugsam und weis sein pei der lernung irr horer.

7. Daz die purger vrei sein und nicht eigen.

Daruber daz sie selb unser chaiserleich nem einzigeu merung under der saelichait merunder herschaft, so setzen wir, daz all purger, und inwanund und zuchaemund, welicher die sein und wellent wanund sein in unserr und des reiches herschaft, ez sein rittermaezzig oder sweliches anders geschlechtes, die schullen leben under sicherr vreier ee, ledichleichen vor aller dienstleicher beschaiden, die jar und tag fuer mitpurger da gehapt sint von den purgern nach der statrecht und bewaerten wonhaiten.

8. Daz die purger ir ertrunchne guter wol mugen wider gevodern mit recht von einem isleichen aufhalder.

Und von angeporner guetichait unsers stuels, der da nachvoligt frid und der gerechtichait, so ertail wir und gepieten, ob immer etleich purger ze Wienne von der vraise der veltgusse chaem in den val des schefverderben mit seinem guet, und die im menschen hant abtrueg, daz er die vreileichen muge gevodern und von einem isleichen aufhalder ze haben, wann wir ez ertailen genzleich unpilleich und unparmzichleich die gueter, die in schefverderben beleiben und von wuetender unde des raeupleichen wazzer hinchoment, ein mensch aufhalten scholt.

9. Daz jemant wider die hantvest ichtesicht getuen mug oder geturr.

Wir setzen auch, daz chain richter oder amptman, hoher oder nider, in den pieten auf dem land oder in den steten oder ander, wie die genant sind, uber all sach, sie sei tredleich, lezleich oder staetleich, uber guet, uber laeut oder ir besitzung dhainen gewalt hab ze richten, sunder alain der statrichter ze Wienn und dhain anderr: der schol richten uber die obgenanten sach alle, wie die entsprungen sein, auzgenomen der weingarten, die gericht den rechten pergmaister angehoret, und auzgenomen der lehen, die der lehenherr richten schol, und auzgenomen dez munzmaisters und seiner geselschaft, genant die hauzgenozzen und aller irr rechten und vreihait, und auzgenomen der rechten anderr unserr stet, ob die purger ze Wienn in denselben steten besitzung oder ander sachen ze tuen hieten.

10. Von der purger wirdichait lehen zu enphachen und ze leichen.

Wir geben auch genzleich von sundern gnaden den egenanten purgern, daz sie sich vreung ritterleichs rechtens rittermaezziger laeut an zeugnusse ze tragen, und ruegung ze tuen, und lehen ze enphahen und ze haben und auch lehen ze leichen und in isleichen andern rechtleichen werichen ze uben.

11. Wie der rat gesetzt schul werden mit der zal.

Wir setzen auch und gepieten den satz vestichleich und ewichleich ze behalten, daz von ganzer gemain der stat zwainzich man der weisisten, getreuisten, nuetzisten und maechtigisten, deu got vor augen haben, zu ratgeben erwelt werden, die sich denne mit iren geswarn aiden da fuerpunden nach irem muegen zu fuedern all unser und des reiches er, nutz, gemach und frum, und auch der stat, armer und reicher, und sunderleich swern, daz sie die hantfest und allez, daz darinne genant ist, die in geben ist, genzleich und treuleich behalten, und schullen auch pei irem schuldigen aid recht maercht und chauf auflegen und aufsetzen allez chaufen und verchaufen an allen chaufleichen dingen nach der natdurft und der zeit begier.

12. Von den ratgeben und dem rat.

Waz auch dieselben ratgeben der stat an allen iren raeten oder werchen ordent und schickent nach ern des reiches und nuetz der purger und der stat, daz wellen wir gnaem und stæt haben, und haizzen und pieten, daz ez stæt und vest behalten werde, also daz ez weder von irem richter noch von dhain andern menschen zeprochen werd; und wer auch, daz der statrichter nicht peigestuend mit rechter beraitschaft aller irr nutzer ordnung, den wolt wir pezzern haizzen mit swerr straf guets und des leibes als einen versmæcher chaiserleicher satzung.

13. Von insigel, und wie man den rat minner und mer.

Auch all sach, werich und wandlung, die mit veraintem zeitigen rat vor in geschiecht und mit der stat insigel bevest wirt ze einer sicherung und zeugnuss, daz sie chraft hab ewiger vestung. Darnach schullen dieselben ratgeben die zal der ratlæut meren und minnern, wo des durft geschiecht, als recht und pilleich ist nach ern und nutz der stat; und daz ist ze versten, wenn der merer tail des rats ainhelig in den sachen ist.

14. Wie oft die ratgeben in den rat sulu komen in der wochen.

Auch setzen wir den selben ratgeben pei dem aid, den sie dem heiligen reich und irn mitpurgern geswaren habent und noch chunftichleich swern schullen, daz sie alle wochen zwir oder ains zesamnchomen und zesamnsitzen und betrachten treulich auf alle furdrung, er und nutz der purger und der stat.

15. Von schedleichen inwonern.

Wann vil hails der stat an denselben ratgeben leit von unserr emphelichnuss, so wellen wir und gepieten pei unsern gnaden und hulden, daz dieselben ratgeben behueten, als sie pest mugen, alle schedleichait der inwanunden in der stat.

16. Von der stat recht saumung.

Sie schullen auch behueten vleizzichleich, daz von ir saumung der stat recht und vreihait icht zebrochen werden als si meiden wellen die ungnade unsers chaiserleichs gewalts an leib und guet.

17. Daz die gemain der stat peigesten schol.

Wir gepieten auch, daz die ganz gemain der stat peigesten schol mit leib und guet dem richter, den ratgeben durich behaltnuesse irr hantvest, rechten und vreihaiten.

18. Von dem geding fur den richter und fur den munzmaister.

Darnach so geben wir und bestæten ewichleich von unser chaiserlicher mæchtichait unsern lieben getreun purgern ze Wienn die genad: umb swelicherlai chlag, sach oder urtail gedingt wird fur unsern statrichter oder fur unsern munzmaister, der auch in der muenze gesellschaft ist, die da haizzent hausgnazzen, der sunderlich ze richten hat, daz solich dingung vor dhainem menschen, welicherlai wirdichait er sei oder welicherlai ampts er sei, geschehen schol und dhain chraft der stetichait haben schol, nuer ez wert gedinget fur die ratgeben, daz ist fur den geswarn rat der stat, von den genæmen und stete endung aller dingung und urtail schol pracht werden. Wer aber, daz die dingung und urtail den ratgeben ze prait und ze vinster wer, so schullen die ratgeben uber daz selben dingen und urtail uns vodern; die wellen wir denn vor irem rat und vor unserm edeln rat ze pilleichem ende pringen, sunder uns geschæch denn von hinn ze sein. Swen wir denn an unser stat setzen, der schol denn solich sach enden.

19. Aber wie man dingen sol

Ez schol auch ein igleich mensch, daz uber etleich sach dingen wil, des ersten swern vor dem richter, daz iz ding an all triegnisse, an aufschub, an gever, nur zu ervinden lautreu warhait des rechten und der rechtichait.

20. Von den vesten in dem purchfrid ze stiften.

Wir verpieten auch noch dem alten pot der fursten ze Osterreich, das dhain person, hohe oder nider oder ainvoltig, geistleich oder wertleich, dhain haus oder vest sul oder geturr pauen oder aufmachen in dem purchfriden oder ziln der stat in einer rast lanch. Wer ditz unsers potes widrer oder ubergeer ist, desselben pau schol man auzreuten gar aus dem grunt, und schol gepuezzet werden mit pilleicher puezz als ein ubergeer unsers gepotes.

21. Von den vesten ze storn.

Und daz wir genzleich der stat hantvest behalten, so gepieten wir alle die vesten niderzebrechen, die nach herzog Fridreichs tod selig in denselben gemerchten gepaut sind.

22. Daz den purgern dhain gewalt getan werd.

Wir setzen auch, daz dhain person, edle oder ainvoltig, unsern purgern ze Wienne dhain frevel oder gewalt tue oder zueziech weder an leib noch an guet. Wer aber, des nicht ensei, daz sie wider ditz besætzt oder von jemant beswært wuerden, und die frevel der beswernusse wizzenleich wær, die schol widertan werden in vierzehen tagen nach der purger aisch oder vrag. Und wer ez halt geschehen von unserm gewalt, so schullen unser purger freie wilchuer haben nach irm mugen die ubeltæt ze richten in der stat oder auz der stat, darnach der laidiger schuld ist.

23. Von der muntmanschaft.

Wir setzen auch, daz dhain mensch, edelz oder mæchtigs, ziech oder nem unser purger oder inwaner der stat zu manschaft, wie oder wenn daz do *muntmanschaft* haizzet; swelich aber da wider tæten und des uberwunden wuerden, der mensch der do *muntman* gehaizzen ist, der geb dem richter fumf phunt. Hat er der phennig nicht, er verlies die hant, und der, der ez zu der manschaft gezogen hat, der geb dem richter zehen phunt; und zeucht er jemant an sich also zu dem andern mal, der geb aber dem richter zehen phunt. Und tuet er ez zu dem dritten mal, so werden alle seinu gueter zusamme behalten mit dem richter und ratgeben genzleich von der stat verworfen werden, in dhainer weis darin ze chomen an unser sunder pot.

24. Von der notdurft witibern, witiben und waisen.

Wir setzen auch: ob ein man oder vrou in witiber weis oder witiben weis wærn, und chæmen in solich armuet, daz sie genott wurden von notdurft ire gueter hinzegeben oder ze stren, und die erben oder vreunt daz hingaben und daz stræn widerspræchen, so sullen die ratgeben der stat sitzen uber die sach und vleizzichleichen merchen, daz der man oder vrou an not icht sein des guetes verstræuer oder hingeber, und daz seu ir armuet an des erben verchaufen nicht mugen erheben; und ist dem also, so sullen die ratgeben, under der erben oder freunt pæsen danch solich aufersteund hingeben, genzleich bestæten mit irem insigel und der stat priefen.

25. Von der ansuechung haimleich vroun oder junchvroun.

Und ob ein ainvoltiger man versmæchter oder verr niderers gedinges wer denn ein vrou, und der geverleichen ansuechet junchfroun oder weib mit haimleichez werfen oder freien, und sie den gelobt hiet ze nemen zu einem wirt, und die smach oder schant offenbar wær weltleichem gericht, und dem ab gieng der bewermuess, so schol der schedleicher und lestrer gepuezzet werden nach schidung und wilchuer der ratgeben; und ist aber daz weib geleichs geschlæchts oder gedinges, als gesprochen ist, und derselben ez auch tuet oder versuecht, dem geschech dazselb damit, daz der purger suen, tœchter und freunt behuett werden, daz sie icht mit untreun der lœut zu geverleicher chanschaft gezogen werden.

26. Von der bestetigung der statmaut.

Wir bestæten auch ewichleich ze behalten unsern lieben purgern ze Wienn die maut, die von alten zeiten von der herzogen gab ze Ostreich zu der stat ze Wienn gehort, hat gehaizzen die *purchmaut.*

27. Von dem guldenm insigel.

Wir geluben auch nach deu, und wir von got ze lehen gechronet werden mit der chron des chaisertums, daz wir denn verneun all hantfest, die von uns den egenannteu purgern geben und verlichen sind, mit unserm guldein chaiserleichen insigel gezaichent.

28. Von den jarmærchten.

Und darzu von chuichleicher miltichait wellen wir der egenanten stat erweiter und erwerleicher ern und verleichen mit ewiger vreihait und miltichait, daz in derselben stat offen erber jarmærcht geuebet werden zwier in dem jar: sunder ze den zeiten sullen die jarmærcht begangen werden in dem sumer von des heiligen herren sand Jacobstag, des zwelifpoten vierzehen tag nach einander, und darnach siben tag vor unser Vrountag zu der Liechtmess und siben tag hinnach sullen die jarmærcht begangen werden.

29. Von der sicherhait der jahimærcht.

Wir nemen auch in den scherm und frid des Rœmischen reich allgemainchleich und jetwedem sunderleich, die da chomen zu denselben jarmærchten, und geben in die sicherhait, wie lang sie choment oder gent zu den jarmærchten oder do wonund sind oder von danne varent, umb dhainerlai sach noch umb dhain begangne schuld auzzerthalb der jarmærcht muegen bechumert oder umbchomen werden, in swelichem gericht ez sei. Wer seu aber betruebt an recht, der sol gericht werden als ein mailiger des frides oder ein betrueber des landes.

30. Von der rechten mazz und wag.

Daruber alle verchæufleich ding und chaufschætz, die in dem egenanten jarmærchten auzgelegt werdent, die schullen geacht und geschatzt werden nach rechter pilleicher wag, zal und mazze, nach rechter satzung und achtung der ratgeben unser stat ze Wienne, daz den, die darziechunden und chomund sind, gerechtichait und treuhait und geleichait behalten werd.

31. Von der freihait der jarmærcht.

Darzu so lazzen wir allen, (die zu) den vorgenanten jarmarcht mit chaufmanschaft choment, maut und zol in der stat ze Wienne, die uns und dem reich zugehorent, ez sei wegen maut, fuermaut oder ander maut.

32. Die bestetigung aller vorgeschribem sach.

Wir beziern und vesten die stat und die purger ze Wienne mit disen gnaden und hautvesten, allen gemainchleich und jetwederm sunderleich, mit der bewarnung unser gutichait, also daz dhainem menschen geurlaubt sei ze verchern, daz wir gemacht haben, und freveleichen anzevechten oder dawider ze chriegen, daz wir in verlichen haben, doch unverzigen chaiserleiches und chunichleiches gewalts, der nicht gepunden noch gechnuephet ist mit den panden des rechtens.

33. Von dem pein der widerzertigen.

Swer leicht dawider getorst versuechen, der wizze sich ingevallen sein swer laidigung unserr ungnaden, und genzleich zesamleg hundert phunt goldes; halb ze raichen unsern chunichleichen schætzen und halb ze raichen den egenanten unsern purgern zu Wienne.

XVIII.

Huldigungsbriefe des Ritters und Wiener Stadtrichters **Rimboto** und einiger **Wiener Bürger** und Ritter·an König **Rudolf** und Grafen **Albrecht**.

1281, 24. Mai und 12. Juni. Wien.

Aus den Originalurkunden im k. k. Staatsarchive zu Wien. Gedruckt bei Hormayr II. 1. Urkundenb. S. 35 Nr. LI und LII.

go *Rimboto* miles, judex Wiennensis, presentium tenore profiteor et publice recognosco, me serenissimo domino meo Rudolfo, Romanorum regi semper augusto, ac illustri Alberto, suo primogenito, ad perfecte devotionis et fidei debitum obligari ac eisdem semper velle fidem et devotionem in omnibus observare. De qua devotione et fide, ipsis perpetuo observanda, sacramentum de novo prestiti corporale, promittens firmiter per presentes, me ab eisdem, quos meos veros dominos recognosco, nullatenus quoad vixero recessurum, nec in aliquo ab eorundem fide deviaturum. Si vero, quod absit, in posterum ab ipsorum devotione recederem, vel alias erga ipsos fidei mee debitum violarem, extunc eo ipso infamis, exlex, perjurus et fidei jurate transgressor sum et volo censeri, penis hujusmodi infamium personarum spontanea voluntate eligens subici et nichilominus omnia bona mea predictorum dominorum meorum camere confiscari. In cujus testimonium sigillum meum presentibus est appensum. Datum Wienne IX. kalend. junii, indictione IX, anno domini MCCLXXX primo.

Nos *Griffo, Ulricus* et *Fridlo*, filii *Herwici* consortis, cives Wiennenses, promittimus et juramus domino nostro domino Rudolfo Romanorum regi serenissimo et vobis domino nostro illustri Alberto, ejusdem primogenito, quod erga ipsum et vos fidem nostram servabimus et vobis semper fideles erimus, nec ullo unquam tempore a vestra devotione recedemus, et si quod absit contrarium adtemptaremus, extunc volumus et censemus nos fide perjuros et fidei violatores et exleges pariter et infames, ac omnia bona nostra cum personis sue et vestre subicimus sine misericordia et gratia potestati, adicientes nichilominus et promittentes sub sacramento jam prestiti juramenti, quod si Paltramum ante cimiterium, quondam civem Wiennensem, Marquardum fratrem suum, filios suos videlicet Paltramum, Petrum, Pilgrimum, Heinricum, Eberhardum et Jaenselinum, quem et quos serenissimus dominus noster Rudolfus, Romanorum rex propter crimen lese majestatis et prodite civitatis et patrie judicio publico condempnavit, verbis aut factis promoverimus vel promotionem ab eisdem receperimus aliqualem, vel si ipsos aut causas eorum unquam foverimus, in persona propria vel per nuncios aut per scripta, extunc omnes articuli late sentencie et per nos electe, sicut in premissis litteris continentur, in nos non solum quantum ad predictos dominos nostros immo etiam quantum ad consules civitatis Wiennensis habeant plene locum. In cujus rei testimonium sigillum nostrum presentibus litteris est apensum. Datum Wienne secundo idus junii anno domini millesimo CCLXXX primo.

¹) Gleichlautende Unterwerfungsbriefe vom 24. Mai und 12. Juni 1281 finden sich noch von Liupoldus magister monete Wiennensis — ego Chono quondam magister monete Viennensis — nos Pilgrimus et Georgius fratres Krigelarii — nos Otto et Heimo fratres, cives Viennenses — Jacobus de Hoya — Paltramus Vatzo civis Wiennensis — Paltramus in foro lignorum — Ulricus Scharrer, filius Eberhardi — Scharrer civis Wiennensis — Rudegerus in foro lignorum, civis Wiennensis — Ulricus civis.

XIX.

Grafen **Albrecht's** von Habsburg **Handfeste** für **Wien** als **Niederlage** und **Stapelplatz**.

1281, 24. Juli. Wien.

Aus der Originalurkunde im Wiener Stadtarchive. Grosser Pergamentbogen. An der Urkunde hängen neun Siegel auf Seidenschnüren, und zwar das Reitersiegel Albrecht's mit der Umschrift Albertus Rudolfi regis Rom. primogenitus, vicarius generalis per Austriam et Styriam in der Mitte, dann zu beiden Seiten vier Siegel und zwar sieben der einzelnen Landherren und das letzte rechts das Stadtsiegel von Wien im rothen Wachse mit dem einköpfigen Reichsadler und der Umschrift Sigillum civium Winnensium. Abschrift im Eisenbuche f. 53—53'. Gedruckt in Hormayr, Wien V. Urkundenb. S. 14—17. Nr. CXXXIII. Dann Lambacher. Interr. Urkundenb. Nr. CII S. 189 ff.

 n dem namen der heiligen und der ungescheiden drivaltichait. Amen. Wir *Albrcht* von gotes gnaden grof von Habespurch und von Chiburch, lantgrof von Elsazze, gwaltiger und gemainer verweser uber Osterrich und uber Steir allen den, die diesen brief ansehent, unsern gruos ewichlichen. Wand unser herre und unser vater, der hohe und der werde Roemischer chunich Rudolf von gotes gnaden, der ze allen ziten ein merer ist des riches, uns uber Osterrich und uber Steir vollen gwalt und allen sein selbes gwalt gegeben hat, und hat uns in denselben lant gesatzt ze ainem gemainem verweser und ze ainem gwaltigen pfleger und hat daz getan vor allen den lantherren, vor den purgern, vor den steten, vor armen und vor richen noch ir aller willen und noch ir pet und bestaetet uns allen seinen gewalt an der vorgenanten pfleg mit sinen hantfesten, die wir auch douber haben; darnach do unser herre und unser vater von uns gefuer, do sazze wir mit userm rat den lantherren, die unsern rat gesworn habent vor userm herren dem Romischen chunich, und sint ouch daz die, die wir hie nennen: *Wernhart von Schowenberch*, graf *Perichtolt von Hardecke*, *Ott von Haslou* der lantrichter ze Osterrich, *Ott von Perchtoltstorf* der chamerer, *Stephan von Meissau* der marschalich, *Leutolt von Chunring* der schenkch, und *Heinrich* sein

bruder, *Erchenger von Landesere, Friderich* der druhssetz *von Lengebach, Chunrat von Pilichtorf, Ulrich von Chapelle* der lantrichter ob der Ens, *Kunrat von Sumerau, Hadmar von Sunnberch, Chunrat von Potendorf, Reimprelt* und *Chalhoch,* die bruoder *von Ebersdorf,* und wuorden des mit in enein; wie wir allez lant satzten in guoten vride und in guot gewonheit, den lant und leuten guot were. Und wurden enein umb ein niderlege, daz den ze Wienne in des riches houptstat in Osterrich wurde. Do besant wir der stat rat von Wienne, daz die sæzzen zu demselben lantherren, die unser rat sind in Osterrich, und mit den enein wurden umb dieselben niderlege, wie deu wurde nach got und nach des landes fruom. Do beweist uns der rat von der stat ze Wienen, daz sie alt hantfeste habent gehabt von cheisern und von den fursten ze Osterrich, die in unser herre und unser werder vater chunich Rudolf erneuet und bestætet hat mit sinen hantfesten; an denselben hantfesten do stunt an under andern sætzen und under andern artikeln, das weilen ein niderleg da ze Wienen ist gewesen, deu also gemachet was und geschriben von wort ze wort:... ez enschol deheinem menschen urlaublich sein von Swaben, noch von Regenspurch, noch von Pazzau noch von andern landen ze varen mit sinem choufschatz hinz Ungern; sie schuln mit ir choufschatz varen die rehten lantstrazze gan Wienne und schulen do ir choufschatz allen niderlegen; swer doengegen tæt, der sol der stat ze Wienne ze puoz geben zwai phunt goldes. ... Ez schol ouch dehein vromder choufman ze Wienen lenger beliben mit sinem choufschatz denne zwen manen und schol sinen choufschatz niement verchoufen, denne einem purger ze Wienen, also ob der purger mit im zeitleich choufen welle. Er enschol ouch niht choufen golt noch silber; hat er golt oder silber, daz schol er verchoufen ze unser chamer. Wand aver uns und unsern den vorgenanten rat die lantherren ze Osterrich und unsern rat ouz den purgern ze Wienen der vorgenanten satz und der artikel den choufleuten gesten ze swer douht, nu hab wir in mit dem vorgenanten rat die niderleg her ze Wienen also geleit und gesatzt, das die vorgenanten choufleut und alle die choufleut, die in daz lant ze Osterrich arbeitent, mit ir choufschatz die gemainen strazze ouf wasser und ouf lande fuer sich gan Wienne schullen varen und schuln ir choufschatz do niderlegen und minder anderswa. Swer der wær, der fuer fuer gan Ungern oder anderswa mit sinem choufschatz, fuer daz er in lant chunt, allez daz, daz er fueret, daz schol man ziehen in des lantsherren gewalt ouf gnade. Welich choufman sinen choufschatz niderlegt da ze Wienen, der sol haben die gnade nach unserm, nach der lantherren und nach der purger rat und oufsatz, das er schol do sein mit seinem choufschatz, als lang er wil, und schol sinen choufschatz, den er her ze Wienen bringet, ze choufen geben an truog und an bose liste allen leuten, purgern und gesten, sie sein inner lants oder auzzer lants gesezzen, von Ungern oder von swanne sie sein, und nem auch wir dieselben choufleut, die her ze Wienen choment und do niderlegent, in unsers herren und unsers vater chunich Ruedolfes scherm, in unserm scherm, in der lantherrn scherm, und in der burger scherm von Wienne, und globen in daz mitsant den lantherren und mit den purgern, daz dehein niue moute, noch dehein neuer zol, noch dehein neuer oufsatz auf seu noch auf ir choufschatz nimmer schol gesatzt werden; swer ouch der ist, der der niderleg ze Wienen wil uber werden, der chom mit sinem choufschatz in daz lant ze Osterrich niht, der var durch ander lant, swa er wil, mit unserm guten willen. Wir tuon auch allen den chunt, die disen brief ansehent, das wir dise wandlunge dirre niderleg, disen satz und dise gnade, die wir getan haben an dirre niderleg, enbuten unserm herren und unserm vater, dem Römischen chunich Rudolfen. Dem geviel dirre oufsatz an allen sachen wol, als er uns chunt tet mit sinem brief, also ob Minnerbruoder und Prediger gehullen an disem satz mit den lantherren und mit den purgern. Do besant wir Prediger und Minnerbruoder, die weisisten und die besten von den zwain housen ze Wienen, den geviel dirre oufsatz wol, und gehullen sein mit uns, mit den lantherren und mit den purgern. Ez habent auch die lantherren mitsamt uns gelobt: swelich choufman mit sinem choufschatz die rehten strazze gan Wienen meit und wil anderswa ous dem lande varen mit sinem choufschatz, das sie den schuln oufhaben mit leib und mit guot und schuln uns in antwurten. Das aver der oufsatz immer unverwandelt und stæt belibe, als er hie an disem brief von wort ze wort geschriben ist, so ewigen wir in und bestæten in mit unserm insigel, mit unsers rates, der lantherren, der besten von Osterrich und mit der stat insigel von Wienne ze einem urchund und ze einer ewigen vestnunge. Dirre brief der ist geben, und die sach ist geschehen ze Wienne, da von Christes geburde ist gewesen tousent jar, zwaihundert jar, ainez und ochtzich jar an sant Jacobesabent.

X X.

Verzichts- und **Huldigungsbriefe** der Stadt **Wien**, wodurch sie allen von König **Rudolf** ihr verliehenen Privilegien zu Gunsten Herzog **Albrecht's I.** entsagt.

1288, 19. und 28. Februar. Neuburg und Wien.

Nr. Originalurkunden im k. k. Staatsarchive zu Wien mit längenden, sehr wohl erhaltenen Stadtsiegeln (das Siegel dasselbe wie in der Urkunde von 1281 24. Juli). Gedruckt bei Hormayr, II. Urkundenb. Nr. LIII und XIV S. 37–39, dann Kurz, Oesterreich unter Ottokar II., 205.

 os Judex, magister, consules jurati et universitas civium Wiennensium, nos illustrem principem dominum Albertum ducem Austrie et Stirie, dominum Carniole, Marchie ac Portus Naonis nostrum dominum publice profitentes promisimus et promittimus tenore presentium, juravimus et juramus vobis et heredibus vestris, ducibus Austrie, fidem sinceram et fidelitatem illibatam perpetuo servaturos, a quibus nullo unquam tempore aliqualiter recedemus, adicientes sub virtute prestiti sacramenti vobis per nos, quod nullas uniones, congregationes, confederationes seu conspirationes publicas vel ocultas facere presumemus nec consentiemus ex nobis hujusmodi volentibus attemptare, sed conspirationes seu congregationes tales sie per quemquam nostrum, quod absit, contingerent instaurari, dominationi vestre constanter promittimus intimare, quamprimum id nostre conscientie datum fuerit experiri. Quodsi per nos in premissis omnibus et singulis contrarium vel secus fiat, extunc volumus et consemus nos fore perjuros et violatores fidei, exleges pariter et infames, subicientes

nichilominus cum personis nostris omnia bona nostra vestre sine misericordia et gratia potestati, in cujus rei nostreque devotionis perpetue testimonium et memoriam ampliorem presentes litteras universitatis nostre sigillo manibus excellentie vestre tradimus communiter. Datum *Neunburge*. Anno domini MCC octogesimo octavo XII kaln. martii.

Nos Chunradus judex, magister, consules jurati et universitas civium Wiennensium illustrem et magnificum principem dominum Albertum, ducem Austrie et Stirie, dominum nostrum verum concorditer profitentes cedimus et renunciamus omnibus et singulis privilegiis, cuiuscumque tenoris existant, per serenissimum dominum nostrum Rudolfum, Romanorum regem semper augustum nobis et civitati Wiennensi traditis et concessis. In cujus quidem cessionis et renunciationis testimonium sigillum universitatis nostre presentibus duximus appendendum. Datum Wienne anno domini M°CC° octogesimo octavo III. kalend. martii.

Einzelne, fast durchaus gleichlautende Gehorsambriefe von Seifridus dictus Leubel, magister monete et civis Wiennensis - Konradus de Eslarn civis Wiennensis — Ulricus filius Chunonis — Ortlinus dictus Chressmarius — Chunradus Pollo — Prechtlin unter den Lauben — Otto filius quondam Ottonis, filii Haimonis, civis Wiennensis, die Brüder Rüdiger, Paltram und Ulrich auf dem Holzmarkt — Paltram Vatzo, Ulrich von Rauchendorf, Ritter und Bürger, Conrad Breitenfelder, Ritter und Bürger, Otto und Ulrich, Söhne Cuno's des ehemaligen Münzmeisters — Wernhard Chreutzar — Heinrich Schednitzer - Griffo, Gotfried und Reinhard fratres dicti soleatores — Watzman civis — Dietrich von Kahlenberg — Leupold von der Hochstrass — Ulrich der Sohn Marquard's — Jacob de Metis — Pilgrim und Georg dicti Griglarii — Leopoldus de alta strata — Jacob und Heinrich die Söhne Ernst's.

XXI.

Privilegium Herzog **Albrecht's I.** für die **Laubenherren** in Wien.

1288, 21. März. Neuburg.

Die Originalurkunde nicht mehr vorhanden. Eine deutsche Uebersetzung der ursprünglich lateinischen Urkunde siehe in der Bestätigungsurkunde der Rechte der Laubenherren von 1368, 15. Mai. Vergleiche damit die lateinische gleichlautende Urkunde für die Laubenherren in Krems von Herzog Rudolf III. von 1305, 19. November, Wien, bei Rauch, Script. III, 361, und Kinzl, Chronik von Krems, 491.

XXII.

Der **Rath** der Stadt Wien ertheilt dem Stifte **Klosterneuburg** das Recht zur Einfuhr und zum Verkaufe von **Wein** in Wien.

1288, 13. Juli. Wien.

Aus dem Eisenbuche f. 192ᵇ. Bisher ungedruckt.

 e rerum gestarum rationabiliter memoria propter diurni temporis momentaneum transitum oblivionis nebula enervetur, restat, ut, quod rite agitur, scripturarum memoria posteris roboretur. Nos igitur *Chunradus* in Harmarkt tunc judex, *Chunradus Pullo* magister civium simulque universitas consulum juratorum civitatis Wiennensis ad notitiam tam presentium quam futurorum volumus pervenire, quod nos atendentes fidei meritum et specialis benevolentie usus multiplices, quibus venerabilis dominus Pabo prepositus totusque conventus *ecclesie Neumburgensis* nos et civitatem nostram Wiennensem vigili solertia multiformiter amplectuntur, concedimus liberaliter et admittimus universaliter gratia speciali, quod eidem domino Paboni preposito et omnibus successoribus suis totique conventui ecclesie Neumburgensis annis singulis perpetuo duraturis liceat de nostra permissione quadraginta carradas vini sui infra muros sive suburbia civitatis nostre, quod *purklfride* dicitur, introducere et reponere, ubicunque ipsis placuerit, et vendere per vasa sive per mensuram denariatarum per servos seu per caupones suos libere et pro omni arbitrio suo in usus proprios convertere, prout eorum placuerit voluntati. Et ne ipsis aliquando per nos sive per nostros successores hujusmodi gratia seu libertas possit vel debeat aliqualiter violari, has litteras nostri sigilli munimine roboratas ecclesie memorate dari fecimus in signum evidens omnium premissorum.

Datum *Wienne* anno domini MCCLXXXVIII in die sancte Margarete virginis.

XXIII.

Stadtrecht Herzog **Albrecht's** I. für Wien.

1296, 12. Februar. Wien.

Aus der im Wiener Stadtarchive befindlichen, auf einem ungeheuer grossen Pergamentbogen auf einer Seite sehr sorgfältig geschriebenen Originalurkunde, an der das grosse Reitersiegel des Herzogs an einer rothgelben Seidenschnur hängt. Abschrift im Eisenbuche f. 27—31, und in vielen anderen Wiener Rechtshandschriften. Gedruckt bei Hormayr II. Urkundenb. S. 90—99 Nr. LV.

 ir *Albrecht* von gotes gnaden herzoge ze Osterreich unde ze Steire, herre ze Chrain, der March und ze Portenaon allen den, die nu lebent und hernach chuonftich sint, ewichlich. Wand die gemaine unserre liben getriuen, reicher und armer, der purgær ze Wienne mit rehten triuen und mit ganzær stætichait ir herschaft fuorsten, herzogen und ze voderist unserm herren und unserm vater chuonich Ruodolfen, dem Ræmischen chuonige und auch uns undertænich ist gewesen, darumbe sie des wol wert ist, das sie gepriset und gevuordert werde nach den geærnden irer triue von uns und unsern nachkomen, als sie mit wirden und mit eren von unsern vodern geeret und gevriet ist als ein haubet und ein behaltærinne unseres fuorstentumes, darumbe suoln wizzen die gegenwuortigen und auch die chuonftigen, daz wir haben gedaht, wie getriuelich und wie andæchtichlich unser getriue purger ze Wienne alle mit einander, hohe und nider, uns habent liplich umbevangen, so daz sie mit beraiten und mit lauteren treuen habent sich uns erzaiget, wand auch daz unser ist ze tun, daz wir daz volche suoln schermen, als wir umbe ir heil mit gemainer rehtichait und offenlich unserm herren vuor sie suoln antwurten, davon so nem wir die vorgenanten stat Wienne in unser genade guonstichlichen und gænzlichen, als wir schuldich sein unsern liben getriuen, und bestæten in elliu deu reht und die guten gewonhait, deu dieselbe stat ze Wienne herbraht hat.

1. Wir setzen auch ze dem ersten und ze dem vodersten, daz der rihtær, den wir setzen, niht tun sol, daz der stat schedlich sei, als libe im unser hulde sei, und sol dehainen neuen satz aufsetzen, und swa der rihtær der stat reht und irem vreitum, diu sie von uns habent und herbraht habent, angreifen oder uobergreifen wolde, des suoln wir in bezzern nach dem rate des rates ze Wienne; doch sol der rat dem rihter zugesten sines rehtes und suoln in niht hindern an sinem gerihte; er suol rihten als pillich und reht sei. Ze voderist umbe die beredunge, daz der rihter niht darumbe neme.

2. Diu ebenteure, diu die stat von alter und von guter gewonhait her hat braht, deu sol sie behalten, als mit alter gewonhait her ist chomen. Wær aber, daz ein menisch ebenteure niht gehaben mœchte noch den vreunt, der sie vuor ez satzte, so sol der rat von der stat durch beschaidenhait und durch altez reht die læuote hœren, den chunt sei die sache; sei sie denne wizzenlich, und daz man daz bewærn muge mit erbern læuoten, so sol man ez rihten an ebenteure.

3. Wir wellen auch, daz dehain unser marschalch, oder swer an siner stat ist, nimder hinz dehainem purger geste herwergen suol, an swo im der rihter hin zaige, der mit im reiten sol, und suoln auch bede, der rihtær und der marschalch dehain miet darumbe enphaben, sie herwergen, als zimlich und pillich sei. Sie suoln auch niht herwergen datz den witiben und datz den hausgenozzen.

4. Chuomet ienem geste in die stat, die eines purger varen wolten und mit eisengewante in der stat giengen, den suoln die purger und der rihtær daz eisengewant verbieten; wolten sie ez daruober tragen, so verbiet man in die stat; nement sie daruober dehainen schaden, da tu man in dehain reht umbe.

5. Darzu daz wir ervollen den tail christenliches fuorsttumes getriuelich, so vertreiben wir die juden von der pflegenuosse der ampt ze Wienne darumbe, daz sie under den eren der herschefte oder des offene amptes die christen niht beswæren, seit rehter gewalt von alten ziten ze rache der begangenne juodischen suonden denselben juden ewigen dienst hat aufgesetzet.

6. Daruober setzen wir auch vestichlichen ze behalten: swer der ist, der einen purger von Wienne ansprichet dehainer sache, diu im an sein ere und an sein triue get, daz er dehainen zeuch darumbe dulten sol gegen im, sunder er sol sich der sache bereden mit seinem aide nach der stat reht.

7. Umbe swelich sache ein purger angesprochen wirt, ez sei umbe aigen oder umbe purchreht, daz in dem purchfride leit, der sol daz verantwurten vor dem statrihter. Ez sol auch der purchfrid gen an daz zil, da der stat gerihte hinget, als ez mit alter gewonhait herchomen ist.

8. Ob dehain purger wirt angesprochen umbe einen champf, mach sich der des bereden mit siben henden erbærre kæuote sælher sache, die gegen im gesprochen ist, den sagen wir ledich von der ansprache des champfes.

9. Seit daz von alter gewonhait der fuorsten in Oesterriche also her chomen ist, daz wir die schule ze Wienne verleihen solten, doch wellen wir und bestæten daz vestichlichen ze einen sunderlichen genaden den purgern und dem rat von der stat diu schul ze Wienne vuorbaz ewichlich ze verleihen; wand sie allen nutz und alle ere in der stat schaffen suoln, so suoln sie auch iren chinden einen schulmaister schaffen, des sie auch ere haben an chuonst und an eren, so sie in allerbesten immer vinden und haben muogen, als sie umbe irre vreunde chuonftig lernuonge got antwurten suoln, ob von der saumunge ir dehainer miseriet.

10. Wir wellen auch die lernunge der lernten gemæhlich beruchen, davon die weishait gechuondet wird der christenhait, und daz ungelert alter von chinthait wirt geweiset und gelernt. So geben wir vollen gewalt dem schulmaister datz sant Stephan der pfarrechirchen, der von dem rate der stat da wirt gesetzet ze schulmaister an der schul, under sich ze stiften in der stat, und doch da sie erleich und gewonleich sein, alle die schule, die in der stat sint; die suoln denselben maister undertænich sein mit zinse und mit zuht chuonstlicher bewarunge. Swer dawider dehain schul ze seiner chirchen oder in seinem hause hiet wider des maisters willen und der purger, daz suolen die purger wenden mit allen sachen. Swer daruober vrævellichen tæte, den wellen wir buozzen an leibe und auch an gute. Derselbe schulmaister von sant Stephan sol rihten von sinen schulærn allez, daz under in geschiht, an daz da get an den tot und an die lem. Chintlich tumphait uobet ofte unzimlich boshait, doch so wahsent witze mit den jaren. Da von wellen wir, ob ein schuler, der under dem pesem ist, sinen

vreuonden, bi den er ist, haimlich iht enphuoret sines gutes, oder ain schuler dem andern, daz sol der maister rihten mit starchen pesem slegen; wær aber die gætat so groz, daz sich der maister des schulers auzzent, so man in denne begriffe, daz solt man gein im rihten als denne reht ist. Swelich schuler ungevuorich und ungevolgich dem schulmaister wolde sein, der sol diu stat raumen, oder er werde ein laie. Swer in daruober behaltet, der sol dem rihter, geben zwai phunt und an diu stat zwai phunt, also ob er in vrævellichen und wizzenlichen behaltet drei tage wider den maister und wider die purger. Treit ein schuler swert oder mezzer, den sol der schulmaister darumbe bezzern; wolt er der bezzerunge niht vuor gut haben, so sol in der schulmaister dem richter antwurten, der sol in denne buozzen nach recht. Swelich schuler spilt in der tabern, der sol niht mere muogen verlisen, denne er beraiter pfenninge bi im habe. Sein gewant, seineu buch oder ander seineu phant sol im nieman nemen, swievil er verlius; damit wellen wir erweren, daz nieman mit in spil und irre lernuonge dester vleizziger werden. Swer ir pfant daruober nimt, den sol der richter buozzen also, daz er im gebe zwai phunt und an diu stat zwai pfunt.

11. Daz wir behalten und bestæten recht und gut alt gewonhait, so gebieten wir, daz alle, die in diu stat choment und purger darinne werdent und jar und tach unversprochenlich darinne sint, vuorbaz ledich sein vor aller ansprache.

12. Wir setzen auch nach altem reht der stat: swaz gutes ein man entnimmt, des er in der stat schuldich wirt, daz sol er auch in der stat gelten, oder man pfende darumbe als reht ist.

13. Wand got vom himel und die hiligen allermaist werdent gescholten an den plætzen, da die toplær, und die vræihait zuvart habent, die wilent in daz gerichte dienten, die wir durch unser sele hail und durch der purger bete uondertaten, die verbieten wir vestichlich und ewichlich an allen steten in der stat.

14. Seit daz recht ist nach got, daz ein isleich menisch sein gut, daz im empfuret oder entragen wirt, swa ez daz vindet, mit reht wol behaben mach, so ist noch pillicher, swem sein gut von der vraise des giezzenten wazzers wirt entragen, daz er daz behabe mit seinem aide, swa er ez vinde oder swa ez aufrinne, wand wir erchenen nach got unpillich und an parmuonge sines ebenchristens einen islichen menischen daz gut sein ze haben, daz dem rauplichem wazzer choume entrinnet.

15. Wir haben auch aufgesetzet, daz dehain richtær noch amptman, er sei hohe oder nider, des landes oder der stet oder anderswa, swie sie sein gehaizzen, gegen den vorgenanten purgern ze Wienne iht suoln haben ze rihten uober lazlich geschiht oder uober hauptheftige, noch uober leiplich oder des gutes, noch umbe leip, noch umbe gut noch umbe aigen dehainerslahte, nur alaine der statrichter und nieman ander, von swanne halt deu sache entspruongen sei oder deu chlage, ane die hausgenozzen: den neme wir ir recht auz, als sie mit altem recht herbraht habent. Und nemen auch auz diu lehen, die vor den lehensherren suoln gerihtet weren, und die weingarten, der gerichte an ir perchmaister geheret; ez sei denne als vil ob ein man behabet in der schranne oder vor den purgern ein guolte und zaiget auf einen weingarten ze pfande und bringet des gerihtes boten zu dem perchmaister, so sol der perchmaister an alle widerrede und an alle miet demselben manne den weingarten ze pfande geantwuorten.

16. Seit derselben stat ze Wienne ere und gevuore allermaist an den weingarten leit, damit sie geeret und geziret ist, und nuotzlichen dienst uns und dem lande erzaigen

muogen, so wellen wir, daz sie unrehtes gewaltes erlazzen sein an der selben weinwahste, an ir boue, an ir lesen, an huet setzen, an ablaite und an anleite, an setzen und an verchaufen, daz sie dehain perchmaister daran niht irren sol und auch ze ablaite und ze anlaite nicht mehr denne sein rechtez recht nemen sol und mit dem lesen, als ez die purger aufsetzent, nieman pfrengen sol. Swelich perchmaister daruober die vorgenanten purger gewaltichlich an dehainem irem reht oder an dem lesen irren wolt, daz suoln die purger widertun und suoln uns und dem richter darumbe nichtes schuldich sein, ob da iht schadens von geschieht. Wolt ein perchmaister vraevelichen mer denne sein rehte ablaite oder sein anlaite nemen, so cheeme der man vuor den rat der stat und tu im ez chuont, die senden denne zu dem perchmaister und bieten in an die ablaite oder die anleite, wolt er ir denne niht und wer des vraevellichen wider oder wolt diu sache lengen oder auftreiben, so neme der statrichter vor dem rat deu ablaite oder deu anlaite, und gebe man im ein urchuonde daruober, und sei ledich von der ablaite oder von der anleite von dem perchmaister. Dazselbe reht sei auch an dem purchrehte.

17. Wir verleihen auch den vorgenanten purgern von besunderlichen genaden, daz sie sich vreuon sentmæzziges rehtes und sentmæzziger gestalt, ze bringen bezeugenuosse, chlage ze tun, lehen ze nemen und ze haben und lehen ze leihen und an andern islichen hæftigen geschæften ze tun.

18. Wir haben auch gesetzet, und disen satz ewichlich ze behalten wir gepieten auch vleizzichlich und vleizzichlicher, daz von der gemaine der stat zu dem rat werden erwelt zwainzik man, in der geselleschefte sei der rihter von der stat, die got vor augen haben und die getreuisten und die weisisten und die nuotzisten und auch die erberisten sein, die sich got und auch gænzlich mit irem gesworem aide darzu vertreuen und binten, daz sie vurdern al e ere und allen nutz und allen gemach und allen vruomen, als wol den unsern sam der stat, armer und reicher. Sie suoln auch swern besunderlich, daz sie gænzlich und getreuelich den orden und deu rechtichhait behalten, die in beschaiden, gegeben und zesammegevuoget sint an de1 hantfesten. Sie suoln auch mit gesworem aide allen vailen dingen rehten chauf und rehten marcht aufsetzen und auch allem chaufe ze chaufen und ze verchaufen also auflegen, daz dem chaufer und dem verchaufer nach der gestalt der zeit und auch der duorftichait werden behalten.

19. Wir setzen auch und gepieten vestichlich, ob des rates ainer rihter wird, swenne man gegen dem ze taidingen hat, so sol er auzgen von dem rate umbe alle sache, die gegen im gent. Ist aber daz ainer rihter wirt, der des rates niht en ist, daz jar, und er rihter ist, sol er bi dem rate sein, als vorgeschriben ist; und swenne er denne niht mer rihter ist, so sol er von dem rate sein; ist aber der rihter e des rates gewesen, so sol er dabi beliben.

20. Auch bedenchen wir unser purger mit so getanen genaden: swaz daz ist, daz vor dem rat oder mit ir wizzen an chaufen oder verchaufen, an satzunge oder an schidunge und an allen redlichen gewerften gehandelt wirt, daz daz, swo ez under irem insigel verschriben wirt, ein bewærten stætigunge habe vor allen gerihten.

21. Auch suln dieselben ratgeben haben gewalt ze vercheren die lauote des rates und r zal minnern und auch meren, also ob sein durft geschieht, darnach so daz es zimleich und erleich sei der stat und auch vruome. Daz sol auch also geschehen, swen deu maist menige

mit rechter chuor zu dem rat erwelt. Auch sol deu wandelunge, die minnerunge und die merunge des rates geschehen mit unsern wizzen, rate und willen. Sie suoln auch nieman zu dem rat nemen, er sei denne in der stat gesezzen mit hause und mit hovn und mit wibe und mit chinden.

22. Wir gebieten auch denselben ratgeben bi dem aide, den sie uns und iren mitpurgærn habent gegeben und noch chuonftichlich geben suoln, daz sie alle wochen zwir oder aines zesamme chomen und gesitzen zesamme, so daz sie betrachten alle vuorderunge, alle ere und allen vruomen getriuelichen bedeu der purger und der stat.

23. Seit daz grozzez hail der stat von unserre pflegenuosse an denselben ratgeben læit, so gebieten wir in und wellen under der behaltnuosse unserre genaden, daz die selben ratgeben huœten, so sie immer beste muogen, vor allem schaden der, die da wonent in der stat, und huœten auch vlizzichlich, daz von ir saumunge diu recht und die vreiunge der stat niht werden zebrochen.

24. Swelches purgers sun oder sein vreuonde ungevolgich oder ungevuorich wære und die purger oder ander læute ze saige [1]) tribe mit seiner unzuochte und des bechlaget wirt von den purgern, den sol der rat von der stat haizzen den rihter vahen und legen hinz dem nahrichtær, und sol auz der vanchnuosse niht chomen an der purger willen; wolt er ez ze dem andern mal prechen und aber ungevolgich und ungevuorich sein, darnach und er ledich wuorde, so sol man im aber dazselbe tun. Und liezze er denne sein unzucht nicht, so sol man in ze dem drittem mal legen in den turn ze Chærnær puoritor [2] ze aller underst, unde sol darinne jar und tach ligen; stirbet er diewile darinne, da suoln die purger und der rihter niemen ihtes umbe schuldich sein; hat er aber die vreuonde, die vur in puorgel werdent, e er in den turn chœme oder nach dem jar und er in dem turn leit, daz er fuorbaz niemen dehainen schaden tu und gevolgich welle sein, so sol der rat von der stat denselben auzgeben auf gut gewishait. Mach aber er der purgelschefte niht gehaben, alz er auz dem chærcher chuomt, so verbiete man im diu stat, daz er niht mer darin chœme noch in den purchvride an der purger willen des rates von der stat; chœme aber er daruober in die stat oder in den purchvride, so vahe man in aber und lege in in den chærcher, als vorgeschriben stat.

25. Wir verbieten auch vestichlich, daz dehain rihter noch amptman dehain insigel, betschat oder worzaichen noch dehainen neuen aufsatz aufsetze. Swer ez daruober tut, den wellen wir swærlich puozzen an leibe und auch an gute, und habe auch sein aufsatz niht chrefte.

26. Ob ein man chlæglich ein maget oder ein wip ansprichet, daz sie mit im haimlich ze geluobde sei chomen und ze chonmanne in habe gelobet zu nemen, und gebristet dem der bewæruonge und der bezeuguonge, und sein botwaren vor dem gerichte entblœzzet wirt, dem botwarer sol man diu zunge auz dem halse sneiden, oder er raume diu stat und chœme nimmermer darin, ez sei man oder wip.

27. Wir haben auch stæt und tuen chunt und bestætigen ewichlich dise genade von unserre fuorstlichen herschefte unsern liben und getriuen purgern ze Wienne: umb swaz chlage oder gutes oder sache oder urtail vor dem statrichtær wirt fuorbaz gedinget, ditze dingen sol ze chainen manne, swaz amptes oder swaz wirde er habe, geschehen, ob ez aber geschæhe, so ne habe weder chraft noch statichait, irde denne gedinget vuor den gesworen rat der stat: daz ist vuor die ratgeben, vor den alles dingens und aller urtail wirde

und stæteu beschaidenheit und endunge sol bechœmen. Ob aber daz dingen oder deu urtail die ratgeben ze vinster und verborren dunchet, so suoln sie darnach umbe ditze dingen oder umb dise urtail uns besuchen: die bringe wir denne mit irem rate und auch mit unsern edelen ze rehten ende. Ob aber uns inder ze wesen geschiht, swen wir denne an unserre stat dem lande ze der zit enphelhen, der sol dise sache beschaiden und auch enden.

28. Swaz auch sache an den rat gedinget wirt, die suoln sie enden und zerlœsen inwende einem mœneide, darnach und daz dingen an den rat chuomet; ez wær denne so vil, daz sie mit unsern geschæften gechumbert wuorden, daz sie zu einander nicht chœmen mahten: tæten sie des niht, swenne der mœneid ein ende hat, und von unsern geschæften ledich worden sint, so mach der chlagær oder der antwurtær denne wol an uns dingen, und sol daz dingen denne von uns zerlœset werden, oder swer an unserre stat ist.

29. Auch sol dehainer auz dem rat durch lengunde oder durch saumunge der urtail, der an sie gedinget wirt, dehain gabe nemen; swer ez daruober tæte, der sol von dem rate sein, und wellen in dennoch swærlich buozzen, ob er sein uoberredet wirt von dem rat.

30. Auch sol ein islich man, der umb ein sache dingen wil, swern des, daz er an allez triegen und an alle bœse liste und durch dehainen aufschub sein dingen tu, nur durch vinden lauter worhait des rehtes und der gerehtichait.

31. Wir verbieten auch nach dem alten gebot der fuorsten in Oesterreich, daz dehain man, hoh oder nider, gaistlich oder werltlich, dehain purch oder veste in einer raste lanch umb und umb umbe die stat suol oder getuorre bouen. Swer ditze gebot uoberget oder widerwehær wirt, des gebou sol man auz dem gruonde brechen unde stœren, und sol auch sam ein man, der unser gebot uobergangen hat, mit schuldiger wæize werden gebuzzet.

32. Dannoch mere, daz wir der stat behalten ir hantveste, so gebieten wir vestichlich alle die veste ze stœren und ze brechen, die in einer raste umb die stat erbouen sint nach herzog Frideriches tode, dem got genade.

33. Wir haben auch gesetzet, ob ein man oder ein wip, die an dem witibtuom oder an den ehœuschen leben wellent beleiben, ze sœlcher armut gedeihen, daz sie durch notdurft ir erbe muozzen verchaufen und hingeben, und ob ir erben und ir vreuonde daz verchaufen und daz hingeben versprechent, so suoln die ratgeben uber diu sache sitzen und vlizziehlich ahten, daz der man oder das wip ditzes gutes niht unpillicher verzerær oder vertuær sein, und ob sie ir armut an desselben gutes verchaufen niht uoberchœmen muogen noch verzihen: ist daz also, so suln die ratgeben wider der erben oder wider der vreunde danch dise verchaufunge, deu so geschiht, mit der stat brieve und insigel gænzlich bevesten und bestætigen.

34. Diu maute, deu von der herzogen gabe von Oesterrich von alten ziten zu der stat hat gehœret, diu da haizzet *purchmaute*, deu bestætigen wir unsern liben purgern ze Wienne ewichlich ze haben.

35. Darzu wellen wir deu vorgenanten stat eren mit fuorstlicher miltichait bedeu-hohen und meren und erlauben auch mit vreitum und mit ewichlicher gabe, daz in derselben stat ze Wienne zwir in dem jar ersamær und offenlicher jarmarchte werde begangen und ze sogetaner zit: in dem sumer vor sant Jacobestage vierzehen tage nach einander sol der jarmarchte weren, und vor unser Vrauentage ze der Lihtmesse siben tage und darnach siben tage sol auch der jarmarchte werden begangen.

36. Wir nemen auch in den scherm und in den vride fuorstliches schermes alle, die zu dem jarmarchte choement, und geben in sicherhait, daz sie nicht muogen werden bechlaget in dehainem gerihte umb dehain sache noch umb dehain schulde, deu auzzerhalbe des jarmarchtes sei geschehen, und sein vrei die zit, und sie dar choment zu dem jarmarchte, und diewæile sie da beleiben und auch so sie von danne varent. Swer sie daruober angreifet, der sol werden gerihtet als ein zerbrecher des vrides und ein betruobær des landes. Wir nemen aber auz der vreiunge ˙uobersait læuote und valschær und raubær und prennær und dibe: den sol man ze allen ziten ir reht tun.

37. Daruber elliu vaileu dinch und die chæuofe, die an dem vorgenantem jarmarchte werden genomen, die suoln nach rehter satzunge des rates von der stat werden gegeben mit der wage, mit der zal und mit der mazze und rehte pillich werden geahtet, also daz dem, der mit dem andern wirbet und chaufet, deu e, deu treue, deu gelichnuosse werde behalten.

38. Auch suolen alle, die zu dem jarmarchte choement, diewæile sie da beleibent und danne varent, ledich sein vor aller maute, diu da zu der stat gehœret.

39. Wir bewaren mit allen disen genaden und mit disen hantvesten von der hohe unserre guæte die stat und die purgær ze Wienne, also daz dehainem menschen urlauplich sei, daz er verchere, daz wir haben getan, oder widerstreite, daz wir in haben verlihen, und hie geschriben ist.

Und uober alle dise sachn ze einem ewigen urchuonde geben wir dise hantveste mit unserm insigel versigelt mit den geziugen, die hernach geschriben stant, die sint: die erbern væter in got bischof *Wernhart von Pazzaue*, bischof *Emiche von Freisinge*, der hohe fuorst marchgraf *Herman von Brandeburch*, unser liber aidem: die gaistlichen væter: abte *Haiurich von Admonte*, abte *Willehalm* von den *Schotten* ze Wienne, abte *Eberger* von sant *Mariencelle* sant Benedictenorden, abte *Berhtolt* von dem *Hiligenchrœnetze*, abte *Alber von Liliuvelde*, abte . . . . von *Zæetel* des ordens von *Citel*; di edelen graven *Purchart von Hohenberch*, *Berchtolt von Hardecke*, *Meinhart von Ortenburch* und die edelen *Hainrich* und *Wernhart*, bruceder *von Schaunberch*; die werden dienstman *Leutolt von Chuaenringe*, *Stephan von Meissoue*, *Leupolt von Salsengange*, *Alber von Puchhaim*, *Ulrich von Wolfgerstorf*, *Chalhoh von Ebersdorf*, *Hadmar von Saunebørch*, *Leutzcin von Werde*, *Ortlib von Winchel* und *Albrecht der Stuohse von Trautmausdorf*; die biderben ritter *Ulrich von Chritzendorf* unser hofmaister, *Wernhart der Mezzenbeckhe*, *Ulrich von Ritzendorf* und ander frum læute genuch. Diser brief ist gegeben ze *Wienne* mit maister *Otten* hant von *Medlich*, unsers oberisten schreibæres, da von Christes gebuorte warn tausent jar, zwai hundert jar in dem sehs und neunzigistem jare, an dem ersten sunnetage in der vasten, als man singet das ampt Invocavit.

---

¹ So im Orig. und in allen Wiener Rechtshandschriften. In der Kremser Urkunde v. im Jahre 1305 ze sagen.
² So im Orig. In der Kremser Urkunde und in den Wiener Rechtshandschriften parehæ oder parchæ.

XXIV.

König **Albrecht I.** befreit die Leute seines Hofcaplans **Martin** von der Gerichtsbarkeit des Stadtrichters zu Wien.

1298, 21. December. Nürnberg.

Nach Pez. Cod. dipl. II. S. 194. Lichnowsky. Habsb. II. Urkundenb. 4.

os *Albertus* dei gratia Romanorum rex semper augustus ad universorum notitiam volumus pervenire, quod colonis et hominibus attinentibus capelle honorabilis viri *Martini* capellani nostri hanc gratiam duximus faciendam, quod ipsos a jurisdictione omnium judicum tam in civitate Wiennensi quam extra eximimus et quitamus sic, quod in nullis casibus stare juri coram judici aliquo teneantur, his casibus dumtaxat exceptis videlicet: furto, raptu virginum et homicidio, pro quibus iidem homines dicte capelle attinentes stare juri coram judicibus Wiennensibus et aliis juxta terre consuetudinem tenebuntur presentium testimonio literarum.

Datum in *Nuremberch* XII. calendas januarii anno domini MCCXCVIII indict. XII, regni vero nostri anno I.

XXV.

Herzog **Rudolf III**. gewahrt den Städten **Krems** und **Stein** dieselben Rechte, in deren Genusse sich die **Stadt ·Wien** in Folge der Verleihung König **Rudolf's I.** und **Albrecht's I.** befindet.

Zwei Urkunden von demselben Datum. **1305**, 24. Juni. Wien.

Aus den Originalurkunden im Kremser Stadtarchive. Mangelhaft, blos auszug-weise gedruckt bei Kinzl, Chronik der Städte Krems und Stein S. 482—401. Rauch. Scriptores III, 358—350 theilt nur die Eingangs- und Schluss-formel mit, und zwar aus der Bestätigung dieser Urkunden in dem Privilegium Kaiser Friedrich's III. für diese Städte von 1493. 13. Jänner. Er hält die erste Kremser Urkunde fälschlich für eine Uebersetzung des Stadtrechtes Herzog Friedrich's II. für Wien von 1244. 1. Juli.

ir *Rudolf* von gotes gnaden herzog van Osterreich und van Steir, van der Marich und van Portenaue verichen und tun chunt allen den, die disen brief schent ewichlich. Swenne die gnaden und die gunst furstleichen eren der getreuen undertan gebet und willen genedigleichen erhöret und ervollet, so wirt ir werdichait dester baz gehohet und gebreiset, und der untertanen treue und andacht wirt dester leichter enzundet an steter suedrung fuerstlicher eren, wand der werltleich anevanch chumt und steiget dester mechtichleicher zu der hohe des gewalts, swenne des fursten vreitum und milt des volches vreitum liepleich sterchet und meret.

Darnach und daz wir die vorgenanten stett Chrems und Stein und allez ir ingesind, als wol die gegenwurtigen sam die chunftigen, in die gut besunderleich genad liepleich und gunstigleich empfangen haben, und erneuen und bestetigen denselben allen unsern lieben purgern, armen und reichen, von Chrems und von Stain alle die recht und alle die genad, die sie gehabt habent unz an uns, und ze wirden ir gerden treuen van unsern sunden genaden so geben wir zu den alten rechten denselben steten andere neue recht, *die Wienner habent, und in gegeben sint von unserm enen chunich Rudolfen und van unserm vater chunich Albrechten von Rome, als man hernach geschriben findet.*

1. Darumbe haben wir gesatzt: ob dehain purger, der inderthalben der mauer und des graben hat fumfzich phunt wert und wird eines todesslages gezigen, oder ob er hat manslacht an einem mane getan, der bedarf fur sichselbe dehainer purgelschaft, aber der richter soll in furladen nach dem alten recht der stete zu drin tagen, so daz er zu dem vierden taiding endlich antwurte. Chumt aber der geladen fuer und wil sich unschuldich zaigen der inzicht, der sol sich bereden, als der vrid ist gesetzet.

2. Den vrid der stat setzen wir also: Gegen swem ain chlag erscheinet van einer inzicht und wirt angesprochen von dem chlager nach dem vrid, daz sol geschehen umb einen todslach oder ein wunden oder umb swelche ander frevelmistat, dem sol der statrichter

benennen zwainzich erbern manne, der zehen siner genozscheft sein oder siner erbern nachpaurn, und neme darauz vier und mit sains selbes aide und mit der vierer bewer seine unschulde. Ob aber ein mann ze tode slecht einen edelman von dem lande oder einen unsers erbern gesindes oder ieman des rates oder iemen der teuristen purger von den steten, den sol man buzzen, als daz recht ervindet.

3. Und wirt ain manslecke begriffen an der hanthaft mit blutigem swert oder mezzer oder mit swaz andern gezeuges, und ob der richter oder der wunde daz beweren mach mit zwain erbern und gelaubhaftigen manen, die daz sagent, daz er die manslacht hab getan, man buzz in mit dem haupt. Ob aber der manslecke nicht fuer chumt dreitstund geladen sichselben ze bereden und ze vristen, als do vor gesagt ist, so chundet in die echt und nem sines varunden gutes dreizich phunt und niht mere fuer sein wandel; ander sein gut daz beste in siner hausfrouen gewalt und siner chinde und siner erben. Hat er aber nicht hausfrouen noch chind noch erben, è daz er in die eht chom, so schaff mit dem gut, daz er uber des richters wandel hat, swaz er welle. Ob aber der manslecke entweichet, è daz er in die eht chom und sines dinges nicht enschaffet, alles sein gut werde behalten nach dem gescheffte des rates der stett jar und tach. Chumt aber iemen in der zeit, dem er gelten solt, und bewert er daz mit genozsam erzeugnuzze, dem sol man gelten van sinem gut; swaz uber die gult beleibt, daz sol man geben siner sele willen.

4. Und ob ein manslecke nicht hat noch ennach nicht gezaigen inderthalb der mauer und der stat fumfzich phunt wert und mag doch einen purger fuer sich gewinnen, derselbe purger sprech fuer in dar und setz sich dar mit leib und mit gut. Mag aber er nicht purger gewinnen, so vahe in der richter und behalt in, unz er van im gericht, als des rechtes orden ervindet.

5. Aber swer wizzichleich ain manslacht beget und an dem marcht, so daz gericht ist, enthaupt wirt, des tod sol genugen ze bezrung, noch sol der richter nemen van all sinem gut dehainerslacht wandel.

6. Ist aber ein schuldiger eines todslags geladen zu dem gericht und frefeleich versmecht darzekomen und wirt gechundet in die eht, der sol dehainen gewalt haben ze schaffen mit seinem varunden oder unvarenden gut. Aber mit siner hausfrouen schaff, swaz er welle, und mit sinen chinden, und sol sein gut werden gezogen van dem richter in vrongewalt mit urchund dreier erber manne also: ob er ieman gelten solde, è daz er die ubeltet begienge, dem sol man gelten van demselben gut, und daz er daz bewere, daz im der man so vil gelten solt. Und swaz uber des richters wandel und der purger gult beleibet des gutes, daz sol man siner hausfrouen oder sinen chinden geben oder geb ez durch siner sele willen.

7. Ob ein mann so sere wunt ist, daz er fuer gericht nicht chomen mach, und man nicht getrauet, daz er mug genesen, chumt aber er zu dem gericht, so sol der richter behalten den schuldigen diser sache, unz daz er sehe, ob der wunde mug genesen oder nicht.

8. Ob aber ein purger dem andern ain hant, ain fuez oder ain auge, ain nase oder dehain lid abslecht, der geb dem richter zehen phunt und dem, der den schaden hat, als vil. Mag aber der, der den schaden hat getan, der pfening nicht gehaben, der richter richt van im, alz daz recht ez ertailt also: ein auge wider ain auge, ain hant wider ain hant und also von den andern liden.

9. Aber swer den andern also wundet, daz er an den liden gebresten leidet, daz da haizet *leme*, der geb dem richter fumf phunt und dem wunden als vil. Mag er der phenning nicht gehaben, so buzze man in also: ain lid wider daz ander.

10. Ob aber iemen den andern freveleich blendet, der geb dem richter zwainzich phunt, dem plinten als vil und an die stat zwainzich phunt und sol dannoch die stat raumen und bei dem ende ninder beleiben, also daz er nimmer dar wider chom an urlaub und an willen des rates der stet.

11. Ob aber ieman den andern wundet, daz er lidschrotich wirdet, der geb dem richter dreu phunt phenning, dem wunden dreu phunt. Hat aber der pfenning er nicht, so buzze man in in derselben weise.

12. Ob ieman den andern wundet ainer ainveltigen wunden und doch, daz er der wunten genese, der geb dem richter zwai phunt, dem wunden zwai phunt. Mag aber er der phening nicht gehaben, so sol man in vor dem gericht slahen bei hauten und bi haren und nicht, da man die diep puzzet.

13. Ob aber ieman wunt wirt zwischen den liehten oder in der nacht, die, die man des zeicht, daz sie den haben gewundet, ob die so vil nicht gutes habent, daz den richter sines wandels genueg, noch mugen auch nicht purgel gehaben, die sol der richter behalten unz an den margen. Des margens sol der wunt vor dem gericht zu den gezugen chomen doch also, daz man neme van dem chlager è sinen ait selbander, daz da haizzet ein *vorait*: und ob der wunde vor grozzer chranchait zu dem gericht nicht chomen, so suln zwen erber man mit des richter poten zu im chomen an daz siechpette und nemen van im selb andern ir ait, daz da haizzet ein *vorait*.

14. Wir wellen aber, daz man van dehainem neme den vorait, er swere denne selbeander.

15. Der vorait der sol aber niemen werden gegeben auzzerhalb des gerichtes, nuer vor dem gericht; ez sei danne, daz der wunde so chranch sei, als vorgesagt ist.

16. Ob aber der geschuldigt sprichet, daz deu ubeltat, der man in zeichet, geschehen ist, daz er an einer ander stat were, swa daz gewesen ist, und bewert er daz mit drin rechten und erbern mannen, den daz chunt und gewizzen ist, so sei ledich.

(Wir wellen auch und gebieten vestichleich, daz der richter umb dehain beredung nicht neme. Um swelchslacht schulde sich ein man bereden welle, des sol er im gunnen; und geschehe aber ein todslach, daz dem rat van den steten chunt were, wold sich der des bereden, des sol man im nicht stat tuen, darumb daz des morts und der todsleg icht vil geschehe.)

17. Wir haben auch daz gesetzt: Swer einen guten man, der nicht der teuristen noch der erberisten ainer ist, slecht mit steckhen, der geb dem richter zwai pfunt und dem geserigten zwai, oder er bered sich, als der vrid ist gesetzet.

18. Ob aber ein man mit steckhen wirt geslagen, der innerhalb der mauer dreizich phunt wert hat, der den denselben geslagen hat, der geb dem richter fumf phunt und dem geslagen funf phunt.

19. Ob aber iemen slecht ainen loter oder einen bosen spilman, der daz mit worten oder mit andern unzuchten umb in hat verdient und bewert er daz, so sol er dem richter nicht geben, nach dem geslagen wan drei sleg; die sol er im vroleich darzu geben.

20. Ob aber iemen einen wirt, der nicht der teueristen oder der reichisten ainer ist, slecht einen maulslach, der geb dem richter fumf phunt, dem geslagen fumf pfunt.

21. Ob aber ieman einem chnecht oder einem andern leichtem manne tut einen maulslach, der geb dem richter sehzich phenning und dem geslagen sehtzich phenning auch fuer ein wandel. Ob aber er daz beweret, der maulslach geslagen hat, daz ez der ander umb in wol hab verdienet mit solcher unzucht, swie leicht er doch sei, der geslagen hat, der geb dem richter nicht danne ain pfunt und dem geslagen nichtesnicht. Sei ez aber ein chnecht oder ein ander leichter man, so geb dem richter sehzich pfenning und dem geslagen nichtesnicht. Ob aber der den maulslach enphet, blutruns sich erzaiget und bewert, daz diser, der in sluech, daz er in nuer mit der hant geslagen hab, den buzze man nicht anders denne einen ainvoltigen maulslach. Ob aber iemen sinen chnecht oder sein dierne an waffen slecht, daz ez bluete, der sol darumbe dem richter nicht antwurten.

22. Aber swer umb swelch sache in die echt chumt und darauz chomen wil mit recht und wil auch den chlager vor dem gericht schuldig und wirde bezrung tun, und widert er daz, dierre sol billeich ledich sein. Ist aber, daz der ehter mit siner frevel oder mit siner saumung beleibet in die andern eht, ane des chlager gunst und wissen so sol er dehain weis werden erloest.

23. Swelch purger geschuldig wirt, daz er wizzenleich in sinem haus einen echter hab empfangen, der beret sich mit seinains aid und si vrei. Ist er aber schuldich, so geb dem richter zehen phunt phening; hat er aber den phening nicht, man slach im ab die hant. Behalt aber er denselben echten zu dem andern mal nach dem wandel, und bewert daz der richter mit siben siner genachbouern, sein leib und sein gut beste in dem gescheft des rats und des richters van den steten.

24. Ob ieman den andern an swelicher slacht beswerung oder serung laidigt, und wil der schuldig daz bezzern nach gesatztem recht vor gericht dem chlager, und widert er daz ze nemen, daz ist unrecht und ist ein frevel: so nem der richter daz gesatzt recht und biet unz uber vierzehen tag an mit erzeugnuzze zwaier oder menger. Nimt er in der zeit des nicht, so schaffe ez der richter ze sinem nutze, und werd der gescherget getan in die eht als ein frevler, der daz recht uberget. Begreift man den uz der eht, man slach im ab die hant.

25. Wir haben auch gesetzet: Swer ein magt oder ein weip nothzoget oder hinzcuhet, und sie daz bewert, daz sie geschrieen hab iner vierzehn tagen, da sie genotzogt werd oder gezught, mit bezeugnuzze zweier gelaubheftiger manne der uberchomen wirt, der buzze mit der urtail des haupts. Ist aber, daz ir an der gezeugnuzze gebristet, gegen dem sie chlagt, so beredet er sich mit sein ains aid auf dem hailtuem. Ist aber dazselbe weip gesetzet in vreier wal ir selbes gewalt und in vierzehen tagen nicht enchlagt darnach, so sol man sei dehain weis nicht horen.

26. Wir tun auch dehain gepot von dehainem gemainem weib, wan ez wer unzeitleich, daz man sei in die pant der é besluzze. Auch wellen wir, daz seu niemen an schuld laidig. Swer seu aber laidigt, der sol werden nach der laidigung mit der wal des rates gebuzzet.

27. Wir wellen auch, daz iemen izleichem purger sein haus, sein veste und sein sicherlich zuflucht und mit sinen mitwesern nicht angreif und einem igleichen, der darin fleucht.

28. Ez sol auch dehain man des andern haus angreifen oder anderswa in der stat ze vehten chomen mit pogen und mit armenbrusten; swer wider daz gebot tut, hat er haus,

so geb dem richter zehen phunt und zu dem nutz der stat zehen pfunt; und hat er nicht ein haus, man slach in ab ein hant oder lose die hant mit zehen pfunten. Der nemt der richter fumfeu und deu andern fumfeu werden getan zu dem nutze der stat.

29. Ob eines mannes haus wirt angriffen, dem sei erlaubet, daz er bescherme und were allen den weis und er mag an pogen und armbrusten. Swer aber dawider thut, der geb zu der stat zehen phunt phening, dem richter zehen phunt.

30. Swer nu die frevel oder die angreifung des hauses, daz da haizet *haimsuech*, van geschicht tut, swen der herre oder der imman des hauses inbringet mit rechter chlag fuer daz gericht, ob danne der schuldiger selbefumft erleicher manne bewert sein unschulde nach dem satzt des vrids, so ist er frei und ledich. Tut aber er des nicht, so geb dem richter zwai phunt und dem hauswirt zwai pfunt, den er an hat gegriffen. Hat aber er iemen in dem haus gebundet, so geb dem richter dreu phunt und dem hauswirt dreu phunt und dem wunden zwai phunt. Hat aber er der pfenning nicht, man slach im ab die hant. Und hat aber er nicht von geschicht nuer van vordachtem willen die haimsuech getan, also daz er etleicher siner vreund darzu hat genomen, so geb dem richter zehen pfunt und zu der stat zehen pfunt.

31. Wir haben auch gesetzet, daz der richter gegen nieman richten sol, ez sei denne der ze gegenwurt, der auf in chlagt.

32. Ob aber ieman chlaget uber den andern, und der chlager die chlag ubersehen wil und lazzen oder, ob er van dem schuldigen haimleich sunnung nimt nach der chlag, daz da haizzet *holsun*, so sol in der richter darzu twingen, daz er siner chlag nachvolge. Wil aber er nicht ir nochvolgen, so geb dem richter daz wandel, daz der schuldich solt geben.

33. Wir haben auch gesetzet, ob iemen in die vorgeschriben stete chom, daz er gevristet werd var sinen veinden; die purger, die in losent var sinen veinden, die suln dem richter darumb nicht antwurten, und noch ob seu icht an der beschermung, die sie im tunt, leicht seinen veinden durch ir ungefueg, als bei solhem gestreuzze gerne geschiecht, schadens getunt, darumb suln sie nichtesnicht dem richter noch dem chlager geben.

34. Und chumt iemen in die stat, der purger werden wil, den sol der richter und die purger vor allem gewalt vristen und beschermen nach der stete recht.

35. Ob icht streites oder zerwerfnuzze in der stat geschehe, swer dahin als gewonleich ist mit waffen oder an waffen laufet, wirt er geschuldigt, daz er durch vehtens willen darchomen sei, und er gicht, daz er wan durch schaidens willen den streit und durch vridmachens willen darchomen sei, und mag er daz mit seinaines aid besteten, so si ledich van dem chlager und van der richter.

36. Und wirt dehain purger gezigen, daz sein gast oder sein vreund oder iemen sines gesindes auz sinem haus oder darinne dehain ubeltat hab getan, er erzaiget sich der unschuld mit sein aines aid daran, so si ledich; tut er aber des nicht, so geb dem richter dreu phunt.

37. Swer dem andern ainen hurrensun geit, der geb dem richter sechzig pfenning; sprichet er aber so einem erbern manne, so geb dem richter zwai phunt, und hat er der pfenninge nicht, so sol er werden geslagen und behaeutet vaste, aber da nicht, da man die diep slecht. Sprichet aber ez ein erber man ainen anderm erbern manne zu, der geb dem richter zehen pfunt und ze nutz den steten zehen pfunt.

38. Wirt iemen uberwert mit siben erbern und gelaubheftigen manne, daz er valsch gezeug hab getan, dem sneid man die zung ab, oder er lose sei mit zehen phunt, und bezzer

dem allen iren schaden, den seine manswerung hat schaden gemachet, und sol furbaz nimmer mer seiner gezeugnuzze gestatten an dehainen sachen.

39. Swer unsers herrn gotes und der suzzen magt sant Marien, unser vrouen van himmelreich und der heiligen spottet und ubel gedencht, dem sol man absneiden die zunge; er hab auch nit urlaup sei se losen mit lone noch mit dehainerslacht gut.

40. Swer ein langes mezzer, das ein *stechmezzer* haizzet, in der hosen oder in dem schuhe oder anderswa vorpargen und diepleichen tret, der geb dem richter und den steten zehen phunt, oder er verlieze ain hande.

41. Wir haben auch gesetzet durch vermeiden der posen untreu und durch falsch gezeugnuzze mansweren gezeuge, die rechten und wirdigen dingh und der laut gescheft mit der zerganchnuzze der laut sint gewan ze bosern und vercheren, so setzen wir hundert man oder mer, ob sein durft ist, der treuisten und der weizisten aus allen den strazzen; der namen soll sein geschriben bei der handvest und allezeit gemercht, und ob der einer stirbet, sol ein andern sozehant mit gemainem rat an desselben stet werden gesetzet.

42. Daz haben wir gesetzet darzu, daz aller chauf und verchauf, pfantsatzung oder haimgeben der hauser oder weingarten oder ander swelcherslacht ding, die man ahtet uber dreu phunt, und ein igtlich hoh gescheft sol stetleich geschehen vor zwain oder vor mengern der genanten.

43. Darumb swelch purger der vorgenanten zeuge zwen hat, der leicht ainer stirbet, der mach noch mit ainem und mit ainem andern gelaubheftigem manne, swer der sei, wol gezugen.

44. Ob dehainer der genanten zeuge nicht wil des andern zeuge sein var dem gericht, gaistleich oder werltleich, umb sogetan dinch, daz im wal chunt ist, zu der gezeugnuzze sol in der richter twingen, und ob er daran frevel ist, so daz der ander van im schadhaft wirt, so wellen wir, daz er buzze die frevel den lauten iren schaden bezzern und buzzen, und geb dem richter das volgig recht.

45. Wir wellen und verbieten auch, daz dehain witewe ir chinde gut, daz sie anerbet, geben sul noch enmach ander manne, die sie nimt, oder dehain witewer, noch daz der man icht gezeugnuzze mug getun auf der chinde gut, die zu ir beschaiden jaren nicht sint chomen. Ob aben ieman bewert mit gezeugnuzze zwaier oder meniger der genanten gesezzen in den steten, daz die muter oder der chinde vreunde, da sie zu beschaiden jaren chomen sint, sogetan gut verchouft oder umb ein ander zimleich gut habent gegeben mit ir gunst und ir gutem willen, so ertailen wir ditze gut ze haben gemainchleich ungeruebt.

46. Wir haben auch gesetzet: Swelich purger stirbet, ob er hat ein hausfrouen oder chind, daz sich dehain man sines gutes noch sines hauses underwind, wand es sol beleiben in der hausfrouen gewalt und der chind. Es sol auch sein in der witewen wal ze heiraten oder nit ze heiraten, swem sie welle, und doch so, daz sie der stat nutzlich heirat und ir chinden zimleich ten und noch in eren. Ist aber, daz sie versmech und hurlustich heirat und iren chinden anzimlich, so solen die chinde, ob sie zu iren beschaiden jaren chomen sint, sich ir erbes genzleich underwinden, an ir morgengab: die sol die vroue behalten. Und habent aber die chind ir beschaiden jar nicht, so sol der rat van derselben stat dieselben chinde und als ir gut emphelhen ainem irem vreunde, der erber und getreue sei und der den chind n vor sei und sei besehe treuleich und schon.

54. ·Wir setzen auch und wellen vestichleich, daz dehain man oder vroue, die in den vorgenanten steten sitzent, ir gut, ez sein hauser oder ander gut, daz in der stat leit, dehainen chloster nicht engebe weder bei irm lentigem leib oder nach ir tode, oder iz geschehe danne vor dem rat oder vor so erbern lauten, die die *genauten* da haizzent, die ez fuer den rat bringen sulen, mer also, daz daz chloster, dem daz gut gegeben wirt, daz haus oder der weingart verchauf einem purger iner jarsvrist, der mit der stat dien. Swa des nicht geschiecht, daz ez fuer den rat nicht chumt, und daz ez der rat nicht bestetigt mit sinen briefen oder mit siner chumtchaft, oder daz daz gut nicht hin wirt gegeben iner jarsvrist, als hie vorgeschriben ist, so sol der rat sich ziehen zu dem gut und sol ez anlegen ze nutze und ze eren der stat, davan daz geschefte vert. Dehain chint, daz under siner vreund bezem ist, daz ze sinen jaren nicht chomen ist, mit dehainerslacht gelubde liepleich und troleich, willichleich oder bedwunchleich sines erbgutes verzeichen mach, es sei danne also vil, ob das chind in ein chloster welle varen, so suln die vreund, die des gutes nehsten erben sint, die sache offen var dem rat, und sol der rat daz bestetigen; swa des nicht geschiecht, so hat ez nicht chraft.)

47. Wir wellen auch: Von swanne ein vremder man chumt, ob er stirbet und sines gutes icht schaffet, daz sein geschefft stete beleibe, und sein wirt, in des haus er stirbet, der sol zehant die sume sines gutes vor dem gericht und var den purgern offenleichen chunden. Ob aber er ungetreulich icht versweiget des gutes, den sol man haben als einen diep. Hat aber er sterbund nicht geschaft, so sol der rat des toten gut behalten jar und tach darumb: ob iemen in der zeit chom, der daz bewert, daz er sein erbe sei oder sein geselle sei gewesen oder sein porger, dem sol man des toten gut on alle widerrede geben, so vil als in angeburde. Chumt aber niemen, so sol man halben tail seines gutes zu nutze der stat vertuen und daz ander halb tail durch siner sele willen geben; und swa der gast begraben welle werden, des sol er gewalt haben und vrei wal.

48. Wir haben auch gesetzet, daz dehain purger gegen dehaim gaste, noch dehain gast wider dehainen purger icht mug erzeugen mit den, die da haizzent *leitchaufer* und *underchaufel*, er hab danne frum und erber laut.

52. Wir verbieten auch, daz chein fremder man, der ein gast ist, in die stat chomen soll mit gespannem armbrust oder pogen, er soll vor dem purgertor die senbe des pogen oder des armbrusts ablazzen, und hat er icht ze schaffen in der stat, so lazz sinen pogen und sein armbrust in der herberg. So er danne sein dinch geschaffen hat, so eher wider aus der stat mit ungespannen pogen und armbrusten. Swer des nicht tuet, dem sol man ungenedigleichen nemen armbrust, pogen und chocher.

53. Ob auch ieman pfeile mit eisen in der hant tragent werent begriffen inmerhalb der stat, der geb dem richter zwen und zehtzich phenning.

54. Ouz swelches purger haus ein feuer oder ein brunst sich erheft, also daz man den rauch und die flame auzerthalb des taches siecht, der geb dem richter zwen und sechtzig phenning; verbrinnet aber dazselbe haus gar, so geb dem richter nicht, und genug im sein selbes schaden.

55. Datz swem in der statt erfunden wirt ein ungerecht mazze, ez sei ein hame oder ein elle oder swelcherslacht unrecht mazze oder wage oder gelot, der geb dem richter funf phunt. Ist aber ez ein sogetan man, der buzwurtiger ist, der sol allez dings der perger weize und ir puezze wesen undertan und leiden.

84

56. Allerhant hantwercher, ez sein fleischacher, peckhen, vischer, hunrer und der andern aller ainung, swie sie genant sint, verbieten wir vestichleich. Swer aber dawider tuet, der sol swerleich van dem richter und van dem rat der vorgenanten stete werden gebuzzet.

[64.] Van die hantsneider: der ainung sol sein, als sie von alten fursten und von alter gewonhait herchomen ist und nach Wiener recht, also daz die peckhen werden geschupphet, als von alten fursten ist gewest recht, und ander wandel nicht geben, und die andern hantwercher die gebent ir wandel, als in der rat von den steten dene aufsetzet.)

[65.] Proet, flaisch und alles vailes dinch sol zu der stat fueren, swer da wil durch daz jar und sol es vreilich vail haben. Es sol aber niemen brot pachen in der stat, er hat der pechen recht.)

[66.] Der pechen recht setzen wir also. Wan swanne ein man chumt, der mit der stat dienen wil, den sulen sie des nicht verzeichen, si suln im ir recht geben, und sol derselbe man in der peckhen zeche geben ein pfunt phenning und dem richter ein phunt und sol mit in pachen, als der stat nutzleich und erleich sei. Wer aber, daz die peckhen denselben man, der iren recht gewinnen will, versmechleich und freverlich wolden enphahen nicht, tut er ez dem rat chunt, so sol in der rat an der peckhen danch daz recht geben, und geb dem richter ein pfunt und in der peckhen zeche nichtesnicht. Neme der man daruber dehainen schaden an dem leib und an dem gut van der peckehen schulde, und daz man daz gegen im bewert var dem rat, daz suln sie buzzen mit leib und mit gut. Die purger peckhen die sulen nicht vailes brot pachen, den ir lone brot: daz sein auch grozze wecke, und durch grozzer gnad so erlauben wir izleichen einen halben muet ze pachen in der wochen und nicht mer. Swer daruber mere puech, der muest daz wandel geben, als ez die purger und der rat van den ê geschriben steten aufsetzent.)

[67.] Dazzelbe recht haben auch die fleischecher. Der fleischecher recht ist also: Daz man durch das jar flesche in die stete fueren sol, ez sei gruenz oder pechens, und sol es vreileich vail haben. Swer daz weren wolde, neme da ieman dehainen schaden an leib oder an gut, der daz flesch in die stat fueret, daz man daz beweren mach, daz daz chain van der fleschecher rat oder van irem gescheft, daz suln sie buzzen mit leib und mit gut, als der rat van den steten setzet. Swer auch in die stete chumt und fleschecherrecht gewinnen wil und mit den steten dienen wil, den suln sie des nicht verzeichen, sie suln im ir recht geben, und sol derselbe man in der fleschecher zeche geben ein phunt pfenning und dem richter ein pfunt pfenninch und sol mit in flesch vail haben, als auch den steten nutzleich und erleich sei. Wer aber, daz die fleschecher denselben man, der ir recht gewinnen wil, versmechleich und frevelich nicht wolt enphahen, und tut er daz dem rat chunt, so sol im der rat von den steten an der fleschecher danch daz recht geben, und geb dem richter ein phunt pfenning und in der fleschecher zeche nichtesnicht, und richten hinz in, als hie vorgeschriben ist, ob er des uberredet wirt. Die fleschecher suln in dem sumer zehant, so man None lautet, ir fleschtische auftun und das flesch vail haben. Swa sie des nicht tuent, so suln sie daz wandel geben, als ez der rat van den steten denne setzet. Pfinnechties flesch sol dehain fleschacher vail haben, es sei denn auf tischen vor den fleschtischen, und sol ez mit wizzen vail haben und sol es auch den lauten sagen, die ez chaufen wellent, ez sei phinnich. Swer es anders vail hat, danne hie geschriben ist, dem sol der richter nemen alles daz flesch, daz er hat auf der panch, und sol in darnach puzzen, als er stat findet an den purgern.)

Über allen disen recht, die hie vorgeschriben sint an diser gegenwertigen hantvest, die wir verlihen und gegeben haben zu ainem ewigen dinge unsern erbern purgern von Chrems und von Stain, *als sei unser purger van Wienne herbracht haben van unsern vordern und van uns*, geben wir disen brief versigelt zu ainem urchund und bestetigung mit unserem insigel und mit den erbern zeugen, die hernach geschriben stent. Daz sint der erber herre bischof *Wernher* von *Pazau*, abt *Wilhalmen* von den Schotten zu *Wienne*, abt *Jorg* von dem *Hailigenchreutz*, Graf *Berchtolt von* *Hardecke*, *Leutolt von Chunring* schench in Osterreich, *Stephan van Meissau*, marschalich in Osterreich, *Herman* marschalch *von Laudenberch*, *Eberhart*, *Hainrich*, *Ulrich* und *Friderich von Walse*, *Ditreich von Pilchdorf*, hofmarschallich *Hadmar* und *Ortolf* bruder *van Wuchel*, *Hadmar* und *Alber* bruder *von Schonberch* und ander biderbe leut genuch. Der brief ist gegeben zu Wienne mit maister *Berchtolds* hant unseres oberisten schreiber, da von Christes geburd waren tausend jar, dreu hundert jar, darnach in dem fumften jar an sand Johanestach zu Sonnewenten.

Die Originalurkunde im Kremser Stadtarchive auf einem riesigen Pergamentbogen bis unten an den Rand an einer Seite beschrieben mit dem wohlerhaltenen an einer gelbgrünen Seidenschnur hängenden Reitersiegel des Herzogs in Wachs.

Die zweite Urkunde von demselben Datum auf einem beinahe um die Hälfte kleineren Pergamentbogen mit gleichem wohlerhaltenen Reitersiegel des Herzogs im Kremser Stadtarchive schliesst sich wörtlich an die Urkunde Herzog Albrecht's I. vom 12. Februar 1296 an. Der Eingang ist folgender:

Wir *Rudolf* von gotes gnaden herzog von Osterreich und van Steir, van Chrain, van der Marich und van Portenaue verrichen und tun chunt allen den, die disen brief sehent oder hörent lesen. Wand die gemaine unser lieben und getreuen richter und armen und reichen purger van Chrems und van Stain mit rechten treuen und mit ganzer stetichait ir herrschaft fursten, herzogen und ze vorderist unserm herrn und unserm vater chunich *Albrechten* van Rome und auch uns undertenich und chorsam sint gewesen und auch noch gerne sint, darumb sie des wol wert und wirdich sint, daz sie gebreizet und gefuerdert werden nach dem gernden ir treuen van uns und van unsern nachchomen, *als die stat zu Wienne*, die mit wirden und mit eren von unsern vordern geert und gevreit ist, also wellen wir die vorgenanten stett Chrems und Stain eren und vreien, als sie des wol wirdich sint. Darumb sullen wizzen die gegenwurtigen und auch die chunftigen, daz wir haben bedacht, wie getreuleich und wie andechtigleich unser getreue purger ze Chrems und ze Stain, alle mit andern hoh und nider, uns habent und unser vordern liepleich umvangen, so daz sie beraiten und mit lautern treuen habent sich uns erzaiget ze aller zeit, wand auch daz unser ist ze tun, davan so nemen wir die vorgenanten stett Chrems und Stain in unser genad gunstichleich und genzleichen, als wir unsern lieben und getreuen purgern schuldich sein, und geben und besteten in, den vorgenanten stetten Chrems und Stain, *allen den recht und die guten gewonhait, den die stat zu Wienne hat und herbracht hat van unsern vordern genzleich und vreileich.*

Folgen sodann die meisten Artikel aus Albrecht's Stadtrecht. Die Artikel 28 und 29 sind einfacher gefasst:

Ob ein mann, der an den rat dinget, sich versicht, daz im nicht mug volles recht geschehen vor dem rat, der sol sicherleich an uns dingen und haben vrei wal. Swer daruber anderswo dinget, daz hab nicht kraft.

Nach den Artikeln 31 und 32, die einfach so gefasst sind:

Wir verbieten auch nach dem alten gebot in Oestreich, daz man in einer rast lang umb die stete dehaine purgen, vesten geturre bauen. Die schon gebaut, sul man zerstoren.

Folgen unmittelbar Bestimmungen, die offenbar in der Urkunde I wegen Mangel an Platz nicht mehr Raum fanden, daher in diese Urkunde hinübergetragen wurden und in dem Stadtrechte Albrecht's I. vom Jahre 1296 nicht mehr enthalten sind. Es sind dies folgende:

[71.] (Wand die vischer des vorchaufen allermaist phlegent, und man dez bezzern nicht wol mach durch iren grozzen unchauf, den sie gebent, so setzen wir daz und gebieten vestichlich, daz dehain vischer, der grune vische vail hat, dehainen hut noch dehain gugl noch nichtesnicht auf dem haupt haben soll: er soll sten mit blozzem haupt an den marcht sunne und regen, sumer und winter, darumb daz sie dester baz ab dem marcht eilen und den lauten dester bezzeren chauf geben. Und welchen vische er aines marchtags vail hat und den nicht verchaufet, dem sol er den zagel abslahen. Swelch vischer das nicht tete, der schol dem richter geben sechzich pfenning und an die stat zwelf phenning. Swer des frevelich wolt wider sein, der sol die stat raumen ein ganzes jar mit weib unb mit chinden.)

[68.] (Swer under saitchaufern falschen sait verchaufet, der schol dem richter umb nicht schuldich sein, aber die purger, die darzu geschaft sein, die suln daz sait haizen brennen offenleich an dem marcht, und damit sol buzze nimer sein.)

[72.] Die mazze weins, als die purger setzent, swer die bricht ain, zwir oder dreistund, als oft geb dem richter ain halb pfund pfennich und an die stat ain halb pfunt pfenning. Bricht er es zu dem vierten mal, man sol im einen daumen abslachen, der vor dem zappen sitzet, und der wein, der da vail ist, den sol man niderslachen auf die erde, oder man geb in in das spital. Die mazze, die man aufsetzet, die sol man geben iner haus und auzer haus unz pierglocken zeit. Die vazzebrechent, die dazu gesatzt werdent van dem rat, die sullen angiezzen inner häus und auzer haus, unz daz man die pierglocken lautet, und swen sie ze buzze sagent, den sol der richter phenden an alle widerrede. Swelichen wein ein gastgeb sinen gesten geit iner haus, den sol er auch den purgern geben auzer haus umb ir pfenning. Swelich gastgeb verholen wein vail hat und den auzer haus nicht geben wollte, dem sol man den wein, den er vail hat, auf die erde slahen, und soll in dennoch buzzen, als ob er die mazze gebrochen hiet. Die mazzebrechen, den die mazze enpholchen wirt, und darumb swerent var den purgern, durch saumung oder durch miet oder durch liep oder durch lait der mazze nicht war tuent und sie nicht meldent als sie solden, die sol man haben immer dester wiers und sol sie furbaz zu dehainen gescheft scheffen, die den steten nutzleich oder erleich si.

69. Die andern sache alle, die an dem marcht des gerichtes erscheinent, die man billeichen richten und bezzern sal, und die an dirre hantvest nicht beschaiden sint nach gesatz, die sol man richten nach des rates satzung und nach der alten gewonhait ze Chrems und ze Stain

61. So setzen wir, daz niemen dehaimen Ungarischen wein an die ende der vorgenamten stete, daz der purchvried haizzet, soll fueren zu verchaufen, (und swa man in indert finde in dem purchvried, da soll an der buzze nicht zugehoren, danne daz man in niderslach auf die erden. Swelch richter oder die an dem rat sind, den Ungarischen wein mit wizzen

und mit willen in dem purchvried lassent niderlegen durch gunst oder durch miet, oder ob in der richter ninret und zu sinen nutz schaffet, so geb uns der richter dreizig pfunt pfenning und der rat von den steten dreizig pfunt pfening Wiener munze. Nach sanct Marteinstach sol niemen dehainerslacht wein in die stat fueren, er sei im gewachsen oder nicht, ez sei denne sovil, daz daz lesen vor winter, als diche geschiecht, daz man vor sant Marteinstach lutzel list, so suln die purger einen tag aufsetzen und sulen haißzen ruefen, daz fuer denselben tach dehain wein in die vorgenanten stete nicht werde gefuert.

57. Swer an der uberhuer mit aines andern manes chann begriffen wird, daz sol der richter nicht richten, nur der techant oder der pfarrer van den steten.

59. Wir haben auch gesetzt, daz der richter gegen dehainen purger in den steten mit seinem gesind noch mit sinen schergen nicht bringen noch beweren soll.

Wir herzog Rudolf von Osterreich haben verlichen und gegeben alle dise recht, die hier vorgeschriben sind an der gegenwurtigen hantvest, unsern lieben und getreuen purgern von Stain und von Chrems genzlich und vollichleich, *als seu unser erbern purger von Wienne herbracht habent von alten fursten, van unsern vordern und auch van uns und auch noch habent,* die bewaren und bestetigen wir in van unsern gnaden und mit diser hantschrift versigelt mit unserem insigl und mit den erbern zeugen, die hernach geschriben stent — — — —

Folgen dieselben Zeugen wie auf der Urkunde I, so auch dasselbe Datum.

Bei der Eintheilung in abgesonderte Artikel, die im Texte der Originalurkunden fehlt, sind die correspondirenden Zahlen in der Urkunde Kaiser Rudolf's von 1278. 24. Juni I benützt. Nicht aufgenommen in die Kremser Urkunden sind demnach folgende Artikel der Rudolfinischen: 49. Ueber den Geschäftsverkehr von Fremden mit Bürgern. 50 und 51. Ueber Wien als Stapelplatz für fremde Kaufleute und Waaren. 58. Ueber Massenexcesse. 62. Ueber den Schutz der fremden Kaufleute. 63 und 64. Schlussformel und Datum. Dagegen sind jene Artikel und Bestimmungen der Kremser Urkunden, die in der Rudolfinischen noch fehlen, mit runden Klammern eingeschlossen. Die mit eckigen Klammern eingeschlossenen Zahlen weisen auf die entsprechenden Artikel des Stadtrechtes Albrecht's II. für Wien von 1340. 24. Juli hin.

Die Gründe der Aufnahme dieser für die Rechtsgeschichte Wiens höchst wichtigen Kremser Urkunden sind in der Einleitung erörtert.

XXVI.

Herzog **Friedrich** bestätiget der Stadt **Wien** im Allgemeinen **ihre Rechte** und guten Gewohnheiten und trifft einige Bestimmungen über die **Krämer** und **Kaufleute**.

1312, 8. September. Wien.

Aus der Original-Pergamenturkunde mit einem hängenden kleinen Siegel im Wiener Stadtarchive. Abschrift im Eisenbuche f. 42 und 77'. Gedruckt bei Rauch, Rerum Austriacum Scriptores III. 122—126.

ir *Fridreich* von gotes gnaden herzog in Osterreich und in Steir, herre zu Chrain, auf der March und ze Portenaue tun chunt allen leuten ewichleich, die disen prief sehent, lesent oder horent lesen, daz wir zu unsern lieben getreuen purgern, chramern und chaufleuten ze Wienne umb ir stete treue und willigen dinst, den sie uns erzeiget habent und fuerbaz laisten suln, haben die besunder lieb und genade, daz wir sie behalten wellen an ir rehten und gueter gewonheit, die sie von alter zeit habent gehabt, und in die selben reht also verrihten, bescheiden und besteten, daz furbaz dehain zwivel oder chrieg dar mer werde.

Davon setzen wir und wellen und gebieten vestichlichen, daz dehein gast oder vromder chaufman, der in dem lande ze Osterrich nicht hause hat oder selbe niht gesezzen ist, dehein reht oder gwalt habe in der stat ze Wienne chaufens oder verchaufens, ain gast wider den andern gast, ez si in seiner herwerige oder auzzerhalbe der herwerige.

Wir setzen auch und gebieten, daz die burger und chouflute, die sint gesezzen in den steten in Osterrich, einer von dem andern ze Wienne chaufschatze uber ein virtail eines centen, und niht darunder, ez si parichant, tscheter, pheffer und ander dinch, die man verchoufet mit der wag, mit der zale oder mit der mazze, und sullen die selben chouflute deheinen chauf haben oder triben in der stat ze Wienne mit gesten, die auzzerhalbe unser lande sint gesezzen. Ouch setzen wir, daz dehein gastgebe mit deheinem gast deheiner slacht choufschatze choufen oder verchoufen suln.

Wir wellen auch, daz dehein burger durch leichouf noch durch deheinen bosen list mit deheinem gast choufen noch verchoufen sulle, da den vorgenanten choufluten ir reht mit zebrochen werde. Ez sol auch dehein gastgebe ze Wienne in sinem house gestatten deheines choufes anders, danne an disem brief vorbescheiden ist. Darzuo wellen wir auch, und ist unser satze und gebot, daz die vronwag ze Wienn, die die vorgenanten chouflute und chramer mit alter gewonheit herbraht habent, auch furbaz in ir gewalt belibe, und in daran nieman gwalt oder ungemach sulle tuon. Und suln ouch sie zu derselben wag einen man setzen, den man wol far einen getriuen biderben man gehaben und geheizzen mug an aller stat der armen und richen, beidiu gesten und burgern ze recht wege. Und swer die vorgeschriben setze und gepot vrevelich uberget oder dawider tuot, der ist uns gevallen ze puezze in unser chamer zehen phunt phenning und dem richter ze Wienne zwei phunt phenning Wienner munzze an alle widerrede.

Und daz disiu reht und setze ewichlich beliben, daruber geben wir disen brief ze einem offen urchunde versigelt mit unserm insigel. Der brief ist gegeben ze Wienne, do von Christes geburde waren driuzehen hundert jar und darnach in dem zweliften jare an unser Vrouentage, als sie geborn warde.

XXVII.

König **Friedrich** gestattet dem Rathe der Stadt Wien die **Anlage eines Rechts-buches** zur Eintragung ihrer Satzungen.

1320, 21. Jänner. Wien.

Aus dem Eisenbuche f. 1. Dies ist der Ursprung des im Wiener Stadtarchive erhaltenen, früher unter dem Namen des grossen Stadtbuches, später aber allgemein unter der Bezeichnung «Eisenbuch» bekannten grossen Rechtsbuches. Oefters gedruckt. Lichnowsky, Habsburg. Regest. III. Urkundenb. Nr. DXXIV. Rauch. Script. III. 15–16.

ir *Friderich* von gotes gnaden Romischer chuonig, zu allen zeiten ein merer des reichs, tun chunt allen den leuten, paide gegenwuortegen unde chuomftegen, daz fur uns chomen unser lieben getriuen purger zu den zeiten des rates unser stat zu Wienn und paten uns innerchlich durch got, daz wir ansehen mit unsern gnaden den grozzen gepresten und den irresal der vergezzen recht in unser stat zu Wienn, die mit den alten purgern nahen abgestorben wärn, und in des ain auzchunft gäben nach unsern lauthern rat, die zu den zeiten unsers rates wärn, also daz der geprest der vorgenanten unser stat wider erleuchtet würde mit vollem recht an gericht, an maut und an allen sachen, die unser stat und allen den, die darzu wandelnt auz allen landen, nutzleich und gefurleich warn, also daz furbaz in und den gesten dehain irresal aufstunde.

Do beriten wir uns mit unsern lauthern und auch mit in selben, wie wir in daz bestetigeten und bevestigeten also, daz die recht, der sie von unsern gnaden gerten, mit samt den rechten, die sie emalen von uns und von unsern vordern gehabt habent, stet und unzerbrochen beliben. Do verdacht wir uns des mit unserm rat und auch mit in selben, daz sie ein recht puch solten haben und daran schreiben alle die recht, die sie mit gemainem rat und pei dem aide, den sie uns gesworn habent, erfunden, stet und unzerbrochen fuerbaz ewichlich behalten sollen, den armen als den reichen. Und dazselbe puch habe wir in gegeben zu ainer ewigen vestigunge aller der rechten, die daran geschriben stent und noch geschriben werdent, versigelt mit ir stat insigel, und haben auch wir in die gnade getan, do von Christes gepurt waren ergangen tausent jar dreihundert jar, in dem zwanzegisten jar darnach an sant Agnesentage, in dem sechsten jar unsers reiches.

Wir wellen und gepieten auch vestichlichen, daz gegen den rechten, die in disem puch geschriben stent und noch daran gescriben werdent, nieman icht spreche noch mit dehainen sachen dowider rede; wer daruber daz zupricht oder uberget mit dehainerlaie sache, den welle wir oder unser nachchomen darumb swerlich pezzern an leibe und an guet nach unsers rates rat in unser stat zu Wienn.

Hie sint benant die purger, die zu den zeiten des rates warn in der stat zu Wienn, mit der rat und mit der fuerderung daz puch angehebt ist und bestaetigit furbaz ewichlich zu behalten uns und allen unser nachchomen.

Daz ist her *Chuurat der Hormarchter*, zu den zeiten huebmaister in Osterreich. Daz ist her *Hainrich der Chraunest*, zu den zeiten richter zu Wienn. Daz ist her *Otte der Wulfeerstorfer*, zu den zeiten purgermaister zu Wienn. Daz ist her *Nichlas von Eslarn*. Daz ist her *Herman von Sant Pölten*. Daz ist her *Otte von Eslarn*. Daz ist her *Andre* an dem Kienmarchte. Daz ist her *Chuurat der Hantsgrave*. Daz ist her *Stephan der Chrigler*. Daz ist her *Nichlas der Polle*. Daz ist her *Dietreich der Chleber*. Daz ist her *Rudolf der Kitzel*. Daz ist her *Dietrich* under den Lauben. Daz ist her *Jacob der Chraunest*. Daz ist her *Pilgreim der Mundofen*. Daz ist her *Haiman von Gretz*. Daz ist her *Michel*. Daz ist der *Chuertz Leupolt*. Daz ist her *Wiseut*. Daz ist her *Walchun* der statschreiber.

XXVIII.

Bestimmungen über die **Burgmauth.**

Ohne Datum.

Na   an   ben mitgetheilte Urkunde III. Aus dem Eisenbuche f. 1   2'. Gedruckt bei Rauch. Script. III. 17.

ie hebent sich an der purger recht zu Wienn an der Purchmaut. Ein igleich gast auzzer landes, in swelcher acht er ist, geit von dem deichselwagen zwelif phenninge, von dem enzwagen sechs pfenninge, von dem garren drei phenninge, wie vil er ros oder ochsen darine fuort. Unde welcherlaie chaufschatz er darauf fuor, iz sei denne honech, so gebe von dem emmer zwen phenninge. Fuort er aver hopphin oder syromontan, so gebe von dem wagen, als vor geschriben ist. Ist daz ein gast herin icht treit auzzer landes, daz uber ein halp phunt wert ist, so gebe zwen phenninge an dem tor. Ist is sechzich wert, so gebe ainen phennich. Ist iz dreizzich wert, so gebe ein helbelinch. Ist iz leichter, so gebe nicht.

Ist daz ain gast auf einem rosse herin icht fuort, iz sei gepent oder anderlaie chaufchatz, so gebe drei phenninge an dem tor.

Ist daz, daz ein gast herin fuort sein gut, welerlai chaufschatz daz ist, daz er an dem tor recht unde redlich verricht hat, wil er iz hin wider auzfuorn auf demselben wagen, so ist ledich und vrei. Ist aber daz, daz er iz verwandelt mit aufpinten, mit ladunge auf ander wegen oder mit verchaufen, so schol er sein recht geben, als vorgeschriben ist. Ist aver daz, daz er iz unverwandelt durch der fur willen auf menigern wagen tailt, so ist ain wagen ledich, die andern gebent ir recht.

Ein igleich gast von dem ochsen, den er ledichleich herein treibet, gebe ainen phennich, von der chu ain phenninch, von dem sweine ain phennich, von einem wagen mit lampfleisch zwen phenninge, von zwain schoffen ain phennig, von ainer gaiz, die dreizzeger wert ist, ainen phennich; ist sie leichter, so geb nicht.

Ist daz ain gast ainen wagen mit pachen fuert herin, ligent darauf vier pachen oder mer, so schol er geben vier phenninge. Leit aver minner darauf damne vier, so geb von igleichem pachen ain phenning, von ainem wagen mit chesen zwen phenninge, von ainem wagen mit aiern ainen phenning, von ainem wagen mit zwivel ain phenning, von ainem garren mit obez, den ain mensche zuocht, ain halben phennig, von ain garren mit obez, den ein ros zucht, ein phenning.

Ist daz ain gast ainen wagen fuort mit vischen, sie sein lemtik, inlaite[1] oder gesalzen, der geit von dem wagen sechs phenning. Ist daz den garren ain man zuocht, so geb ain phennig. Von ainem wagen mit chrebschen oder mit techen zwen phenninge, von dem garren ain phenning. Von aim wagen mit heringe, ist iz ain deichselwagen, so geb zwelf phenninge, von dem enzwagen sechs phenninge. Fuort aver er nur drei maisen[2], so geb von der maisen zwen phenninge. Fuort aver er mer, so geb, als vorgeschriben ist.

Ist daz ain gast fuort ainen wagen mit paste, der geb vier phenninge, von ainem garren mit ainem ros geb zwen phenninge. Zuecht aver ain man den garren, so geb ain phennig. Fuort ain gast ainen wagen mit met oder mit pier, ob iz ieman erlaubet wurde, der geit von dem suder met sechs phenninge, von dem halben fuder drei phenninge. Ist iz minner danne ain halbez fuoder, so geb darnach, alz iz gezuecht an dem fuder[3], von dem fuder pier vier phenning, von dem halben fuder zwen phenninge. Swer wein herin fuort, der geit von dem fuder sechs phenninge, von dem halben fuder drei phenninge. Ist aber daz ain purger, oder swer in der stat gesezzen ist, wein herin fueret, den er chauft hat, der geb, als vor geschriben ist.

Ist daz ain gast fueret auf dem wazzer, iz sei ain schef, oder ain ainbaum, oder ain grozzeu zulle oder ain achs mit salz, mit holz oder welherlaie semlichez gutez ez darauf furt, der geit zwelif phenninge zu purchmaut. Ist aber pallen[4], darauf oder packel, oder swie iz genant ist, so geit er je von dem pallen zwelf phenning zu purchmaut, und von dem hundert leinens ain phennig. Ist aver wolle oder leinein har oder rinderhor darauf, oder welcherlaie semlichez gutes sei, mit swe ain wagen gelat mach werden, da geb sechs phenninge von. Und swaz zwen getragen mugen, zwen phenning. Und swaz ainer treit, ain phennig. Unde fuert er smer oder inslit, so geb von dem centen ain phenning und von dem pachen ain phennig, von ainem vazze mit gesalzem fleische vier phenninge, von aim schrotvazze zwen phenninge und von aim vazze mit puchspaum zwelf phenninge. Und ein igleich gast geb besunder von dem sein auf der schifunge. Ob ain gast, der ain floz herzufuort, der geit zwelf phenning an die purchmaut.

Alle gest, die im chaufschatz hie verchauft habent und an dem chaufschatz von hinnen furn wellent, iz sei chramgewant, weinstain oder eisen oder wie iz genant ist, geit der gast sein phuntmaut, so ist er ledich an dem tor. Ist daz er nicht geit phuntmaut, so geit er purchmaut an dem tor. Ist aber daz der gast hinder dem phunde geehauft hat, so geb an dem tor ain helblinch und sei ledich, er für oder trage auf dem rücke.

Alle *Swoben*, alle *Regenspurger*, alle *Aher*, alle *Metzer*, alle *Mastrirer*, die gebent nicht phuntmaut, nur purchmaut.

Alle *Wienner* und alle lantleut, swaz er auzer landes herin furt, iz sei chaufschatz oder getraide oder swelherlaie iz sei, der geit an dem tor zwen phenninge, än von ezzendingen, iz sei chese, oder aier, oder obez oder prot: so geit er an dem tor ain phennig.

Alle *Wienner*, alle lantleut, swaz sie herin fuern inner landes, iz sei chaufschatz, getraide oder ezuns dinch, so geit er an dem tor ain phenning von dem wagen.

Ist daz ein *Steirer*, oder ein *Welser*, oder ein *Linzer*, oder ain *Enser*, oder ein *Freiensteter*, oder swer *ob der Ens*, gesezzen ist, herin icht fuert, der geit von dem wagen zwen phenninge, iz sei leineins oder wolleins darauf oder welherlaie iz sei.

Ist daz ein purger oder ain lantman auf aim ros herin furt, iz sei gepent oder welerlaie iz sei, so geb an dem tor ain phenning.

Ist daz ain purger oder ain lantman herin treibet viech, daz er verchaufen welle, der geb von dem ochsen ain halben phenning, von der chue ain halben phennig, von aim swein, das dreizger wert ist, ein halben phenning an dem tor. Ein fleischacher von *Wienn:* der geit von viern swein ein phenning, von acht schoffen ain phenning, von vier gaizzen ain phenning und von zwain ruech fuder ain halben phenning, von den stangen ain halben phennig von dem wazzer, von aim wagen mit lempern ain phenning, von dem pachen ain halben phennig, den er auf dem wazzer herzu fuert.

Ist daz ain gast lat ain wagen mit holz oder mit frucht pei Tunoue, so geit er inner landes ain phenning, auzzer landes zwen phenning. Iz daz ain fueterer von Wienn lat ain wagen, mit welcherlaie daz sei, der geit ain phenning.

Ist daz ainer herzu furt kien, zimmer holz, wagen holz, choler, der geit von dem wagen ain phenning. Fuert ainer ain wagen mit chraut, mit heu, mit grase, mit stro, mit schauben, mit fauer holz, der iz verchauft, der gait ain halben phennig. Ist daz ainer trait auf dem rucke, welherlaie chaufschatz iz sei, leineins oder wolleins, innerlandes gait er ain halben phenning. Swaz ainer trait von ezzein dingen oder von trinchen auf dem rucke in zisteln oder in choerben der geit nicht.

Ist daz ain purger entnimt ain metzen von dem metzner, so geit er ain halben phenning von dem metzen, swievil er von ainem wagen misset. Ist daz ain gast entnimt ain metzen, der geit von dem mute ainen phenning. Ist daz ainer ain metzen entnimt und geit zu ainzegen hin abe dem wagen, der geit zwen phenning; der do chauft, der geit nicht. Ist daz ainer hinget zwen metzen oder mer unde wert mit der stainmazze, der geit nicht. Iz schol auch nieman dehain metzen haben, do er mit chaufe oder verchaufe, denne der purger, do er sein schaz zehot mit emphahen welle. Ist daz er den zehent let, swer in bestet, der geb von dem metzen ain phenning dem metzner, von dem metzen ain purger ain halben phenning.

Ist daz ain purger icht fuert auzzer landes ain ainem wagen, welherlaie chaufschatz iz sei, der geb an dem tor zwen phenning; inner landes ain phenning von dem wagen. Ist daz ein purger gein *Ungern* farn wil oder gegen *Paiern* auf dem wazzer, so geit er von allem schatz, swaz er fürt an ain scheffe, zwen phenninge, än von getraide und von wein allain: so geit er von dem mute zwen phenninge auf oder ab, von dem fuder weins sechs phenninge auf oder abe. Ist aber der wein und daz traide im selbe gewachsen, so geit er nicht. Ist daz ainer auzzerlandes icht auztrait auf dem rucke, der geit ainen phenning; inner landes ainen halben phennig, swelcherlaie chaufschatz er trage. Ist daz ein purger wein chauft und wieder verchaufen wil, der gebe von dem fuder sechs phenning, von dem halben drei phenninge. Ist daz ain purger getraide hat, daz im selbe gewachsen ist oder ein zehent oder sein lehen ist, da schol er nicht von geben an dem tor. Let er den zenten hin, so schol in der verrichten an dem tor, der in bestanden hat.

Ist daz ain purger ros chauft oder verchauft, der sol davon nicht geben.

[1] eingelegte. [2] Siehe das Altprager Stadtrecht, Emil Franz Rössler, S. 3: Quilibet emens sarcinam allecis, quae vulgariter maysen dicitur etc. [3] als es zeuchet gegen dem fueler. [4] Ballen.

Obwohl diese und die nachfolgenden Mauthbestimmungen nicht datirt sind, so rechtfertigt sich doch ihre Einreihung an diesem Orte dadurch, dass dies die ersten Aufzeichnungen sind, welche sich im Eisenbuche nach der Urkunde König Friedrich's vom 21. Jänner 1320 eingetragen finden.

XXIX.

Bestimmungen über die **Wagenmauth**.

Ohne Datum.

Aus dem Eisenbuche f. 3'. Vergl. damit die oben mitgetheilte Urkunde IV. Gedruck: bei Rauch Script. III. 22.

Daz ist der Wiener recht an der Wagenmaut. Ist daz ein man, er sei purger oder gast, vert gein *Paiern* oder gegen *Pehem*, furt er ainen deichselwagen mit hausen, der geit ain halb phunt, von dem enzwagen sechzich phenninge, von dem garren dreizzech phenninge. Geit er fumf hausen oder minner, so geb von igleich hausen zehen phenninge. Furt er schuepvische auf aim deichselwagen oder auf aim enzwagen, so geb, als vor geschriben ist. Fuert er ain schaf oder ain wanne, so geb von dem swelif phenninge, von der wannen zwelf phenninge, die fuemf phunde wert ist. Ist sie aver uber fuemf phuent, so geb sein recht, als vor geschriben ist. Ist aver daz ain wanne oder ein schaf mit hausen oder mit vischen zu anderm chramgewant oder zu wein auf ain wagen gesetzet wirt, sein sie fuemf phunde wert, so geben von igleichem sein recht, als vor geschriben ist. Ist awer daz sie uber fuemf phuent wert sint, so gebe von itwederm sein recht, als vorgeschriben ist. Fuert er aver ainen wagen mit heuten, so gebe, als vor geschriben ist. Fuert er vierzich heut oder minner, so geb je von der haut ain phenning. Fuert er ain wagen mit wachse, so geb, als vorgeschriben ist. Fuert er fuemf zenten oder minner, so geb je von dem zenten wachs zehen phenninge und von dem chramgewant zwelif phenninge. Fuert ein man ainen geladen wagen mit feln oder mit palgen, so geb, als vorgeschriben ist. Fuert er ain tausent oder minner, so geb von igleim hundert vier phenninge. Fuert ain man ain geladen wagen mit ganzem geriem, so geb, als vorgeschriben ist. Fuert er ain saum oder minner, so geb je von dem zenten geriemz zwelif phenninge. Fuert er chramgewant dopei, so geb von dem chramgewant sein recht und von dem geriem sein recht, als vorgeschriben ist. Fur aber ain man ainen wagen mit chramgewant, oder welcherlaie chaufschatz iz sei, on daz vorgenant ist, er sei puerger oder gast oder lantman, so geb von dem wagen zwelif phenninge.

Fuert ein man gen *Pcheim* wein, den er verchauft hat, er sei puerger oder gast, der geit je von dem fueder zwelif phenninge. Fuert er den wein inner landes, so geit er nicht wagenmaut. Ist das ein gast oder ain purger chramgewant leit auf einen wagen zu wein oder zu vischen, ist iz sechs phuende wert, so geb sein recht maut; ist iz leichter, so geb je von dem phunt zwen phenninge. Ist daz zwen legen auf ain wagen, die von ainer stat sint, da gebent ain wagenmaut. Sint sie von zwain steten, so geben sie zwo wagenmaut von dem wagen.

Fuert ein man chramgewant von *Paiern*, der geit von dem saum zwainzich phenninge. Ist daz ein man an der widervart pringet ain varwes gewant, von wannen er daz furt, so geit er von dem saum je vierzich phenninge. Furt er minner, so geb, als iz nach dem saum gepuert. Zehen tuech von *Gent* ist ain saum. Acht scharlach ist ain saum. Zwelif tuech von *Eyper* ist ain saum. Sechzen tuech von *Hoy* ist ein saum. Zehen tuech swere von *Dorn* ist ain saum. Vierzehen mittereu von *Dorn* ist ain saum. Achzeneu von *Ach* ist ain saum. Sechzeneu von *Piirdundey* [1] ist ein saum. Zwelfe von *Bruechsel* ist ain saum. Sechzeneu bepikein [2] ist ain saum. Und swaz chramgewant von *Golsche* [3], oder swie so daz genant ist, oben ab her chumpt, des macht immer ain centen ainen saum [4].

Vert ein man gegen *Paiern* oder gegen *Pehem* und fuert hopphen, so geb von dem wagen zwelf phenninge. Pringet ein man an der widerfert vecks, so geb von dem tausent zwelif phenninge. Vert ein purger gegen *Venedigen* unde fuert heut, so gebe, als do vorgeschriben ist, an der widervart geit er zwelf phenninge von dem wagen, swie vil der purger darauf habent. Ist aver daz ein purger und ein gast pei einander habent, so geit jederman sein recht: der purger in die wagenmaut, der gast in zol.

Ist daz ein gast oder ein purger oder ain lantman, von wannen er pringet, chueppher, so geit er je von dem centen drei phenninge. Pringet er aver zin, so geb von dem centen drithalben phenning. Ist daz ain purger pringet chueppher oder zin von *Ungern* auf dem lande oder auf dem wazzer, so geit er nicht. Ist aver daz er das chuppher oder daz zin von *Polan* durch des gebiet von *Treus* fuert, so gebe seine recht, als vorgeschriben ist. Ist daz ein gast oder purger oder ain lantman pringet plei von *Pehim*, so geit er je von dem centen drei helbelinge.

Ist daz ain hantwercher, der hie in der stat gesezzen ist, er sei ain schmit, schlozzer oder ain sporer oder welcherlaie eisenwerch iz sei, daz er selbe wuerchet, wil er iz uzzer landes fuern, so schol er nicht wagenmaut geben, denne sein purchmaut: zwen phenninge an dem tor.

---

1 und 2 Weicht nach handschriften — Dyerdonay, 2 wepskein, repskein, 3 Jolschen, 4 Dieser Satz ist in handschrift … … da fortsetzt …

XXX.

Bestimmungen über die **Wassermauth.**

Ohne Datum.

Aus dem Eisenbuche f. 4'. Gedruckt bei Rauch. Scriptores III. 25.

 az ist der Wiener recht an der wazzermaut. Ein igelich schef auzzer landes, iz trage vil oder wenech, geit zwai min [1]) fuempfzech phenninge von ainer stat; hæt aver meniger darauf von meniger stæt, so geit je der man zwai min fuemfzich [2]) phenninge. Hat aver ain gast darauf von ainer andern stat, daz hinder zehen phuenden wert ist, so geb von igleichem phunt zwen phenninge. Ein igleir *Enser, Steirer, Welser, Linzer, Vreinsteter* unde alle lantleut gebent von der nauvart sechs phenninge. Fuert er aver ain achs, so geit er zwelf phenninge; ein gast auzer lande von aim fltez geit zwai min [3]) fumfzech phenninge, und die rueder innerlandes zwelf phenninge; ain wagen mit paste geit vier phenninge. Ain wagen mit gruenm fleisch, velerlaie daz sei, geit ain phenninch. Ain gesalzen pache: ain halben phennich. Ain wagen mit getraide auzzer landes geit vier phenninge, inner landes zwen phenninge. Ein ieglich gast geit von dem fueder weins sechs phenninge in die wazzermaut.

Ein igleich gast, waz er anleit von wein oder von getraide, auzzer landes geit er zwelf phenning, inner landes sechs phenning. Leit aver ain gast auzzer landes truechenz guet darzue, so geit er zwai min fuemfzich phenninge, inner landes sechs phenninge. Ein iegeleich schifunge auzzer landes geit zwelf phenninge, inner landes sechs phenninge, stegerecht hindan. Leut von ainer stat an ain schef gebent ain stegerecht, von meniger stat geb jeder man sein recht.

Ein gast, der getraide fuert herentgegen von *Ungern*, der geit von dem mute zwen phenning. Ein igleich gast, der herentgegen fuert von *Ungern* chueppher oder vische, oder welcherlaie chaufschatz iz sei, der geit von der schifunge zwein unde vierzich phenninge, wie vil er daraufe fuert. Hat aver meniger man daraufe, so geit jeder man sein recht, sie sein von ainer stat oder nicht.

Swaz ain gast hie chauf, der inderthalbe des *Wages* gesezzen ist, der geit zweif phenninge, welicherlaie er fuert. Ain gast enhalbe des *Wages*, der salz hinabe fuert, der geit sechs phenninge. Ain *Haimburger* geit zwen phenninge; jeder man von ain emmer honigez geit zwen phenninge.

Swaz ain gast auf aim wagen uberfuert, iz sein vische oder heut oder chramgewant oder veigen oder ol, auzzer landes geit er zwelf phenninge, inner landes von ainem lagel ol ain phenning, von aim veigenpallen ain phenning, von ainer wannen mit vischen ain phenning.

Ein igleich gast, der auf dem wazzer fuer, vert hingegen oder heimnauwe, der geit zwelf phenninge zuefuervart auzzer landes, inner landes zwen phenninge, und schol man die phenninge zue *Wienn* nemen und nicht zue *Stadelaue*.

¹) Fehlt. ²) min fuemfzich fehlt. ³) Fehlt.

XXXI.

Bestimmungen über den **inneren Zoll**.

Ohne Datum.

Aus dem Eisenbuche f. 5. Gedruckt bei Rauch, Scriptores III. 26.

 az ist der Wienner recht von dem innern zol. Ist daz ain gast herin icht fuert, welcherlaie chaufschatz iz sei, der geit von dem wagen zwelf phenninge, iz sei von *Pehim*, von *Ungern*, von *Walhen*, von *Paiern*, und geit von dem garren sechs phenninge herin und hinauz. Ist aber daz ain gast auzzer landes in icht treit oder hinauz, swelchirlaie iz sei, der geit zwen phenninge in zol, inner landes ain phenning. Ist daz zwen gast habent auf ain wagen von ainer oder von meniger stat, so geit je der man sein recht, herin und herauz. Ist daz ain man auzzer landes herin fuert flaschen, treger, mueltern oder schuescheln, oder welerlaie ander azzech iz sei, der geit zwen phenninge in zol, innerlandes ¹) phenninge in zoel ²).

Ist daz ein *Euser*, ein *Linzer*, ain *Welser*, ein *Steirer*, ain *Freiensteter* oder wer *ob der Ens gesezzen* ist in der herzogen lant von Oesterreich, welerlaie der herin fuert, der geit zwen phenninge hinauz, herin ist er ledich.

Ist daz ainer von der *Newnstat*, der nicht puerger da ist oder von *Schadeweicun*, oder von wo her er ist hie dishalbez des pergez, der hier vert, der geit zwen phenninge zol hinauz, swelherlaie er fuert.

Ist daz ain man inner landes gesezzen ist, waz der chaufet und iz inner landes fuert, der gait einen phenning, auzzer landes zwen phenninge zol.

Ist daz ain gast fuert ain vischwagen von dem see, si sein vol oder gesalzen, der geit von dem wagen sechs phenninge, von dem garren drei phenninge.

Ist daz die vische ain gast chauft und fuert sie auzzer landes, der geit dazselbe recht. Ist daz ain man inner landes gesezzen ist unde fuert ainen vischwagen von dem see, der get zwen phenninge, von dem garren ain phenning. Ist daz ain inner landes gesezzen ist, unde chauft er selbe vische und fuert die auzzer landes, der geit zwen phenninge von dem wagen, inner landes ain phenning.

Ist daz ain gast oder ain lantman fuert ain wagen mit taechen oder mit chreubschen, der geb zwen phenninge. Fuert er visch unde taechen, so gebe sechs phenninge. Ist iz zwaier manne, so geb jederman sin recht.

Ist daz ain gast auzzer landes herin treibet rinder, verchauft er sie in der stat, gebe von igleim rinde zwen phenninge zol; unde chauft sie ain gast von im und treibet sie auzzer landes, der geit von dem rinde zwen phenninge, inner landes ain phenning. Ain puerger, oder wer er ist, der in der stat gesezzen ist, der geit nicht zol, er chauf rinder oder er verchauf sie.

Ist daz ain gast auzzer landes herin treibet schaf, verchauft er sie in der stat, so geb von igleim schœf ain halben phenning, von der gaiz uber dreizzig ain phenning, hinder dreizegen ain halben phenning. Chauft sie ainer, der sie auz der stat treibet, der gebe den zol, als vorgeschriben ist. Ist daz ain gast auzzer landes oder inner landes herin treibet swein, verchauft er sie, so gebe von igleim swain, daz teurer sei danne dreizzich phenninge, ain phenning; hinder dreizzegen ain halben phenning; und swer sie chauft, er sei auzzer landes oder inner landes, treibet er seu auz der stat, so geb, als vorgeschriben ist.

Ein igelich gast, der chraut herin fuert auf den *Neuenmarcht* oder auf den *Graben*, verkauft er iz, so gebe von dem wagen ain phenninch; ain purger in der stat der geit nicht. und von aim wagen mit rueben, verchauft ern, ain phenning, oder swer in chauft und in auz der stat fuert, der gebe dazselbe recht.

Ain igelich gast, von wann er ist, der herin fuert ain obezwagen oder welcherlaie ezundes dinges daraufe ist, der geit auzzer landes zwen phenninge von dem wagen, inner landes ain phenning, und geit dem nachrichter ain halben phennich, dem deupschergen ain halben phenning, und von dem kienwagen ain phenning in zol, dem nachrichter und dem deupschergen ain phenning, und wer præt herin fuert, der geit dem deupschergen ain phenning von dem wagen.

Ein igeleich gast, der heuen her pringet fuer den *Kotentuern* oder in die hæuser, der geb dem richter acht phenning, dem nachrichter vier phenning, dem deupschergen vier phenning und allen schergen zwen phenning, und geben niemant nicht heuen, und schollen auch seu der richter und die vorgenanten des gerichtez diener schermen und behueten vor allem gewalt.

---

¹) Scheint eine Lücke zu sein. ²) phenninge in zol fehlt.

XXXII.

Bestimmungen über den **Fleischzoll**.

Ohne Datum.

Aus dem Eisenbuche f. 6. Gedruckt bei Rauch, Script. III. 29.

az ist der fleischzol. Ein igleich gast, von swen er her pringet rintfleisch, auzzer landes von dem gruen ain phenninch, inner landes ain halben phenning, von dem gesalzen ain phenninch inner landes und auzzer landes, und von dem gesalzen schefpauch ain halben phenning auzzer landes und inner landes, und von viern gruen schofpæuchen ain phenning, und von dem chalberpauch ain halben phenning, von aim prueswein ain halben phennig, von aim wagen mit lampfleisch oder mit wiltpret zwen phenning, do lige vil oder wenich auf, unde swer herin fuert ainen wagen mit chesen, mit aiern, mit smalz, der geit auzzer landes zwen phenninge, inner landes ain phenning von dem wagen in zol.

Ein igleich gast, von wan er heringe her pringet, von der grozzen maisen siben phenninge, von der menigen meisen vier phenninge. Ain puerger in der stat geit nicht.

Ein igleich gast, der ros her pringet und sie verchauft, geit von dem rosse auzzer landes drei phenninge, inner landes zwen phenninge, und wer sie chauft, der geit dazselbe recht; an phaffen und puerger und edil leut: die gebent nicht, sie chaufen oder verchaufen.

Ein igleich gast, der wein herin fuert auf dem *Hof*. geit von dem wagen ain phenning zol, und swer den wein chauft. Chauft in aber ain gast auzzer landes, der geit zwelif phenninge von dem fueder, inner landes sechs phenninge; ain puerger der geit nicht.

XXXIII.

Bestimmungen über den **Getreidezoll** an dem Neuenmarkte.

Ohne Datum.

Aus dem Eisenbuche f. 6. (Gedruckt bei Rauch, Scriptores III. 29.

as ist der zol von dem traide an dem Neuenmarchte. Ein igleich gast auzzer landes, welcherlaie er her fuert getraide, der geit von dem wagen zwen phenninge, inner landes ain phenning zol, wie vil er auf dem wagen hat; unde hat er minner danne ain halben muete, so geit er nicht zollez. Ist daz ain gast auzzer landes sein getraide schut in ainen casten, verchauft er iz herauz, so geb von dem muete zwen phenninge, von dem halben muete zwen phenninge, hinder dem halben muete geit er nicht. Ain gast inner landes ain phenning von dem muete, von dem halben muete ain phenning, herhinder nicht. Ain gast auzzer landes von ainem wagen mit arwaizzen, mit pœnen, mit linsen mit hanef, der geit vier phenninge, inner landes zwen phenninge. Hat er minner danne acht metzen, so geit er nicht. Ain gast auzzer landes von aim wagen mit magen, mit hirsein, greuzzen, gerst-greuzzen, zisern, kichern, welcherlaie vastmuese iz sei, der gebe vier phenninge in zol, inner landes zwen phenninge; hat er minner danne vier metzen, der gebe nicht.

Ein igleich gast von aim wagen mit paste oder mit hœpphin auzzer landes geit er sechs phenninge, inner landes zwen phenninge, von ainem garren auzzer landes zwen phenning, inner landes ain phenning. Der hopphe gehoret in den auzzern zol.

XXXIV.

Einige Bestimmungen der Herzöge **Albrecht II.** und **Otto, die Fleischhauer** betreffend.

1331, 24. August. Wien.

Aus dem Eisenbuche f. 50'. Gedruckt bei Rauch, Script. III. S. 32 33.

ir *Albrecht* und *Ott* von gots genaden herzogen ze Osterreich und ze Steir etc. tuen chund allen, die disen prief lesent oder hœrent lesen, die nu lebent und hernach chuenftig sint, daz wir habent angesechen die chlag und den gepresten, den unser getreu lieben die purger ze Wien reich und arm für uns pracht habent von der vleischackher wegen und habent durich irr pet und von besundern genaden in denselben gepresten gewendet also, daz die frœmden vleischackher aus dem gœue muegen zwier in der wochen an den markchtœgen des eritags und des samptstags von sand Michelstag unz auf sand Jœrgentag vleisch fueren auf den *alten Vleischmarkcht* ze Wienn und daz do vail haben und verchaufen uber tag, und waz sie des eritags oder des samptstags nicht verchaufen auf dem *alten Vleischmarkcht*, daz muegen sie nach dem eritag und nach dem samptztag auf dem *Heupühel* verchaufen von ainem markcht zu den andern, als von alter gewonhait herchœmen ist an all irrung. Wir wellen auch, daz chain vleischacher von Wienn wider chainen gast auf den *Hohenmarkcht* ainen vischwagen oder ain schaf mit vischen chauf, er wel es denn gœnzleich von der stat fueren. Sie muegen aber in der herwerig wol von dem gast visch chaufen auf wœgen oder in schaffen, ee sie die aus der herwerig fueren. Ez mugen auch all vischer und vleischacker, die maister sind, auf dem *Hohenmarkcht* visch schraten, daran sie auch niemant irren schol; und wer der ist under den vleischackhern oder under den vischern, der daz uberfuer und dawider tœt, als vorgeschriben ist, und der des ubervert wuerd mit zwain erbern mannen, der ist dem richter zwen und sibenzig phennig Wienner muenz und der stat ain phunt vervallen, als oft und als dick, so er des ubervert wirt. Und daz dise gnad und dise sach von uns stœt und unzebrochen peleiben, geben wir unsern vorgenanten purgern ze Wienn ze ainen offen urchund und stœtichait disen prief besigelten mit unserm anhangundem insigel, der geben ist ze Wienn, do man zalt nach Christi gepuerd dreuzehenhundert jar und darnach in dem ains und dreizzigisten jare an sand Bartholomeustag.

XXXV.

Die Herzöge **Albrecht II.** und **Otto** versetzen den „**Waerd**" der Stadt Wien für 600 Pfund Wiener Pfennige.

1337, 1. Mai. Wien.

Nach Rauch. Script. III. S. 33—34. Siehe auch Lichnowsky. Habsburg. Regest. III. Urkunden. Nr. 110.

ir *Albrecht* und *Ott* von gots genaden herzoge ze Osterreich, ze Steier und ze Kernden vergehen und tuen chund offenleich mit disem prief, daz wir unsern getreun lieben den purgern ze Wienn unsern waerd versatzt haben fuer sechs hundert phunt Wienner phennig also, daz sie den inne haben und niessen sullen, unz daz wir, unser erben oder unser nachkœmen denselben waerd umb die vorgeschriben phennig von in ledigen und lœsen. Waer auch, daz seu ander unser waerd, die pei dem vorgenanten waerd oder darumb gelegen sind, an sich lœsten, die sullen sie auch inne haben und niessen, und sullen wir in, unser erben und unser nachkœmen, wenn wir den vorgenanten waerd umb die vorgenanten sechs hundert phunt von in lœsen, daz guet darumb sie die andern waerd gelœst hieten, auch grœnzleich widerchern und richten. Und daz in daz von uns, unsern eriben und unsern nachchœmen stæt und unzebrochen beleib, geben wir in disen prief besigilt mit unserm insigil, der geben ist ze Wienn an sand Philipps und an sand Jacobstag, do man zalt von Christi gepuerd dreuzehenhundert jar, darnach in dem sieben und dreissigstem jar.

XXXVI.

Die Herzöge **Albrecht II.** und **Otto** setzen die Höhe des „**Judengesuches**" fest.

1338, 11. Juni. Wien.

Aus der Originalurkunde im Stadtarchive zu Wien auf einem Pergamentblatt mit zwei an Pergamentstreifen hängenden, grossen und wohlerhaltenen Reitersiegeln der Herzöge Albrecht und Otto in Wachs, an welchem letzteren mittelst eines Pergamentstreifens auf einem Zettel von Pergament die Erklärung der Juden in hebräischer Sprache und Schrift befestigt ist. Abschrift im Eisenbuche f. 57ᵃ mit dem Briefe der Juden hebräisch und deutsch f. 58. Gedruckt bei Rauch, Script. III. 34—36.

 ir *Albrecht* und *Ott* von gots genaden herzogen ze Oesterreich, ze Steir und ze Kernden tuen chund offenleich mit dem prief, daz wir mit wolverdachtem muet und nach rat unsers rats wol betracht und angesehen haben den grozzen schaden und gepresten, den unser getreun lieben die purger gemainchleich, paide arm und reich, wie die genant sint, in unser stat ze Wienn von des grazzen ungewœndleichs gesuochs wegen, den seu unsern juden gebent, unzher genomen habent, und haben in durich der getreun diensten willen, die seu uns und unsern vorvodern getan habent und auch noch getuen muegen und sullen, von besondern gnaden die gnad getan und tuon auch mit disem prief, daz fuerhaz chain unser jud weder man noch weib mer von chainem unserm purger ze Wienn weder armen noch reichen ze gesuoch nemen sol, denn je zu der wochen von dem phunt phenning drei phennig, und waz man hinder dem phunt von in nimpt, da sullen seu je von sechzig phennig zu der wochen ainen phennig nemen ze gesuech, und von dreizzig phennig ainen halben phennig und nicht mer, und sullen sich die juden, paid weib und man, daran lazzen genuogen und suollen auch ze gesuoch nicht mer vordern noch mueten, denn als vorgeschriben ist. Daz gepieten wir allen unsern juden, weiben und mannen, gar ernstleich und gar vestichleichen pei unsern hulden, daz sie daz gænzleich stæt haben an alles gevær; des wellen wir nicht enperen. Wær aber, daz dhain jud, weib oder man, dawider icht tet und sich des gesuochs, als vorgeschriben ist, nicht genuogen wolt lazzen, welicher der wær, der derselben uoberwert wuerd, den wolten wir darumb pezzern an leib und an guet. Es chœment auch fuer uns unser juden unbetwungenleich und verjahen vor uns ungenœtt, daz sie unsern purgern, armen und reichen, ze Wienne mit guotem irem willen ir juedisch prief willichleich und gern gegeben hieten, daz sie den gesuech, den wir angesatzt haben, als vorgeschriben stet, gern nemen wellen und wellen sich daran lazzen genuegen und nicht mer vordern noch mueten, denn als vorgeschriben ist, und paten uns, daz wir dieselben ir prief, die sie unsern purgern gegeben hieten, bestærtten mit unserm priefen. So sahen wir an ir pet und die rechtschaft und haben unsern vorgenanten purgern ze Wienn denselben judenprief bestœtet und bestœten in auch mit diesem prief also, daz die fuerhaz mit all dem rechten stœt und unzerbrochen beleiben, als sie die unsern vorgenanten purgern ze Wienn mit ir maistern

insigiln versigilt gegeben habent. Und daz die vorgenant unser genad und auch die bestaetichait fuerbaz ewichleich ganz und unzerbrochen beleibe, so geben wir den oftgenanten unsern purgern ze Wien darüber zu einem offen urchund und ze einem waren gezeug disen prif, versigilten mit unserm anhangundem insigil, der geben ist ze Wienn am samstag vor sand Johanns-tag ze Sunnebenden, do man zalt von Christi gepuerde tausent dreuhundert jar, darnach in dem acht und dreizzigstem jare.

Erklärung der Juden in hebräischer Sprache und Schrift, welche, auf einen Pergamentzettel geschrieben, der vorstehenden Urkunde beigefügt ist. Abschrift derselben im Eisenbuche f. 58. Abgedruckt in der Zeitschrift הַבֹּקֶר Hamaskir i, herausgegeben von Dr. M. Steinschneider in Berlin und in G. Wolf's Judentaufen.

נֵחְנוּ (חתימי) הַיְהוּדִים קְהֵל וִינָא מֹדִים וּמוֹדִיעִים (מַעִידִים) לְכֹל רֹאֵי כְתָבֵנוּ זֶה
או לְכֹל שׁוֹמְעִם אוֹתוֹ לִקְרֹות שֶׁבְרָצֹן נַפְשֵׁנוּ שֶׁלֹא בְאֹנֶס אֶלָא בְלֵב שָׁלֵם וּבְנֶפֶשׁ
חֲפֵצָה וּבְדַעַת שְׁלֵמָה מֵחֲמַת שֶׁרָאִינוּ חֶסֶד נִכְבַּד עֵירֹנוּ בָאן בְעִיר וִינָא שֶׁעָשׂוּ
עִמָנוּ בְעֵת הַזְקֵנוּ וְעֵד בְרָצֹן רוֹצִים לַעֲשׂות בַאֲשֶׁר אֲנַחְנוּ בְטֹוחִים בְחֶסְדֵי הַשֵׁ״ת
וּכְהֶסֶד לָכֵן נָתַנּוּ לָהֶם מַתָנָה זֹאת לְהֹלְוֶת לָהֶם הַלְוִיְרָא מֵעוֹת וְיָנָא וִינָא בְשַׁלְשָׁה
פְּשִׁיטִים יְשֵׁשִׁים בְּשִׁיטוּט וִשַׁלְשִׁים פְשִׁיטִים בְמַחֲצָה לִשְׁבֹע הֵן לְעֲשִׁירִים הֵן לְעֲנִיִם
בָאן בְעִיר וִינָא וְיִרְאֵה הַיְשֵׁבִים פֹה וְלְפִי שֶׁאֵלוּ הַדְבָרִים אֲמִתִים נָתַנּוּ לָהֶם כְתָבֵנוּ זֶה
לְרָאֵיה וְלְעֵדֹת בְחֲתִימַת יָבוֹתֵנוּ שֶׁהָיוּ דְבָרִים אֵלוּ קַיָמִים בְלִי שְׁבִיךָה וּכְתַב זֶה
נִכְתַב וְנִיתֶן בָאן בְוִינָא בְיוֹם שֵׁשִׁי רֹאשׁ חֹדֶשׁ תַמוּז שְׁנַת חֲמֵשֶׁת אֲלָפִים וּתִשְׁעִים
וּשְׁמוֹנֶה לִבְרִיאַת עוֹלָם

קְהֵל וִינָא

הֶעָנִי חַיִם בַ״ר אֶלְעָזָר נֵבַ״ע   הֶעָלֶה סַעֲדְ״ חַיִם בַ״ר שְׁנֵיאוֹר ז״ל ה״ה
הַגְבֹה בְלָא ה״ה   הֶעָלֶה מֹשֶה בַ״הֶ״ר גַמְלִיאֵ יִשַׁ״ע וָאֲרֵ״י

Die zwei eingeklammerten Verbesserungen beziehen sich auf die Abschrift im Eisenbuche.

Deutsche Uebersetzung nach dem Eisenbuche f. 58.

Der hernach geschriben brief sagt die weisung des obgenanten judischen brief in teutsch.

Wir besigilt juden die samnung ze Wienn wir bekennen und tun kund allen den, die den brief sehen oder allen, die den hören lesen, das mit willen, unsers leibs unbetwungen, nur mit ganzen herzen, mit willigem leib und mit ganzem sinn, darumb das wir haben gesehen not der erbern purger hie in der stat ze Wienn, die sie haben getan mit uns in der zeit, do es uns hert ist gelegen, und noch mit willen wellen sie das noch tun hinfur, als wir hoffen zu gnadn gots und an irer gnad, darumb geb wir in die gab die darg[?] zu leihen alleg an phund Wienner pfenning, umb drei phenning, und sechzig phenning umb ainen phenning und dreissig phenning umb ain helbling ain wochen, es sei reichen oder armen, die hie in der stat ze Wienn sitzen, und darumb das die dargensach[?] warhaftig sind, do geb wir in den brief zu ainer zeugnuss, und zu ainer zeugnuss mit insigil unser maistern, das sol sein die dargensach stet unzebrochen, und der brief ist geschriben worden und gegeben worden hie ze Wienn an freitag am Neunman juli funftausent und acht und neunzig jar, als die welt beschaffen ist worden.

Das sind die namen der judischen maister: Der arm *Hadginn* sun *Eleazar;* sein sel in dem senften garten, der verschempt, als er nie ward[b]. Der betrübt *Sadgia Hadginn* sun *Gneor.* Sein gedechtnuss sol sein in der zukunftigen welt. Der betrubt *Morse* sun ains maisters *Gamliel.* Sein sel in dem senften garten und sol umbvangen sein mit den lebentigen seln.

[a], [b] und so so in der Vorlage.

XXXVII.

Herzog **Albrecht's** II. **Handfeste** für **Wien.**

1340, 24. Juli. Wien.

Aus der auf einer Seite eines riesiggrossen Pergamentbogens geschriebenen Originalurkunde im Wiener Stadtarchive, der das Reitersiegel des Herzogs in weissem Wachse an einer rothen und blauen Seidenschnur angehängt ist. Abschrift im Eisenbuche f. 10—18. Gedruckt bei Rauch, Script. III. S. 37—45. Lichnowsky, Habsb. Reg. III. Urkunde Nr. 1241.

ir *Albrecht* von gotes gnaden herzog ze Oster., ze Steir und ze Chernden, herr ze Chrain, auf der Marich und ze Portnau, graf ze Habspurch und ze Kiburch, lantgraf in obern Elsazzen und herr ze Phirt verichen und tun chunt allen den, die disen hantfest ansehent, lesent oder horent lesen, daz fur uns chomen unser getriuen, der purgermaister, der rat und die purger ze Wienn und paten uns ernstlich und mit ganzem vleizze, daz wir hin ir statrect, als hernach von wart ze wart geschriben stet, verschriben und besteten, als in und der stat ze Wienn daz notdurft wer. Des haben wir dieselben ir vlizsig pet an den sachen gutlich und gnediclich angesehen und haben in ir statrecht in aller der mazze, als hernach geschriben stet, verschriben und bestetet und besteten auch mit disem brief.

1. Des ersten haben wir gesetzt, ob dhain purger, der innerhalb der maur und des graben hat fumfzig phunt wert, eines totslages wirt gezigen, oder ob er hat manslek an ainem ainvaltigen manne getan, der bedarf fur sich selben dhainer purgelschaft, aber der richter sol in furladen ze drin tagen nach dem alten recht der stat, so daz er ze dem virden taiding endlich antwurt. Chunt aber der geladen fuer und wil sich zaigen unschuldig der inzicht, der sol sich bereden, als der vrid ist gesatzt.

2. Den vrid der stat setzen wir auf also: Gegen swem ain chlag erscheinet, und wirt angesprochen von dem chlager nach dem vrid umb einen todslag oder umb ain wunden oder umb swelch ander tat, die an die aecht get, dem sol der statrichter seiner beredung gunnen

also: wer sich umb einen totslag wil bereden, der sol der genanten zwen haben und darzue anderr erberr manne zwen, und mit den viern und mit seinaines aid bewer sein unschuld und sei ledig. Wil sich jeman bereden umb ein wunden oder umb ander sache, die an die æcht get, der sol der gnanten ainen haben und darzue anderr erberr manne drei, und mit den viern und mit sein aines aid bewer sein unschuld und sei auch ledig. Und umb die beredung sol der richter nichtes næmen, wan man im darumb nichts schuldig ist noch gepunden ze geben. Wer aber, daz sich jemän wolt bereden umb einen totslag, der auzzerhalb der stat in dem purchvrid geschicht, der sol haben der pesten vier auz dem aigen, da die tat ist geschechen, und mit den viern und mit sein aines aid bewer sein unschuld, und sei auch ledig und sei dem richter auch nichtes schuldig.

3. Wir setzen auch und wellen: Von wanne ein mann chuemt und wunt ainen andern man in der stat, oder waz er darinne tuet, daz an die æht get, daz sol daselbes werden gericht, da die tat ist geschehen.

4. Wir wellen auch, swelich man umb einen totslag wil chlagen, daz der vor der chlag selbander einen aid swere, daz er weder durch lieb noch durch laid noch durch dhainer phrænchsal willen auf nieman danne auf den recht schuldigen chlag. Ist aber eine vroue chlagunde, so sullen irr nachsten vreunt zwen swern, als vorgeschriben stet, daz sie auf nieman dann auf den recht schuldigen chlag. Ist aber ein gast oder ein arm mensch chlagunde, ez sei vrou oder man, und hat nicht vreunt, die mit im swern, so sol der richter seinaines aid genuegen.

5. Wir setzen auch und wellen: Ob sich der chlager erfuer, daz er auf einen unschuldigen hiet gechlagt, der sol selbdritter einen aid swern, ee daz der bechlagt in die æcht chome, daz er den ersten aid und auch die chlag an allez geverd hab getan, und da mit sullen sie baidenthalben dem richter nichtes sein vervallen, und daz haben wir darumb aufgesatzt, daz man auf nieman danne auf den recht schuldigen chlag.

6. Ez sol auch der richter den chlager nicht verrer nœten, danne der chlager mit seinem aid hat bestæt; tæt er ez daruber, dez wellen wir' hinz im pezzern.

7. Und wirt aber ein manslek begriffen an der hanthaft mit pluetigem swert oder messer oder mit swaz anders gezeuges, und der richter oder der chlager daz bewern mag mit zwain erbern gloubheftigen mannen, die daz sagent, daz er die manslek habe getan, man puezze in mit dem houpt. Chumt aber ein manslek ungevangen in sein haus und sein waffen von im tut, so mag man in fürbaz chainer hanthaft nicht gezeihen. Ob er aber ein manslek nicht fürchumt, dreistund geladner, sich selb ze bereden und ze vristen, als vorgeschriben ist, so chund in der richter in die æcht und nem seines varenden gutes dreizzik phunt und nicht mer für sein wandel; ander sein gut daz beste in seiner hausvroun gewalt und seiner chinde und seiner erben. Hat er aber nicht hausvroun, noch chinde noch erben, ee daz er in die æcht chœm, so schaffe mit seinem güt, daz er uber des richter wandel hat, waz er welle. Ob aber der manslek entweichet, ee er in die æcht chœme, und seines dinges nicht enschaffet, allez sein güt werde behalten nach dem gescheft des rates der stat jar und tag. Chumt aber ieman in der zeit, dem er gelten sol, und bewert der daz mit genozzomer gezeugnusse, dem sol man gelten von demselben gut, waz man im sol. Swaz aber uber die gult beleibt, daz sol man geben durch seiner sel willen.

8. Und ob ein manslek nicht hat noch enmag nicht gezaigen innerhalb der maur tumfzig phunt wert und mag doch einen purgel für sich gewinnen, derselb purgel sprech für

in dar und setze sich dar mit leib und mit guet. Mag aber er nicht purgel gehaben, so vahe in der richter und behalt in, unz daz er von im richte, als des rechtes orden ervindet.

9. Aber wer wizzenlich ein menslek beget und wirt umb totslag enthaupt an dem marcht, da daz gericht ist, des tot sol genuegen ze pezzerung, und sol der richter von allem seinen güt nichtes ze wandel nemen, aber mit seinem güt geschech, daz da vorgeschriben ist. Und ze welicher zeit ieman den leichnam bestatten wil, des sol im der richter an allez gut gunnen.

10. Ist aber ein schuldiger eines todslages geladen ze dem gericht, und vreleleich der versmähet ze chomen und wiert in die æcht getan, der sol dehainen gewalt haben ze schaffen mit seinem varenden güt, aber mit seiner hausvraun und mit seinen chinden schaffe waz er welle, und sol sein gut werden gezogen von dem richter und von dem rat der stat in vrœngewalt mit urchund dreir erberr manne also: ob er ieman gelten sulle, ce danne er dise ubeltat begienge, dem sol man gelten von demselben guet, und daz er daz bewær, daz im der man sovil gelten solde; und swaz uber des richter wandel und uber der purger gult beleibt des gutes, daz sol man seiner hausvraun oder seinen chinden geben, oder man geb ez durch seiner sel willen, als vorgeschriben ist. Swer in der stat æcht chumt, daz sol chain furban sein, und sol fürbaz chain ander æcht nicht leiden, wan er schaden genüg hat, daz er sein haus, sein weib und seinen chind lazzen muez und die stat muez ræumen.

11. Ob ein man so sere wunt ist, daz er fur gericht nicht chomen meg, und man nicht getrout, daz er mug genesen, chumt aber er zu dem gericht, so sol der richter den schuldigen behalten dirre sache, unz er besech, ob der wunde mug genesen oder nicht.

12. Ob aber ein purger dem andern ein hant, einen fuez, ein ouge oder ein nase oder dhain ander lid abslecht, der geb dem richter zehen phunt und dem, der den schaden hat, als vil. Mag aber, der den schaden getan hat, der phenning nicht gehaben, der richter richt von im, als daz recht ervindet und ertailt also: ein oug wider ein oug, ein hant wider ein hant und also von den andern' liden.

13. Aber wer den andern also wundet, daz er an den liden gepresten leidet, daz da haizzet læm, der geb dem richter fumf phunt und dem wunden fumf phunt. Mag er der hpenning nicht gehaben, so puezze man in also: ein lid wider das ander.

14. Ob aber ieman den andern vreleleichen plendet, der geb dem richter zwainzig phunt und dem geplenten zwainzig phunt und an die stat zwainzig phunt, und sol dannoch die stat ræumen und bei dem ende ninder beleiben, also daz er nimmer dar wider chom an urlaub und an willen des rates von der stat.

15. Ob aber ieman den andern wundet, daz er litschertig wirt, der geb dem richter dreu phunt und dem wunden dreu phunt. Hab aber er der phenning nicht, so puezze man in derselben weise.

16. Ob ieman den andern wundet einer ainvaltigen wunden, doch daz der wunde genese, der geb dem richter zwai phunt und dem wunden zwai phunt. Mag aber der phenning nicht gehaben, so sol man in vor dem gericht slahende entheuten und enthoren und nicht, da man die dieb puezzet.

17. Wirt aber ieman wunt zwischen den liechten oder in der nacht, die man des zeihet, daz sie den haben gewundet, ob die nicht so vil gutes haben, daz den richter seines wandels genueg, noch einnugen auch nicht purgel gehaben, die sol der richter behalten unz

an den morgen; des morgens sol der wunde vor dem gericht zu den gezigen chomen, doch also daz man nem von dem chlager seinen aid selbander, daz da haizzet *vorait;* und ob der wunde vor grozzer chranchait zu dem gericht nicht chomen mag, so sullen zwen erber man mit des richter poten zu im chomen an dem siechpet und nemen von im selbander ir aid, daz da haizzet ain *vorait.*

18. Wir wellen auch, daz man von dhainem nem den voraid, er swer danne selbander.

19. Der voraid sol aber nieman werden gegeben auzzerhalb des gerichtes, nuer vor dem gericht; ez sei danne, ob der wunde so chranch sei, als da vor ist gesait.

20. Ob aber der geschuldigt spricht, daz da die ubeltat, der man in zeihet, geschehen ist, daz er da an einer andern stat wer, swa daz geschehen ist, und bewert er daz mit dem rechten und erbern mannen, den daz chunt und gewizzen ist, so sei ledig.

21. Wir setzen auch und wellen: Swer wunt wird, und derselben wunden mit lem oder ân lem gehailt und nach dem jar stirbet, und er wunt warde, den sol man fur chainen totslag nicht puezzen.

22. Wir setzen auch: Swer einen gueten man, der nicht der teuristen noch der erberisten einer ist, slecht mit steckhen, der geb dem richter zwai phunt, oder er bered sich, als der vrid ist gesatzt. Slueg aber ieman seinen chnecht, oder sein diern mit steckhen oder mit stæben, daz sol der richter nicht richten, wan nieman ze recht wizzen chan, waz innerhauses ein wirt mit seinem gesind ze schaffen hat.

23. Ob aber ieman mit steckhen wirt geslagen, der innerhalb der mour dreizzig phunt wert hat, der denselben geslagen hat, der geb dem richter fumf phunt und dem geslagen fumf phunt.

24. Ob aber ieman slecht einen leichten man, leicht einen lotter oder einen posen spilman, der daz mit worten oder mit andern unzuchten umb in hat verdient, und bewert er daz, so sol er dem richter nichtes geben nach dem geslagen, wanne drei sleg; die sol er demselben vrôlichen darzü geben.

25. Ist daz ieman einen wirt, der nicht der teuristen oder der raichisten ainer ist, slecht einen maulslag mit vlacher hant, der geb dem richter fumf phunt und dem geslagen fumf phunt. Slecht aber er mit der faust, so geb dem richter zwai phunt und dem geslagen zwai phunt.

26. Ob aber ieman einem chnecht oder einem andern leichten manne tuet einen maulslag, der geb dem richter sechzig phenning und dem geslagen sechzig phenning. Ob aber der daz bewert, der den maulslag geslagen hat, daz ez der ander wol hab umb in verdient, er geb dem richter ein phunt und ênem nichtesnicht. Sei aber er ein chnecht oder ein ander leichter man, so geb dem richter sechzig phenning und dem geslagen nichtesnicht. Ob aber, der den maulslag enphecht, pluetrunse sich erzaiget, und bewert daz diser, der in slueg, daz er in nuer mit der hant hab geslagen, den puezze man nicht anders, wan umb einen ainvaltigen maulslag. Ob ieman seinen chnecht oder sein diern an waffen slecht, daz er pluetet, der sol darumb dem richter nichtes antwürten.

27. Aber swer in die aecht chumt, umb swaz sache ez sei, und darauz chomen wil mit recht, und wil auch dem chlager vor dem gericht schuldig und wirdig pezzerung tuen und widert er daz, dierre sol pilleich ledig sein. Ist aber daz der aechter mit seiner vraefel oder mit seiner soumung beleibt unz in die andern aecht, ane des chlager gunst und willen so sol er dhainen weis werden erlost.

28. Swelich purger geschuldigt wirt, daz er wizzenleich in seinem hous einen ächter hab enphangen, der beret sich mit seinaines aid, und sei vrei. Ist aber er schuldig, so geb dem richter zehen phunt phennig. Hat aber er der phenning nicht, man slach im ab die hant. Gehalt aber er den ächter ze dem andern mal nach dem wandel, und bewert daz der richter mit siben seiner nachgebourn, sein leib und sein güt ste in dem geschaft ünsers gewaltes und des richter.

29. Ob ieman den andern an swelcherlaie beswerung oder serung laidigt, und wil der schuldig daz pezzern nach gesatztem recht vor gericht dem chlager, und widert er daz ze nemen, daz ist unrecht und ist ein vrevel: so nem der richter daz gesatzt recht und piet in daz vierzehen tag an mit bezaignusse zwair oder menigers. Nimt er in der zeit des nicht, so schaffe ez der richter ze seinem nütz, und werd der geserigt getan in die ächt als ein vreiler, der daz recht uberget. Begreifet man den in der acht, man slach im ab die hant.

30. Wir haben ouch gesatzt: Swer ein magt oder ein weib notzogt oder hinzeucht, und sie daz bewert, daz sie hab geschrieren innerhalb vierzehen tagen, da sie genotzogt wære oder gezucht, mit gezeugnusse zwair glaubheftigen manne, der uberchomen wirt, der puezze mit dem ürteil des hauptes. Ist aber, daz ir an der bezeugnusse gepristet, gegen dem sie chlagt, so bered er sich mit seinaines aid auf dem heiligtum. Ist aber dasselb weib gesatzt in vrei wal ir selbes gewalt und in vierzehen tagen nicht chlagt, darnach so sol man sie dehainen weis nicht erhoren.

31. Wir setzen ouch und wellen: Swelhen erbern manne sein tochter, sein swester oder sein nachster vreunt wirt beslafen än seinen willen von seinem chnecht, der in seinem prot ist, den sol man puezzen mit dem houpt, wan er sein treu und seinen aid an seinem rechten herren hat zeprochen.

32. Wir tuen auch dehain gepot von den gemainen weiben, wan ez wer unwirdig und unzeitlich, daz man seu in die pant der ee besluzze; doch wellen wir, daz sie nieman än schulde laidig; swer sie aber laidigt, den sol der richter puezzen nach des rates rat.

33. Wir wellen auch, daz einem igleichem purger sein hous sein vest sei und ein sicheren zueflucht, im und seinen mitwesern uud einem igleichem, der darin vleucht.

34. Ez sol ouch dehain man des andern hous angreifen oder anderswo in der stat ze vehten chomen mit pogen und mit armbrusten. Swer wider daz gebot tuet, hat er ein hous, so geb dem richter zehen phunt und ze nütz der stat ouch zehen phunt. Hat er aber auch nicht ein hous, so slach man im ab ein hant, oder er lose die hant mit zehen phunden; der nem der richter fuenf phunt, die andern fumf phunt werden getan ze nütz der stat.

35. Ob eines mannes hous wirt angriffen, dem sei erlaubt, daz er ez beschierm und bewar allen den weis, und er mag.

36. Swer nu die vrefel oder die angreifunge des houses, daz da haizzet *heimsuechhunge*, von geschicht tut, swenne der herr oder der innan des houses in bringet mit rechter chlag fuer daz gericht, ob denne der schuldiger selbfuemfter erlicher manne bewert sein unschulde nach dem satze des vrides, so ist er vrei und ledig. Tuet er aber des nicht, so geb dem richter zwai phunt und dem houswirt zwai phunt, den er angriffen hat. Hat aber er ieman in dem hous gewunt, so geb dem richter dreu phunt, und des houses wirt ouch dreu phunt und dem wunden zwai phund. Hat aber er der phenning nicht, so slach man im ab die

hant. Hat aber er mit verdachtem muet und nicht von geschicht die haimsuechunge getan, also daz er etlicheu seiner vreunt darzue hat genomen, der geb dem richter zehen phunt und ze nutz der stat ouch zehen phunt. Wundet er aber den wirt oder ieman in dem hous, daz sol der richter pezzern nach des rates rat.

37. Wir hoben ouch gesatzt, daz der richter gegen einem igleichem manne ninder anderswo sol richten, danne in der purger schranne, und daz der chlager ze gegenwort sei, der auf in chlag, und sol der richter nieman vor der chlag, die in der schranne nicht ist geschehen, noten oder twingen in seinem hous oder anderswo, und sol ouch nieman ze wandel sagen, danne als vil daz recht in der schranne ertailt. Wolt aber ieman die chlag verswigen, so mag der richter darnach nach seinem wandel chlagen.

38. Ob aber ieman chlagt uber den andern, und da, der chlagt, die chlag ubersehen wolde und lazzen, oder ob er von dem schuldigen heimlich suenung nimt nach der chlag, daz da haizzet halsuen, so sol in der richter darzü twingen, daz er seiner chlag nachvolge. Wil aber er nicht nachvolgen, so geb dem richter daz wandel, daz der schuldig solt geben. Ez sol ouch der richter oder sein chnecht einen igleichen erbern mane nicht vahen umb erleich tat, darumb er gesezzen ist. Ist er aber nicht gesezzen, so mag in ein ander gesezzen man umb ein igleich erleich tat auf dehain beschuldigung sunder auf ein recht auznemen, und dez sol im der richter gunnen.

39. Wir wellen ouch und setzen: Ob des richters diener ieman vahen, der sich nicht widersetzet, den sullen sie an alle serung an die stat antwurten, dahin er gehöret. Sluegen sie in oder stiezzen sie in, daz sol nach der serung gepuest werden von dem richter, als der rat ervindet. Wolde sich aber ieman der vanchnusse weren, und mugen daz, die in vahent, bewern mit zwain erbern manne, waz sie im danne durch notwer habent getan, daz sullen sie nicht puezzen; und wen sie umb erlich tat vahent, dem sullen sie innerhalb seiner herberg chainerlai harnasche nicht nemen, und wanne der gevangen ledig wirt und dem richter sein verschultes wandel geit, so sol man im sein swert, sein messer, oder swaz man im hat genomen, widergeben an alle phenning. Und wirt ein man nach der pierglocken auf der strazze än liecht gevangen, und ist daz wizzenlich, daz er ein getreuer man ist, so sei dem gericht nicht mer danne zwen und sechzig phenning auf gnad vervallen. Hat er aber ein liecht, man sol in nicht vahen. Und swelich gevangen man zu dem nachrichter nicht geantwürtet, die sind dem nachrichter chaines hofzins gebunden ze geben. Chumt aber ein gevangen in des nachrichter hous, so ist er des hofzins vervallen, und sol man im seines gewandes nichtes mer nemen, danne ob er hat ein wanweis, daz vier phunt wolle hab, und daz sol man im nicht teurr danne fur zwelif phenning geben ze lesen. Und swer ein mensche ze vanchusse bringet und mag in mit einem rechten nicht uberobern, der sol den gevangen von dem richter und ouch von dem nachrichter umb erlich sache gar ledig machen.

40. Wir haben ouch gesatzt, ob ieman in die stat chome, daz er gevrist werde vor seinen veinden; die purger, die in losent vor seinen veinden, die sullen dem richter umb die getat nicht antwurten. Und ouch ob sie an diser beschiermung der veind ieman icht schadens tuent, darumb sullen sie nichtesnicht dem richter nach dem chlager geben.

41. Und chumt ieman in die stat, der purger werden wil, den sol der richter und die purger vor allem gewalt vristen und beschermen, nach der stat recht.

42. Ob icht streites oder zewerfnusse in der stat geschæch, swer dahin, als gewonlich ist, mit waffen oder an waffen loufet, wirt er geschuldigt, daz er durch vechtens willen darchomen sei, und er gicht, daz er nur durch schaidens den streit und durch vridmachens darchomen sei, und mug er daz mit sein aines aid bestæten, so sei ledig von dem chlager und von dem richter.

43. Und wirt dhain purger gezigen, daz sein gast oder sein vreunt oder ieman seines gesindes auz seinem hous oder darinne dhain ubel tat hab getan, erzaigt sich der unschuldig mit sein aines aid daran, so sei ledig. Tut er aber des nicht, so geb dem richter dreu phunt.

44. Swer dem andern einen huernson geit, der geb dem richter sechzig phenning. Spricht er aber also einem erbern manne, so geb dem richter zwai phunt; und hat er der phenning nicht, so sol er werden geslagen und entheut vast, aber nicht, da man dieb slecht. Spricht ez aber ein erber man einem erbern manne, der geb dem richter zehen phunt und ze nutz der stat zehen phunt.

45. Wirt ieman uberwert mit siben erbern mannen und gloubhaftigen, daz er falsche gezeuchnusse hab getan, den sneid man die zunge ab, oder er lose sie mit zehen phunden und pezzer den allen irn schaden genzlichen, den sein mainswerung hat schaden getan, und sol man furbaz nimmer mer seiner gezeuchnusse gestatten an dhainen schaden.

46. Swer unsers herren gotes und der suezzen magt sand Marein oder der hailigen spott und ubel gedencht, dem sol man die zung absneiden, und enhab dhain urlaub sie ze losen mit dhainerslacht guet.

47. Swer ein langes messer, daz ein *stechmesser*, haizzet, oder ander verboten were in der hosen oder in dem schuech oder anderswo verpargen und diefleichen treit, der geb dem richter zwai phunt. Hat aber er der phenning nicht, man slach im die verpoten were durch die hant.

48. Wir haben ouch gesatzt durch vermeiden der poesen untreu und durch falsche bezeugnusse der mainsweren gezeugen, die recht und wirdig dink und der leut gescheft mit der zerganchnusse der zeit sint gewon ze posern und verchern, so setzen wir zwai hundert man oder mer, ob sein durft ist, der getreuisten und der weisesten auz allen strazzen, der namen sullen sein geschriben bei diser hantfest und alle zeit gemerchet. Und ob der ainer stirbet, so sol ein ander zehant mit gemainem rat an desselben stat werden gesatzt.

49. Dise haben wir gesatzt darzü, daz aller chouf und verchouf, phant, satzunge oder hingeben oder wechslung heuser oder weingarten oder ander swelicherslacht dink, die man achtet uber dreu phunt, und ein igleich hoch wandlung, daz gedenchnusse wirdig ist, das sol stetichlich geschehen vor zwain oder vor menigern der genanten.

50. Darumb swelch purger der vorgenanten zeug zwen hat, der leicht ainer stirbet, so sol der genant zeug, der lebentig ist, mit seinen treuen sagen, daz der ander genant, dem die sache mitsampt im chunt waz, tot sei, und damit mag dirre noch mit einem andern gloubheftigen manne, swer der sei, wol erzeugen. Ob dhainer der benanten zeug nicht wil des andern gezeug sein vor dem gericht, geistlich oder weltleich, umb sogetan dinch, daz im wol chunt und gewizzen ist, zu der gezeugnusse so sol in der richter twingen. Und ob er daran vrevel ist, so daz der ander von im schadhaft wirt, so wellen wir, daz er ze puezze dirre vrefel den leuten irn schaden pezzer und puezze, und geb dem richter daz gewonlich recht.

51. Wir wellen ouch und verbieten, daz dhain witib irr chind guet, daz sen anerbt, geben sulle noch enmug einem andern manne, den sie nimt, oder witiber, noch daz der man gezeugnusse icht muge getuen auf der chind guet, die zu irn beschaiden jaren nicht sint chomen: daz sint achtzehen jar; unverzigen der junchvrouen recht, die nicht vogtber sint also lange, unz daz sie man genemen oder gehœrsam tuen in irn chloster oder unz daz sie chomen ze fumfzig jaren. Ob aber ieman bewert mit gezeugnusse zwair oder meniger der gnanten in der stat gesezzen, daz die mueter oder der chind vreund, da sie ze beschaiden jaren chomen sein, sogetan guet verchouft haben oder umb ein ander zimleich guet haben gegeben mit ir gunst und mit ir gutem willen, so ertail wir das guet ze haben gemechleichen und geruebt.

52. Wir wellen ouch und setzen: Ob ein witiber oder ein witib in dem ersten jar seines witentums vor dem rat mag bewern mit zwain erbern mannen, daz er daz ander gemechait hab lazzen in ehafter notgult, so mag ez wol dez erbes verchoufen, daz im daz ander gemecheit lazzen hat, daz ez dasselb gelt vergelte und nicht mer; und furbaz noch dem ersten jar sol man der bewerung nicht mer horen. Ez mag ouch ein igleich witib oder witiber durch chaft not mit seinen chinden wol getailen, ee ez heirœt, ez sei danne, daz im die chint oder die vreunt chaft not erleichen verziehen unz an seinen tot, aber die chind mugen weder vater noch mueter dhainer tailung genotten.

53. Wir haben ouch gesatzt: Swelich purger stirbet, ob er hat ein hausvroun oder chind, daz sich dhain man seines gutes noch seines hous underwinde, wan ez sol bleiben in der housvroun gewalt und der chind. Ez sol ouch sein an der witiben wal ze heirœten oder nicht ze heirœten, swem oder wanne sie welle, und doch so, daz sie der stat nutzlich heirœt und irn chinden zimleich und nach ir eren. Ist aber daz sie smechleich oder huerlustichlich und irn chinden unzimleich heyrat, so sullen die chind, ob sie zu irn beschaiden jaren chomen sint, sich ires erbes genzleich underwinden, än ir morgengab: die sol die vroue behalten; und habent aber die chind irr beschaiden jar nicht, so sol der rat von der stat deuselben chinder und allez ir guet enphelhen ainem irr vreunt, der erber und getreue sei und der den chinden vœr sei und sie besœch getreulichen und schone.

54. Wir setzen ouch und wellen vestichleich, daz dhain man oder vrou, die in der stat sitzent, ir guet, ez sei houser oder ander gut, daz in der stat leit, chainem chloster geb weder bei ir lebentigen leib oder nach ir tœd, ez geschœche danne vor dem rat oder vor erbern leuten, die die gnanten da haizzent, die ez fuer den rat bringen, nuer also daz daz chloster, dem das guet gegeben wirt, daz hous oder den weingarten verchoufe inner jaresvrist einem purger, der mit der stat diene. Swo daz nicht geschiecht, daz ez fur den rat nicht enchumt, und daz ez es der rat nicht bestetigt mit seinen briefen oder mit seiner chuntschaft, oder daz daz guet nicht wirt hingegeben inner jaresvrist, als hie vorgeschriben ist, so sol der rat sich ziehen zu dem guet und sol ez anlegen ze nutz und ze eren der stat. Dehain chint, daz under seiner vreunt pesem ist, daz zu seinen jaren nicht chomen ist, mit dhainerslacht gelubde lieplich oder drœlich, willichlich oder betwungenlich sich seines erbes mag verzeihen, ez sei danne so vil: ob daz chint in ein chloster varen welle, so schullen die vreunt, die des guetes nachst erben sint, die sache offen vor dem rat, und sol der rat daz bestœten. Swo des nicht geschiecht, so hab nicht chraft.

55. Wir wellen ouch, von swanne ein vremder man chumt, ob er stirbt und sein gescheft schaft, daz ez stet bleib; und sein wirt, in des hous er stirbet, der sol zehant die

summe seines guetes vor dem gericht und vor den purgern offenlichen chunden. Ob aber er icht ungetreulich versweiget des guetes, so sol man in haben als einen dieb. Hat aber der sterbunde nicht geschaft, so sol der rat des toten guet behalten jar und tag darumb, ob ieman in der zeit chome, der daz bewert, daz er sein erb sei oder sein geselle sei gewesen oder sein parger, dem sol man des toten guet an alle widerred geben, so vil als in angebuert. Chumt aber nieman, so sol man halben tail seines guetes ze nutz der stat und daz ander halb tail durch seiner sel willen geben; und swo der gast begraben werden welle, des sol er gewalt haben und vrei wal.

56. Wir haben ouch gesetzt, daz dhain purger icht mug erzaigen mit den, die da haizzent *leichonfer* oder *underchoufel*, er hab dann ander frume und erber leut.

57. Wir wellen auch: Ob ein gast einem purger, oder ein purger einem gast icht verchouft, und nimt daz ainer fuer vol und fuer guet, daz sol der richter nicht verrichten, ez ensei danne, ob im ir ainer icht chlag. Wer aber, ob eins choufman uber den andern chlagt in der schranne und bewert daz mit genozsamer zeugnusse, wie der chouf zwischen in paiden sei geschechen, der chouf sol fuerbaz stet bleiben, und geb der bechlagt dem gericht zwelf und ein phunt.

58. Ouch sol dhainem manne von *Sweben* oder von *Regenpurch* oder von *Pazzou* oder von swelchem andern lande urlaub sein gen Ungern ze varen mit seinem choufschatz, sunder er sol varen den rechten weg gen Wienne und hab da niderleg allez seines chaufschatz. Swer aber dawider tuet, der geb uns zwo mark goldes und der stat als vil. Er ensol ouch nicht choufen golde noch silber. Hat aber er silber oder golde ze verchoufen, daz verchouf nicht wan in unser chamer, als er meiden welle die sache leibes und guetes.

59. Wir setzen auch und wellen: Ob ein man dem andern sol gelten, und daz an allez geuerd wizzenleich ist mit ganzer warhait, daz er nicht beraitschaft hat, da von er gelt, so sol er und der, dem er gelten sol, nemen zwen man, und zu den zwain sol in der rat ouch zwen man geben, die des rates sein, und die vier sullen die sache nach irn treuen besorgen, so sie pest muegen, also daz von des gelters varenden guet ein phenningwert umb einen phenning werde gegeben dem manne, dem er sol gelten. Hat aber der gelter so vil nicht varendes gutes, damit er mug gewern, so sol diser des uberigen geltes von des gelter erbguet nach der vier manne rat in derselben weise werden gewert. Mag aber der gelter weder varendes guetes noch erbes, wie daz gnant ist, so vil nicht gehaben, da von diser mug werden gewert, so sol er im der stat recht laisten, als ez von alter herchomen ist. Ist aber, ob er seiner beraitschaft hat verlougent, oder ob er, dem er gelten sol, den dritten phenning nicht enget, als er gesworn hat, und wirt des von disem uberwert mit gloubheftiger zeugnusse, man ziech im die zung auz. Ist aber, daz ein gelter einem oder menigerm manne sol gelten zwanzig phunt oder mer, und ist daz wizzenleich, daz im weder die rouber, weder daz feur, noch dhain ander ungeluckhe sein guet hab genomen, sunder daz er sein guet unnutzleich hat verzert, der sol der stat recht nicht laisten; der rat sol in legen in Chernertuern und sullen in darauz nicht lazzen an der leut urlaub, den er sol gelten. Stirbt aber er in der vanchnusse, darumb ist man nieman nichtes vervallen.

60. Wir setzen ouch und wellen: Swelich purger gastgeb ist, der sol weder innerlandes noch auzzerlandes dhain chautmanschaft nicht treiben. Er sol bei der ainem bleiben, und sei gastgeb und nicht choufman, oder er sei choufman und nicht gastgeb; wer da wider tuet, den sol der richter puezzen nach des rates rat.

61. Wir wellen auch, und setzen und gebieten den satz vestichleichen ze behalten: Ob ieman ob dem lande oder ein gast in die stat chumt mit geladen armbrust oder pogen und wil einen purger oder ander ieman in der stat laidigen und wirt begriffen, daz er ieman hab gelaidigt oder nicht hab gelaidigt, den sol man nach der tat, und er begangen hat, puezzen, als der rat ervindet. Wer aber in der stat gesezzen ist und sich gegen einen andern purger mit gespannen pogen oder armbrusten werlich erzaigt oder ieman schaden tuet, den sol der richter puezzen nach des rates rat. Wolt aber derselb sich der vauchnusse widersetzen, waz man im danne laides durch notwer tuet, darumb ist man nieman nichtes vervallen.

62. Aus weliches purger hous ein feur oder ein prunst sich erhebt also, daz man den rauch und die flammen auzzerhalb des daches siecht, der geb dem richter zwen und sibenzig phenning. Vellet aber der vierst des hous von dem feur, so geb dem richter nichtes, und genueg in sein selbes schaden.

63. Datz wem in der stat erfunden wirt ein unrecht mazze, ez sei ham oder unrecht ellen oder swelicherslacht unrecht mazze oder wag oder gelot, der geb dem richter fumf phunt. Ist aber er ein sogetaner man, daz er ee umb dieselben tat puezwirdig ist warden oder gewesen, der sol allez dinges des gerichtes weiz leiden und wesen undertan.

64. Allerhande hantwercher, ez sein vleischackher, peckhen, vischer, huenrer und der andern, wie die gnant sein, der aller ainung verbiet wir vestichleichen. Swer aber dawider tuet, der sol swerlich von uns und von dem richter werden gepuezzet, än die hausgenozzen und die loubenherren: der ainung sol sein, als sie von alten fursten ist recht gewesen. Die peckhen sol man schuphen, als von altem fuerstlichen recht herchomen ist, und sullen dhain ander wandel nicht geben. Aber die andern hantwercher die geben ir wandel dem richter, als sie der rat ervindet von der stat.

65. Prot, vleische und alle vaile dink sol zu der stat fueren, swer da wil durch das jar. Wir wellen ouch, swaz man zu der stat fuert, daz man daz zu dem rechten marcht fuer und da verchoufe, als von alter gewonhait herchomen ist.

66. Und swelich peckh, von wanne der chumt in die stat und mit der stat dienen wil, der sol vrei wal haben allen rechten chouf ze pachen und offenlichen vail ze haben nach dem satz, als der rat oufsetzet. Nem aber er dhainen schaden an leib oder an guet von der peckhen schulde, die ee in der stat sint gewesen, und man daz gen in bewært vor dem rat, daz sullen sie puezzen mit leib und mit guet. Die purger peckhen sullen nicht vailes prot pachen, danne ir lon prot; daz sint auch wecke fur zwen phenning. Und durch merer gnad so erlouben wir ir igleichem ze pachen einen halben mut ze der wochen und nicht mer. Swer daruber mer pucch, der muez daz wandel geben, als ez der rat von der stat aufsetzet.

67. Der vleischacker recht ist also, daz man durch daz jar vleisch in die stat fueren sol, ez sei gruenes, gesalzens oder pecheins, und sol ez vreileich vail haben: swer daz weren wolde, nem davon ieman icht schaden an leib oder an guet, der daz fleisch in die stat fuert, daz man daz mag bewærn, daz daz chome von der fleischacker rat oder von irn geschephe, daz sullen sie puezzen unserm richter mit leib und mit guet, als der rat von der stat setzet Swer auch in die stat chumt, und darinne vleischackher recht gewinnen wil und mit der stat dienen wil, den sullen sie des nicht verzeihen, sie sullen im ir recht geben, und sol derselb man in der vleischackher zeche geben ein phunt phenning und dem richter ein phunt, und hab mit in vleische vail, als der stat nuetzlich und erleich sei. Wer aber, daz di vleischackher

denselben man, der ir recht gewinnen wil, versmechleich und vrefelich nicht wollen enphahen, und tuet er das dem rat chunt, so sol im der rat än ir danch dasselb recht geben, und geb er dem richter ein phunt phenning und in ir zeche nichtes, und richt man hinz in, als hie vorgeschrieben ist, ob sie des uberwert werden. Die vleischaekher sullen auch in dem sumer ze hant, so man Non geleut, ir vleischtische auftuen und daz vleisch mit zuehten vail haben; swo sie des nicht entuen, so sullen sie daz wandel geben, als ez der rat danne setzet von der stat. Phinnachtes vleisch sol dhain vleischaekher vail haben, es sei denne auf tischen vor dem vleischtischen, und sol ez denne mit wizzen vail haben und sol ez ouch den leuten sagen, die ez choufen wellen, daz ez phinnacht sei. Swer es anders vail hat, danne hie geschriben ist, dem sol der richter nemen allez daz vleisch, daz er hat auf dem tische, und sol darnach puezzen, als er stat vindet an dem rat.

68. Swer under den saitehaufern falschen sait wurchet, der sol dem richter darumb nichtes schuldig sein, aber die purger, die darzue geschaft sein von dem rat, die sullen daz sait haizzen verprennen offenlichen an dem marcht, und damit sol der puezze nicht mer sein.

69. Die sneider sullen ouch an alle ainung gewant snaiden und arwaiten, als ez mit altem recht herchomen ist, und sullen nach irr arwait rechtes und beschaiden læn nemen; tun sie des nicht, so sol in der rat ir læn selb aufsetzen.

70. Die fuetrer sullen dem metzen habern nicht mer ze gewinne aufsetzen gesten und purgern, denne ir recht ist, oder sie puezzen ez, als der rat ervindet.

71. Wand die vischer des fuerchoufens allermaist phlegent, und man sie des nicht wol gepezzern mag durch ir grozzen unchouf, den sie gebent, so setzen wir daz und gebieten vestichleichen, daz dhain vischer, der gruen vische vail hat, dhainen mantel, noch huet, noch gugel noch anders icht auf dem houpt habe, sunder sol er sten mit plœzzem houpt an dem marcht, dieweil er vische vail hat, sunne und regen, sumer und winter, darumb daz sie ab dem markt dester baz eilen und den leuten dester pezzern chouf geben; und swelichen visch er aines marchtages vail hat, der zwelf phenning oder teurr wert ist, und den nicht verchouft, dem sol er den zagel abslahen. Swelich vischer des nicht entuet, der sol dem richter geben sechzig phenning; und sol auch chain vischer von dem andern an dem marcht ze fuerchouf nichtes choufen vische und furbaz an dem marcht wider hingeben, aber vor der stat und bei dem wazzer choufe, wer da welle. Swer des vrefeleichen wolde wider sein, als vor von den vischern ist geschriben, der sol die stat raumen ein ganzes jar mit weib und mit chinden.

72. Die mazze weins, metes oder pires, als die purger aufsetzent, swer die zepricht aines, zwier oder dreistund, als oft geb er dem richter ein halb phunt phenning und an die stat ein halb phunt. Pricht er ez ze dem vierden mal an einem vazz, so sol man dem, der vor dem vazz sitzet, den daumen abslahen und den wein niderslahen, der da vail ist, auf die erde, oder man geb in in das spital. Die mazze, die man aufsetzet, die sol man geben inner hous und auzzer hous unz ze pirglocken zeit. Die mazbrechen, die darzu gesatzt werdent von dem rat, die sullen angiezzen inner hous und auzzer hous, da man den wein schenchet, unz daz man die pirgloken læutt, und swen sie ze puezze sagent, den sol der richter phenden an als widerred. Und welchen wein, mete oder pier die purger nicht mazze aufsetzent, den sol ein igleich læt sch mit der mazze nicht teuer geben, denne er den leuten seit. Swelich sast geb oder verschenkt, verholn wein vail hiet oder met oder pier, und den auzzer hous nicht geben welde, den sol man auf die erde slahen den wein, met oder pier, den er vail

hiet, und sol in dannoch puezzen, als er die mazze zeprochen hiet. Swelhen wein, mete oder pier ein gastgeb seinen gesten geit inner hous, den sol er ouch den purgern geben auzzer hous umb ir phenning. Die mazbrechen, den die mazze enpholhen wird, und darumb swerent vor dem rat, daz sie durch soumung oder durch miet, oder durch lieb oder durch lait der mazze nicht war tuen und sie nicht melden, als sie schullen, die sol man haben immer dester wierser und sol sie furbaz ze dhainem gescheft schaffen, daz der stat nutzleich und erleich sei.

73. Swer an der uberhuer mit aines mannes chonen wirt begriffen, und waz der chonman an derselben stat in paiden tuet, daz sol er nicht puezzen. Tuet aber den man und let daz weip willichlichen leben, so ist er dem richter dreizzig phunt phenning fuer einen totslag ze wandel vervallen. Wirt aber der uberhuerer und daz weip gevangen, so sol der richter gegen in paiden richten mit dem steckhen und totten, als recht ist. Wirt aber ein chonman mit einem ledigen weib begriffen an der uberhuer, den sol der pharrer nach geist- leichem recht puezzen.

74. Wir setzen ouch und wellen, daz der richter gegen dhainem purger mit seinen schergen noch mit seinem gesind umb erleich tat nicht bringen noch bewern sol.

75. Uber alleu diseu dink so setzen wir, daz nieman dhainen Ungerischen oder Welhischen wein an deu ende der stat, daz der *purchvrid* haizzet, sol fueren ze verchoufen, und swo man in indert vindet in den purchvrid, so sol ander puezze nicht darzu gehoren, danne daz man in niderslach auf die erde oder in daz spital gebe. Swelich richter, oder die an dem rat sint, den Ungerischen oder Wellischen wein in dem purchvrid mit wizzen oder mit willen lazzent oder erlaubent niderzelegen durch gunst oder durch miet, oder ob in der richter nimt und in zu seinem nuetz schaft, so geb uns der richter dreizzig phunt phenning. Doch von besundern gnaden so erlouben wir einem erbern manne, der sein wert ist, ain tafernitz nuer ze vier urn oder minner in seinem hous selb ze trinchen oder vereren und nicht umb phenning ze geben, und daz daz dannoch ouch mit der purger gunst geschech in dem rat. Nach sand Merteinstag sol nieman dhainerslacht wein in die stat fueren, er sei im gewachsen oder nicht, ez sei danne so vil, daz daz lesen vorwinter, als dick geschiecht, daz man vor sand Merteinstag 'lutzel list, so sullen die purger einen tag aufsetzen und sullen haizzen ruefen, daz fuer denselben tag dhain wein in die stat werde gefuert.

76. Wir setzen ouch und wellen und gebieten disen satz ewichleich und vestichleichen ze behalten: Swelich man nicht aigen insigel hat, wes sich der under zwair oder menigerr erberr manne insigel verbint, die der zeugnusse wert sint, daz sol stet beleiben, als daz urchund under den insigeln sait. Wer dawider tuet, daz sol nicht chraft haben, und sol darzu dem richter pezzern nach des rates rat.

77. Auch wellen wir, ob ein erber purger den andern ze tod schlecht, daz unser statrichter daz richte nach der stat recht, ân alsovil: ob ieman ainen unsers rates oder unser amptleut, die unsereu ampt ze Wienn habent, ze tot slueg, daz sullen wir selben pezzern nach unsern gnaden.

78. Darzu wellen wir: Wer dhain sammung hat, ain purger gen dem andern, mit verdachtem muet, gepeut den der richter oder der purgermaister einen vrid ze haben von des rates wegen, wer des nicht gehorsam wære, den wellen wir darumb pezzern nach unsern gnaden.

79. Wir setzen ouch und wellen, waz der rat der stat ze frume aufsetzet, ob daz des rates dhainer abnimt oder bricht an des rates willen gemainleich, daz den der richter darumb pezzer.

80. Die andern sache alle, die an dem marcht des gerichtes erscheinent, die man pilleich richten und pezzern sol, und die an diser hantfest nicht beschaiden sint noch gesatzt, die sol man richten nach dem alten rechten und der stat gewonhait. In disen setzen allen und punden, als in diser hantfest geschriben stet, nemen wir auz unser, unserr erben und unserr vettern herzog *Friderich* und herzog *Leupold* und unserr nachkomen hofgesind und unser dienstherren, die darinne nicht gebunden sullen sein, wann sie bei den rechten bleiben sullen, alz von alter herchomen ist. Wir nemen ouch den obgenanten unsern purgern ze Wienn mit der hantfest nicht ab die recht, die in irr alten hantfest geschriben stent. Und daz disen gesetzt und recht also stet und unzebrochen beleiben, daruber so geben wir den vorgenanten unsern purgern ze Wienn disen brif zu einem offenn urchund, versigelten mit unserm grozzen anhangundem insigel, der geben ist zu Wien, do man zalt von Christes gepurd tausent dreuhundert jar, darnach in dem vierzikisten an sand Jacobsabend des heiligen zwelfpoten.

XXXVIII.

Herzog **Albrecht's** II. **Schneiderordnung** für Wien.

1340, 23. August. Wien.

Gedr. in Rauch, Scrijt. III. 60—63.

 erzog Albrechts urkunde und handfest fuer die schneiderzunft zu Wienn. Wir Albrecht von gots gnaden herzog ze Osterreich, ze Steir und ze Kernden, herr ze Krain, auf der Marich und ze Portenau, graf ze Habsburg und ze Kiburg, lantgraf in obern Elsazzen und herr ze Phirt verichen und tuon chund offenleich an disem brief allen den, die in sehent oder horent lesen, daz far uns chamen die maister unser sneider ze Wienn und paten uns daz wir in ir aufsetz und gewonhait, die sie under einander aufgesatzt habent und von alter herbracht habent, verneuten und verschriben under unserm insigil. Ditz haben wir von sundern genaden getan an den stuecklhen und in der mazz, als hernach geschriben stet.

Des ersten, daz den iren willen niemant chain sneiderwerich wurichen sol, er hab denn daz recht und sei iren rechten gehorsam. Wer es daruber tuet und daran begriffen wuerd, der git von ieder ... unser chamer zehen phunt Wiener phennig und den sneidern daselbs in ir puder haft ... hundert phennig. Daruber sol ein ieglicher sneider, der daz recht hat ... gleichen purger oder erbern man nicht versagen oder widerreden, er werich dar ... purg ... oder erber man in seinem haus sneiderwerich, als im des duerft ist.

Und ob ein sneider ainem ein tuech absnit, derselb, des das tuech ist, mag es dannoch ainem andern sneider ze wuerichen geben, wem er wil, und sol derselb sneider, dem man daz ze wuerichen geit, darumb chains wandels vervallen sein.

Wir wellen auch, daz die maister, welich zechmaister under in sein, daz die gemain frum leut sein dem armen als dem reichen, und waz die maister den zechmaistern emphelhent, des sie phlegen sullen durch got, da sullen sie nichtznicht mit tuen noch wandeln an der acht maister rat, die man zu in setzt. Habent aber die maister ainander notig sach ze schaffen, da sie der acht maister nicht zu gehaben muegen, so sullen sie doch der acht maister vier zu in nemen und nicht minner, und waz dieselben acht schaffent, des die maister er haben, und auch der stat nutz und ere sei, und daz auch wider uns und unser stat ere noch nutz nicht sei, des sol die gemain genuegen. Daruber als die maister under in aufgelegt habent umb ir veier, sullen all sneider, die das recht under in habent, und auch ir diener ir veier also behalden, daz sie die drei hochzeit: ze Weinachten, den abent und den tag, und die vier unser Fraunabent und tag und der Zwelifpotenabent und tag, den Sunnewentabent und tag, all samstagnacht und all suntag veiern; und wer die vorgeschriben veir zepricht und des ubervert wirt mit zwain glaubhæftigen mannen, den man das wol glauben mag, der sol zwai phunt Wienner phennig ze wandel geben an all widerred; dieweil er der nicht geit, sol er chain sneiderwerich nicht wuerichen in unser stat ze Wienn und ausserthalb der stat, als verr der purchfrid ist, unz er die zwai phunt phennig verricht, der ains in unser chamer geheeret, daz ander in ir zech; und wer in ir zech ist, der soll all suntag ainen halben Wienner phennig in ir zech geben; tuet er des nicht, so soll er an montag darnach ain vierding wachs in die zech geben. Wær auch, daz er des vierding wachs nicht geb an dem montag, so sol er fuerbaz nicht mer sneiderwerich wuerichen an der sneider urlaub; wuericht er es daruber, sol er schuldig sein des grozzen wandels zwen und sibenzig phennig.

Wær auch, daz chain sneider, der ire recht hat, wider ir ere und wider ir recht tæt, des er mit zwain glaubhæftigen mannen uberwert und uberwunden wuerd, den man das glauben mag, der hat alles sein recht verlorn, das er gemain mit ir an hat. So sol auch niemant chain neu wambeis vail tragen an dem Hof noch vail haben, denn die ir recht habent; wer sie aber daruber vail trait, dem sol man die nemen an allen widerred. Aber die alten wambeis mag ein iegleich man wol vail getragen, und valschen wambeis wellen wir, daz man das weren sol.

Und welher sneiderchnecht von ainem maister schaidet vor ainer hochzeit vierzehen tag, den sol chain maister behalten in jarsfrist, es sei denn des willen, dem er gedint hat, und wer dawider tæt und des mit zwain glaubhæftigen mannen uberwert wuerd, der ist vervallen des grazzen wandels; und welher maister under in seinem vreund die grazzen zech-kerzen gewinnen wil, der sol ee sechs phunt wachs verrichten pei dem zechschrein; wer aber die chind zechkerzen haben wil seinem freund, der schol vier phunt wachs pei dem zech-schrein verrichten. Ist auch, daz ain maisters sun ain weib nimpt, oder er ainen aidem gewinnet, der schol zu den maistern chæmen in die zech inner vierzehen tagen und sol sich mit in verichten nach der maister recht: tæt er des nicht, und jar und tag versatzt, so muez er zwier als vil geben. Wenn auch man den maistern zesamme gebeutet umb der zech nat, so sol ein iegleich maister in die zech chæmen und sol nicht daraus geen, er hier denn, waz man mit im zu reden habe, in ir denn eehaft nat; gieng er daruber aus, so ist er aber schuldig des grazzen wandels. War auch, daz maister oder witiben mit gesellschaft hieten, die ires rechten nicht habent an sneiderwerich, der des uberwirt wirt mit zwain, den man das glauben mag, der ist des grazzen wandels schuldig. Es sol auch chain maister, der ir recht hab, niemant nicht zu nän geben, wann der ir recht hat. Tæt er des daruber und des mit zwain uberwert wirt, als vorgeschriben stet, der ist des grazzen wandels schuldig beliben; und welichen maister sie fragen in der zech umb der zech nat, der sol sagen pei seinen treun, waz im chund und gewizzen sei. Widerredt er das freveleichen, so sol man in des nagsten montags darnach phenden umb einen vierdung wachs. Wer auch ir zech und ir recht gewinnen wil, der sol geben vierdhalb phunt Wienner phennig, ain phunt in unser khamer, und zwai phunt in ir zech und unserm statrichter ze Wienn ain halbs phunt.

Wer in ir zech ist, es sei frau oder man, den sol man geben ain zaichen, das er mit im trag zu der leich hin zu kirchen, und sol auch dasselb zaichen nach dem opher nach der leich widergeben, und sol des nachsten suntags darnach ainen leichphennig in die zech geben und sol sein zaichen widernemen. Es sol auch ain iegleich man, der in der zech ist, mit der leich geen oder sein hausfrau. Tæten sie des nicht, so geben sie des nagsten suntags ainen vierding wachs und ir ophergelt darzue. Tæten sie des nicht, so sullen sie nimmer sneider-wuerichen unz an der maister urlaub. Wen auch die maister ein leich haissent tragen, die sullen die tragen an allem widerred, und wer das freveleich widerredt an eehaft nat, der sol des nachsten suntags ain vierdung wachs in die zech geben; tæt er des nicht, so sol er nicht sneiderwerich wuerchen unz an der maister urlaub.

Ist daz iemant in die zech gelten sol vor ainem jar, es sei vil oder wenig, der sol den drittail geben, wann den die maister haissent geben. Tuet er des nicht, so sol er nimmer sneiderwerch wuerichen unz an der maister urlaub; wuericht er es daruber, er bleibt schuldig des grassen wandels. Wer auch her chumbt, es sei maister oder chnecht, der icht herbringt, das wider ire ere und der stat schad wær, den sol ir chainer daran nicht fuerdern weder mit worten noch mit werchen; wer das daruber tæt und des uberwert wuerd mit zwain, den daz zu glauben ist, der bleibt schuldig das grazze wandel. Wer in der zech unzuchtichleich redt oder tuet gegen den andern frevenleichen, der ist schuldig des grazzen wandels; und wer in ir zech ist, ez sei frau oder man, welichs under in verwitibt ist, daz ain man nimbt ein ander weib, wil er, daz sie die zech also genzleich hab als er, so sol er ain halb phunt phennig fur sie geben der zech, also auch die frau, die da verwitibt und ainen andern man nimpt, ain halb phunt fur in geben der zech. Daruber wellen wir, daz die sneider ze Wienn weder die maister noch die chnecht chain aimmg haben, die wider uns noch wider unser stat ze Wienn sei, weder mit warten noch mit werchen; wer dawider tæt, der sol alles sein recht haben verloren und sol dannoch die pessrung hinz in an unser gnaden steen.

Und des ze urchund und vestigung geben wir diesen prief versigelten mit unserm insigil, der geben ist ze Wienn an sand Bartholomesabent des heiligen zwelifpoten, do man zalt von Kristi gepurt tausent dreuhundert jar, darnach in dem vierzigisten jare.

XXXIX.

Herzog **Albrecht II.** bestätigt die Urkunde Herzog Friedrich's (1312. 8. September. Wien) und ordnet die Bestellung von sechs „**Unterkäufel**" an.

1348, 16. Jänner. Wien.

Aus dem Eisenbuche f. 42' -43 und f. 78. Gedruckt bei Rauch, Scrift. III. 122.

 on den kaufleuten und kramern hie zu Wienn. Wir *Albrecht* von gots gnaden herzog ze Osterreich, ze Steir, ze Kaernden und ze Chrain etc. tuen kund offenlich mit dem brief, das fur uns komen unser getreuen lieben purger, chaufleut und kramer zu Wienn und prachten fur uns hantfest umb die recht, die in unser lieber herr und bruder chunig *Fridrich* selig von Rom geben hat, da er dannoch herzog gewesen ist, und baten uns, das wir in dieselben ir recht pestatten mit unsern briefen, als dieselb ir hantfest sagt, die von wort zu wort hernach geschriben stet.

(Folgt die Urkunde Herzog Friedrich's ddo. Wien 1312. 8. September)

Nu haben wir angesechen die treu und willig dienst, die die obgenanten unser purger, kaufleut und chramer zu Wienn allezeit getan habent und auch noch getuen mugen und sullen, und haben in dieselb ir hantfest und all ir recht, als sie benent sint, pestaett und verneut, und bestaeten sie auch mit disem brief mit allen artikeln und in aller weis, als vorgeschriben stet. Darzu setzen wir uber die obgenantn artikeln durch der eegenanten unser purger, kaufleuten und kramer paider willen, und ist unser gepot und aufsatz, das dieselben purger und kaufleut mugen setzen sechs underkeufel, die erber und getreu und piderb leut sein, die auf ir chaufschatz gen und chain ander mer, und den gesten und purgern getreulichen dienn in den rechten, als vorgeschriben ist, und der iglicher auf funfzig pfunt wert hab; und ob ir ainer der nicht gehaben mocht, mag aber der ain piderbn man fur sich haben, der in vergwisset fur funfzig phunt pfennig, der ist auch aufzenemen. Wer die vorgenante satz und gepot freveleich uberget oder dawider tuet, es sei gast, purger oder underkeufel oder wer er sei, der ist uns verfallen in unser kamer zechen phunt pfennig und dem richter ze Wienn zwai pfunt pfennig Wienner munss an alle widerrede. Und darüber geben wir disen brief zu einem offen urkunt versigelt mit unserm insigel. Geben zu Wienn an mitichen vor sand Agnesen tag, do man zalt von Cristi gepurd dreizehen hundert jar und darnach in dem acht und vierzigisten jare.

XL.

Satzung des Raths über die **Unterkäufel.**

Ohne Datum, jedoch im Anschluss an die vorhergehende Urkunde.

Aus einem Papier-Codex der kaiserl. Hofbibliothek zu Wien Nr. 12,688 (suppl. 404) f. 243—243'. Gedruckt bei Rauch, Script. III. 68. Nach ihm die Varianten.

 ir setzen auch durch der kaufleut und kramer baider willen sechs underkeufl, die erber, getreu und piderb leut sein, die auf ir kaufschetz geen und niemand anderer mer und den gesten und burgern getreulichen dienen in den rechten, als vorgeschriben stet, und der ieglicher auf funfzig phunt wert hab oder aber ainen erbern man fur sich; der in fur so vil vergewisset, der ist auch aufzunemen. Wer das uberfert, der ist vervallen uns X tal. d., dem richter zu Wien II t. d. nach ausweisung herzog *Fridreichs*[†] von Österreich hantvest, datum am mittichen vor Agnete anno MCCCXLVIII jare.

Item welicher gesworner underkeufl versweigt, das ain ungesworner underkauf treibet, derselb geschworn underkeufl ist verfallen derselben peen, der der ungeswornen verfallen ist.

Auch sol ain ieglicher underkeufl den hannsgraven weisen in allen rechten, die er wais.

Auch sol ain ieglich underkeufl, wo der inne wirt, das ain gast wider der stat und der hanns recht durch das lant vert, oder wolt varn oder kaufmanschaft treiben, das sol er an den hansgraven pringen, als er darumb gesworn hat.

Auch was die underkeufl in der hanns miteinander redent oder meldent, das sol furbaser nicht gemelt werden; wer das uberfür, der sol furbas aus der hanns sein, und sol man in pessern an leib und an gut[b].

Es sol auch chain underkeufel sich dhainer gesellschaft underwinden auf den jarmerkten.

Es sol auch ain ieglich gesworn undercheufl nicht mer nemen von dem phund dann III[c] dn.

Und wer gesellschaft hiet under den undercheufln mit der kaufleut knecht, der sol geben I t. Wienner d.; der sullen halb phund gevallen der stat und halb t. dem hannsgraven.

Und welcher gesworner undercheufl chaufmanschaft treibt und des uberwert wirt mit zwain erbern mannen, das er chaufmanschaft kauft im selber oder mit dhainem gemainschaft hab, dieselb kaufmanschaft sol dem verlorn sein der stat und der hanns.

Es sol auch dhain underkeufl mit dhainem gast nicht ziehen ausserlands noch innerlands; wurd aber der underkeufl uberwert, das er aus dem land oder innerlands mit aim gast zug, der sol das wandl leiden und dulden und geben, das vorgeschriben stet.

Es sol auch chain underkeufl dhainen gast noch hofherren nicht haben, der kaufmannschaft treib, er hab denn burgerrecht und leid mit der stat[d].

Es sol auch ain ieglich underkeufl dem hansgraven gehorsam sein für in ze komen, wenn er in besent, und sol all mittichen fur den hansgrafen komen, als das von alter herkomen ist, und ob er das nicht tut, so sol er dem hansgraven XII. d. zu wandl geben.

Es sol auch dhain underkeufl dhain potschaft aus dem land nicht werben und sol auch mit chainem gast aus dem land nicht reiten.

", recte Albrecht.

¹) es sol auch kain underkeufel chainen gast sein chaufmanschaft verkaufen noch kain wirt, es sei dann der gast davon antwurtt. ²⁾ vier. ³⁾ Dieser Artikel kommt bei Rauch nach dem folgenden.

XLI.

Herzog **Albrecht's** II. **Fleischhackerordnung** für Wien.

1350, 7. December. Wien.

Gedruckt bei Rauch, Script. III. 66.

 on den fleischackern recht und aufsæze ze Wienn. Das sint die recht und die aufsatz, die der edel hochgeporn furst herzog Albrecht ze Osterreich, ze Steir und ze Kernden etc. und der rat gemain von der stat Wienn gebent und aufsetzent den fleischackern gemain, armen und reichen, zu behalten zu dem rechten, als hernach geschriben ist zu der zeit, do von Crists gepurd ergangen waren dreuzehenhundert jar, darnach in dem funfzigisten jar, des nachsten eritags nach sand Niclastag. *Der erst artikel.* Das ir igleicher slachen sol ochsen und schwein und schaf, wie vil er wil und wie vil er das vollenden und erzeugen mag, und sol auch darumb kains zins noch kains aufsatz niemant nicht gepunden sein.

Sie sullen auch furbas chainen besundern richter haben, noch aufsæz noch zins nicht slachen weder auf gross noch klains viech.

Man nimbt auch hinder in ab alle gesellschaft also, das nur ir zwen imer ein gesellschaft mit ainander haben sullen, und die sullen auch nimmer mer als ainen wagen mit hausen oder mit schubvischen habn, bestellen und chaufen, und sullen den von der hant verschreiden oder mitsambt mit ainander verkaufen, und alle die weil derselb wagn nicht verchauft ist, so sullen sie kainen andern nicht bestellen noch kaufen, aber imer zwen mugen mit ainer gesellschaft ze *Hainburg* oder anderswo ausser landes bestellen und chaufen mer den ainen wagen und doch das recht domit verkaufen ze halten, als vorgenant ist.

Es ist auch aufgesetzt: Wer fleisch ab dem land fuert her, das man da mit chainerlai sache chain irrung noch beswerung an thuen sol durch das lang jar, und sullen auch iren chnechten das fleisch kainen satz nicht setzen, darumb das armen und reichen ein geleicher verkauf in widerfaren mueg.

Sie sullen auch furpas chain haimlichen ainigunge noch besundern rat habn, das wider die stat oder wider ander sei, wann es armen und reichen grossen schaden pringt. Sie sullen auch kainen gewalt noch recht haben, das die ir knecht noch ander irs handwerchs phleger an der stat wissen von der stat urlauben sullen. Sie sullen auch aus ir zeche und sich selben auf ir arbait nichts leichen noch nemen noch anderswo darauf nicht entnemen, weder klain noch gross, es gefall dann der gewin mit einem gewissen des rats zu ir zeche; damit auch dennoch ze hehalten die recht, die hier geschriben stent.

Es sullen auch alle fleischacker die rechte markhtzeit suchen, und sol auch igliche gesellschaft nicht mer viechs ausser landes gen Wien treiben, dann zwelif haubt, und innerlandes acht haubt.

Es sol auch alles das viech, das in Wiener purkfrid getriben wirt, all freitag auf den markht getriben werden, und ainem ieglichen, der darauf suecht ze kaufen, dem sol man das stat thuen.

Sie sullen umb die vanknusse, da sie ir etliche inn gewesen sint, niemant kain veintschaft, noch kain has darumb tragen noch kainen schaden darumb zuziechen.

Es ist auch von dem obgenanten hochgepornen fursten herzogen *Albrechten* und von seiner stat ze Wienn aufgesatzt, welher fleischacker under den fleischackern ze Wienn, er wäer armer oder reicher, der die obgenanten satz und recht genzleich nicht stæt hielt und die uberfuer anders, dann an disen zetel geschriben stet, das der leibs und guts verfallen ist, als auch disen abgeschrift in der stat puch geschriben ist.

XLII.

Regelung der Dispositionsfähigkeit über **Erbgüter**.

1350, 26. December.

Aus dem Eisenbuche f. 10. (Im Eisenbuche durchstrichen.)

as ist der aufsatz des erbguts. Da von Christes geburd ergangen warn dreuzenhundert jar, darnach in dem fumfzigisten jar an sand Stephanstag ze Weinnachten hat unser gnædiger herr herzog *Albrecht* mit wolverdachtem mut, und mit versantem rat und besunderlichen nach des rates rat ze Wienne aufgesatzt und wil, daz furbaz dahain menshe, ez sei man oder frau sein anerbetes gut von seinem ennen oder von seiner anen, von vater oder von muter furbaz dehain gemecht aines icht ge-schaffen, gemachen oder geben mug dem andern, nur allain daz ez auf sein nachchomen und næchst recht erben gevallen und erben schol, als es an in geerbet und gevallen ist. Er schol auch dasselbe erbe weder versetzen weder verchaufen mugen, und seinen erben nicht entziehen, ez sei denne, daz er daz beweise in dem rat ze Wienne mit gelaubhaftiger gezeugnuzze, daz in chaft not darzu pring; aber swaz ein mensche anererbet von seinem pruder, oder von seiner swester oder von andern seinen freunden, dazselb anerstorben gut mag er schaffen und geben, wem er wil, frouen oder man; aber swas guts zwai gemechel mit einander mit gesampter hant erarbaitent und chaufent, daz mag aines dem andern machen und geben, sowie in des verlust, ân aln irsal.

XLIII.

Rathsbeschluss über die Bezahlung der Heimsteuer.

1351, 22. März.

Aus dem Eisenbuche f. 19'. Gedruckt bei Rauch, Script. III. 72—73.

o von Cristi gepurd vergangen was dreuzehenhundert jar, darnach in dem ains und funfzigisten jar des eritages vor Mitterfasten, da geviel in dem rat mit frag und mit urtail und wart auch ervolgt und ertailt: Welh man seiner haimsteur inner jarsfrist, darnach und im verlobt wirt, nicht gewert wirt, und nach dem jar darnach kriegt mit einem rechten, das sich angefenget hiet in dem ersten jar, und man im seiner haimsteur ze recht verrichtet sol haben, und auch dieselb sein haimsteur gevodert hab mit vorsprechen in der schrann zwischen den vier penkchen und sie von der clag mit lieb, und mit pet oder mit taidingen genomen, mug der das pringen mit zwain aus dem gedinge, das sich die sach also vergangen hab in dem ersten jar, er soll pillich seiner haimsteur gericht werden, als im die verlobt ist. Wer aber umb die haimsteur, wo im die krieg werde, die vorgenanten recht nicht volfurt, als vorgesprochen ist, dem sol man darumb nicht antwurten, wenn er nach dem jar darumb claghaft werde.

XLIV.

Herzog **Albrecht's** II. **Niederlagsrecht** für Wien.

1351, 17. Mai.

Gedruckt bei Rauch, Script. III. 73—74.

ir *Albrecht* von gots genaden herzog ze Osterreich, ze Steir, ze Kernden etc. empieten unsern getreuen allen unsern landherren, purkgrafen und ambtleuten und auch purgern gemainklichen in allen stetten und markten in unsern landen unser gnad und alles guet. Wir lassen euch wissen, das wir euch gebieten und wellen ernstlichen pei unsern hulden, das aller kaufschatz, von wann er gefurt wirt auf dem land oder auf dem wasser, in unser land gen Osterreich die rechten strassen fur sich gen *Wienn* gefurt werde, da nidergelegt, aufgepunden und verchauft werde und nindert anderswo, als unser purger von Wienn hantfest sagt, die sie von unserm lieben herrn und vater chunig *Albrechtn* seligen von Rom daruber habent. Wirt daruber chainerlai chaufmanschaft anderswo gefurt und aufgepunden in stetten, in markchten oder in dorfern, in welhs herrn gepiet das pegriffen wurde, da sol man denselben chaufschatz nemen und haben zu unsern handen; darzu wellen wir dieselben, die ditz unser gepot ubervarent, pessern, als unser hantfest sait. Der brief ist geben an eritag nach sand Pangratzentag nach Cristi gepurt dreuzehenhundert jar, darnach in dem ains und funfzigisten jar.

XLV.

Rechte der **Hainburger** an der **Burg-** und **Wassermauth** zu Wien.

1351, 11. Juni.

Aus der Eintragung im Eisenbuche f. 7. Mit Varianten aus der Handschrift des Servitenklosters in der Rossau zu Wien (die höchst wahrscheinlich in Hainburg selbst angelegt wurde) p. 1—2. Gedruckt bei Rauch, Script. III, 30.

az sint der Hainpurger recht an der Burchmaut und an der Wazzermaut ze Wienn. Daz sint den recht, die die purger[1] ze Wienne ze Hainburch mit ir[2] wandlung habent also, daz sie umb alle ir wandlung, ez sei viel oder weninch, ze Hainburch in der stat nicht mer gebent wen[3] den jarschilling, daz seint drei phenning. So sint daz der purger recht von Hainburch, alz sie seu herpracht habent und funden an irn alten mautpuchern also: Waz die purger von Hainburch[4] ze wandeln habent mit fuern, mit tragen[5], chaufen und verchaufen ze Wienne in der stat oder aus der stat, dovon scholn sie nicht mer geben wen den jarschilling: daz sint drei phenning, und ze *Saeelient* als viel. So sint daz die[6] recht auf dem wazzer; waz ain Hainpurger fuert auf ainem podem und ze Wienn damit wil fuer faren, ez sei hinau oder wider wazzer, der geit dovon zwen phenning, und waz ein Hainburger salz chauft ze Wienne, ez sei vil oder wenich, daz er auf ainem bodem fuert, und auch sein ains ist, der geit dovon fumf phenning. Chauft er aber ein zuell daselbes ze Wienn[7], davon geit er sechs phenning. Chauft er aber einen asch, do geit er von sechs phenning, und waz ain Hainburger auf dem wazzer von Wienn fuert, von wellerlai chaufmanschaft daz sei, do geit er von zwen phenning. Fuert aber er einen floz mit holz[8], mit muelstain, mit ziegel oder mit slifstain[9], do geit er von fumf phenning[10]. Aber swaz ir ainer holz fuert[11], damit er seinselbes haus pauen wil an gevær, do geit er nicht von, und dazselb recht habent die Wienner ze Hainburch auf dem[12] wazzer und auf dem lant[13]. Und waz ein Hainburger schifhung ze Wienn chauf, do er seinselbes gut wil anlegen, da schol in nimant[14] an irn; und waz ein Hainburger hinz Wienne auf dem wazzer fuert traid und dazselb da verchauft, der geit von den mut zwen phenning. Disiu recht haben wir uns und den purgern ze Hainparch ze einer ewigen gedechtenuss in ditz puech geschriben nach irr abscrift sag und nach[15] irr fleischichlichen pet[16], do nach Christes gepurde ergan[17] waz dreizehenhundert jar, darnach in dem ain und fumfzigisten jar, dez næsten[18] sampstags in der Phingestwochen.

[1] die purger, [2] irr, [3] wenne, [4] die Hainburger, [5] dazu mit treiben, [6] unseren, [7] dort oben, [8] den er ze Wazzer zusammelcht, da geit er von A phenning; fuert er zwer muelstain u. s. w. [9] oder eisen, [10] da geit er nicht, [11] oder wellerlai er fuirt, [12] also dem, [13] auf daz lant, [14] niemt, [15] durich, [16] willen, [17] ergangen, [18] letzt.

XLVI.

Herzog **Albrecht II.** erlaubt der Stadt Wien ein **Ungeld** auf Wein und Getreide
· aufzusetzen.

· **1351, 22. Juni. Wien.**

Aus der Original-Pergamenturkunde mit aufgedrucktem Siegel im Wiener Stadtarchive.

ir *Albrecht* von gotes gnaden herzog ze Oesterreich, ze Steir und ze
Kernden tun chunt, daz wir unsern getreun lieben . . dem purgermaister
und unsern purgern ze Wienn erlaubt haben einen ungelt aufzesetzen und
ze legen auf wein und auf getraid nach des rates rat ze Wien, als
beschaidenlich ist, von disem heutigen tag, als der brief geben ist, unz
auf die nachsten Weichnachten, also: swaz von demselben ungelt dieselb
zeit gevalt, daz man damit unser stat ze Wienn pezzern sol. Mit urchund ditz briefs geben
ze Wienn an mitichen vor sand Johanstag ze Sunnwenden nach Cristes gebürd dreuzehenhundert jar, darnach in dem ains und funftskisten jar. *Fleischart*, purgermaister.

XLVII.

Herzog **Albrecht's** II. Satzung des **Lohns** für den **Weingartenbau**.

1352, 5. Februar. Wien.

Aus dem Eisenbuche f. 85'. Gedruckt bei Rauch, Script. III. 74—75.

ir *Albrecht* von gotes gnaden herzog ze Osterreich, ze Steier und ze Kernden vergehen offenleich an disem prief umb die sætze, die wir unsern landherren und unsern purgern gemain in allen unsern stæten und mærkchten in Oesterreich, die weingartpau habent, aufgesatzt haben und durich gemainen nutz und frumen des überainchœmen sein umb daz lon und umb die recht, die ze weingartpaus aribait gehœrent: Des ersten, daz man in allem unserm lande ze Osterreich geben sol ainem gueten sniter, ainem gueten inschaider iegleichem sechs phennig, ainem guten hauer, ainem gueten grueber iegleichem fuenf phennig, und daz auch all aribaiter allzeit gleich ausgeen des margens, als der tag aufgeet, und chains mittentags nicht ingeen und des nachts ingeen, als die sunn ze paum gæt; und welich purger oder gest seinem weinzuerl mer haisst geben, denn das gesatzt lon, der sol, als oft er das uberwert wirt, geben fuenf Wienner pfennig ze wandel. Als oft es aber der weinzuerl ån seines herren geschefft und gehaissen ubervert, in welihen wegen daz ist, der sol dasselb wandel geben; hat er der pfennig nicht, man slach im ab ain hant; und weliher hauer oder aribaiter mer vodert, und das gesatzt recht freveleichen versuecht und davon muezzig gieng, wo man den anchuempt, den sol man aufhalten und freveleich pezzern als ainen schedleichen man. Davon so gepieten wir unserm rat und den purgern gemain der stat ze Wienn und wellen auch ernstleich, daz ir daz vorgenant gesatzt lon und recht allenthalben umb eu ainer rast weit besetzt, verhuett und darzu secht und tuet, daz dawider anders niemant tue, denn vorgeschriben stet, als ir unser genad und huld behalten wellet. Mit urchund des brieves, geben ze Wienn an sand Agathentag nach Christes gebuerde dreuzehenhundert jar, darnach in dem zwai und funfzigistem jare.

XLVIII.

Eine spätere Satzung Herzog **Albrecht's II.** über den **Lohn** für den **Weingartenbau.**

1353, 22. Februar. Wien.

Aus dem Eisenbuche f. 85'. Gedruckt bei Rauch, Script. III. 76—77.

ir Albrecht von gotes genaden, herzog ze Osterreich, ze Steir und ze Kernden, embieten unsern getreuen allen burggraven, richtern, ambtleuten, pergmaistern und allen andern, den dieser brieve gezaigt wirt, unser gnad und alles guet. Umb den satz, den wir nach unser lantherrn und unser purger rat umb alles weingartpau gesatzt haben, das man geben sol ainem sniter, ainem inschaider iegleichem sechs alt phennig und bei neun phennigen fuenf neu phennig, ainem grueber, ainem hauer iegleichem drei alt phennig und pei neun phennigen zwen neu phennig. Wellen wir und gepieten eu auch ernstleich, daz man in allen aigen all arbaiter und arbaiterin, von wann sie darchoement, beherberigen sol; und wer des nicht tuet, als oft er daz ubervert, als oft ist er uns vervallen der pezzerung, die hernach geschriben stet. Wir verpieten auch pei unsern hulden, daz niemant chainerlai weingartpau zu fuergeding hinlazz noch bestae, weder vil noch wenig. Wir setzen auch, daz all aribaiter an die aribait geen sullen des margens, als der tag aufgeet, und des nachts ingeen, als die sunn nidergeet. Wir tuen auch eu die genad durich pesunder pet, daz man des mittentags ingeen sol an allen den steten, da es von alter gewœenleich ist gewesen; und welicher arbaiter daz lon oder die gnad, die wir eu getan habent, versmacht, den sullen die, die es von im hœrent oder wissent, aufhalden, und den wellen wir swerleich darumb pessern als einen schedleichen mann; und welich des nicht entceten und sie hinliessen, die sullen uns derselben peszrung vervallen sein, und wer die vorgenanten unser pot und satz ubervert, als oft er das tuet, als oft ist er vervallen uns funf phunt Wienner phennig, oder hab er der phennig nicht, so sol man im abslahen ain hant. Geben ze Wienn des freitages vor Oculi anno domini MCCC quinquag°. III.

XLIX.

Rathsbeschluss betreffend die „Sonntagsknechte".

1353, 11. April.

Aus dem Eisenbuche f. 20'. Gedruckt bei Rauch, Script. III. 77—78.

s ist nach rat und geschaft und gehaissen unsers genedigen herrn des edlen hochgepornen fursten herzog *Albrechten* ze Osterreich, ze Steir, ze Kernden etc. mit einer gemain frag und urtail von man zu man in dem rat erfolgt und ertailt, das kain purger gesessen in dem purkfrid der stat ze Wienn weder reich noch arm, wie die genant sind, noch ambtleut, noch purgermaister, munsmaister oder richter all, wie die genant sint, ir gewant kainem diener geben sol, die da haissent *suntagknecht*, denn ir iglichem seinem diener, die sein prot essent und taeglich zu seinem tisch sitzent, und auch kainen diener versprechen noch verantwurten sullen an chainerlai stat denn, die in ir aigner kost sint, als vor ausgenomen ist; und wer das uberfuer, er sei herr oder diener, der ist als oft verfallen ze geben unserm herren dem herzogen zehen pfent und dem richter daselbs zwai pfunt Wienner phennig. Und durch ewiger vestigung des satzes so hat in unser her der herzog in ditz gross statpuch haissen schreiben. Und ist das geschechen, do man zalt nach Crists gepurd dreuzehenhundert jar, darnach in dem dreu und funfzigisten jar des pfinztags in der andern wochen nach Ostern.

L.

Die Herzöge **Albrecht II.** und **Leopold** gebieten den fremden **Kaufleuten** die
Einhaltung der **alten Strassen** und **Wege** nach Wien.

1353, 27. April. Wien.

Aus der Seitenstettner Handschrift f. 29.

 ir *Albrecht* und *Leupold* gebruder von gottes genaden herzogen zu Osterreich,
zu Steir, zu Kernden, zu Krain, grafen zu Tirol etc. veriehen und thun
khund offentlich mit dem brief: Wann unser liben getreuen die purger die
kaufleut zu Wienn des vast beswert und an irer arbeit grosslich gehindert
werden, das wir etlich gest und ander kaufleuten liessen ungewonlich
strassen und wege wider derselben Wienner recht und freihait mit irer
kaufmanschatz durch unser land varen, haben wir verheissen und versprochen, das wir das
niemand furpas erlauben wellen, sunder wellen und sullen wir die vorgenanten purger und
kaufleut von Wienn genediglich halten und beleiben lassen pei allen iren rechten und freihaiten,
die sie von alter her haben gehabt und pracht an gevarde. Mit urkund dits briefs, geben
zu Wienn an sambstag vor sand Philipp und sand Jacobstag der heiligen zwelfpoten nach
Cristi gepurt dreizehenhundert und darnach in dem dreu und funfzigisten jare.

LI.

Herzog **Albrecht II.** regelt das **Wasserrecht** in der **Schiffsstrasse** zu Wien.

1354, 28. April. Wien.

Aus dem Eisenbuche f. 75'. Gedruckt bei Hormayr II. Urkundenbuch 67—69. LXVI.

 ir Albrecht von gottes genaden herzog zu Osterreich, zu Steir, zu Khärnten etc. thuen khund, daz ein krieg gewesen ist zwischen den kaufleuten, burgern und gesten an ainem tail und unserm amtman Niclasen in der Scheffstrasse zu Wienn, Hannsen seinem bruedern, und Haugen irem vettern und iren erben an dem andern tail umb das wasserrecht, daz dieselben Niclass, Hanns, und Haug ir vetter und ire erben habent auf dem wasser.

Nu haben wir zu baiderseit nach irer fürlegung darumb verhört und sind auch der sach baidenthalben hinder uns gegangen, und darumb, daz wir solcher clag und rede fürbass von den kaufleuten uber wurden, und daz sie wissen, bei weu sie fürbaser bleiben sullen, haben wir nach rat unser getreuen lieben, die zu der zeit bei uns waren, darüber gesprochen und sprechen auch, daz die vorgenannten Niclas, Hanns und Haug ir vetter und ir erben von ainem ieglichen geladen scheff, daz hinab geet und daz sechs schuech hat — dwericht uber zu messen mitten in dem sechstail des scheffs — oder daz meer dann sechs schuch hat, wievil der ist unz an zwölf schuech, von ainem ieglichen schuech nemen sullen vierzig Wiener phennig. Hiet aber ain scheff meer dann zwelf schuech, davon sullen sie nicht meer nemen dann von zwelf schuechen, und von welchem scheff die vorgenannten Niclas, Hanns, und Haug ir vetter und ir erben ir lon emphahend, und daz nit geladen wär nach der kaufleut, gest oder burger notdurft, was man darnach an dasselb schef fueret an chlainen zullen zwischen Wienn und Hainburg, darumb daz das schif an sein statt geladen werd, da sol man auch nicht von geben. Wurd aber ain claine zullen, die hinder sechs schuchen hiet, wievil der war, fur *Hainburg* gefuert aus dem land, und die geladen wär die kaufmanschaft, so sol man inen davon ir lone geben nach dem schuech, als vorgeschriben steet; und wenn sie ires lons verricht werden, so sullen sie weder mit den burgern noch mit den gesten scheffleute, vertigern noch nauferigen von des lons wegen nichts meer zu schaffen haben.

Wir wollen auch, das die kaufleut, burger und gest ir guet andingen vertigern, scheffleuten und nauverigen, wenn sie wellen und domit sie aller pest bewart sein an der vorgenannten Niclas, Hannsen und Haugen ires vettern und irer erben innung; was auch den kaufleuten, burgern und gesten von denen, den sie ir guet andingend, als vor benennt ist, an irem guet verwarlosung oder schadens geschiecht, darumb sullen sie ine nindert anderswo antworten, dann vor den, der das wasserrecht hat zu richten zu Wienn auf dem manthause.

Auch wollen wir, weer schiffung heerbringt, die er verkaufen will, daz der die schiffung und das geschier anpiet die vorgenannten Niclas, Hannsn und Haugen iren vettern und iren erben; wolten sie dann die schiffung und das geschier nicht kaufen, so mag er es dann verkaufen, wem er will, on geverde. Ez soll auch die schiffung und das geschier durch teurung niemands furkaufen. Auch mugen purger oder geest schiffung oder geschier zu irer ladung kaufen daz den vorgenannten Niclasn, Hannsn und Haugen iren vetter und iren erben oder anderswo an geverde, wo inen das allerpest fuegt. Darzu wollen wir, daz die schiffleut den eegenanten Niclasn, Hannsn und Haugen irem vettern und iren erben an unser statt wartund und gehorsam sein, als es von alter heerkomen ist, wann sie die vordern in allem, daz die stück bleiben in der weis, als vorgeschriben ist. Wir nemen auch den vorgenannten Niclasn, Hannsn und Haugen irem vettern und iren erben mit disem spruch nicht ab alle andereu neue recht, freihait und guet gewonhait, die sie bei uns, und bei unserm lieben hern und vatter kunig Albrechten seligen von Rom und bei unsern bruedern haben heerpracht, wann sie dabei beleiben sullen an alle irrung und hindernuss. Mit urchund des briefs, den wir darüber geben, besigelt mit unserm insigel, geben zu Wienn an montag vor Gregori nach Christi geburd dreizehenhundert jar, darnach in dem vier und funfzigsten jare.

LII.

Rathsbeschluss über den **Glasverkauf** zu Wien.

1354, 27. Mai.

Aus der Münchener Handschrift Cod. germ. 1113. Kat. civ. 229 f. 33' und dem Eisenbuche f. 21.

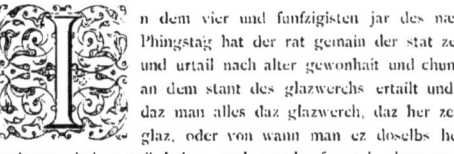 n dem vier und funfzigisten jar des naechsten eritags vor dem heiligen Phingstag hat der rat gemain der stat ze Wienn mit einer gemainen frag und urtail nach alter gewonhait und chuntschaft, und die var gewesen ist, an dem stant des glazwerchs ertailt und erfunden und habent aufgesatzt, daz man alles daz glazwerch, daz her ze Wienn chümt, ez sei Venedisch glaz, oder von wann man ez doselbs herpringt, daz nicht waldiglaz ist, anderswo indert vail haben noch verchaufen sol, denn an der rechten stat: daz auf dem Hohenmarcht ze Wienn auf den mittern glaztischsteten an der Zeil zenæchst an dem Vischmarcht hinab ze tal unz an daz gazzel und die alle dienent den duerftigen in unser purgerspital; und swer der ist, er sei purger oder gast, der solichs glazwerch anderswo vail het, an welherlai steten in der stat daz wer, alz oft sol man in alles daz glaz nemen, daz er vor im hat, und sol ez dennoch dem rat und dem richter puezzen, alz er stat an in vindet; aber waltglaz mag jeder vail haben und verchaufen, wo er wil.

LIII.

Herzog **Albrecht II.** bestätiget das Privilegium Herzog **Albrecht's** I. von 1288. 21. März Neuburg für die **Laubenherren** in Wien.

1355, 15. Juni. Amstetten.

Siehe die Urkunde LXXV von 1368, 15. Mai.

LIV.

Rathsbeschluss über die Aufnahme von Dienern.

1356, 18. November.

Aus dem Eisenbuche f. 21'. Gedruckt bei Rauch, Script. III. 80—81.

 n dem sechs und funfzigisten jar des nagsten freitag nach sand Marteinstag hat der rat und auch die Aussern mit veraintem, wol bedachtem rat und durch einen gemainen nutz und ere aufgesetzt, und ist auch von manne ze manne zu ainer ewigen stattigkait und peleibnusse ze halten mit frag und mit urtail vervolget, das kain purger, er sei des rats oder der Aussern ainer, munnsmaister, purgermaister, richter, oder wie er genannt ist, chainen diener vessen sol, welher der ist, der vormals in der stat gedient hat, ee er erfaren, das er mit tugentem und mit gutem gelimpfen von im geschaiden sei, und im nicht zeichet dann lieb und gut, und wer anders ainen diener zu im vessent uber desselben willen, dem er gedient hat, und das der ander darumb ze clag kumpt, als oft er dann clagt, der den diener frevellichen gevessent hat, der ist verfallen der stat zehen phunt, dem richter zwai pfunt Wienner pfennig an alle gnad. Und dasselb recht und aufsatz ist auch erfolgt und ertailt mit der puss und mit allen sachen den erbern frauen, der obgenanten purger wirtinn ze haben gen den diern an alle genade.

LV.

Rathsbeschluss über den Verkaufsstand der **Tuchbereiter** und **Lodenwirker.**

1357, 25. April.

Gedruckt bei Rauch, Script. III. 82—83.

n dem siben und funfzigisten jar des nachsten eritags vor sand Phillips und sand Jacobstag ist vor dem rat der stat ze Wienn mit frag und mit urtail erfolgt, und nach alter gewonhait und rechten ist aufgetragen umb den bestand der tuchperaiter und der lodenwurcher ze Wienn an aim tail und den gesten und den lodenwurcher von *Tulln* samt irem gewant an dem andern tail also, das dieselben tuchperaiter und die lodenwurcher von Wienn mit allem irem gwant anderswo nindert sten sullen noch vail haben dann auf dem Saithaus an der stat, als vor alter gewonhait gewesen ist, also das der in demselben Saithaus dient oder wer das furbas inne hat, denselben erbern leuten alle die weit und gemach zu irem stant lassen sullen, die sie vor alter gehabt habent, und auch in dem zins in aller der weis mit varen sullen an erhochung und an ubertreibnusse, als vorher gewonhait gewesen ist. So sullen die gest und die lodwurcher von Tulln mit allem irem gewant anderswo nindert sten, dann an dem Hochenmarkcht, umb den Vischmarkcht, under den hutten gegen den gewelbten lauben. Uber und darumb das dieselben stent furbas unverwandelt peleiben und von niemant uberfaren werden, darumb hat der rat der stat ze Wienn zu ainer rechten stattigkait schreiben lassen zu einem ewigen satz ze beleiben.

LVI.

Herzog **Rudolf IV.** nimmt die Stadt Wien rücksichtlich ihrer Güter zu **Aichau**
und zu **Lachsendorf** in seinen **Schutz.**

1358, 1. November. Wien.

Aus dem Eisenbuche f. 76. Gedruckt bei Rauch, Script. III. 83-84.

 ir *Rudolf* von gots genaden herzog ze Oesterreich, ze Steir und ze
Kernden tuen chund, daz fur uns chamen unser getreun lieben *Leopold der
Polz* zu den zeiten purgermaister und der rat von der stat ze Wienn und
legten uns fur ir gepresten, die sie hieten von den læuten in den zwain
dœrfern ze *Aichau* und ze *Lachsendorf* an iren guetern, die sie pei in
habent, und paten uns, daz wir sie auf denselben iren guetern schirmeten
vor gewalt und vor unrecht. Davon wellen wir und gepieten noch den læuten gemainchleich
edeln und unedeln in den dœrfern ze *Aichau* und *Lachsendorf* gar ernstleich pei unsern
huelden, daz sie mit der vorgenanten unserr purger von Wienne guetern, die sie pei in
habent, ez sein hof, æckher, holden, wismat, hæu, grumat, holz, oder waz darauf wæchst,
oder wie die gueter genant sind, nichtsnicht haben ze schaffen in chainen weg, wann wir
derselben unser purger scherm sein uber die egenanten gueter. Wer in aber daruber ichts
unpilleichs tæt an iren guetern, daz wær gænzleich wider uns, und wolten denselben
swærleich darumb pezzern. Mit urchund ditz priefs geben ze Wienn an Allerheiligentag anno
domini MCCCLVIII.

LVII.

Herzog **Rudolf IV.** entscheidet einen Streit zwischen den Städten **Wien** und **Wiener-Neustadt** bezüglich des von letzterer behaupteten **Niederlag-** und **Schankrechtes** ihrer Weine in Wien.

1358, 3. November. Wien.

Aus dem Eisenbuche f. 62—63. Münchener Codex 1113. f. 31.

 ir *Rudolf* von gotes gnaden herzog ze Oesterreich, ze Steir und ze Kernden tun chunt, daz zwischen den erbern weisen unsern lieben getreun den purgern gemainleich ze Wienn an aim tail und den purgern ze der Neunstat an dem andern tail gewesen sind solich mizzehellung und stozz, als hie nach geschriben stet: daz ist ze merchen, daz die vorgenanten purger von der Neunstat auz den hantfesten und briefen, die sie habent von unsern vordern sich underzichen wolden solcher recht, daz sie alle ir wein, wie oft, wie vil und auch ze welcher zeit in dem jar sie des luste, fueren solten und mechten in die stat ze Wienn und daz sie dieselben ir wein da niderlegen, verchaufen und ir offenn tafernen und leithüser daselbs ze Wienn haben solten an alle irrunge in allen den rechten, alz die purger ze Wienn selber, und zugen sich des an die egenanten ir hantfesten und für uns und unsern rat.

Daz habent dieselben purger von Wienn widersprochen und jehent alle gemainichleich, daz die von der Neunstat pei allen iren zeiten cheine offne noch gemaine niderlegung, noch tabern noch leithueser ze Wienn in der stat noch in den vorsteten nie gehabt haben, noch ze recht haben schullen, und daz sie auch chain iren wein durch niderlegung und verchaufens willen gen Wienn furen sullen, an allain zwischent sand Michelstag und sand Merteinstag so mugen sie wol ir wein furen gen Wienn auf den Hof, alz ander unser lantleut tünd in derselben zeit, und als ez von alter herchomen ist, ungevarlich, und zugen sich des dieselben von Wienn auch an die hantfesten und prief, die unsre vordern bei alten zeiten geben habent den vorgenanten unsern purgern von der Neunstat, und paten uns auch, daz wir sie vor der egenanten niderlegung schirmen geruchten genadikleich, ob wir in unserm rate erfunden, daz es recht were, und wann wir nach volchomenhait des gewalts fürstleicher wurdikait alz ain volleist des rechten und alz ein guter mitberater mizhellung den vorgenanten unsern burgern von paiten steten und andern unsern getreuen schuldig und gepunden sein schirmes und frides nach beschaidenhait und dem rechten, darumb haben wir die vorgenanten unser purger von der Neunstat mit den egenanten irn hantfesten und priefen an aim tail und die purger von Wienn an dem andern tail für uns und unsern rat ze Wienn in unser purg brüfet und betagt wizzenleich auf den tag, als diser prief geben ist, und sein desselben tages gesezzen mit rechter wizzen zu unsern rat. Dabei gewesen sein der hochwurdig unser lieber ohem graf *Albrecht von Hochenberg* pischof ze *Freisingen*, der erwurdig unser liber freunt abt *Eberhart*

‸

von der *Rechenau*, darzu die edeln unser lieben getreun *Reinprecht von Wallse* von Ens, *Ulrich von Wallse* unser hauptman in Steier und *Eberhart von Wallse* sein sun, *Friderich von Wallse* des egenanten *Ulrich* pruder, graf *Iban von Pernstain*, *Friderich von Pettau*, *Rudolf Ott von Lichtenstain*, *Purchart* der alt *von Arbach*, *Herman von Landperg* unser marschalch in Österreich, *Rudolf von Stadelt*, *Hainreich von Hackenberch*, unser hofmarschalk *Johans* der *Türse von Rauheneck*, *Fridrich von Wallse* unser chamermaister, *Albrecht der Schenkh von Ried* unser hofmaister, maister *Hans von Platzhaim*, unser chanzler und andere erber herren, ritter und chnecht, die dozemal bei uns waren, und da wir und dieselben unser ratgeben verhorten und ingenomen aigenleich mit guten siten gar wizzentleich und merchleich der vorgenanten unser purger furlegung und widerred von paiden steten und sunderleich die egenanten prief, auf die sie sich paidenthalp zugen, do funden wir under andern stuckhen an denselben priefen die artikel, damit sich die obgenanten unser purger von der Neunstat behelfen wolten irr mainung und der vorgeschriben irr furgab, und dieselben artikel, die in den vorgenanten hantfesten verschriben sint, lautent in deutsch also, daz unser vordern denselben unsern purgern von der Neunstat durch solich besunder treue und namleich dienst, die sie an in sunderleich bei alten zeiten und neuleich erfunden haben, solich gnad getan und die recht und freihait geben habent, daz sie und alle ir nachkomen eweklich in allen unsern steten und auf dem lande ze Oesterreich mit aller ir chaufmanschaft und chaufleichen dingen, grozzen und chlainen, und mit allen irn vailen guetern wandlen sullen und mugen mit verchaufen und mit chaufen freileich und ledikleich ane maut, an zol und an alle ander irrung, und daz sie auch damit uber die recht und freiheit, die sie habent zu der Neunstat, haben schullen hinzu die freiheit, recht und gnad, die ander unser stet und merchl habent, dahin sie wandlent ane alles gevær.

In disen vorgeschriben punten und stuckhen der egenanten artikel nach bezaihenleicher chraft und gesunderter aigenschaft der worter, alz sie in dem rechten begriffen und gesetzet sint, haben wir und die vorgenanten unser ratgeben, paide phaffen und lain, mit vleizziger und guter vorbetrachtung erfunden nach beschaidenhait und dem rechten, daz die vorgenannten unser purger ze der Neunstat mit allen iren guetern, chaufmanschaft und verchaufleichen dingen grozzen und chlainen, die man in gewelben und in chramen gewonleich vail hat, und die man auch gewonleich vail hat an offen merchten, strazzen und platzen: als viech, visch oder ander dinch, und allen andern stuckhen, die in dem wort chaufmanschaft pegriffen sind, sie sein grozz oder chlain, wandeln schullen und mugen in allen unsern steten und merkchten frei und ledig vor aller maut, vor allen zollen und vor aller ander irrung ane alles gevær, und sullen auch damit allenthalben in unsern steten und merkchten fur wazzer zu ir selbers rechten solich freihait und recht haben als ander unser purger daselb an aller gevær.

Daz aber dieselben purger ze der Neunstat ir offen thabernen oder leitheuser und ir niderlegung mit irn weinn datz Wienn haben schullen, des chonden wir und die vorgenanten unser ratgeben nach den vorgeschribenn artikeln nicht ervinden, sunderleich darumb, wann wein in disem landen ze Osterreich ain solich grozz, namhaft und redleich stuckh ist, des sich alle unser stet und sunderleich die stat ze Wienn allermaist betragent, und auch nahent ir aller grozzister pau und pest aribait ist, und auch in allen unsern steten von alten zeiten her wol gesetzet und geordent ist, wie sie allenthalben sunderleich mit iren weinn wandeln schullen, so wer dazselb stuckh auch pilleich pegriffen sunderleich und mit namen in den priefen und hantfesten, die unser vordern den egenanten purgern von der Neunstat geben habent, wær echt ir mainung also gewesen; wann aber des nicht geschehen ist, und sunderleich wann nach gemainem gotleichem rechten chain grozz, namhaft und redleich stuckh in ainer gemainschaft begriffen werden mag, und auch chain minners, daz mere besleusset, sunder daz mere beslusset wol das minner, und wann auch die vorgenanten purger von der Neunstat weder tabern, leitheuser noch niderlegung mit irn weinn in rechter und gerubter gewer noch mit offener und redleicher gewonhait in der statt ze Wienn nie gehabt habent, darumb nach erchantnuzze unser selbs und der vorgenanten unserr ratgeben und auch nach ir aller gemainem und ainhellem rat haben wir underschaiden und geleutert die vorgenanten hantfesten und priefe, und auch die chrieg, (die) umb die egenanten sach gewesen sind zwischent den vorgenanten unsern purgern von paiden steten, und sprechen, daz die vorgenanten unser purger von der Neunstat weder tabernen noch leitheuser noch kain niderlegung irr wein ze Wienn haben schullen und auch chain wein durch verchaufens willen dahin fuern, an allain zwischen sand Michelstag und sand Merteinstag so mugen sie wol ir wein fueren auf unsern Hof ze Wienn, und den da hingeben, verchaufen und verschenkchen in der egenanten zeit, als ander unser lantleut gewonleich tuend, und als es von alter herchomen ist an alle gevær.

Darumb wellen und mainen wir ernstleich, daz die vorgenanten unser purger von Wienn fuerbazzer ewikleich unbechumbert beleiben von den purgern ze der Neunstat in der egenanten sache, und daruber ze urchund geben wir den under unserm chlainen gewonleichen insigel vorgenanten unsern purgern von Wienn disen prief versigelten mit unserm chlainen insigel gewonleichen unz auf die zeit, daz unsern grozze furstleich insigel berait wirt, wider dem sie dann die egenanten unsern ausspruch verneuet nemen schullen in aller der mazz, als beschaiden ist. Dis beschach, und wart diser prief geben ze Wienne an dem nechsten samtstag nach Allerheiligentag nach Christes gepuord tausent dreuhundert und acht und funfzig jarn.

LVIII.

Bestimmung Herzog **Rudolf IV.** über das „**Ungeld**".

1359, 21. März. Wien.

Aus einer Original-Urkunde im Stadtarchive in Wien auf einem grossen Pergamentbogen mit zwei kleinen an Pergamentstreifen hängenden weissen Wachssiegeln. Abschrift im Eisenbuche f. 55' — 57.

ir *Rudolf* von gotes gnaden herzog ze Osterreich, ze Steir und ze Kernden tun kund, das wir mit allen geistleichen und weltleichen fursten, prelaten und pharrern, lantherren, rittern und knechten und mit allen andern unsern getreuen gemainkleich in unserm land ze Osterreich uberainkomen sein, das wir ditz gegenwurtig neun und funfzigist jar sie uberheben wellen unser münss, und an derselben munss stat sullen sie uns in allen iren steten, merkten und dorfern, hoven, lehen, weilern und gerichten grossen und klainen, wo die gelegen und wie die genant sind, von allen iren und der iren gastheusern, tabern und leutheusern, oder wo man vailen wein, met oder pier zu dem zaphen schenkeht, in allem dem land ze Osterreich under der Enns und ob der Enns, als weit und als verre, als unser muns von Wienn von recht gen sol, geben und gevallen lassen ze ungelt richtikleich an alle irrung mit guten treun ungeverlich den zehenten phenning alles des gelts, so gevallent oder gevallen mag von allen den wein, met oder pier, so in dem egenanten unserm lande geschenkt wirdet dhainswegs oder verkaufet zu dem zaphen von hinn unz zu dem negsten sand Jorgentag und von dann ain ganz jar, durch das auch die erbern herren, ritter und knecht und alle ander unser getreuen, edel und unedel, reich und arm in den steten und auf dem land von disem ungelt dhain beswærung noch schaden emphahen, sunder das es tragen und geben allermaist frombd leut und gest, die von andern landen zu uns gen Osterreich handelnt und ander gemain volkch, das gewondleich vailen wein, met oder pier von dem zaphen trinkt.

Darumb haben wir nach rat unsers rates und der egenanten lantherren wissentlich mit guter vorbetrachtung aufgesetzt und setzen mit disem brief, das man in allem dem land ze Osterreich das viertail, den stauf oder die mass, wie sie dann gehaissen ist, sie sei klain oder gros, dann man von alter her geschenkt hat, minner und klainer machen sol gleich umb den zehenten tail, und sol doch iederman das klain viertail, den klainen stauf oder die klaine mass, wie sie dann genant ist, ausrufen und geben nach allem seinem willen als teur und umb als vil gelts, als er sust das alt viertail oder die grossen mass, wie sie dann genant ist, geben hiet, wann also niembt dhain beswærung noch schaden davon leidet, danne frombdes und gemaines volkch, als vor geschriben stet. Durch das aber dasselb frombd und gemain volkch ditz aufsatzes auch unentgolten beleiben, darumb haben wir gesetzet und wellen, das man in allen gastheusern, tabern und leutheusern, oder wo man vailen wein, met oder pier schenkeht, habe und geb rechte mass getreuleich und ungeverlich bei nacht und bei tag, also das die klainen engstel, damit man helbert, pfenwert, zwairwert, dreirwert, viererwert und minner oder mer ausmisset, geheln sullen vollikleich und genzlich an allen abgang den viertailen steufen und andern massen, zu den sie geschickt und geornet werdent, also wo man ain engstel, das zu ainem phenwert gemacht wirdet, gleich ebenvols ze zwainzig mallen ervolle genzlich an allen abgang, das viertail, den stauf oder die mass, da es zu geornet ist, und das auch also andre engstel minner und mere iegleichs in seinem lauf genzlich und ungeverlich an abgang und an allen falsch gehelen volkomenlich denselben virtail, stæufen oder mazzen, zu den sie beschickt werdent, an alle gever, wann also wirt frombden und gemainen læuten und allen den, die vailen wein, met oder pier trinkchent, vollikleichen und gænzleichen ir recht mass jedem man umb ainen pfenning ain rechts phenwert an allen valsch, und beleibent die læut unbetrogen von den læutgeben, die vormals nach irm mutwill geschenkt haben, wie sie wolten, und beschiecht aller mænikleich rechter, denn vormals sei geschehen.

Auch sullen wir allenthalben das vorgenant unser ungelt besetzen mit unsern ambt-læuten, den wir nu oder hienach darzu getraun und gelauben, und sullen auch dieselben unser ambtlæut alle wochen ainst oder zwir auf verkerte tæg zu sollhen zeiten, so man sich des allerminst verse, beschen alle mass, es sein viertail, stæuf oder ængster, und sullen die angiessen und versuochen in allen gastheusern, tabern und leutheusern, oder wo man vailen wain, met oder pier schenkehet; und wo sie dieselben gross oder klain mass ungerecht vindent, das sullen sie pringen in iegleichem gericht vur den herren oder den richter, der daselbs gewaltig ist, und sol auch der von iegleicher ungerechter masz nemen an alle gnad von dem, in des haus oder gewalt ungerecht mass funden werden, ze wandel in seinem gericht ain pfund Wienner pfenning im selber ze nutz von unsern sundern gnaden, als oft und als dickh, als dieselben massen ungerecht funden werdent, unsern ambleuten darumb ze gelauben und niembt anderm. Auch sol niembt dhain vas mit wein, mit met noch mit pier, klain oder gros, auftun noch schenkchen, dann mit urlaub und wissen unser ambtleut, die wir dazu schickhen, und wie iederman das virtail, den stauf oder die mass, wie sie dann genant ist, ausrufet oder auftut, also sol er auch nach demselben anslag das vas darnach, als es hat oder pringet, verungelten, und den zehenten tail des gelts davon antwurten und geben dem-selben unserm ambtman, den wir darzu setzen. Wær aber, das iemant an unser ambtlæut wissen und urlaub unverungeltet auftæt oder schankeht dhain vas, klains oder grosses, mit wein, met oder pier, oder ob iempt aus ainem vass mer schenkchen wolt, dann des ersten darinn gewesen ist: also was man vor aus dem vass schankt, das als vil oder mer oben darein gegossen wurde, oder was gever und unrechts iempt darunder treiben wolte, der sol das vas mitsambt dem wein, dem met oder dem pier verloren haben gænzleich und sol daruber geben ze wandel funf phund Wienner pfenning an alle gnad, und sollen auch die-selben wandel, wein, met, pier und pfenning gevallen und werden den herren und richtern, in der gepiet und gerichten seu verschuldet werdent, die auch darumb gelauben sullen ainvaltikleich und gænzleich unsern ambtleuten, die wir darzu setzen, also das uns doch von solhem verloren wein, met und pier unser ungelt und aufsatz gevalle und werd richtikleich an allen abgang, und sullen auch all herren und richter dieselben gross wandel und auch die egenanten klain wandel von ungerechter mass wegen, als vor beschaiden ist, nach weisung und sag unserer ambtlæut innemen und behalten in selber ze nutz an alle gnad. Und wenn das vorgenant jar nach dem egenanten sant Juergentag ausgeet, so sol uns iegleicher herr und richter wissen lassen bei seinen treun an alle gever, was dieselben gross und klain wandel des jars bracht haben, und sullen auch die vorgenanten unser lantherren und richter das egenante unser ungelt mit allen sachen fürdern und unsern ambtleuten darzu beholfen sein mit ganzen treun ungeverlich, als sie uns das verhaissen habent bei iren treuen, und auch als wir in des getrauet und gelaubt haben. Wir haben aber uns selber und unsern brudern und erben ausgenomen und vorbehabt alle wandel, die in aller unserer æpten, prelæten, probsten, mannenklostern und fraunklostern, pfarrern oder caplenen gerichten und gepieten gevallen mugen in disen sachen. Wær auch, das dhainer unsrer ambtlæut, die wir uber das vorgenant unser ungelt setzen, dhain unrecht in iemants gericht furent wurd oder tunt in den egenanten sachen, das sullen unser lantherren und die richter bringen an uns oder unsern lantmarschalch in Österreich, und sullen auch wir denselben unsern ambtman oder dieselben unser ambtleut darumb pessern und strafen an leib und an gut nach gelegenhait der schuld, die wir mit warhait auf sie vinden; wenn sich auch in disen sachen verlaufet ain ganzes jar nach dem egenanten sand Jorgentag, der schirist kumbt, so sol diser aufsatz absein in aller unser lantherren gerichten und gepieten, es sei dann, das wir es lenger halten wellen, und das es uns baidenthalb nützleicher, ruwiger, fridleicher und richtiger sei, dann die munss, mit solhem underschaid: wann es uns oder nach uns unsern brudern und erben missvall, das wir dann davon lassen und uns wider zu unsrer munss haben mugen nach den rechten, freihaiten und gewonhaiten, als dieselb unser munss von alter herkomen ist an alles gever.

Wer aber, das uns, unsern brudern und erben und auch unsern landen und leuten, die sunderleich zu uns gehœrent, diser neuer aufsatz des vorgeschriben ungelts pas geviel und uns nuetzleicher, fridleicher und richtiger wurd, dann die munss, so wellen wir an derselben munss stat, die weil es uns fügt, halten, und nemen das vorgenant ungelt in unsern und auch in aller unsrer klöster und pfaffhait gepieten ze Österreich, als wir das vormals angefangen haben, und welher lantherr das mit uns erkennen und haben wil, den wellen wir in seiner gepiet uberheben von der egenannten unser munss; welher aber das nicht tun wil, auf dem und auf des leuten gutern und gerichten wellen wir haben unser munss mit allen den freihaiten, rechten und gewonhaiten, als die von alter herkomen ist. Beschicht auch, das wir und unser lantherren gemainkleich inner diser nagsten jarsfrist uberain komen und ze rat werden, das wir die egenanten unser muenss ablassen gænzleich und uns zu dem vorgeschriben ungelt ziehen und haben wellen ewikleich, so sullen wir es an einander baidenthalben an der munss stat zu ainer ewigkait und zu ainem recht machen und verschreiben mit aller der ordnung, beschaidenhait und kraft, worden, geberden und briefen, die darzu dhains wegs notdurftig sind und gehœrent an alle gever.

Wer aber, das wir des in dem namen als davor gemainkleich nicht uberainkomen mochten, so sullen und mugen wir uns aber halten zu unserer munss, als vorgeschriben stet, und sullen auch dieselben unser munss ze Wienn und anderswo, dieweil das ungelt wert, und allezeit meren, slahen und halten umb rechten und gewondleichen slegschatz mit unsern hausgenossen, als das notdurftig ist, durch das unser lant und leut an klainen pfenningen nicht prestens gewinnen. Und daruber zu urchund haben wir unser insigil gehenchet an disen brief, den auch die edeln und erbern unser lieben getreuen graf *Purkchart von Maidburg*, der alt *Eberhart von Wallse* von Linz unser hauptmann ob der Enns und *Perchtolt von Pergau* unser lantrichter in Oesterreich an stat der andern unserer lantherren aller gemainkleich in Oesterreich und ir selbers mitsambt uns versigelt habent mit iren anhangunden insigiln, das auch wir dieselben graf *Purkchart von Maidburg*, *Eberhart von Wallse* und *Perchtold von Pergau* bekennen unverschaidenleich fur uns und fur all ander lantherren, ritter und knechten in Osterreich von ir aller sunderlichem und gemainen geschæft und haissen in aller der mass als vorgeschriben stet an alle geverde. Ditz beschach in ainem gemainem und offem gesprech mit allen lantherren, rittern und knechten ze Osterreich, die darzu gehorten und ze rechten zeiten beruft wurden nach ir aller ainhellen und gemainem rat, und ward diser brief geben ze Wienn an dem nagsten phinztag vor unsrer Frauntag zu der kundung tausent dreuhundert und funfzig jar, darnach in dem neunten jar.

LIX.

Herzog **Rudolf IV.** verbietet die **Ausfuhr von Holz** aus Wien an der **Donau.**

1359, 22. October. Wien.

Aus dem Eisenbuche f. 60'. Gedruckt bei Rauch, Script. III. 85–86.

ir *Rudolf* von gots genaden phalenzerzherzog ze Osterreich, ze Steir und ze Kernden, furst ze Swaben und ze Elsazzen, her ze Krain, auf der Marich und ze Portenau und des heiligen Roemischen reichs obrister jægermaister verichen und tuen chund, daz wir angesechen haben manigerlai gepresten, die unser getreun lieben unser purger von Wienn habent von des holzes und der floez wegen, die man auf der Tuenau hinau von der stat ze Wienn fuert, und haben in die gnad getan und tuen auch, daz man fuerbaz chain holz noch chainen floez von der egenannten unserr stat ze Wienn auf der Tuenau hinau fuern sol, es sei dann derselben stat an schaden, und daz es auch geschech mit des rats der stat ze Wien willen und wissen, und als daz auch von alter gewonhait und herchomen ist. Davon gepieten wir ernstleich allen den, den diser prief gezaigt wirt wie die genant sein, daz sie die vorgenanten unser purger von Wienn pei derselben unserr gnad peleiben lassen und dawider nicht chremen in chainem weg; wer ez aber darüber tet, daz wær gænzleich wider unser huld und genad. Des geben wir ze urchund disen prief besigilten mit unserm insigil, der geben ist ze Wienn am eritag vor Simonis und Jude apostolorum nach Christi gepuerde dreuzehenhundert jar, darnach in dem neun und funfzigstem jare.

LX.

Herzog **Rudolf IV.** gestattet den **Kaufleuten** von Wien von jedem Wagen nach und aus Venedig eine **Gebühr** zu erheben.

1359, 21. November. Wien.

Aus dem Eisenbuche f. 80.

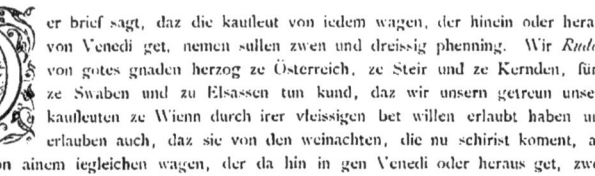

er brief sagt, daz die kaufleut von iedem wagen, der hinein oder heraus von Venedi get, nemen sullen zwen und dreissig phenning. Wir *Rudolf* von gotes gnaden herzog ze Österreich, ze Steir und ze Kernden, fürst ze Swaben und zu Elsassen tun kund, daz wir unsern getreun unsern kaufleuten ze Wienn durch irer vleissigen bet willen erlaubt haben und erlauben auch, daz sie von den weinachten, die nu schirist koment, ain ganzes jar von ainem iegleichen wagen, der da hin in gen Venedi oder heraus get, zwen und dreissig Wienner phening nemen sullen, und von ainem vardel sechs phening mit der beschaiden: was gelts in der vorgenanten zeit von den vorgenanten wægen und vardeln gevellet, daz das den egenanten unsern kaufleuten ze Wienn gemainklich ze nutz und ze fürdrung irer sach köm und gevall. Davon gebieten wir ernstlich allen, den diser brief gezaigt wirdet, und wellen, daz sie die vorgenanten unsre kaufleut bei derselben gnad und urlaub beleiben lassen und dawider nicht komen in dhainen weg. Mit urkund ditz briefs, geben ze Wienn an phinztag vor sand Kathreintag. Anno domini M°CCC°LVIIII.

Hainricus Taxillus.

LXI.

Verordnung Herzog **Rudolf's IV.** über die **Ablösung** der „**Burgrechte**".

.

1360, 28. Juni. Wien.

Aus der Originalurkunde im Wiener Stadtarchive auf einem grossen Pergamentbogen mit dem an einer rothgrünen Seidenschnur hängenden Reitersiegel des Herzogs in rothem Wachs. Abschrift im Eisenbuche f. 69'. Gedruckt bei Rauch, Script. III. 86—90.

ir *Rudolf* der vierd, von gots genaden erzherzog ze Osterreich, ze Steir und ze Kernden, furst ze Swaben und ze Elsazze, herre ze Chrain, auf der Marich, und ze Portenou und dez heiligen Romischen reiches obrister jegermaister tun kunt, daz wir angesehen und betrachtet haben die grozzen gepresten, die unserr stat ze Wienne anligent, die ein haupt ist des herzogtums von Osterreich und die obrist wonung der fursten daselbs, und die ouch wir mit den armen unser sunder liebe so begierlich umbevangen haben, daz wir da lebend und tod beleiben wellen, vor gar swerer uberzins wegen, die daselbs auf den heusern ligent, davon ouch derselben heuser in der stat und in den vorsteten ze Wienne gar vil wuest worden und zergangen sind, und darumb nach rat unsers rates, mit guter vorbetrachtunge, haben wir an statt und in namen unser selbs und unserr liben brueder, *Friedreichs, Albrechts* und *Leupolts,* herzogen, fuersten und herren mitsampt uns in den egenanten landen, der aller wir als der eltist under in vollen und ganzen gewalt haben, und fuer alle unser nachkommen und erben ewiklich aufgesetzt mit rechter wizzen und setzen mit diesem brief recht und redleich in ein ewig recht: Swaz bei alten oder bei neuen zeiten auf die hofstet oder heuser in der stat und den vorsteten ze Wienne gesetzet und geslagen ist uberzinses und purchrechtes oder dienste, die man pischœfen, æbten, præbsten, pharrern, chaplann, teutschenherren, und sant Johansen muenichen, nunnen, peteleurdeu, den spitaln und aller geistlicher und weltlicher phaffhait dient, und ouch die man dient unsern lantherren, rittern, knechten und purgern, und ouch dhainen gotsheusern oder kirichen und ouch dhainen reten und gemeinscheften in den steten und ouf dem lande, oder wie sie genant sint, phaffen oder laien, vroun, oder man oder den juden, die solich uberzins und dienste habent auf den egenanten heusern oder hofsteten, daz sie dieselben ueberzins und dienst je ein phunt gelts umb acht phunt phenning ze chaufen geben unverzogenlich an alle widerrede dem oder den, der die heuser und hofstet sint, und die den dienst davon raihent. Swaz ouch jetzunt ungepauener oder wuester heuser und hofstet in der stat und den vorsteten ze Wienne gelegen sint, die sullen bestiftet und angevangen werden ze pauen inner disen nehsten jarsfrist; wer aber das ubersitzet und versaumet, dezselben ødes haus oder ungepauene hofstat sol mit vollem recht ane alle genad lediklichen vervallen sein einem ieglichem herzogen von Osterreich und der stat ze Wienne und sol ouch da von aller uberzins absein, wem der werden sol. Und was ouch furbazzer nach disem ersten jar sœlicher hofstete und heuser sint oder werdent, die jar und tag unbestiftet und wuest beleibend, die sullen ouch also ze geleicher weise uns und der stat vervallen, und mugen ouch wir in dem namen als da vor und alle unser nachkomen herzogen ze Osterreich dieselben heuser, die uns also vervallent, schaffen und geben zu der egenanten unserr stat nutz, swem und wir wellen; ouch sullen dieselben œde heuser und hofstet, sie sein uns vervallen oder nicht, die nu oder hienach bestiftet und gepauen werdent, frei und ledig sein vor aller steur von dem tag, alz das pau angevangen wirt, dreu ganze jar. Wenne sich aber dieselben dreu jar nach einander verlaufent, darnach sol man uns von denselben heusern steuren und dienen, als von andern heusern und guetern in der stat ze Wienne. Swas ouch iederman solichs ueberzins, purchrechts oder dienste zu im selber lediget oder chaufet, das sol er uns ouch versteuren und verdienen als ander sein gut an alles gever. Ouch sol in dem namen als vor allermænklich des widerchaufes und der ablosung der egenanten uberzinse, purchrechten und dienste gehorsam sein an alle widerrede, wenne es iemt an den andern vordert; wær aber, daz es ieman dem andern wolte ungehorsam und wider sin und der losung vorging oder sie verzug einen ganzen manod, derselb ungehorsam sol allez sein recht verlorn haben, und sol dem andern tail sein haus oder sein hofstat von im ane alles gelt ledig und lose sein an alle irrung; alle die weil ouch die ueberzinse nicht abgeleeset und abgechouft sint, so sullent die, den er geraicht und gedient wirt, wer die sint, als vorbeschaiden ist, uns, unsern prüedern und erben davon dienen und steur geben in der mazze, als unser purger von Wienne uns von andern irn guetern dienent und steur gebent, ane alle geværde.

Ouch behaben wir uns selber in dem namen als da vor disen aufsatz ze minnern, und ze meren und nach gelegenhait und notdurft der sachen ze læutern und verstandenlich ze machen in der mazze, daz allermænglich bei recht und bescheidenheit beleibe. Nieman davon under allen leuten sei erlaubet, und werd ouch nieman getuerstig dise vorgeschriben unser gesatzde ze verirren, oder ze prechen oder in dhainen weg da wider ze tuen. Wer es aber darueber tæte mit freveler getuerstichait, grozz oder klain, der wizze darumb swærlichen vervallen in unsern zorn und ungnade und ouch in die puezze fumfzich phunt goldes, der uns gevallen sullen in unser fuerstlich chamer zwainzich phunt, unserr stat ze Wienne zehen phunt, dem der den schaden emphahet von der egenante sache zehen phunt und in unser kanzlei zehen phunt. Und daz diseu sache fuerbaz ganz, stet und unzerbrochen beleib und ewiklich volfuert werde, des geben wir disen brief versigelten mit userm grozzem anhangendem insigel, der geben ist ze Wienne an sant Peters und sant Pauls abent, der heiligen zwelif boten, nach Christes geburt tausent dreu hundert jar, darnach in dem sechzigistem jar, unsers alters in dem ain und zwainzigistem und unsers gewalts in dem andern jare.

Wir der vorgenant herzog *Rudolf* sterken disen prief mit dirr underschrift unser selbs hant.

Et nos *Johannes* dei gratia Gurcensis episcopus prefati domini nostri ducis Austrie primus cancellarius recognoscimus omnia prenotata.

Der ursprüngliche Zusammenhang.

A.

Ein Gutachten der Stadt Wien an Herzog **Albrecht** (V. ?) über den **Zinsfuss** bei der **Ablösung.**

Aus einer Papierhandschrift im k. k. Staatsarchive des XV. Jahrhunderts Nr. XV. f. 174' - 175. (Da jedoch gerade das betreffende Blatt durch Schimmel halb vermorscht ist, so kann es nur verstümmelt und höchst lückenhaft wiedergegeben werden.)

 ie ist vermerkt die meinung der stat ze Wienn von der gult des jerlichen zins, das man nemen sul guelt, wie man dieselben gult hiefur mit kaufen und verkaufen hie handeln soll, daz es dem hingeb und dem kaufer gotleich, zimleich und an sund wer, und ob dieselbe maingng, als hernach geschribn steet, unserm genedigen herren dem herzoge und hie der maisterschaft gevellichleichen wer, daz es demnach irem rat also bestett wurd.

Item vom ersten ist unsere mainung, daz man sölcher gult jerlich zins nur kaufen und verkaufen, handeln und wandeln sol nach gulden in guten Ungern oder dukaten; die geb und . . . ., und nicht pfunt, wann die munss der pfenninge hie . . . in den landen nicht ewikleichen in einem werd beleibent noch be . . . ., als der gulden . . . wert tut.

Item man sol ainen gulden solichs jerleichs zinses kaufen oder verkaufen umb zwelf gulden, guter Ungrisch gulden oder . . . oder umb alsvil Wienner pfenninge, als der gulden dieselb zeit . . . hat, und nicht leichter und ringer . . ., und das sol die stat mit irem gruntinsigel bestetten. Wollte . . . und der kaufer solich guelt teurer kaufen und ver . . . . baider will, das sol man in auch mit der stat irem insigel bestetten und nicht hinder zwelf gulden.

Item als teur ain gulden solichs jerleichs zins gekauft oder verkauft wirdet, als teur soll er hinwider gekauft oder verkauft werden.

Item der verkaufer, der solich gult verkauft hat, sol allzeit wal habn, wann er die hinwider abkaufen well, und nicht der kaufer, doch mit ganzer summ, darumb der verkaufer vormalln verkauft hat.

Item ob dem kaufer der zins auf einem erb versessen wirdt, so sol er darumb klagen als umb ander geltschuld als lang, unz daz im der versessen dienst, und was er auf die kläg gelegt hat, bezalt werd, und sol furbas kain zwispild darauf geen, als vormaln ein gewonheit gewesen ist

B.

Ein Schreiben des Herzog **Albrecht** (V. ?) an den Papst über die
Ablösung des Zinses.

Aus der im k. k. Staatsarchive befindlichen Handschrift f. 91'. Gedruckt im Notizenblatt der kaiserl. Akademie zu
Wien vom Jahre 1852 S. 192.

d papam super contractu ementium et reementium census annuos. Beatissime
pater et domine clementissime. De benignitate solita sedis apostolice, que
Christicolis normam vivendi tribuit, confisus plurimum, S. V. clementiam
invocandam duxi, capta petendi audacia in hiis presertim, que comodum
fidelium et salutem respiciunt animarum. Dudum pater sanctissime pro
augmento reipublice opidi mei Wiennensis et utilitate incolarum ejusdem
inclite memorie dux *Rudolfus* predecessor meus provide statuit et suis patentibus literis
solempniter ordinavit, ut census perpetui, quibus prefatum opidum extiterat graviter oneratum
adeo, ut multe domus erant desolate, et plures minarentur ruinam et possessiones ejus
innumerabiles remanserunt inculte, possent redimi et reemi, semper una libra census pro
octo libris, unde inolevit consuetudo a multis retroactis temporibus hucusque servata, quod
una libra census emeretur pro octo libris cum pacto adjecto, quod quandocumque vendenti
vendenti, reemere et redimere possit censum prefatum pro simili pretio, ementis contradictione
non obstante. Verum pater beatissime hunc contractum plurimi reprehendunt, reputantes
non equum pretium esse octo libre pro una libra reddituum. Ego cupiens subjectorum
meorum procurare comoda de jurisperitorum, magnatum, consiliariorum, civium, opidanorum
ceterorumque fidelium meorum consilio prehabito diligenti statui censum annuum futuris
temporibus emendum esse in auro cum pacto de reemptione ad beneplacitum vendentis
augmentando et ad equitatem pretium reducendo ita videlicet, ut amplius census unius floreni
in possessione utili emeretur pro duodecim florenis et cum simili pretio ad beneplacitam
vendentis reemeretur, ementis contradictione qualibet non obstante. Et ne contractus hujusmodi possit per aliquos calumpniari, cum sit utilis et pro republica existat, supplico S. V.
humiliter et devote, quatenus ad serenandum conscientias contrahentium et contrahere volentium
statutum hujusmodi dignemini ex certa scientia auctoritate apostolica confirmare, michi fideli
filio S. V. singularissimam gratiam faciendo, quemadmodum dilectus et devotus meus capellanus
et nuncius magister *Petrus Delfinger*, licentiatus in decretis S. V. poterit vive vocis oraculo
latius informare, cui S. V. dignetur pro hac vice in dicendis eisdem fidem credulam adhibere.
Datum –

LXII.

Verordnung Herzog **Rudolf's IV.**, dass alle Immobilien betreffenden **Rechtsgeschäfte** in Zukunft **vor dem Rathe der Stadt Wien** geschehen und von diesem und nicht von den Grundherren gefertigt werden sollen.

1360, 2. August. Wien.

Aus der Originalurkunde im Wiener Stadtarchive auf einem Pergamentbogen mittlerer Grösse mit dem an einer rothgrünen Seidenschnur hängenden, wohlerhaltenen grossen Reitersiegel des Herzogs in rothem Wachs. Abschrift im Eisenbuche f. 69. Gedruckt bei Hormayr, Wien V. 34—36.

ir *Rudolf* der vird, von gotes gnaden phallenczerzherzog ze Oesterreich, ze Steir und ze Kernden, furst ze Swaben und ze Elsass, herr ze Krain, auf der Marich und ze Portenau und des heiligen Römischen reichs obrister jegermeister vergehen und tun kund allen leuten ewicleich, die disen gegenburtigen brief sehent, lesent oder hörent lesen: wie das ist, das mit gewonhait herkömen sei, daz etleich prelaten, klöster und gotsheuser, etleich edelleut und auch purger gewisse dinst und zinse, genant gruntrecht, gehabt haben in unserr stat und in den vorsteten ze Wienn auf heusern, paumgarten und hofstetten, und daz auch mit handen derselben klöster und gotsheuser, paumgerten und hofstetten verkauft, versatzt, gemacht, hingeben und gevertigt wurden, als mit herren der aigenschaft und des grundes der egenanten stat und der vorsteten ze Wienn gemeinkleich und iegleichs tails sunderlich und von der rechten herschaft wegen alle wandlung, aendrung und vertilgung mit unser gunst und hant oder des, dem wir das erlauben und verleihen, nach gemainen rechte beschehen sullent, so soll noch mag dieselbe gewonhait, wie alt so halt waern, die also wider das gemain recht und wider die warhait ist, dhain sunderrecht machen noch inpringen. Darumb nach guter vorbetrachtung und weisem rat unsers rates und anderr unserr getreuen haben wir in namen und an stat unser selbs, der hochgeborn fürsten *Fridrichs, Albrechts* und *Leupolts* unserr lieben bruder abgenomen und hingetan dieselben gewonhait mit fürstleicher macht, und nemen ab und vernichte sie mit kraft dits briefs als unnütz, schedlich und widerwaertig der warhait und gemainen rechten, und pieten in dem namen als davor bei unsern hulden und wellen nicht, daz iemant, er sei pischof, abt, brobst, klosterherr, pharrer, ritter, knecht, purger, oder wie er genant sei, phaff oder laie, edel oder unedel fürbaser in gruntherrn weise kainen kauf, gabe, gemaechte oder ander wandlung von heusern, paumgerten oder hoffsteten in der egenanten unser stat oder in den vorsteten ze Wienn vertig mit seiner hant, gunst, briefen oder insigiln. Beschaech aber fürbaser dahin solch vertigung, wellen wir, daz die gaenzleich unnütz sei und dhain kraft hab, und sol darzu der, der die vertigung tut in gruntherren weis, ain mark goldes, und dem die vertigung getan wirt, auch ain markh goldes ze wandel vervallen sein, die man dem rat zu pessrung der stat antwurten

sol; durch das aber niemt an vertigung der vorbeschaiden gütern gesaumt werd oder presten gewinne, setzen wir in dem namen als davor ainer ewigen stætær gesetzt, das alle wandlung und vertigung der vorbeschaiden güeter beschehen sullent vor dem burgermaister und dem rat unserr stat ze Wienn, welche je zu den zeiten sind, die wir oder unser erben oder nachkomen gesetzet haben, den auch wir ganzen und frein gwalt und volle macht geben haben und geben die vorgeschriben vertigung zetun, ze volfüren und mit der stat priesen und insigel ze bestæten an unserr stat und von unsern wegen alles, das die gruntherren daher gethan habent. Was sie auch also vertigent und bestæten, das sol kraft haben und unverrukt bleiben in aller der mass, als ob wir es selber getan hieten. Es sol auch an der vertigung der hingeber von iedem phunt phening ainen phening und der inemer auch von iegleichem phund ainen phening geben dem rat, und sol der rat die phening legen und keren an gemainen nutz der stat nach unserm und unserr nachkömen rat.

Wir setzen und gepieten auch in dem nomen als davor: Wer der ist, er sei phaff geistleich oder weltleich oder laie, edel oder unedel, der auf den heusern, paumgærten oder hofsteten in der stat oder in den vorsteten ze Wienn hat dinst und zins, die man nennet gruntrecht, das der die zu losen und abzekaufen geben sol je ain phunt gelts umb acht phunt phening, oder ob es minner ist, umb alsvil, als das an den acht phunten gezeuhet und pringet angevær, in aller der masse, und mit allen den punten und bei derselben peen und wandel, als wir das vormals gepoten und gesatzt haben umb lösung des purkrechts, und der prief weiset, den wir daruber geben haben; daz dies alles stæt beleibe gehalten und volfürt werde, hiessen wir disen brief mit unserm grossen anhangundem insigel fertigen, der geben ist ze Wienn an suntag vor sand Stefanstag, als er funden wart, do man zalt von Cristi gepurd dreuzenhundert jar, darnach in dem sechzigisten jare, unsers alters in dem anundzwanzigisten und unsers gewalts in dem dritten jare. ✠ Wir der vorgenant herzog *Rudolf* sterkhen diesen brief mit dirr unterschrift unser selbs hant. ✠ Et nos *Johannes* dei gracia Gurcensis episcopus prefati domini nostri ducis primus cancellarius recognoscimus prenotata.

LXIII.

Rathsbeschluss über den Wachsverkauf.

.

1360, 27. August.

Abschrift im Eisenbuche f. 21, und im Münchener Codex 1113 f. 33.

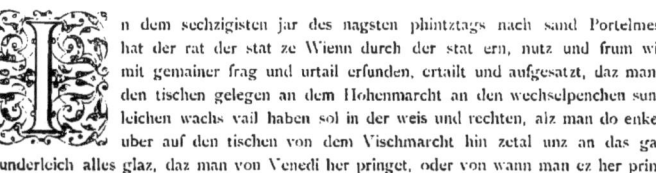 n dem sechzigsten jar des nagsten phintztags nach sand Portelmestag hat der rat der stat ze Wienn durch der stat ern, nutz und frum willen mit gemainer frag und urtail erfunden, ertailt und aufgesatzt, daz man auf den tischen gelegen an dem Hohenmarcht an den wechselpenchen sunderleichen wachs vail haben sol in der weis und rechten, alz man do enkegen uber auf den tischen von dem Vischmarcht hin zetal unz an das gazzel besunderleich alles glaz, daz man von Venedi her pringet, oder von wann man ez her pringet, vail hait und vail haben sol, als es in dem grozzen statpuoch geschriben stet in dem vier und fumfzigisten jar, und disen aufsatz habent die herren des rats in das statpuch ze einer ewichait haizzen schriben.

LXIV.

Verordnung Herzog **Rudolf's IV.** über die **Vermächtnisse** an **Gotteshäuser.**

1361, 20. Juli. Wien.

Aus der Abschrift im Eisenbuche f. 67'. 68'. Gedruckt bei Hormayr, Wien V. 37—42. Urkunde CXLIV, bei Kurz, Rudolf IV. S. 365. Lichnowsky, Habsburg IV. Reg. 615. Die Originalurkunde befand sich früher im Stadtarchive zu Wien, ist aber abhanden gekommen.

ir *Rudolf* der vierd von gottes genaden herzog ze Österreich, ze Steir und ze Kernden, herr ze Krain, auf der Marich und ze Portenau, graf ze Habspurch, ze Phirt und ze Kiburch, marichgraf ze Purgou und lantgraf in Elsazz bechennen und tun chunt allen den, die diesen brief sehent, lesen oder horent lesen ze disen gegenwurtigen oder chunftigen zeiten ewichlich. Wan furstlicher wirdichait zugehöret und wol anstet, daz sie leiden, aribait und chumber irer undertanen mit solcher hilfe bedenche und tröstlich ze statten cheeme, daz nach gelegenhait der zeit und menschleich wandelunge gemainer nutze nicht geminnret und des chumbers von gemainem mitleiden geleichtert werde, darumb ist, daz wir von angeborner milticheit angesehen haben genedichlich die grozzen mannigvaltigen bresten und schaden, die warleich und verdorbenlich anligent unserr stat ze Wienn und der gemain unsrer lichen purger daselbs von dem tode und sterben, daz in den verlaufen jaren da strenge gewesen ist, von des wegen mit gaben, gescheften und erbe grozze güter hinauz in unsere und fromde lant gevallen und bracht sind unwiderruflich, von der grozzen prunst, die laider die egenanten unser purger und stat ze Wienn in disem jare zu mangem male hertlich geschediget und ser gewüstet hat, und auch von der ungewohnlichen missewechste, die ditz jares beschehen ist an getraide nicht alaine in unserm lande ze Österreich sunder auch ze Ungern, ze Behem, ze Paiern und in andern umliegenden landen, und auch von missewechste wegen des weines ze Österreich, des sich unsere egenante stat sunderlich betragen mues, von diser gebresten wegen ouch arbait und gewerb der choufmanschaft gechrenchet und nidergelait ist, der sich unser egenanten purger grozlich daher genert und begangen habent, und haben betrachtet gunstlich, wie wir in disen bresten unsern egenanten purgern und der stat ze Wienn, die ein haubt ist aller unserr lande und herrschefte, und da wir ouch tod und leben beleiben wollen, ze helfe chomen, daz sie bei irer wirde beleibe, und mit steure sulcher hilfe in chunftigen zeiten ier bresten und aribait uberwinden mugen, und nach manger vorbetrachtunge und guetem rate unserr lantherren, unsers rates und unserr purger, der weisten, die wir gehaben mochten, sein wir uberain chomen und ze rate worden der dinge, die hienach geschriben stent, die wir alle gemainlich und iechlichs sunderlich setzen und bestetten mit fur-sleicher macht ze haltende und ze volfurende in der egenanten unserr stat ze Wienne, in den vorstetten und in dem statfrid und chreizze, der darzu gehoeret.

Des ersten setzen und wellen wir, daz niemen inner der statfrid dehain geschefte
tue dhainem closter, gotshouse, munchen, nunnen, phaffen oder laien, wie die genant sind,
dabei sein danne zwen der genanten, die bei ieren treuen an aides stat sprechen und bestetten,
daz das gescheft recht und redleich geschehen sei, oder zwen ander erber unversprochen
manne, die dasselb bestetten bei gesworn aiden. Waz ouch also erbgueter verschafft werdent
klöstern, gotsheusern, munchen, nunnen, werltlichen, phaffen, wie die genant sind, die güter
sullen dieselben, den sie verschafft werdent, inner dem næchsten jar darnach, so sie der
verschafften gueter gewer begreiffent, verchaufen ainer persone, frouen oder manne, ze Wienn,
die mit der stat und mit der gemain unserr purger daselbs leidt und dient. Tæten sie des nicht,
so sullen die gueter nach dem jar uns und der stat genzlich vervallen sein mit vollem recht.

Wir nemen auch ab all freibrief, die von unsern vorvodern oder von uns iemant
geben sind umb freiung der schatzsteur, daz die ab sein und fürbas chain chraft mer haben,
ez seien phaffen, munichen oder closter, gurter, pogner, churbauer, pheilsnitzer, maler,
puchfeler, Schefstrazzer und ouch all ander, die ze freiung gehabt habent, daz die fürbas
ewiklich mit der stat leiden und dienen sullen, wo die sind gesezzen in der stat oder in den
vorstetten ze Wienn. Auch wellen wir, daz alle klöster, gotsheuser, munch, nunnen, phaffen,
laien, edel oder unedel, chamrer, chöch, pheifer, pauker und ander unser hofgesind, wie die
genant sind, von ieren höfen, heusern und gesezzen, die sie habent in der stat oder in den
vorstetten ze Wienn, auch leiden und dienen an der purger schatzsteuer mit der gemain unser
purger daselbs, ân alain die chlöster und gotsheuser gelegen in der stat oder in den vorsteten
und in dem statfrid, die von den innungen irer chlöster und gotsheuser nicht dienen noch
leiden sullen; aber was sie habent auzzerhalb irer chlöster und gotsheuser innungen in der
stat oder in den vorstetten, davon sullen sie dienen und leiden mitsampt unsern purgeren;
sunder unser herren, die unsers rates sind; die sullen von ieren höfen und gesezzen nicht
leiden noch dienen, die weil sie unsers rates sind.

Wir wellen ouch, daz alle aufsetz, die von unsern vorvodern oder von uns mit
hantfesten und mit briefen bestett sind uber sunderen recht, gesetzt und ordnung, oder die
iemant selben funden hab, und ouch all zeche und ainung, die in der stat und in den vorstetten
ze Wienn under purgern, choufleuten, arbeitern, hantwerchern daherchomen sein, fürbaz
gænzleich ab sein und nicht mer beleiben noch behalten werden. Sunder wellen und setzen
wir, daz alle purger, choufleute, laubenherren, arbaiter, hantwercher, ez sein sneider, chürsnere,
fleischhackher, Fleming, fuetrer, metsieder, goltsmid, satler, zimmerleut, maurer, maler, snitzer,
smid, wagner, ledrer, schuster, vischer und gemainlich all hantwercher und arbaiter, wie die
genant sind, von welchen landen oder steten die choment, die in der stat oder in den
vorsteten sich niederlazzent und da sitzent und wonhaft sein und auch mit der gemain unserr
purger daselbs leiden und dienen wellent, daz dieselben und auch die vor in unserr stat
gesezzen sind, all ier aribait oder hantwerich, swas jeder man well oder chune, das rechtleich
sei, freileich treiben und ueben sullen und mugen, und sol die nieman daran saumen, besweren
noch irren in dhainem weg; und welicherlai arbaiter oder hantwercher sich also zeichet gen
Wienn und sich darnider lazzet und sezzhaft beleibet, der sol ledig und frei sein der purger
schatzsteur dreu jar, die darnach schierist chunftig sind an geverd.

Wir nemen auch ab alle gericht in der stat und in den vorsteten ze Wienn, sie sein
gewesen phaffen oder laien, wie die genant sind, sie wæren uber leut oder uber gueter,

auzgenomen unserr hofgericht, statgericht, munzgericht und judengericht, die alle in ieren eren und ehreften beleiben sullen nach sag der brief, die sie daruber habent, doch mit der beschaidenhait, daz unser lantherren, unser rat und ritter und chnecht, die auf dem land gesezzen sind, und unser hofgesind, die unser tægleich brot ezzent, in unser hofgericht gehoren sullen und niemant mer. Und sol auch der statrichter fürbaz in allen strazzen in der stat und in den vorsteten vor Wiedmær tor und vor allen andern tören gern und vollen gewalt haben alle unzucht ze weren, so beschaidenlich: swen der statrichter oder sein anwalt vor Widmer tor oder in unserr Herrengassen geen wil, so sol er unsers lantmarschalichs in Österreich oder unsers anwalts daselbs, ob wir ze land nicht wæren, oder unsers hofmarschalichs, ob wir ze land sein, zwen diener oder vier nemen, den ze gelauben und ze traun sei, die mit im geen sullen für das obgenante tor und die egenanten gazzen. Wir tun auch ab alle freiung, wer die in den chraizzen des statfrides ze Wienn herbracht hat, an alain die freiung unserr purg und der Schotten chloster Wienn, alz es mit frid umbvangen ist, die sullen besteen, alz sie von alter herchomen sein, und ouch die freiung, die wir unserr stift ze sand Stephan mit gotes hilfe geben werden, die ouch unverucket ewichlich beleiben soll in aller der mazze, alz die von uns dahin geben und geordnet werdent. Ouch setzen wir durch sunders gemaches und frides willen unserr egenanten purger, daz alle amptleut, ez sei purger-maister, munzmaister, richter und ander amptleut, wie die genant sind, fürbas ewichlich schatzsteur geben sullen mit der gemain unser purger ze Wienn.

Wir wellen auch, daz aller chloster, gotsheuser und phaffenhof, munchhof, nunnenhof in der stat und in den vorsteten niemant vogt noch vorsprecher sein sulle, wann der rat der stat ze Wienn, allermenichleich, arm und reich, geistleich und weltleich vögten und scherm sullen an unserr stat und von unsern wegen für gewalt und für unrecht, auzgenommen sand Stephan und sand Chlarn, der wir selber vogt sein wellen, und datz sand Stephan nach unserm tod ligen wellen. Wir bestetten ouch unsern getreuen purgern alle iere recht, auzgenomen die artikel, die wir bewandelt und verchert haben an diesem brief. Ouch sullen die obgenanten unser purger ze Wienn uns, unsern bruedern, erben und nachkomen allen den dinst tun, den uns die obgenanten unser purger und pheilsnitzer getan habent in der stat und vor der stat, swenn wir des bedurfen und sie vordern ze andern diensten, den sie uns selber tun sollen. Und das alles haben wir getan durch besunder gnad und lieb, die wir haben zu der edeln und getreun stat und unsern erbern purgern ze Wienn, an den wir besunder furtreffende treun und hilfe, rat und dienst an unserm neuen gewalt nach unsers vatters tode mer denn an unsern steten manichvaltichleich erfunden haben. Und daruber zu ainem waren, vesten, offenem und ewigem urchunde geben wir für uns, unser brueder und erben und für all unser nachkomen ewichleich disen brief versigelt mit unserm fürstleichen anhangunden insigel, der geben ist ze Wienn an eritag vor sand Jacobstag des zwelfboten, do man zalt von Kristes gepurd dreuzehenhundert jar, darnach in dem ains und sechzigistem iare, unsers alters in dem zwai und zwainzigistem und unsers gewaltes in dem vierden jare, des ersten tages, do dasselb vierd jar anvieng. ✝ Wir der vorgenant herzog *Rudolf* sterken disen brief mit dirr underschrift unser selbs hant. ✝ Et nos *Johannes* dei gracia Gureensis episcopus prefati nostri ducis primus cancellarius recognovimus omnia prenotata.

LXV.

Verordnung Herzog **Rudolf's IV.** über die **Münze** und die **Hausgenossen.**

.

1362, 1. December. Wien.

Aus der Seitenstettner Handschrift f. 149' — 150. Siehe die Bestätigungsurkunde Herzog Albrecht's von 1368, 24. April. Wien.

ir *Rudolf* von gottis genaden herzog zu Österreich, zu Steier und zu Kernten etc. thun chund, das unser getreuen unser munzmaister zu Österreich und auch unser hausgenossen in Österreich uns haben chund gethon den grossen gepresten, den unser land und stet hieten von der munz wegen, die wir etlich jar nidergelegt haben durch ander unser nutz willen, die wir in andern wegen in unsern landen genumen haben, und das grosser gepresten in unser munz an Wiennern in unserm land wer von valscher und von schwinder munz, die darunder geng was worn, davon unser landleut grossen schaden genumen haben. und das haben sie uns als oft ze wissen gethon, das wir ernstlich mit in geschafft haben, das sie uber sessen und funden, wie wir ein merung der munz machten nach der täurung silbers, das unser land und leut icht gepresten gewinnen an phemingen, als sie etlich jar her gehabt haben. Nun haben wir unser land und leut bedacht und haben mit unsern hausgnossen geschafft, das sie unser münzwerkeh wurkten nach der teurung silbers.

Das haben sie getan zu gegenburt unser obristen kamrer und unsers anwalt an der stat, do sie zu recht solten, do man das zu recht sol aufsetzen und prennen, und als auch ir alt hantfesten sagten. Nu haben wir geschafft mit unserm obristen kamrer, mit unserm munzmaister und auch mit unserm anwalt, das sie derselben pfenning sullen nemen zweier marckh schwer und sullen die in zwai tailen, und dieselben zwai tail sullen und wellen wir idem tail besunder mit unserm insigel besigeln, und derselben zwaier tail einen den sol unser obrister kamrer einnemen, den sol im dann unser anwalt besigeln zusambt unserm insigel, und den andern tail sol unser anwalt einnemen, und den sol im unser obrister kamrer besigeln zusambt unserm insigel; und das haben wir darumb gethon, ob iemand gegen unser munz oder gegen unsern hausgenossen einen oder menigern reden wolt und sie gen unsern genaden besagen wolt, es ging an die aufzal oder an prant, das sullen sie verantwurten gegen den obgenanten zweien markten, der unser obrister kamrer aine inn hat und unser anwalt aine. Und sol das auch bescheen an der stat, da er zu recht schol, auch sol ander niemand das recht daruber sprechen, dann unser hausgenossen, als ez von alter herkomen ist; und darzu sullen auch die hausgenossen von unsern genaden pleiben pei allem irem rechten, als ir alt brief sagent, und die sie auch von alter pei allen unsern vorvarn herbracht habn. Und des zu urkund geben wir in disen brief besigilt mit unserm insigel. Geben zu Wienn am phinztag nach sand Kathreintag nach Cristi gepurd CCC°, darnach in dem LXII jar.

LXVI.

Herzog **Rudolf IV** bestätiget der Stadt Wien im Allgemeinen alle in ihren Hand-festen enthaltenen **Rechte,** insbesondere die Rechtskraft aller vor dem Rathe ab-geschlossener Rechtsgeschäfte und daselbst erfolgten Satzungen und Urtheile und die Freiheit von jedem Heiratszwang.

1364, 12. April. Wien.

Aus der Original-Pergamenturkunde im Wiener Stadtarchive mit dem an einer grün-rothen Seidenschnur hängenden, etwas beschädigten Reiter-iegel des Herzogs. Abschrift im Eisenbuche f. 71. Gedruckt bei Reuch, Script. III. 97—99 Lichnowsky. Habsburg. IV. Nr. 632.

ir *Rudolf* der vierd von gotes gnaden erzherzog ze Osterreich, ze Steir und ze Kernden, herre ze Chrain, auf der Windischen Marich und ze Portnau, Graf ze Habspurch, ze Tirol, ze Phirt und ze Kiburch, marichgraf ze Purgou und lantgraf in Elsazzen bechennen und tuen chunt offenlich mit disem brief, daz wir den erbern und beschaiden, unsern sundern liebisten und getreuen . . . . dem purgermaister und . . . dem rat unserr stat ze Wienn durch irr vleizzigen pet willen und auch durch nutz und fuerdrung willen derselben unserr stat ze Wienn, zu der wir vor andern unsern steten besunder begier und lieb haben, die gnad getan haben und tuen auch, daz alle gescheft, die daselbs ze Wienn vor unserm rat und vor erbern leuten geschehent ze rechter zeit, oder die nach der statt recht ze Wienn mit erbern leuten oder mit versiegelten briefen bewert, pracht und bestett werdent, daz ein igleich man oder weib ze recht geschaffen mag, fuerbaz stæt und unverrukt ewichlichen beleiben sullen an alle irrung und invelle. Und haben wir auch sie von sundern gnaden des vertræst und vertrœsten auch mit disem brief, daz wir dieselben unser purger dabei halten wellen vestichlichen, also daz wir das selber mainent stæt ze haben und dawider nicht tuen, noch andern iman dawider tuen sol in dhainen weg.

Wer aber, daz iman an uns mit pet cheme von derselben gescheft wegen, daz wir den nicht erhœren wellen, sunder daz die gescheft ewichlich beleiben, als sie geschafft sind durch aufnemung willen unserr stat ze Wienne, als da vor geschriben stet. Ouch haben wir in gelobt mit unsern gnaden, daz wir weder ire chinde noch ir freunt, ez sei man oder weib, junchfrau, knaben oder witiben, nimmer mit dhainer heirat uber irn willen ichts nœten wellen noch sullen, wan sie die selber nach irm willen bestatten sullen. Geschech aber, daz wir sie darumb in dhainen weg pœten, und uns darinne versagt wuerde, daz wir denn daz, guediichleich aufnemen sullen und in darumb dhain ungnad nicht erzaigen.

Wir bestæten und vestnen in auch mit disem brief alle ire recht, die in dem rat und in der statt-schrann ze Wienn geschehent, oder die mit vrag und mit urtail da gevallent, daz die stæt und unzebrochen beleiben sullen, und daz weder wir noch ander iman dawider tuen sullen noch wellen. Daz alles besteten wir in mit unsern gnaden veste ze haben an allez geverde, unverzigen irr recht, die sie in andern irn hantfesten habent, die ouch bei irn kreften beleiben sullen nach sag derselben irr brief und hantfest ane alle geverde. Mit urchund dits briefs versigelt mit unserm grozzen fürstlichen insigel, der geben ist ze Wienne an freitag vor sand Tiburci und sand Valerianitag nach Christi gepurd dreuzehenhundert jar, darnach in dem vier und sechzigsten jar, unsers alters in dem funf und zwainzigistem und unsers gewalts in dem sechsten jar. † Wir vorgenant herzog *Ruodolf* sterken disen prief mit dirr underschrift unser selbs hant.

LXVII.

Herzog **Rudolf IV.** verfügt die Auflösung aller Bestandverträge über **Weingärten.**

1364, 19. April. Wien.

Aus dem Eisenbuche f. 86.

ir *Rudolf* von gotes gnaden herzog ze Österreich, ze Steir und ze Kernden und graf ze Tirol etc. gepieten eu gemainklichen und jedwedem sunderlich ze *Töbling*, ze der *Heiligenstat*, ze *Nustorf*, ze *Griuzing*, ze *Sifring* und wellen ernstlichen, daz alle weingærtenbestænd gænzleich absein, daz auch iederman sein geld, darumb er die weingærten hingelassen hat, widernemen sol; und wer auch fuerbas in dhainem bestand icht wuercht, den wellen wir swerlich darumb pessern an leib und an gut, und alsam dem hinlasser, darumb daz ez bei rechtem lon beleibe; und welich leut unser burger ze Wienn darzu vordern und in umb das lon emphelhent, daz denn dieselben des morgens frue auf die mietstat geen und darzu vleissigleich warten, daz einer fuer den andern icht greif mit dem lon, und daz es bei einem rechten mittern lon beleibe. Und das sullen, ir sein vir oder meniger, beschen und besorgen, als sie pest muegen, und sullen das verhaissen und des swern ze tun an geverd, und daz auch die aribaiter des morgens zu der aribait zu rechter zeit ausgeen und davon des abends geen muegen. Geben ze Wienn am sambstag in der Osterwochen anno CCCLX^m quarto.

LXVIII.

Herzog **Rudolf IV.** verbietet allen **Zechen** und **Handwerksinnungen** in Wien Ordnungen und Satzungen aufzusetzen, wozu allein der Rath der Stadt berechtigt sein solle, und bestätiget die von der Stadt erlassene **Fleischhackerordnung.**

1364, 28. August. Feldlager bei Ried.

Aus der im Wiener Stadtarchive befindlichen Original-Pergamenturkunde mit dem an einer roth-grünen Seidenschnur hängenden, zum Theil abgebröckelten grossen Reitersiegel des Herzogs in rothem Wachs. Gedruckt bei Hormayr V. Urkundenbuch 42—46. CXLV.

ir *Rudolf* der vird, von gotes gnaden erzherzog ze Österreich, ze Steir, ze Kernden und ze Krain, herr auf der Windischen Marich und ze Portenau, graf ze Habspurg, ze Tirol, ze Phirt und ze Kiburg, markgraf ze Purgau und lantgraf in Elsazz bekennen und tun kund, wann fürstleiche macht irer untertanen nutz und frumen mit solcher besichtikait besorgen sol, daz gemaines gut aufge und gemeret werde, und solche ordnung werde gehalten, mit der baide, die armen und die reich, in geleicher phlicht beleiben und besten mügen, sunderlich an den dingen, von den mänklich allermaist genert wird, darumb sind unser getreun und sunderliebsten — der burgermaister, der inner und ausser rat und die gemain der burger unserr stat ze Wienn an uns bracht und uns aigentlichen beweiset habent, daz die freiung, die wir der stat von besunder gunst durch irs frumen und aufnemens willen geben haben, von den zechen und ainungen der hantwercher daselbs und von den satzen, die sie durch ir sunder nutzes willen gemacht habent und taegleich machent, gehindert und nidergelegt wirt, und der stat gemainkleich schedlich ist, so haben wir nach guter vorbetrachtung und zeitigen rat durch gemains nutzs willen der stat, daz sie dester pas an leuten und an gut aufnem, und ein ieglich man sich freilich zu der stat halten und beleibleich da nidergelassen muge, abgenomen, vernichtet und verpoten für uns, unser brüder und erben, nemen auch ab, vernichten und verpieten an disem brief mit fürstlicher macht all zechen, ainung und gesellschaft und auch alle setz, ordnung und gepot, die die hantwercher in unser egenanten stat daher gehabt oder gemacht habent oder furbas machen würden, und wellen, daz die genzlich absein und furbaser nimer zu dhainen zeiten dhain craft haben oder gewinnen in dhain weis, und verpieten auch mit disem brief, daz furbas niemant in dhainerlei hantwerch dhain gesetzt, ordnung oder gebot mach oder aufsetz, denn alain der burgermaister und rat der vorgenanten stat ze Wienn, die je zu den zeiten sind, die ouch sunder aid darumb gesworen habent, als in und der stat auch darüber seliger gedechtnuss unser vorvordern weilent herzogen ze Österreich, ze Steir und ze Kernden in hantvest und brief geben habent. Wann aber die maist narung der leut gemainklich an fleisch und an prot leit, darumb vesten und besteten wir mit kraft dits briefs die ordnung und gesetzt, die unser egenanten getreun lieben der purgermaister und der rat ze Wienn mit guter fürsichtigkait und betrachtung durch gemaines nutzes willen gemacht und gesetzt habent in aller der mass, als hienach geschriben stet.

Des ersten, daz dhain fleischhacker an dem viehmarkt dhainem andern man, er sei seins hantwerchs oder nicht, seins kaufs nicht hindern noch irren sol. Sie sullen auch nieman sein viech versten, daz er es leichter geben muezz, denn es wert sei. Auch sullen sie mit dhainer satzung slahen, sunder ir iegleicher mag slahen, zu welcher zeit er wil, als vil in zimt, das er verkaufen mug. Man sol auch weder ochsen noch rinder, die man under den fleischpenkchen verkaufen will, nindert anderswo slahen, denn auf der slachpruck bei dem Rotenturn auf der Tunau, und sol man auch daselbs nicht slahen, es haben dann bei dem minnisten zwen der gesworn maister, die der purgermaister und der rat iegliches jares darüber setzent, vorgesehen, ob das viech als vaist und gesunt sei, daz man es slahen sulle, und was viechs sie presthaftig oder puoswirdig sagen, das sol man von danne treiben, und sullen im die maister den zagel abslagen durch das, daz man es dabei für ungebes erchenne. Es sol auch ein iegleich fleischhackher in seiner fleischpank selber sten alain oder selbander und fleisch von hand hackhen an geverd. Welcher aber des nit tut, der sol vervallen sein ze puss zwen und sibenzig phening, daz er durch notdurft des viechs ze kaufen zu dem markt gevaren hab. Aber wittiben und waisen mügent das hantwerch wol mit knechten bestellen und verwesen. Welcher auch wol fleisch verkaufet, der sol innerhalb seiner pank sten, und als oft er das uberfür, als oft sol er geben ze wandel vier und dreissig phening; waz fleisches auch ir dhainer verkaufet hat, das sol er ab wegtun, durch daz er darnach niemant versag; welcher es darüber tut, der sol vervallen sein zwen und sibenzig phening.

Es sol auch ir dhainer pruoswein oder pruoseiten unden den penkchen schroten, es haben denn zwen der gesworn maister beschaut auf die penkch schrott, der sol ze puss geben zwen und sibenzig phening, es sei rain oder nicht; was auch des sweinenfleisches phinnacht ist, das sol man vail haben ausserhalb der penkh, durch daz man wisse, daz es nicht rain sei; wer das uberfert, der sol ain phunt phening zu wandel geben. Man sol auch all sweinen lemproten in die würst hackhen; und als oft ir dhainer die anders verkauft, als oft sol er ze wandel geben vier und dreissig phening. Auch sol man weder kra noch mitiger in die smer oder smerlaib winden; wer das tet, der ist vervallen zwen und sibenzig phening. Es sol auch ein iegleich fleischacker sein fleisch sundern und underschaiden, das puckhein von dem scheffein, und iegleichs dafur geben, als es ist; als oft er das ubervart, als oft sol er geben zwen und sibenzig phening. Welchs tags man auch fleisch isset, des negsten abents davor sol man das fleisch vail haben, man veir oder nicht; wer under in des nicht tet, der geit als oft zwen und sibenzig phening, er swer dann, daz er daheim nicht gewesen sei, daz er daz fleisch bereiten möcht. Kain fleischackher sol auch an dem freitag vor mittentag kain viech treten zwischen Ostern und sand Michelstag; wer das tut, der geit von iden haupt viechs zwen und sibenzig phening. Auch sol man kainerlai fleisch nicht lenger vail haben denn zwen tag. Als oft ir dhainer das ubervert, als oft sol er geben zwen und sibenzig phening. Es sol auch dhain fleischackher kein fleisch an ganz peuch verkaufen denn mit der wag, und sullen auch die maister ir wag und ir gelot haben, das darzu gerecht sei und mit der purger zaichen gemerket sei, und welcher under in von diser gesetzt wegen fleisch nicht vail haben wolt, der sol ain jar aus der stat sein und das hantwerch nicht treiben weder mit imselber noch mit knechten. Wie man auch ieglciches fleisches ain phunt geben sull, das sol der purgermaister und der rat ze Wienn setzen und bemezzen, und sullen auch der kauf zu den quotembern in dem jare, oder als oft des not ist, höhen und nidern nach dem kauf des viechs, und sullen auch bewarnen und versorgen, daz armen und reichen ein gleicher und zeitlicher kauf widervar, und doch die fleischhackher von irr arbait gewin nem und ir narung gewinne. Die fleischhackher mügent auch rind reineu haupt und fuess und sweinerne haubt und fuess an die wäg verkaufen, so sie hoch ist, mügen doch, daz den leuten rechter kauf widervar. Sie sullen auch dhain kalb nicht slahen, die maister haben es dann vor gesehen, und es sei auch vier wochen alt; welichs kalb aber uber zehen wochen alt ist, daz sol man auch nicht slahen. Wir wellen auch, daz der kauf des viechs beleibe, als er von alter herchömen ist, und als es in der statpuch ze Wienn geschriben stet. Auch sullen die fleischackher in irn penkchen mit worten nieman beswern noch ubel handeln bei buess zwen und sibenzig pheningen, und sullen auch nieman hindern mit worten noch mit werchen, der zu irm hantwerch keren wil, er sei von fleischhackhergeslecht geborn, oder von andern leuten oder von wannen er sei. Und wellen auch, daz die fleischhackher die gewonhait, die sie von alter gehabt habent, daz ist, das niemant fleischhackhen sulle, er wer dann ains fleischhackher sun, oder er hiet sein tochter zu der ee, fürbas nicht fürzichen oder in selber damit in dhain weg gehelfen wider dis vorgenant gesetzt und ordnung. Es sullen und mügen auch all fleischackher, von wann sie sein, durch das ganz jar fleisch in die stat ze Wienn füren freileich und ane irrung; wer sie aber daran hindert und darumb besweret mit worten oder mit werchen, der sol sich wissen in unser ungenade vervallen sein, und daz wir in darumb swerlich pessern wellen an leib und an gut. Die fleischackher gemainklich sullen auch von ostern unz auf des heiligen Kreutzestag ze herbst alle tage, so man fleisch isset, die penkch auftun, wenn man Non leutt; aber nach denselben tag des heiligen Kreutzstag durch den herbst von den winter sullen sie penkch offen haben den ganzen tag, daz die leut kauf da vinden; und als oft ir dhainer das uberfür, der wer ze wandel vervallen zwen und sibenzig phening. Und wann wir von unsern getreun, den dise sach kunt ist, beweiset sein, und auch uns dunkchet nach rat unsers rats, daz die vorgeschriben aufsetz und ordnung der egenanten unserr stat und dem land, armen und reichen, nutz und gut sein, darumb gebieten wir bei unsern hulden für uns, unser brüder und erben dem purgermaister und dem richter und dem rat ze Wienn, welich die je zu den zeiten sind, daz sie es vestikleichen dabei halten und niemant gestatten dhainen ingrif darin ze tun.

Dieser sach sind gezeugen: die hochgeborn fürsten *Winzlaw* herzog ze Sachsen, *Walthasar* herzog ze Praunsweig, die edeln graf *Ulreich* und graf *Hainreich von Schaunberch* gebruder unser lieb ohem, *Puerkchart* und *Johans* gevettern grafen *von Maidburg*, graf *Herman von Cili*, graf *Hban von Pernstain*, unser getreun lieben *Leutolt von Stadeck*, landmarschalich in Österreich, *Eberhart von Walsse*, haubtman ob der Enns, *Chol von Seldenhofen*, hauptman in Steir, *Wernhart von Meissen* und *Hanns* sein sun und *Kuurat* sein vetter, *Haideureich von Meissen*, obrister schenk in Österreich, *Albr von Puocheim*, obrister drugsetz in Österreich und *Hanns* sein vetter, *Peter von Ebersdorf*, obrister kamrer in Österreich, *Fridreich*, *Hainreich*, *Ruodolf*, *Eberhart* und *Johans* vettern *von Walsse*, *Hertl von Pettau*, marschalch in Steir, *Kuonrat von Anfenstain*, marschalch in Kernden und *Fridrich* sein vetter, *Albert der Stuchs von Trautmansdorf* und sein sun, *Hanns der Turs von Raukeneck*, *Hainrich von Rankenstain*.

Ulreich von Liechtenstain, von Morau kamrer in Steir, *Hainrich von Liechtenstain* von Nicolspurgch, *Ulreich von Kranichperch, Kadolt von Eckhartsau, Stephan von Hohenberg, Ott, Hainrich, Ulreich, Stephan* und *Albrecht* gevettern von *Zelking, Hainrich von Prunn, Marchart der Tnors von Osterwerch, Hainrich von Rappach* unser hofmaister, *Johanns der Lozperger* unser kamermaister, *Alber* der schench *von Ried* unser vorstmaister, *Dietmar* und *Hertl von Loscustain, Stephan von Toppel, Seibolt* und *Jörig* gevettern *von Volkenstorf, Weichart der Polnhaimer, Herman* und *Niclas* gebrüder *Schenchen von Ostrawitz, Ernst von Stockcharn, Wernhart* der Drugsetz, *Jans von Tierna*, huobmaister in Österreich und andrer erber herrn, ritter und knecht vil, die ze den zeiten bei uns waren. Und durch daz es auch stet ewiklichen beleibe und unverruckt behalten werde, hiessen wir unser grosses fürstleichs insigel henkchen an disen brief, der geben ist dreuzehenhundert jar, darnach in dem vir und sechzigisten jare, unsers alters in dem funf und zwainzigisten und unsers gewalts in dem sibenden jare an sand Augustinstag. † Wir der vorgenant herzog *Rudolf* sterkchen disen brief mit der underschrift unser selbs hant.

LXIX.

Herzog **Rudolf IV.** gebietet allen Zehentnern, die Bürger von Wien ihren **Maisch** frei fortführen zu lassen, den **Zehent** von ihnen in der Stadt und das **Bergrecht** nach dem städtischen Masse zu nehmen.

1364, 30. September. Wien.

Aus dem Eisenbuche f. 85. Gedruckt bei Rauch, Script. III. 100.

er brief lautt, daz all zehentner under dem gepirg die purger hie ze Wienn iren maisch sullen furen lassen und den zehent in der stat von in nemen, und daz man das perkrecht nemen sol mit der mass, die in der stat gehemet sei. Wir *Rudolf* von gotes gnaden herzog ze Osterreich, ze Steir, ze Kernden und ze Krain, graf ze Tirol etc. enbieten unsern getreuen allen zehentnern under dem gepirge unsre gnad und alles gut. Wir gebieten eu gar ernstlich und wellen, daz ir unser purger von Wienn, reich und arm, irn maisch von dannen furen lasset an irrung und den zehent von in nemet in der stat, da sie in vor bericht und geben habent, und auch das pergrecht nemet mit der masse, die hie in der stat ze Wienn gehemet. Geben ze Wienn an montag nach Michaelis anno etc. LXIIII°.

LXX.

Herzog **Albrecht III.** verbietet den **Grundherren** ihren Kauf- und Satzbriefen den Beisatz hinzuzufügen „**uns ohne Schaden**".

1366, 11. September. Wien.

Aus der Originalurkunde im Wiener Stadtarchive. Abschrift im Eisenbuche f. 74.

 ir *Albrecht* von gotes gnaden herzog ze Österreich, ze Steir, ze Kernden und ze Krain, graf ze Tirol etc. enbieten unsern getreun allen gruntherren und gruntfraun, perkherren und perkfraun, sie sein geistlich oder weltlich, den dieser brief gezaigt wirdet, unser gnad und alles gut. Wann wir aigentlich und wol beweiset sein, daz land und leut nicht versorgt, noch in nutz noch fuglich sei, wenn ir in die kaufbrief oder satzbrief oder in ander brief, daran eur insigel gehoret, schreibet oder schreiben haisset: *eu au schaden*, gebieten wir eu gar ernstlich und wellen bei unsern hulden, daz ir fürbaser davon lasset und eu mit euern insigeln verschreibet und schreiben haisset, als es von alter herkomen ist, und dhain neuung daran machet, oder ir tet grösslich und swerlich wider uns, und wolten auch wir eu darumb sere pessern an leib und an gut. Geben ze Wienn an freitag nach unser Frauntag ze herbst anno domini millesimo trecentesimo sexagesimo sexto.

Marsch. provincialis *de Stadeckh.*

LXXI.

Die Herzöge **Albrecht III.** und **Leopold** erlassen eine Ordnung für die **Goldschmiede** in Wien.

1366, 13. October. Wien.

Aus dem Eisenbuche f. 99'. Gedruckt bei Hormayr, V. Urkundenbuch 108—111 Nr. Cl..

 ir *Albrecht* und *Leopold* geprüeder, von gots gnaden herzogen ze Österreich, ze Steir, ze Kernden und ze Krain, herren auf der Windischen Marich und ze Portenau, graven ze Habspurg, ze Tirol, ze Phirt und ze Kiburg, markgrafen ze Purgau und lantgraven in Elsassen bekennen und tun kund offenleich mit disem brief allen den, die in sehent, lesent oder hörnt lesen nu oder hinnach ewigleich. Seind wir von fursichtigkait und fürstleicher wirde besorgen und fürdern sullen gemainen nutz und frumen unserr undertanen, so sein wir, sunderlich phlichtig und gepunden nach unserr münssrecht die goltsmid in rechter ordnung ze halten, wann sie in unser kamer gehörnt und auch arbaitent und würhent gold, silber und edel gestain, mit den wandlung und gemainsam der leut allermaist vollbracht wird, darumb nach gutem rat unsers rats und anderr unserr getreun und mit namen unsers münssmaisters und der hausgenossen ze Wienn mit wolbedachtem mut und mit rechten wissen haben wir die recht und geseczte den goltsmiden ze Wienn gegeben und verlihen, verleihen und verneuen auch mit kraft dits briefs für uns und all unser erben, als hienach geschriben stet. Des ersten, das die goltsmid vor ainem münssmaister ze Wienn, wer der nu zu den zeiten ist, und vor dhainem andern richter ze recht steen sullen, und sullen im auch gehorsam sein ze gleicher weis, als die hausgenossen und die münsser. Wer aber, das chain sach under in auferstünd, die dem münssmaister ze swer wurd ze richten, die sol an uns bracht werden, wann sie in unser kamer gehörnt in allem dem rechten als die hausgenossen und die münsser. Es sol auch dhainem goltsmid erlaubt sein goldsmidwerich ze würchen und ze arbaiten, er hab dann vorgewunen purgerrecht und des münssmaister willen, und hab auch offen brief versigilt mit insigeln der stat, do er geporn und erzogen ist, mit dem er beweis gelegenhait seiner kunst, seiner frümbchait, und daz er den maistern daselbs an treu und wandlung wol gevallen mag; wenn auch das geschiecht, so sol er volles recht haben ze würhen, und dasselb recht erbet und gevellet auf seine kind und kindeskind. Wer auch under in neuer maister wirdet, und den die maisterschaft angeerbt hat, der sol geben durch gots willen und durch sand Eloien [1] ere ainen virdung silbers nach gnaden. Erbet in aber die maisterschaft nicht an, so sol er geben drei vierdung silbers, und mit demselben silber sol man bestatten und begraben die maister der goltsmiden, und auch den armen maistern, die nicht mer würchen mügen, an irer notdurft ze hilf kömen. Derselb, den die maisterschaft nicht angeerbt ist, sol dem münssmaister geben auch auf gnad ain vierdung silbers, das er im berait sei ze volfüren seine

recht. Die maister sullen auch zwen erber mann under in setzen und kiesen, die ir aller werich beschaun und versuchen, das es gerecht sei, und fünden sie icht ungerechts werichs, daz sullen sie pringen an den münssmaister und an die hausgenossen; und wolt in ir kainer des wider sein, das sullen sie aber bringen an den münssmaister, und der sol darzu tun nach rat der hausgenossen was pilleich ist. Auch sol der goltsmid iegleicher würchen gut werich gold, das zwainzik karat hab und gut silber, also das alles goltsmidwerich von silber, wie es genant sei, bestee bei ainem lot und nicht erger an geverd. Es sol auch niemant gold noch guldein kleinat auswendig röter machen, noch vergulden noch chainen valschen stain in gold legen. Auch sol niemant chupher, messing, eisen, noch dhainen phening noch dhainer anderlai gesmeid vergulden noch versilbern, er lasse dann daran ain offen urkund, das man wol geschen müg, was es sei. Die goltsmid süllen auch das silber mit dem prennen pesser machen und nicht erger. Es sol auch niemant abschroten von dhainerlai münss kaufen noch prennen, er tu es dann dem münssmaister ze wissen, das der innen werde, von wannen es chömen sei. Auch sol kain goltsmid noch iemant anderr, er sei phaff, oder lai oder jud, chain insigel graben, er wisse dann chuntleich, das es erberleich, in rechter weise und unargwenleich gefrumet werde. Es sol auch niemant chain klainat, das nicht gerecht ist, weder pessern noch verchaufen. Wer auch goltsmidwerich von gold oder von silber, das anderswo gemacht ist, hie ze Wienn verchaufen wil, der sol es vor ze beschaun geben den zwain, die daruber gesetzt sind, durch das niemant daran betrogen werde. Es sol auch niemant goltsmidwerch erlaubt sein ze würchen, denn offenleich in den gedemern gelegen an offner strassen, do man für wandelt und get, und in chainen verporgen gemechen oder heimleichen kamern und steten, noch auch under den juden. Wer aber, das iemant diser vorgeschriben stuckh chains uberfür, so sullen die zwen, die daruber gesetzt sind mit wissen des munssmaisters, dasselb werich nemen, wo sie es vindent under kristen oder under juden, und sullen es prechen und geprochen dem münssmaister antwurten. Welcher auch under den goltsmiden maister sein wil, der sol erberleich verpürgen, das er darnach in dem negsten jar, und er maister worden ist, ain eleiche wirtin neme, ob er aine nicht hat, darumb ob iemant hinz im icht ze wurhen gebe, das der des dester sicher sei.

Die vorgenanten recht, gesetzt und gewonhait der goltsmid sullen volfurt, gehalten und stet gehebt werden vestigleich in aller der mass, als vorgeschaiden ist, doch unschedleich unserr munss an irn rechten an alles geverd. Darumb sol niemant erlaubt sein dawider in kainen weg ze tun. Wer es daruber tate, der wisse, das er daran wider uns getan hat, und das wir in darumb zu den wandeln, die davor beschaiden sind, nach gelegenhait der sach und schuld swerleich pessern wellen. Und daruber ze urkund und ewiger zeugnüss hiessen wir unser insigil hengen an disen brief, der geben ist zu Wienn an sand Colmanstag nach Crists gepurd dreuzehenhundert jar, darnach in dem sechs und sechzigistem jare.

Der heilige Eligius, Schutzpatron der Goldschmiede.

LXXII.

Bestimmungen Herzog **Albrecht's III.** über den **Gold- und Silberverkauf.**

·

1368, 12. März, Wien.

Gedruckt im Oesterreichischen Geschichtsforscher, herausgegeben von Joseph Chmel, I. S. 473 nach dem Münzbuch Albrecht's von Ebersdorf f. 26' I.VII. Dann bei Rauch, Script. III. 101—102.

ir *Albrecht* von gotes genaden herzog ze Osterreich, ze Steir, ze Kernden und ze Krain, graf ze Tirol etc. tun chunt, daz für uns chumen sind unser munssmaister und unser hausgenossen und habent uns ze wissen getan den gepresten, den wir haben, davon unser munz lange zeit gelegen ist von der teurung des silbers, und daz dasselb geschiecht von dem wechsel, den da treibent purger, gest und juden, die des nicht recht habent und auch zu der munz nicht gehorent, wann niemant gold noch silber chaufen noch wechseln sol nur unser chamerer und unser hausgenossen. Davon gepieten wir ernstlich und wellen auch das niemant, weder purger, gest noch juden, chain gold noch silber noch chainerlai munz nicht chaufen noch wechseln sullen, denn unser chamerer und unser hausgenossen. Wir gepieten auch, das chain unterkaeufel auf gold noch auf silber nicht gen sul, noch niemant chainen unterkauf damit treiben sol, er sei denn von unserm munssmaister darzu gesetzt; und swer sich daruber dhaines unterkaufs unterwunde, ez wer mit gold oder mit silber anders, denn vorgeschrieben stet, und ane des munssmaister urlaub, den wellen' wir swerlichen pessern an leib und guet. Wir mainen auch ausgenaemlich, daz chain jud unterkauf treiben sol weder mit gold noch mit silber noch mit chainerlai munss noch mit chainem wechsel, denn allain mit iren clainaten und mit iren phanden: die muegen sie verkaufen, so sie pest mugen, und als das von alter herchumen ist. Wer aber; das daruber . . . . unser munssmaister oder sein anhalt nemen, und sol uns das in unser chamer vervallen sein, das sie pei den juden pegriffen, ez wær gold oder silber, das sie durch verchaufens willen vail truegen, und wolten sie auch darzu pessern an leib und an guet. Mit urchund dits briefs, geben zu Wienn an dem suntag, so man singt Oculi in der vasten. Nach Christs gepurd dreizehenhundert jar, darnach in dem acht und sechzigisten jare.

LXXIII.

Herzog **Albrecht III.** gibt den **Münzern** die **Steuerfreiheit** in Wien.

1368, 13. März. Wien.

Aus dem Münzbuche Albrecht's von Ebersdorf f. 36. Abgedruckt im Oesterreich. Geschichtsforscher I. S. 482. LXIX.

ir *Albrecht* von gottes gnaden herzog ze Oesterreich, ze Steir, ze Kerntn und ze Krain, graf ze Tirol etc. bekennen und tun kund offenlich mit disem brief, das wir unsern getreun den versuechern, den eisengrabern und den munsern zu Wienn, die in die muns daselbs ze Wienn gehorent, die gnad getan haben und tun auch, das sie jarlich frei und ledig sein sulln von aller steur an gever, als das von alter herkomen ist. Davon gepieten wir ernstlich dem burgermaister, dem richter, dem rat und den burgern gemainklich ze Wienn gegenwurtigen und kunftigen und wellen, das sie die egenanten unser versuecher, eisengraber und munser bei derselben unser gnad beleiben lassen und dawider nicht tun in chainem weg. Mit urkund des briefs geben zu Wienn am montag nach dem suntag, so man singet Oculi in der vasten nach Christi geburd dreuzehenhundert jar, darnach in dem acht und sechzigisten jar.

LXXIV.

Herzog **Albrecht III.** bestätigt den **Münzern** eine Urkunde **Rudolf's IV.**
von 1362, 24. November. Wien.

1368, 24. April. Wien.

Aus dem Münzbuche Albrecht's von Ebersdorf, f. 23. LV. Gedruckt im Oesterreichischen Geschichtsforscher 1. 467. dann bei Rauch, Script. III. 102—105.

 ir *Albrecht* von gots genaden herzog ze Osterreich, Steir und ze Krain, graf ze Tirol etc. bechennen offenlich mit dem briefe, das fur uns chumen unser munssmaister und unser hausgenossen in Osterreich zu zaigen uns ain brief weilent unsers lieben prueders herzog *Rudolfs* von Oesterreich etc. seliger gedechtnuss, den er in geben hiet mit seinem insigl versigelt von unser munss wegen und paten uns fleissigleichen, daz wir in denselbigen brief geruchten zu bestæten und ze verneuen. Daz haben wir getan in der weis, als hienach von wart zu wart geschriben ist:

Hierauf folgt die Urkunde Herzog Rudolf's IV. von 1362 1. December LXV wörtlich inserirt, jedoch mit dem Unterschiede, dass sie anstatt am phinztag nach sand Kathreintag: vor sant Kathreintag, somit vom 24. November datirt ist. (In dem Oesterreichischen Geschichtsforscher, herausgegeben von Chmel, 1. S. 474, findet sich aus dem Münzbuch Albrecht's von Ebersdorf f. 27 LVIII der Inhalt der Rudolfinischen Urkunde, jedoch ohne Anführung Rudolf's, wörtlich bestätigt von Herzog Albrecht unter dem Datum 1388, abgedruckt.)

Und wann wir zu allen zeiten gern nachvolger sein aller unser vorvadern seligen und besunderlich des egenanten unsers bruders herzog *Rudolfs* haben wir den egenanten . . . dem munssmaister und den hausgenossen den vorgenanten iren brief bestæt, bewert und verneut, bestæten, beweren und verneuen auch in aller der weise, als er von wart zu wart davor geschriben stet. Des geben wir ze urchund disen brief besigelten mit unserm insigl, der geben ist ze Wienn an sant Jorigentag nach Christ gepurde dreuzehenhundert darnach in dem acht und sechzigistem jare.

LXXV.

Die Herzöge **Albrecht III.** und **Leopold** erneuern und läutern den **Laubenherren** ein Privilegium Herzog **Albrecht's I.** von 1288. 21. März. Neuburg, bestätigt durch Herzog **Albrecht II.** 1355. 15. Juni, Amstetten, das ihnen Herzog **Rudolf IV.** abgenommen hatte.

1368, 15. Mai. Wien.

Aus dem Eisenbuche f. 178. Gedruckt bei Hormayr, V. 2. Urkundenbuch 111–115 Nr. CLI.

ir *Albrecht* und *Leupolt* brüder von gots gnaden herzogen ze Osterreich, ze Steir, ze Kernden und ze Crain, herr auf der Windischen March und ze Portenau, grafen zu Habspurg, ze Tirol, ze Phirt und ze Kiburg, marchgrafen ze Burgau und landgrafen in Elsass veriehen, und bekennen und tun kund offentlich mit disem brief allen den, die in schent, horent oder lesent, nu und hinach ewiglich, das die erbern unser lieben die Laubenherren gemainclich zu Wienn komen sind für uns und unsern rat und habent uns gar erberlich und redlich beweiset, wie und warumb uns unnutzlich, in gar verderblich und schedlich sei, das hinvor seligen gedechtnuss unser lieber bruder herzog *Rudolph* von Osterreich von etlichen leuten underweiset ward, das er denselben Laubenherren abgenomen hat ir freiung, recht und gewonhait, die sie mit ir wandelung und gewerb von alter gehebt und herbracht habent von unsern vordern, und wand der egenant unser bruder, dem got gnad, denselben unsern burgern und Laubenherrn genomen und gebrochen hat die hantvest und brief, die sie uber die vorgenanten ire recht, freihaiten und gewonhait hetten, der sie doch in selber gerecht und gewisse abgeschrift behielten, die sie nu bracht habent für uns und unsern rat und uns vleissigilichen gepeten habent, das wir in dieselben gnad, fraihait, recht und alter gewonhait hiewider geben und verleihen geruchten, haben wir nach rat unsers rats derselben unser burger und Laubenherren weisung offenlich aufgenomen, also das sie mit irn treuen und aiden vor uns behabt und uns underweisent habent ainhelliclich und gemainclich, wie sie daruber von unsern vorvordern und sunderlich von seligen gedechtnuss unserm lieben herren und vater weilend herzog *Albrechten* von Osterreich, dem auch got gnad, gehebt habent ganz gut und gerecht brief, versiglt mit irn anhangenden insigln, die von wort zu worten geschriben stunden, als die egenanten abgeschrift, die sie für uns pracht habent; dieselb abschrift von worte ze wort lautet als hienach geschriben stet:

Wir *Albrecht* von gots gnaden herzog zu Osterreich, ze Steir und ze Kernden tun kund, das für uns chomen unser getreuen die Laubenherren von Wienn und brachten uns für ain hantvest in latein geschriben, die in unser lieber herr und vater kunig *Albrecht* seligen von Rom geben het zu den zeiten, do er herzog was, und paten, das wir in dieselb hantvest in teusch machen und verschriben. Das haben wir getan in solcher weis, als von wort zu wort hienach geschriben stet:

Albrecht von gots gnaden herzog zu Osterreich und ze Steir, herr zu Krain, auf Marich und ze Portenau allen gegenwurtigen und kunftigen, zu den die gegenwurtig abschrift komen wirdet, ewiclich. Unser untertan gefur begerent zu furdern mit fleissigem begiern, beweren wir miltielich, verneuen und bestetten mit disen briefen den tuchsneidern under der Lauben zu Wienn, die gehaissen sind *hantsneider*, und derselben erben unser getreuen lieben als den, den von schuld ir treu gepunden ist vollung unser gnad, all und igliche ire recht, der sie gefreid sind zu den zeiten der erleuchtigen fursten weilend *Leupolts* und *Fridreichs*, herzogen ze Osterreich und ze Steir, setzen wir vestielich und pieten, das chain burger von Wienn geturr versneiden oder verchaufen mit der ellen tuch, welherlai die sein, nur der besichtigelich emphangen werd in irer gesellschaft von gemainem und der weisen rat und willen und sten under der Lauben ze bekummern die stat die er von in genomen hat zu gesellschaft mit gewondlicher ordnung. Auch setzen wir, das kain frombder geturr dhainen weis verkaufen mit der elln edleu tuch, die gehaissen sind *ainfarb* oder *Lampartische* tuch, sunder er leg sie ganz aus und biet sie ze verchaufen. Auch sol nimand frömder verkaufen hosen von *Bruck*, sie werden dann furtragen den kaufenden mit ainem ganzen oder ainem halben tusan ¹); wer dawider anders oder wiederwertigs tet, denn davor geschriben stet, der werde betwungen mit hertigkait unsers gewalts ze gelten in unser kamer zwainzig phund, den vorgenanten handsneidern zehen phund, dem richter zwai phund, dem nachrichter und dem schergen zwen und sibnzig phening, und zu ainer gezeugnuss der verneuung, bestetnuss und verleichung, haben wir geschaft diese gegenwurtige schrift ze schreiben und bewarn mit unserm insigl, geben ze Neunburg an dem zwelften kalenden des Aprili, unsers herren gepurd tausent zwai hundert und acht und achzig jar. Nu haben wir vorgenant herzog *Albrecht* den vorgenannten Laubenherren durch ir betn willen dieselben unsers vorgenanten herrn und vater hantvest also erleucht und erleuchten auch mit disem brief, das wir wellen, ob iemant ire recht an sie vordert, das sie dann alle gemainlich, die ze den zeiten under den Lauben stent und von hantsneidern zu ainander komen, mit gemainem rat und von einander finden und erfarn, ob denselben die recht, die er vordert, an erben von seinem vordern oder von heirat wegen im worden sein; und erfindent dann die vorgenanten laubenherren mit gemainem rat, das er der vorderunge recht hab, so sullen sie im die recht widerfaren lassen an alle irrung, und sol auch er sein recht und sein stat von den nemen und emphahen, die ze der zeit under den Lauben von hant sneident. Und des zu urchund geben wir disen brief besiglten mit unserm insigeln, der geben ist zu Ambtstetten an sand Veitstag nach Christes gepurd dreuzehenhundert jar, darnach in dem funf und funfzigstem jar.

Und wand wir die vorgenanten *Albrecht* und *Leupold* bruder herzogen ze Osterreich etc. nach rat unser erbern herrn, die unsers gesworn rats sind, die darzumal bai uns warn, erfunden und erkant haben, das die vorgeschriben fraihait, recht und alte gewonhait, die unser vorvordern nach zeitigen rat und guter vorbetrachtung gegeben habent den obgenanten unsern Laubenherrn zu Wienn, erber und gut, redlich und beschaiden sind, darumb nach geleichnuss derselben unser vorvordern haben wir durch besunder gunst und gnad mit rechter wissen fur uns und all unser erben ewiglichen denselben unsern burgern und Laubenherrn ze Wienn und allen irn erben und nachkomen gegebn von neuen dingen und gebn in auch recht und endlich mit disem brif alle die fraihait, recht und gewonhait, die hinvor an disem brief geschriben und begriffen sind, die sie furbas ewigtlichen haben, uben und niessen sullen als ir wizzentlich freiheit und recht an unser, unser erben und allermeinclichs widerrufen, irrung und widerred ungeverlich. Als auch under andern stuckhen in seliger gedechtnusz des durchleuchtigsten fürsten unsers lieben herrn und enne weilend des Romischen kunig *Albrechten* brief, den der obgenant unser seliger bestettet hat, begriffen ist, das kain frombder geturr in dhain weis verkaufen mit der ellen edle tuch, die gehaissen sind *ainfarb* oder *Lampartische* tuch, sunder er leg sie ganz aus und biete sie ze verchaufen denselben artikl leutern wir also und mainen, das es sei umb alle ganze tuch, sie sein ainfarb oder welherlai die sein, die wollein sind, wo die gemacht oder wie sie herkomen sein an alles gever. Darnach als an demselben brief auch begriffen ist, das nimand frombder verkaufen sol hosen von *Bruck*, sie werden dann furgetragen den kaufenden mit ainem ganzen oder mit aim halben tusan, das leuten wir auch und wellen, das es sei umb alle neu hosen, wo die gemacht und wie sie hergefürt werden an alles gever. Darumb zu einem warn, vestenen, offenem und ewigen urkund der vorgeschriben unser verneuung, bestetnusse und verleihung haben wir gehaissen disen brief schreiben und den bewarn und sterkhen mit unsern furstlichen insigeln, der durch hende unsers des egenanten herzogen *Leupold* an unser selbs und des egenanten unsers bruders, herzog *Albrechts* stat mit unser baider vollen gwalt und durch des erwirdigen herrn *Johannsen* bischofs ze Brichsen seins canzler hende nach rat unsers rats geben ist ze Wienn an den montag nach sand Pangracitag des jars, da man zalt von Christes gepurd dreizehenhundert jar, darnach in dem acht und sechzigisten jarn. Dux *Leupoldus* d. gt., comes *Ulricus de Schaunburg*, *Hadeler de Meissau* marschal. provinc., *Stephan de Tepl*, *Engrard* ducis Leup., *Johanes de Liechtenstain*, *Kadoldus de Eckartzau* et ceteri consules et presentes.

*) Der Sinn dieser Stelle wird verständlicher, wenn man sie mit der gleichlautenden, jedoch lateinischen Urkunde Herzog Rudolf's III. für Krems vergleicht: Sancimus etiam, quod nullus advenarum pannos nobiles, qui ainvar vulgari vocabulo nominantur, vel pannos Lombardicos vendere per ulnam aliquatenus audeat, sed ipsos integros exponat et prebeat ad vendendum. Caligas quoque die Pruckh nemo vendat advenarum, nisi per integram vel dimidiam duodenam (also dutzendweise) ementibus offerantur. (Siehe Originalurkunde im Kremser Stadtarchive. Gedruckt bei Rauch, Script. III, 361, und Kinzl, Chronik von Krems S. 401.)

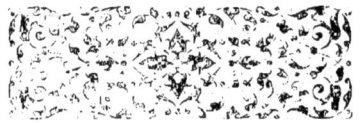

LXXVI.

Die Herzöge **Albrecht III.** und **Leopold** setzen eine Ordnung für die **„Fütterer"** ein.

1368, 7. August. Wien.

Aus dem Eisenbuche f. 71'. Gedruckt bei Rauch, Script. III. 105. Notizenblatt der kaiserl. Akademie 1855, S. 352.

 ir *Albrecht* und *Leupolt* gebruder von gots gnaden herzoge ze Osterreich, ze Steir, ze Kernden und ze Chrain, herrn auf der Windischen March und ze Portenau, grafen ze Habsburg und ze Tirol, ze Pfirt und ze Kiburk, Markgrafen ze Purgau und lantgrafen ze Elsassen bechennen und tuen kund offenlichen mit disem brief, das fur uns chomen unser getreuer lieber *Niclas der Würfl* purgermaister und der rat unser stat ze Wien, und habent uns furbracht, wie etlich gepressten ze Wienn grosleich anligen wæren, die hernach geschriben stent, und paten uns die ganz gemain unser stat daselbs zu Wienn inneklichen, das wir in dieselben gepresten geruchen von unsern furstlichen genaden ze wenden, der wart, das dieselb unser stat ze Wien an aller wandlung grosser und chlainer daselbs aufnemen uns zu eren und ze nutz und ze frum, des ersten: das gross schaden chomen und erstuenden von der menig unordenunge der Fuetrer ze Wienn, der zu viel wære, da von grosse teurung auferstanden ist und erstuend und ze kunftigen zeiten ersteen wurde, ob man die nicht wendet. Davon wellen wir und mainen gar ernstlichen, das der eegenant purgermaister, der je zu den zeiten ist, und der rat daselbs ze Wienn ein summ derselben Fuetrer setzen soll, der bei sechzig sein und nicht mer, und damit die eegenant unser stat ze Wienn wol erleich und erberleich besorgt sei, und wenn die also gesetzt habent, so mugen denn sie wol fuetern und das fueterrecht haben und niemant anders. Geschech aber, das die vorgenanten der purgermaister und der rat gepresten empfunden und erchanten von der menig der eegenanten Fuetrer wegen, so mugen sie danne mit unserm guten willen derselbig menig der Fuetrer wol geminnern, ob sie wellent, und ob in das gefellet. Darnach das die vorgenanten Fuetrer in der stat ze Wienn ungewondleich vodrung und ander, dann von alter herkomen ist, gehabt haben von unserm statrichter daselbs zu Wienn, mainen und wellen wir, das die vorgenanten Fuetrer derselben ungewondlichen vodrung furbas genzleich frei sein und ledig, also dass sie chainem statrichter daselbs zu Wienn kain gelt geben sullen, sie verfielen in dann wandel mit unechter mass: die mag und sol derselb von in nemen nach der stat recht zu Wienn.

Item uns ist vurkomen, das vor iederman, wie der genant ist purger oder gast, chreussen und allen vreileich her gen Wienn pracht hab und da verchauft hab, daran sie der statrichter ze Wienn geirret hab, das niemant geturst kreuzzen noch allen hingeben, denn sie hetten ez von im pestanden, da von grosse teurung erstanden wær, und die doch von alter nicht gewesen ist. Mainen und wellen wir gar ernstlich, das furbas allermanigelich, wie die genant sint, er sei purger oder gast, chreussen und ælen freileich hingeben sol und dem statrichter ze Wienn darumb nichts schuldig noch gepunden sein in chainen wege. Darzu wellen und mainen wir vestigelich, das furbas der ungewondlich zins, den die statrichter ze Wienn auf das mostkosten auf dem Hof auf die weinkoster gesatzt habent, genzleich und allsdings ab sein, und das iederman sein most mug freileichen hingeben an hilf und an fodrung aller weinkoster. Wer aber dawider tæt und die vorgenanten unser pünt und gesetzt nicht staat hilt, denselben sollen die vorgenanten der purgermaister und der rat der stat ze Wienn nach gelegenhait der schuld pessern, also das sie die pesserung der stat anlegen wissenlich nach ir notturft. Und des ze urchund und sicherhait haissen wir unsereu grosseu furstleicheu insigel henkchen an disen brief, der geben ist ze Wien an sand Affratag nach Christs gepurt dreuzehenhundert jar, darnach in dem achtundsechzigisten jare.

LXXVII.

Herzog **Albrecht III.** verbietet das Abreissen von **Weinbeeren.**

1368, 10. August. Wien.

Au- dem Eisenbuche f. 86'.

ir *Albrecht* von gotes gnaden herzog ze Oesterreich, ze Steir, ze Kernden und ze Krain, graf ze Tirol etc. schaffen mit eu allen richtern, purgern, ambtleuten und auch allen andern den unsern, den diser brief gezaigt wirdet, und wellen bei unsern hulden, daz ir offenlichen rufen und kunden haisset, daz niemant, wer der sei oder wie er genant ist, dhain weinper uberal abprech, denn der es pilleich tun sol, und des die weingerten sind, und daz auch niemant les korn; wer es aber darueber tæt und daran begriffen wurde, daz man den fuer ainen schedleichen man halten sol, und wer sich auch frevelicher dawider satzte, was dem dann geschæch, daz im niemant darumb puswertig sein sol in dhain weise. Mit urkund dits briefs. Geben ze Wienn an unser Frauen abend zu der schidung anno domini M. CCC" sexagesimo octavo.

LXXVIII.

Der **Rath** der Stadt **Wien** setzt die Rechte der „**Fütterer**" fest.

1368, 12. August. Wien.

Gedruckt bei Rauch, Script. III. 108—110.

 ir *Niclas der Wuerfl* ze den zeiten purgermaister und der rat der gemain der stat ze Wienn vergechen offenlich mit dem brief umb den presten, den wir an unsern genedigen herrn den hochgebornen fursten herrn *Albrechten* und herrn *Leupolten* gepruder herzogn ze Osterreich, ze Steir, ze Kernden und ze Krain, graven ze Tirol etc. getragen haben von der menig der Fuetrer hie ze Wien, da von gemainchlichen armen und reichen in der stat ze Wienn gross schaden widerfarn sind von der teurung des fueters, und daruber die vorgenanten unser genedig herren ir brief uns geben habent mit iren grossen furstlichen anhangunden insigeln, das die eegenanten gepresten genzleichen absein, und darumb so geben wir mit gemainem rat den erbern leutn under der gemain der Fuetrer die recht, als sie uns von den vorgenanten unsern genadigen herrn bestaett sind, also das furbas in der stat und vor der stat ze Wienn sechzig Fuetrer sein sullen und nicht mer. Wer aber, das wir der rat der stat ze Wienn oder unser nachkomen empfunden den schaden von der menig der Fuetrer, so mugen wir die eegenanten zal der vorgenanten Fuetrer furmindern.

Es sullen auch die vorgenanten Fuetrer furbas dem statrichter ze Wienn, der die zeit statrichter ist, chains gelts nicht gepunden sein, sunder die Fuetrer verfallen dann dem statrichter der wandl mit unrechter mass: dieselben wandl sullen denn die Fuetrer dem statrichter geben nach der statrecht ze Wienn. Es sullen auch all Fuetrer an den rechten marktsteten, das ist an dem Neunmarkttag nicht mer haben chaufen dann an einem iegleichen markttag an dem eritag und an dem sambstag in der wochen ainen muet, als vor gewondleich ist gewesen. Wær aber, das ainem Fuetrer in der wochen habern und fueter not geschech von ubrigen gesten, der mag in der wochen von ainem purger wol fueter kaufen.

Es soll auch das Fuetrerrecht erben immer auf ain kind eins Fuetrer, das fuetern welle und mit der stat leiden welle. Wær aber, das dasselbe kint nicht fuetern welle, so sol es Fuetrerrecht nicht haben. Es sullen auch furbas die maister in der pruderschaft der Fuetrer niemant setzen ze Fuetrern, dann nach des rats rat der stat ze Wienn. Der sol auch dieselben Fuetrer bestaeten; und wer dann also zu Fuetrer gesatzt wirt da, der sol dann Fuetrerrecht haben und sol der stat ein pfunt ze nutz geben, alles Wienner pfennig.

Auch sullen die herrn des rats under den Fuetrern nemen und setzen der obersten und der pesten, die swern sullen, das sie dan zusehen, das die obgenanten recht und aufsatzt alle behalten werden. Wær aber, das iemant dawider tat under den Fuetrern, der sol darumb ze pesserung leiden nach des rats rat. Und des zu warem urkund und zu einer ewigen gezeugnusse geben wir der gemain der Fuetrer ze Wienn den brief versigelten mit unser stat anhangunden grossen insigel. Der brief ist geben zu Wienn nach Cristi gepurd dreuzehenhundert jar, darnach in dem acht und sechzigistem jar, des sambstags nach sand Larenzentag, des heilign martrer.

LXXIX.

Herzog **Albrecht III.** gebietet den **Zehent** von den Bürgern zu Wien nur an den alten Orten zu nehmen.

Ohne Jahr. 4. October. Wien.

Aus dem Eisenbuche f. 85.

 er brief lautt auch von des zehents wegen, daz man den in der stat hie von den purgern armen und reichen nemen sol. Wir *Albrecht* von gotes gnaden herzog ze Österreich, ze Steir und ze Kernden embieten dem erbern und geistleichen dem abt von *Melk* und allen andern, die zehend habent und nement ze *Guntramsdorf*, den diser brief gezaigt wirdet unser gnad und alles gut. Wir gebieten eu gar ernstlich und wellen, daz ir unser purger von Wienn, reich und arm, irn maisch von dann füren lasset an irrung und den zehend von in nemet in der stat, da sie in vor bericht und geben habent. Geben ze Wienn an sand Francissentag.

LXXX.

Die Herzöge **Albrecht III.** und **Leopold** erneuern zu Gunsten der Stadt Wien das Verbot des Durchzugs fremder **Kaufleute** durch ihre Lande auf ungewöhnlichen Strassen und Wegen.

1369, 28. April. Wien.

Aus dem Eisenbuche f. 43. Gedruckt bei Kauch, Script. III. 110 - 111.

 ir *Albrecht* und *Leupolt* gepruder von gotes gnaden herzogen ze Österreich, ze Steier, ze Kernden und ze Krain, grafen ze Tirol etc. verichen und tün chunt offenlich mit disen brief: Wann unser getreuen lieben die purger und chaufleut ze Wienne des vast beswert und an irr arbait grözleich gehindert waren, daz wir etlich gest und ander chaufleut liezzen ungewonleich strazze und wege wider derselben Wienner recht und vreihait mit ir chaufmanschaft durch unser lande varen, haben wir verhaizzen und versprochen, daz wir daz nieman furbaz erlauben wellen, sunder wellen und sullen wir die egenanten purger und chaufleute von Wienne genedicleich halten und beleiben lazzen pei allen iren rechten und vreiheiten, die sie von alter habent herbracht, ane geverde mit urchunde ditz briefes. Geben ze Wienne an sanztage vor sand Phillips- und sand Jacobstage der heiligen zwelifpoten nach Christes gepurd dreuzehenhundert jar, darnach in dem neun und sechzgisten jare.

LXXXI.

Herzog **Albrecht III.** erneuert das Verbot des **Verkaufs** Ungarischer und Wälscher **Weine** in **Wien**.

1369, 29. September. Wien.

Aus dem Eisenbuche f. 63—63'. Gedruckt bei Rauch, Script. III. 111—113.

ir *Albrecht* von gots genaden herzog ze Osterreich, ze Steir, ze Kaernden und ze Krain, herr auf der Windischen Marich und ze Portenau, graf ze Habspurg, ze Tirol, ze Chiburg und ze Pfiert, marichgraf ze Purgau und landgraf ze Elsatzn pechennen und tuen kund offenleich mit diesem prief, das fur uns chomen unser lieb getreu purger *Niclas der Wurfl* purgermaister und der rat gemain unser stat ze Wienn und prachten uns fur under andern stuckchn, die in unser lieber herr und vater seliger gedechtnusse verschriben hat, ain stuckh, damit sie und die stat ze Wienn derselb unser vater besunderleich hat begnadet der wart, das die stat ze Wienn ir wein dester pas verkaufen mugen und damit wandeln und tuen, als von den alter hercheemen ist, und paten uns vleizziehleich, das wir dasselb stuckh von unsern furstleichen genaden geruchten ze verneuern und ze bestaeten. Das haben wir getan in der weise, als dasselb stuckh in des egenanten unsers herren und vater prief, den wir gesechen und gehert haben, von wort zu wort geschriben stet und als das auch hernach geschriben ist:

Uber allen disen dinkeh so setzen wir, das niemant chainen Ungerischen wein oder Welischen wein oder froemden wein an die ende der stat furen schol ze verchaufen noch ze vertuen, und wo man in indert vindet in dem purkchfrid oder in der stat, da schol ander puezz nicht zugehoren, dann das man in niderslach auf die erden oder in das spital geb. Welich ritter oder die an dem rat sind oder ander iemant Ungerisch wein oder Welisch wein oder froemd wein in den purkchfrid oder in die stat mit wissen oder mit willen lassent oder erlaubent nider ze legen durich gunst oder durch miet, oder ob in der richter nimbt zu seinem nutz oder ander iemant und in zu irem nutz schaffent, so geb uns der richter oder wer es tuet dreissig pfunt und der stat dreissig pfunt alles Wienner munss. Doch von besundern gnaden so erlauben wir ainem erbern man, der sein wirt ist, ain tafern zu vier urnen und nur in seinem haus selb ze trinkehen oder vereren und nicht um pfennig ze geben, und das das dannoch gesehehe mit der purger in dem rat willen. Nu haben wir angesechen die dienst, die uns dieselb unser stat ze Wienn oft und dick erzaigt habent, und des wir uns zu aller zeit hinz in versehen und auch die gnad und pegir, die die egenanten unser vater und all under unser vordern hinz in gehabt haben, und haben den eegenanten purgern dasselb stuckeh, als es von wort ze wort da eben geschriben stet, fur uns und fur unsern lieben pruder herzog *Leupolten* verneut und bestætt und verneuen und westætten auch. Davon gepieten wir ernstlichen allen unsern rittern und knechten, purkgrafen, richtern und mautern und allen andern unsern amptleutn und undertanen, den diser brief gezaigt wird, und wellen, das sie dieselben unser purger pei den vorgenanten stuckhen peleiben lassen und dawider nicht tuen in kainen weg. Wer dawider tæt, das wær genzleich wider uns, und wolten auch wir denselben darumb swerlichen pessern. Mit urkund dits briefs versigelt mit unserm anhangundem insigel. Der brief ist geben ze Wienn an sand Michelstag nach Christi gepurd dreuzehenhundert jar und darnach in dem neun und sechzigisten jar.

LXXXII.

Rathsbeschluss, dass man ungesessenen Leuten nur einmal **fürbieten** soll.

1370, 31. August.

Aus dem Münchener Codex Nr. 1113 f. 79.

Anno LXX° sabbato post Bartholomei ist daz verrufen in der stat ze Wienne. Darumb, das mænichleichen armen und reichen grozz schæden widervarn sind lang zeit her von den hofherren und ungesezzen læuten, die man vier stund laden muest alz gesezzen purger und purgerinn, die denn in dem furladen ir hab davon prachten, daz im geltern nicht möcht vergolten werden, wenn man sie denn ze vankelnüzze pracht, so wurden sie mit dem versprechen ledig, sie wæren gesezzen læut und gæben jarhofzins, so müst ener daz wandel geben und het dennoch seines gelts nicht, und darumb so ist in offenem rat erfunden und aufgesatzt ze ainem gemainen nutz mænichleichen armen und reichen, daz furbazer niemant, weder man noch frau, sullen haizzen gesezzen læut, sie haben denn haus und hof in der stat und vorsteten; die mügen sie davon nicht pringen. Davon ist erfunden, daz man solchen ungesezzen læuten nur ain fürbot sol tuon lazzen umb geltschuld; verantwortent sie sich denn nicht mit dem erster furbot, so mag sie umb daz gelt ze vankelnüzz pringen; ez wær dann, ob sich ir hauswirt oder ein anderer erber gesezzen man wolt annemen für sie umb daz gelt, so sol man sie vier stund laden lazzen, und mügen dann ir recht wol haben an gevær, daz man sie vierstund laden müs. Wær aber, daz ein frau, sie sei witib oder hausfrau, die erst chlag duldet und nicht antwort, die sol man nicht vahen, wann die fraun fridwær sind, aber ir hab mag man in wol versperren.

Item in demselben jare dez nechsten sambztags nach Bartholomei ist an offen markt gerufet worden von unsers herren des herzogen wegen und von der stat wegen, daz dhain man, der in der stat mit aigem ruckh nicht gesezzen ist noch mit der stat nicht leidet noch dienct, swo der anderswo gesezzen ist, dhainerlai gemach noch cheller ze seinen weinen innerthalb der stat noch auzzerthalb der stat nicht gewinnen noch besteen sol; und ob sie iemand bestanden hiet, daruber dasselbe gedinge und besteen soll allerding absein, und swaz man derselben wein daruber anchumpt und begreifet, die sol man alle nemen und der stat ze irem nutz antwurten an alle gnad, und sol dennoch der wirt, der in seinem haus den bestand und das gedinge gestat hat wider das gepot, alz vorgeschriben stet, ez sei haimleich oder offenlich, vervallen ze geben ze nutz der stat fumf phunt Wienner phenning an alle gnad.

Daz niemant strickh uberziehen sol weder an stangen noch an hausern; wer es daruober tuot, der ist dem richter vervallen zwen und sibenzig Wiener phening ze wandel.

Daz niemant chainen wein auzrüfen sol oder wer dez uobervaren wirt, der in auzrufen haizzet, der geb dem richter auch zwen und sibenzig ze wandel, und den puoben, der in auzgeruoft hat, den wil man slahen in den prænger.

LXXXIII.

Die Herzöge **Albrecht III.** und **Leopold** erneuern der Stadt Wien ein Privilegium Herzog **Albrecht's II.**, dass man von den Wiener Bürgern den **Weinzehent** blos dort erheben soll. wo man den Wein presset.

1370, 27. September. Wien.

Aus dem Eisenbuche f. 84.

ir *Albrecht* und *Leupolt* brüder von gotes gnaden herzogen ze Österreich, ze Steir, ze Kernden und ze Krain etc. bekennen und tun kund, daz vor uns gewesen sind die erbern und getreun lieben der purgermaister, der richter und der rat unser stat ze Wienn und habent uns beweiset, daz sie und dieselb unser stat ze Wienn von weilent unserm lieben herrn und vater, herzog *Albrechten*, dem got genade, einen brief gehabt haben, wo halt ir weingarten gelegen sind, daz man von denselben weingerten nindert anderswo zehenden sol, denn do man den wein presset. Davon mainen und wellen wir gar ernstlich bei unsern hulden, daz es noch dabei beleibe und auch genzlich volfürt werde, und daz denselben unsern purgern nieman dhainen inval noch irrung daran tu, wer der sei, und auch ieman an der gestatt ze tun in dhainen weg. Wer aber es daruber tett, der tet genzleich wider uns, und wolten in gar swerlich darumb pessern. Geben ze Wienn an sand Lamprechtstag anno domini millesimo trecentesimo septuagesimo domini. Duces ambo et ceteri consules.

LXXXIV.

Die Herzöge **Albrecht III.** und **Leopold** gestatten der Stadt Wien die Errichtung einer **Taverne** zum Ausschank fremder Weine.

1370, 9. October. Wien.

Gedruckt bei Rauch, Script. III. 113—115.

ir *Albrecht* und *Leupolt* geprueder von gots genaden herzoge ze Osterreich, ze Steir, ze Kernden und ze Krain, herren auf der Windischen Marich und ze Portenau, grafen ze Habespurch, ze Tirol, ze Phirt, ze Chiburg, marichgrafen ze Purgau und lantgrafen in Elsazzen bechennen und tun chund offenleich mit disem prief allen den, die in sechent, lesent oder horent lesen, das wir gunstigeleichen betracht und angesehen habent die lautern treu und mannigvaltigen dienst, die uns unser lieb und getreun die purger von Wienn statigleich erzaigent und tuent und haben getan. Darumb durch ir und der stat nutze und frumen willen in die genad getan und tuen auch wissentleich mit disem prief, das sie furbas in der stat ze Wienn ein gemain offen taffern haben schullen und mugen Welsch wein oder anderlai freemd wein, wie die genant sind, ewigleich der stat ze nutz darin schenkchen und verkaufen also beschaidenleichen: wer hie ze Wienn solich Welischer oder freemder wein trinkchen will, er sei gast oder purger, der sol umb den wegen zu der taffern senden sein trinkchfas und den wein trinkchen auzzerhalb der taffern und nicht darinne, und sol auch niemant denselben wein verchaufen, hingeben noch versehenkchen mit einander noch ze ainzigen vor den vorsteten dann in der egenanten taffern und nindert alswo an alles gevær. Doch sol unsern egenanten purgern von Wienn ir recht und gut gewonhait darunder behalten sein, die sie also von alter hergehabt habent, als ir hantvest und prief daruber sagent, das ir igleich vier urnen solicher freemder wein in seinem hause wol gehaben mag, im und den seinen darinne zu trinkchen und zu vereren an gevær, und nicht zu verchaufen noch um pfennig ze gebende. Verkauft aber ir dhainer daruber oder ander iemant solich freemd wein und er daran pegriffen wurde, der sol den wein verloren haben und darzue gepezzert werden nach rat und erchantnusse des rats an gevær.

Wer aber, daz die vorgenanten unser purger von Wienn hienach in dhain zeiten emphunden und inne wurden, das in und vor den egenanten unser stat ze Wienn die selb taffern an iren wein oder an dhain andern sachen nicht nutz noch fuegleich wær, so schullen und mugen sie dann vollen ganzen gewalt und recht haben die taffern abzenemen, und genzleichen nidergelegt werden an alle widerred und geværd, und sol chain schad sein an iren hantvesten und priefen, sunder seu schullen albeg beleiben vestigleich pei allen iren rechten und vreihaiten, genaden und guten gewonhaiten, die sie von alter her gehabt habent nach sag derselben irr hantvest und prief sag an alle geværd, und loben auch wir für uns und unser eriben und nachkomen pei unsern genaden und unser furstleichen wirdigkait, das wir den egenanten unsern purgern und der stat ze Wienn an diser unsern genad chain infall noch irrung tun schullen noch wellen noch ander iemant gestatten ze tuen in chainem wege, sunder wir schullen sie dapei halten und schirmen in aller der mass, als es von stuckh ze stuekh pegriffen ist an alle geværd, an ariger list. Und daruber zu urchund, zu sicherhait und gezeugnusse haissen wir unseren insigel henkchen an disen prief, der geben ist ze Wienn an eritag vor sand Kolmanstag nach Christs gepurt dreuzehenhundert jar, darnach in dem sibenzigisten jar.

LXXXV.

Herzog **Albrecht III.** setzt ein bestimmtes Mass, „die **Wiener Mass**", für den **Weinausschank** ein.

1372, 20. Juli. Wien.

Gedruckt bei Rauch, Script. III. 116—117.

ir *Albrecht* von gots genaden herzog ze Oesterreich, ze Steir, ze Kærnden und ze Krain, grave ze Tirol bechennen und tuen chunt offenleich mit dem prief: wann wir aigenleich pewaist sein, daz unser getreun, reich und arme, grazze gepressten und abgen von den weinschenkhen und leitgeben in unser stat und in dem purchfrid ze Wienn genomen haben, darnach als man in daz viertail ausgeruft und geschenkchet hab, und wann wir soleich gemain schæden und gepresten pilleich wenden und understeen sullen, haben wir nach rat unsers rats und unser herren und auch nach rat und underweisung unser getreun lieben . . . des purgermaisters, des richters . . und des rats unserr egenanten stat ze Wienn aufgesetzt und geschafft, daz aller leut weinschenkchen und leitgeben, sie sein edel oder unedel, reich oder arm, in der obgenanten stat ze Wienn und in dem purchfride wein schenkchen und verchaufen sullen pei ainer mazz, der acht ein virtail fuellent und machent, dieselb mazz genant ist die *Wiener mazz*, und nach derselben mazze gefuellt und wolgemezzen sullent mænichleichen pei grazzen und pei chlainen den wein hingeben und verchaufen getreuleich und an gevær, und sol auch mænichleich, er sei edel oder unedel, reich oder arm, den wein pei der selben mazze also nemen. Wer aber, daz dhain leitkeb und weinschenkeh daran brechchaft funden wuerde, der die vorbeschaiden mazz nicht gefuellt hiet, der schol zu der stat geben zwelif phunt Wienner phennig ze wandel. Wuerde aber ir dhainer aines tags ze drein malen also an den presten der mazz begriffen, der schol darumb gepezzert werden nach rat des rats der obgenanten unser stat ze Wienn an gevær, und sol diser aufsatz beleiben unz an unser oder unsers lieben pruecders herzog *Leupolts* widerruefen. Mit urchund ditz briefs, geben ze Wienn an eritag vor sand Marie Magdalenetag nach Christes geparde dreuzehenhundert jar und darnach in dem zwai und sibenzigisten jare.

LXXXVI.

Herzog **Albrecht III.** erneuert den „**Flamingern**" in Wien ihr Privilegium von 1208 und ändert dasselbe in einem Punkte ab.

1373, 18. December. Wien.

Aus dem Eisenbuche f. 73. Gedruckt bei Rauch, Script. III. 117—120. Dann im Oesterreichischen Geschichts-forscher I. 490, LXXVIII. Aus dem Münzbuche Albrecht's von Ebersdorf f. 40. Vergleiche die Urkunde von 1208 in lateinischer Sprache.

er brief lautet von den Flemingen oder der Verber rechten. Wir *Albrecht* von gotes gnaden herzog ze Osterreich, ze Steir, ze Kernden und ze Krain, herr auf der Windischen Marich und ze Portenau, graf ze Habspurg, ze Tirol, ze Phirt und ze Kiburk, markgraf ze Burgou und lantgraf in Elsasse bekennen und tun kund offenlich allen den, die disen brief lesent oder hœrent lesen nue oder in kuenftigen zeiten, daz fuer uns komen unser getreun purgær ze Wienn, die besunderlich Flæmming genant sind, und zaigten uns ain hant-veste, die in seliger gedechtnuess weilent herzog *Leupolt* der alt in latein gegeben, und die in darnach weilent unser lieber herr und vater herzog *Albrecht* und herzog *Ott* unser vettær, den beden got gnad, in tæutch bestætt und verneuet habent, umb etlich ir freiung recht und gnade, und paten uns vleissiglich, daz wir in dieselben hantvest auch in tæutscher sprach zu gleicher weis verneuen und bestætten geruechten. Dieselb hantvest, lautat, als hienach geschriben stet:

In dem namen der heiligen und untailhaftiger drivaltikait tun wir *Leupolt* von gotes gnaden herzog ze Osterreich und ze Steir ze wissen ewikleichen, daz mit hinfleissunder zeit ein iegleich sach von denknuess entfleisset, man engegen denn dem altær mit ainær werunden schrift. Und daz darumb das altær nicht mug abgetun dise gegenbuertige unser verleihung, darumb wellen wir chunt sein den gegenburtigen und den kuenftigen, daz wir unser purger, die bei uns genant sint Flæmmiger, also in unser stat ze Wienn ingesatzt haben, daz sie in ir ampt unser marktrecht in der stat und im lande von unsrer freiung und besunder recht als ander unser purger ir alle weis freuen und niessen. Uber das freien wir sie also vor unsers gerichtsampts ze Wienn, daz sie ueber dhain klag nicht antburten suellen vor im, dann vor unser münss kamrær sol man seu beclagen, und suellen vor im besunderlich umb all sachen antwurten. Wir fuegen in auch darueber und bevesten, daz nieman in ir ambt arbait noch getuerr aribaiten, wann der von in ir gesellschafft enphangen ist und mit in under demselben recht in allen geding und steur geb als sie selber; das aber von uns dise-selbe unsere gabe hinnach albeg beleibe unzebrochen, so haben wir gehaissen verschreiben an disen gegenburtigen brief mit der zeugnuess unsrer hofschrift und besterkehen die in ein behaltlich gedenknuess mit dem intrukch unsers insigels. Das sint die gezeugen: *Reichart*

der truchsæz, Rudolf *...* Petzsdorf, Marklart von Hinperg, Ulreich der Strun, Irnfride Marquards sune von Hinperg, Ulreich der Streis, Hainreich der truchsetz von Pruine, Hainreich der kammerer von Triestewisch, Puernar von Raidenberg, Ruediger von Zeltr, Dietreich der Muenssmaistær, Gerint der kammer, Markwart der richtær: das sind burger von Wienn: Pernolf und Raltrem sein bruder, Leupolt der Pippink, Hainreich der Schünk, Wiernt, Ruediger der hantsneider und Hainreich sein gesell, Alber von Pafisdorf, Seifrid Schutentaugriff, Mærgrid der muensser, Albrecht der Küller, Eberhart Tantzweschel, der Grail Connat der frauen Sigdi: man, Kunrat der Studl, und Ulria. Das ist geschehen, do von Crists gepurde waren ergangen tausent zwaihundert jar und darnach in dem achten jar, in dem aindleften jar R mer steurjar.

Nu haben wir angesehen die gunst, die derselb herzog Leupolt, und unser liebær herr und vatær herzog Albrecht und unser lieber vetter herzog Ott hinz den egenanten Flæmmingen gehabt habent durch der getreun dinst willen, die sie in und andæern unsern vordærn getan haben, und die sie uns noch tun suellent und muegent, und haben in dieselb ir hantfest von be-undern gnaden bestæt und verneuet, verneuen und bestetten in auch wissentlich die vor-geschriben ir hantvest mit allen den punten und artikeln, als sie da oben von wort ze wort begriffen sind, ausgenomen alain dem artikel, als in demselben brief geschriben stet, daz sie fuer unsern æbristen kammer unserer muenss suellen umb all ir sach und clag geladen werden und suellen die auch daselbs verantwurten wann seind wir das gericht derselben Flemming ze unsern handen gekauft und ingenomen haben, so wellen und mainen wir fuer uns, und unsern lieben bruder herzog Leupdten und fuer unser erben, daz die vorgenanten Flemingen fuerbas evikleich fuer uns selber oder wem wir das je besunderlich empfeihen geladen werden uns das recht daselbs nemen und auch von ungewærlich und nindert anders o in chainen weg Durumb fuer uns, unsern lieben bruder herzog Leupdten und fuer all unser erben, und nachs emen gebiten wir unsern getreuen lieben unsærm lantmarschalch in Osterreich, unserm obristen chamrær unsers landes ze Osterreich, wer die je zu den zeiten sind, und allen unsern unsærm lanthemen, rittern und knechten, richtern burgern sunderlich und mit namen, dem Burgermaister .... dem richter und dem rat ze Wienn und allen unsærn ambt-lauten gegenbuertigen und kuenftigen, daz sie die vorgenanten Flæmming r bei den vor-genanten von rechten freiungen und gnaden und bei diser unser bestattung mit dem auszug als vorbeschuldn verkleiben halten und schirmen und in daran chain irrung, inval noch bestærung tuen noch jeman ander gestatten ze tun in chainen weg Wær es aber darueber tæt der has zu ersenlich geten haben hier unser huld und gnad. Und darueber zu ainem ewigen urkund sicherhait und gezeugnuss hiessen wir unser grossæs fuerstlichs Insigel henkhen an diesn brief der geben ist ze Wienn an suntag vor sand Thomanstag des zwelf-poten in Weihnachten Nach Crists gepurd dreuzehenhundert jar, darnach in dem dreu und vierzigistem jar. D minus Dux per se et magister Curie fecit statuit et consilium.

LXXXVII.

Herzog **Albrecht** III. bestätigt einen **Rathsbeschluss** über die Einhebung der jährlichen **Stadtsteuer**.

1374, 27. September. Wien.

Aus der Originalurkunde im Wiener Stadtarchive. Abschrift im Eisenbuche f. 76'. Gedruckt be Hormayr III. 1. 95—96 Nr. CCCIII.

ir *Albrecht* von gotes gnaden herzog ze Österreich, ze Steir, ze Kernden und ze Krain, graf ze Tirol bekennen und tun chunt, daz für uns chomen die erbern unser getreun lieben der purgermaister, der richter und der rat unser stat ze Wienn und tetten uns ze wizzen, daz wir swerer und unredlicher aide gesworen wurden unser jerlicher statsteur ze Wienn halber das pillich ze besorgen wer, daz die stat, land und leute davor ergerlich und besunder pene leiden wurden, und paten uns fleizziglich ob wir dhaine pillich weg erfinden mochten, mit dem solich aide und unrecht vermiten wurden und uns doch jerlich ver gewonlich statsteur richticlich gevielle und geraicht wurde, daz wir in den gueten geruchten. Und also nach unser gunst und unserm mutwillen tilten die wir darz, geben haben mit furstlicher miltikeit durch gemaines guts willen und ze ander tun den vorgedachten, gesworen und andern kumber, der davon chomen mocht, habent die egenanten unser purger ze Wien mit guter und manigvaltiger vorbetrachtung und nach rate etlicher unser land erren und anderer weiser leute und unser getreun erfunden und also setzt die ersten daz ein jeglich mensch nu fur paz oder in we darnach wesen sol von jedem ieglichem mocht und jars anderhalben emmer meidel, der ez in der stat oder in dem burkfrid ze Wien kauft oder verchauft, plein nu fur paz ... der pürgern ... und ander ... gemeine ... alle ... nicht ... ze geben ... arbeit ... it ...

In den vorgenanten aufsetzen haben wir auzgenomen unser herren und unser verschreibens hofgesinde, also daz dieselben aufsetze sie nichts rüren noch antreffen sullen in dhainen weg, und wan uns und unserm rat die vorgeschriben aufsetz beschaidenlich und erber dunkend und leidlich und gemain sind armen und reichen, darumb bestetten wir sie mit fürstlicher macht und mit kraft ditz briefs und wellen, daz es fürbaz dabei beleibe und also behalten werde an alle widerred und irrung unz an unser widerrufen. Mit urchund ditz briefs, geben ze Wienn an mitichen vor sand Michelstag nach Christs gepurd dreuzehenhundert jar, darnach in dem vier und sibenzigisten jare.

LXXXVIII.

Die Rechte der Wiener Bürger an der **Mauth** zu **Neundorf** und **Salchenau**.

Ohne Datum, circa **1375**.

Aus der Münchener Handschrift Nr. 1113 f. 35'—36.

Daz sind der purger recht von Wienn an der maut ze Neundorf und ze Salchenau. Dez ersten, swaz ein purger auf einem wagen auz dem land hinwerts uber den perig gen Venedi fürt, ez sei zin, chupher, plei, hutr, auch hutfel, leineins, wolleins, lampfel, fueder, chæsilber, spezerei, finer unslit, gewant geserbts oder ungeserbts, hausen, hering, visch, salz oder ander chaufmanschaft, wie die so genant ist, von iedem wagen do geit er von zwen phening und nicht mer. Item swaz er auf einem ross fürt, II d. Item waz er treit, I. d. Item swaz ein purger chaufmanschaft in ainer ganzen wochen auf wegen von Venedi fürt, do gelt er von ain phunt pheffer und nicht mer. Swaz einer auf einem ross fürt, VI. d. Item, swaz aber einer unz gen Schadwienn auf einem rozz fürt, und legt daz einer oder meniger durch frides willen auf einen wagen, der geit iegleicher VI. d.

Item swaz einer trait von Venedi, II. d. Item von einem chragsenwagen mit glaz XXVIII d. Item von einem charib mit glaz, VI. d. Item von einer igleichen truhen mit glaz, XII d. Item waz einer trait glaz von Venedi, II d. Item von wald glaz von Venedi, II d. Item von wald glaz, waz einer trait I d. Item furt mans auf einem wagen, II. d. Item waz ein hulzeins asseichs treit, angster, chyff, oder welcherlai asseich daz sei, II. d. Fürt mans auf einem wagen, IIII d. Item swaz aber ainer essenden dinges tret hin dishalb des pergs, I obl. Item uber den perg, I d. Item fürt mans, II. d.

Item ez schullen auch ledrer, schuester, chuersner oder ander handwercherleut, die auf die mercht hin dishalb des pergs varent, der sol igleicher alle jar die drei hochzeit geben; ze einer igleichen hochzeit II d., oder VI mit einander, so ist er das ganz jar vrei.

Item swaz ein purger altes gewantes treit, I. obl., wil ers verchaufen. Item von neun wolleinem gewant, von dem puesem I d. Item swaz ein purger chuersen gwant auf einem jarmarcht fuert aul einem wagen oder in einem chisten, II d. Het aber meniger darauf oder dabei, der selber igleicher geit II. d. Fürt ers aber herwider unverchaufts und sait daz bei seinem treuen, so geit er nichts. Item swaz ein purger in sein haus essenden dinges bedorf, wie so daz genant ist, oder asseich, press, potigen, grant, schaff, wagen, reder, vass, raif, oder wie der hausgerecht genant, dovon geit er nicht; er chauf denn wein, do geb von dem fuder VI. d., und von XXVIII emmern wein, IIII d., und von seinem pauwein geit er nicht.

Item swaz er hinauz bedarf zu seinem weingarten, ez sein vas, steckhen, schaub, oder welcherlai daz zu den weingarten notdurft ist, do geit er auch nicht von.

Item alle die in des herzogen landen gesezzen sind ze Osterreich, ze Steir und Kernden und die sein purger sind, heraus von Venedi der geit von einem saum, er sei beslagen oder unbeslagen, ein gast, XXVIII d. Item von einem saum öls, IIII d. Item fürt er herauz Welhischen wein, von einer thafernitz geit er XXVIII d. Item fürt er öl oder saif herauz in vassen, so geb von igleichem vas XII d. Item fürt ers in figelein, so geb von dem saum IIII d. Dasselb geb von weinpern und von feigen. Item fürt ainer ainfarbs gwant uber den perig heruberwerts, der geit von dem saum XXVIII d. Item von einem vordel, daz ein roz treit, XII d. Item was einer von Venedi tret, II d. Item hinanwerts, so geit ein gast von einem chupherwagen XII d. Item von einem zinwagen XII d. Item von einem pleiwagen XII d. Item von einem wagen hutrauch XII d. Item von einem graben tuech II d. Item von einem Polanichen tuech II d. Item von einem lang von Lafen. Item von einem gemain tuch, es sei churz von Lafen, von Dorn, von Choln, von Maistriet oder saemleichs tuech von einem igleichem IIII d. Item fuert einer ganzen saum, so geit er XXVIII d. Item von einem centen garn IIII d. Item von einem hundert vel, welicherlai sie sein, IIII d. Item von einem hundert grutscheim II. d. Item von einem hundert fuchsein XIIII d. Item von einem hundert heut IIII d. Item von einem centen gossens wachs VIII d. Item von einem centen woll IIII d. Item von einem centen saif I d.

Item von einem ganzen wagen mit vischen XXVIII d. Item von einem hausen IIII d. Item von einem dromb visch VII d. Item von einem sumper visch VII d. Item von einem wann visch XII d. Item von einem hundert duerr visch IIII d. Item von einem tun hering II d. Item von einem wagen mit lebentigen vischen herin zu der stat II d. Item und waz ein man hin vermautt, da geit er hinaus nicht von. Item von einem traidwagen, von nussen, von aribaissen, von zisern, von ponn, von obs innerlandes von einem igleichem II d. Item von einem wagen mit nuzzen, der vert auzzerlandes, XII d. Item von einem charib mit haselnussen ertragen oder erfuren, I obolum. Item von einem wagen mit chlainen chernobs II d.

Item von einem vailen rozz zwen phening. Item von einem rind I d. Item von einem swein I d. Item von einem pockch I d. Item von einer gans I obolum. Item von einem schaff I obolum. Item von vier chelpern I d. Item von X lempern I d. Item von wilpret, fuert ers auf einem wagen, II d. Item tret ers, ain obolum. Item von einem centen swer IIII d. Item von einem centen unslid IIII d. Item von ein pachen I d. Item von einer haut, sie sei gewaricht oder ungewaricht, er fuers oder trags, I d. Item von gesniten leder, fuert ers auf einem wagen, II d., tret ers, ain obl. Item von einem chramer mit hutscherei, fuert ers auf einem wagen, II d.; fuert ers auf einem ross, I d.; tret ers, I obolum. Item von einem lezelter von einem charib oder von einem schrein I d. Item von einem grozzen prehafen I obolum, von einem wagen mit chlainen hefen I d. Item von ainer potigen waid II d. Item von zins ochsen, waz ein wagen tret, III d. Item von einem fuder wein VI d. Item von XXVIII emmern wein III d. Item von einem fuder wein, fuert ers durch den wald, III d. Item von XXVIII emmern wein II d. Item von einem lochwagen von *Potenstain*, in und auz III d. Item von einem lochwagen von wein, der fert, II. d. Item von einem wagen mit pintwerch, daz ein maister selb geworcht hat, II d.; hat ers selber nicht gewaricht, so geb von dem vas I d. Item von einem fuder raif II d. Item von einem fuder taufeln oder podemholz II d. Item von einer press VI d. Item von einer grozzen potigen VI d. Item von einem fuder weinpaum II d. Item von einer fuder ehren IIII d. Item ein wagen von einem fuder wagenholz, hat ers selber gewarcht II d.; hat ers selber nicht gewarcht, von einem rad I obolum. Item von einer potigen mit chraut, daz man verchaufen wil, I d. Item von einem wagen mit zwifal II d. Item von einem fuder heu, hat ers chauft, II d. Item waz einer prot tragen mag, I d. Item von einem peraiten neun waitz I d. Item von einem hundert chast messerchlingen II d. Item von einem hundert pokchshorn IIII d. Item von chuhorn, gaizhorn, was sein ainer fuert auf einem wagen, II d. Hat meniger darauf, so geb iederman II d. Item von einem wagen mit pain II d. Hat meniger darauf, so geb iederman II d. Item von einem wagen mit eckchel oder mit eisen II d. Item von einem wagen mit hopphen II d. Item von einer gloekhen XII d. Item von hundert plochanschuchen, hat sie der maister selber gewaricht XII d. Item hat ers nicht gewaricht, XXVIII d. Item von einer platten II d. Item von einem phanzir I d. Item wann sich einer zeucht von einer stat zu der andern, swaz er fuert in seinem wagen, do geit er nicht von denn XII d. Item von einem vailn pet IIII d. Item von einem vailen schrein IIII d. Item von einem decklachen I d. Item von einer vailen chotzen I d.

Item swaz ein erbern man ezzundes dinges in sein haus bedarf, dez er nicht enperen mag, ez sei oel, weinper, vaigen, visch, hering, rockh, tuech oder manteltuech, zimerholz, prennholz, chalich, maurstain, ziegel oder anderlai, wie so daz genant ist, ist daz er ez ze Wienn chauf an gevar, do geit er nicht von. Item der abt von *Altenburch* IIII ches. Item der abt von *Zwetel* II chez und II phefferprot. Item der abt von *Chotwcig* I phefferprot. Item der abt von dem *Heiligenchreutz* I fueder heu, von *Munchendorf*. Item der abt von sand *Marcincell* II chez. Item der abt von *Lienfeld* II ches. Item der probst von *Gloknitzen* II chez. Item der abt von *Kienn* II schuech. Item der abt von dem *Neuenperg* II chez. Item der abt von *Paumgartenberg* IIII ches etz.

LXXXIX.

Herzog **Albrecht III.** entscheidet einen **Streit** zwischen der **Stadt Wien** und dem **Schottenkloster** über die Ausübung der **Gerichtsbarkeit.**

1375, 10. April. Wien.

Aus der Originalurkunde im Wiener Stadtarchive. Abschrift im Eisenbuche 74'. Gedruckt bei Hormayr, III. 1. Urkundenb. 193–194. CCCII., dann Fontes der kaiserl. Akademie II. Dipl. 18, S. 360.

ir *Albrecht* von gots gnaden herzog ze Österreich, ze Steir, ze Kernden und ze Krain, graf ze Tirol etc. bechennen und tun kunt offenlich mit disem briefe, daz für uns komen der erber geistleich unser lieber andechtiger abt Donat des klosters zu den Schotten ze Wienn, sanct Benedictenordens an sein selbs, seines convents und des closters stat an aim tail, der burgermaister und der richter und die purger ze Wienn an dem andern tail von etlicher stözz und misshall wegen, die zwischen in waren, sunderlich von der gerichte wegen, und zeigen uns darumb ze beiderseite die hantfesten und briefe, die in darumb von unsern vorvordern gegeben waren, derselben stözze und misschelung sie ze bederseit hinder uns und unser herren, die dazemal bei uns waren, gegangen sind, und gelobten auch in unser hand stät ze haben und ze volfüren, swas wir und unser herren darumb erfunden und sprechen. Da sprechen wir des ersten, daz unser richter der stat ze Wienn, wer der je ze den zeiten ist, das plut und den tod ze richten habe üver des abts holden und sein diener, die im von seinem gronden dienent, in aller der mazze, als er ander plut und tod richtet in dem statgericht daselbs ze Wienn. Es sol auch derselb unser richter dem abt ab seinen gutern nichts nemen umb die wandel, die ein schuldiger gen in verwürchet hat, und die im mit dem rechten von im gesprochen sind. Derselb unser richter mag auch wol nach dem schuldigen stellen, und wo er in begreifet, da mag er in behalten als lang, unz daz er mit im abchöme, und sol auch im der abt das gunnen, daz er sich von seiner hab ledig nach dem rechten und nach gnaden, doch also, daz es dem abt und dem kloster an der freiung unschedlich sei nach irr brief sag, die sie umb dieselben freiung habent. Mit urchund ditz briefs, der geben ist ze Wienn am eritag vor dem heiligen Palmtag nach Christes gepurd dreuzehenhundert jar und darnach in dem fünf und sibenzigsten jare.

XC.

Herzog **Albrecht III.** bestätigt der Stadt Wien die Urkunde **Albrecht II.** von 1348.
16. Jänner. Wien. mit Einschluss jener **Friedrich's** von 1312. 8. September. Wien.

1375, 30. April. Wien.

Aus dem Eisenbuche f. 78'—79'. Gedruckt bei Rauch, Script. III. 121—122.

ir *Albrecht* von gots gnaden herzog zu Osterreich, ze Steir, ze Kernden und zu Krain, herr auf der Windischen Marich und zu Portenau, graf zu Habspurg, ze Tirol, ze Phirt, ze Kiburg, markgraf ze Purgau und lantgraf in Elsassen bekennen und tun kunt offenlich mit disem brief allen den, die in schent, lesent oder horent lesen nu oder hernach in kunftigen zeiten, das fur uns kamen unser getreuen lieben, der purgermaister und der rat und die purger gemainchleich unser stat ze Wienn und zaigten uns ain hantfest, die unsern purgern, chramern und kaufleuten daselbs zu Wienn loblicher gedachtnuss *Fridreich* chunig zu Rom weilent unser vetter, da er dannoch herzog in Osterreich gewesen ist, uber ir recht und gut gewonhait geben hat, und die weilent unser lieber herr und vater herzog *Albrecht*, dem got genad, mit seinem besunderm brief bestat hat, und paten uns vleissleich, das wir in dieselb ir hantfeste, recht und gute gewonhait auch verneuen und pestaten geruechten, wann dieselben recht der stat notdurft und frum waeren; dieselben bestattigung unsers obgenanten vatters seligen mit sambt unsers obgenanten vetters hantfest lauten von wort zu wort, als hernach geschriben stet.

(Folgt die Urkunde Albrecht's ddo. Wien 1348, 16. Jänner, mit Einschluss jener Friedrich's ddo. Wien 1312, 8. September, wörtlich inserirt.)

Wann wir nun nach gutem und zeitigen rate und nach manigvaltiger vorbetrachtung und vordrechtnusse, die wir darüber mit unsern herren, mit unserm rate und mit andern unsern getreuen gehabt haben, chuntleichen und aigentleichen peweist sind, das die egenante unser stat ze Wienn mit den vorgeschriben rechten groslich aufneme und gepessert werden mag, haben wir nach gemainem rate unsern purgern, chramern und kaufleuten und durch der stat besunderm frumen und durch gemaines nutz und fudrung willen die vorgeschriben ire recht und gueten gewonhait und die vorgeschriben hantfest mit allen den punten und artikeln, die darin begriffen sint, verneut und bestat, verneuen und bestetten seu auch wissenlich mit fürstlicher macht und mit kraft dits briefs mit sambt unsers obgenanten vaters seligen bestattung; und mit diser gegenwurtigen unser verneuung, das seu bei allen iren krefften peleiben und ewiglich vest und unverruckht süllen gehalten werden an alle widerred, arglist und geverde. Darumb gepieten wir ernstlich bei unsern hulden unserm landmarschalh in Osterreich, allen lantherrn, rittern und knechten, purkgrafen, richtern, mautnern, zollnern und sunderlich dem purgermaister, dem richter und dem rat und den purgern zu Wienn, welh je die zeit sint, daz sie die egenanten unser purger, chramer und kaufleut ze Wienn bei den vorgenanten iren rechten und gueten gewonhaiten und pei der egenanten unser hantfest und unser verneuung und bestætigung in chainer weise bekrenkhen mœchten, wann wir die abnemen und vernichten mit disem briefe. Wer aber daruber wider die peschaiden recht, hantfest und bestettung tuet in kainem weg, der wiss sich darumb in unser ungnad verfallen sein und darzu uns in unser kamer und dem richter darpei und des wandels, die davor in unsers vaters seligen bestettung verschriben stent, an all gnad verfallen sein. Und durch das die vorgeschriben recht gesatzt und hantfest vest und unverruckht beleiben stet und gehalten werden ewigelich, des ze urkunde gezeugnuss und sicherhait geben wir disen brief mit unserm grossen furstlichen anhangundem insigel versigelt. Der brief ist geben ze Wienn an sand Philips und Jacobs der zwelfpoten abent nach Crists gepurt dreuzehenhundert und in dem funf und sibenzigisten jare.

XCI.

Herzog **Albrecht III.** gestattet dem Wiener Stadtrathe die Ausschreibung einer **Umlage** auf sämmtliche Bürger.

1375, 26. Juni. Wien.

Aus der Originalurkunde im Wiener Stadtarchive. Abschrift im Eisenbuche f. 72', Gedruckt bei Rauch, Script. III. 127—128. Lichnowsky. Habsburg IV. Reg. 641.

ir *Albrecht* von gotes gnaden herzog ze Osterreich, ze Steir, ze Kernden und ze Krain, graf ze Tirol etc. bekennen und tun kund offenlich mit disem brief, daz für unz komen unser getreun lieben . . . der burgermaister, . . . der richter und der rat unser stat ze Wienn und teten uns zwissen, das sie von wegen redlicher sachen und mangerlai notdurft der stat und der purger gemainkleich ze Wienn bei langen zeiten her in grosse geltschuld vervallen wern, darauf teglich schæden wuechsen, und paten uns vleissiglich, daz wir in gunnen und erlauben wollten auf sich selber und auf die gmain der egenanten unser purger ain genant summ gelt ze legen, mit der sie sich selber und die stat von solher geltschuld und von den scheden ledigen mœchten. Wann wir nu kuntleich beweiset sein, daz die vorbeschaiden geltschuld von redlicher sache und grosser notdurft der egenanten unser stat und der gmain der purger, armer und reicher, und ze nutz landes und leut aufgewachsen ist, haben wir mit wolbedachtem mut und nach zeitigem rat unsers rats den obgenanten . burgermaister . . . richter und rat ze Wienn gegunnen und erlaubt, gönnen und erlauben in auch wissentlich, daz sie auf sich selber und auf die gemain der egenanten unser purger ain genant summ gelts slahen, mit der sie die geltschuld und die schæden ablegen und vergelten muegen, doch mit den beschaiden, daz aim iegleichen angeslagen und angelegt werde, alsvil im nach seiner hab gepuret an derselben summ gelts an alle gever und argelist. Darumb gepieten wir ernstlich der gmain unsrer egenanten burger ze Wienn, reichen und armen, gemainklich und ieglichem besunderlich, daz sie mit dem vorbeschaiden anslag und der ausrichtung des gelts den obgenanten burgermaister, richter und rate volgig und gehorsam sein an alle widerred, wann wir das durch gemaines frum und notdurft willen der stat also mainen und wellen. Mit urkund ditz briefs geben ze Wienn an eritag nach sand Johanstag ze Sunnbenden nach Crists gepurde dreuzehenhundert jar, darnach in dem funf und siben- zigisten jare.

XCII.

Einige **Statuten** des Wiener **Stadtrathes.**

1375. 31. October.

Aus der Münchener Handschrift Nr. 1113 f. 41.

b einer einen andern chlagt umb haimsuchung, und die haimsuchung ist geschechen ausserhalb der stat oder gor inderthalb der stat, und chumt auf pered, unz der schol man im gunden vierzehen tag; und der chlager chumt in erhaft nod, so geviele dem chlager, wenn er auz erhaften nöten chöm, so schol er dem antwurter ze wissen tun, und tad er dez nicht und chöm in die schrann, und der antwurter von andern sachen auch hiet ze schophen in der schrann, und wolt dann der chloger dem antwurter zusprechen, dez hat er nicht recht an ze wissen tun, so wirt der antwurter ledig, wenn wez er genossen wolt haben. dez muz er engelten, und daz ist gewesen kein (gegen) *Petern dem Teuffel* dem hafner und kein seinem werchgenossen und der *Uo Jaus* im tifen Graben, und der waz chloger und *Dietrich* antwurter. Factum anno LXXV° tempore *Hermanni Maldorfer* in quarta feria in vigilia omnium sanctorum.

Und charnter lan stet nit lenger in der tavel denn unz an den dritten tag kein gesten oder kein purgern.

Und wer sich lad schreiben an gast in die tavel, daz geltschult ist, daz stet auch nur unz an dritten tag.

Und umb wunden tued man auch in die acht in der schrann als umb andreu rechte acht werts plut, daz get arm frid.

Nota umb ain mort wer darumb chlagt, daz mort haist alz   . ., da laist man chainen voraid umb, es sei frau oder man.

Nota wie ein richter die schergen sol andingen uber einen felscher, den man uberwinten wil mit der hanthaft mort: Ich frag dich pein dem aid, den du gesworen hast, dazt sagst, was dir chunt und gewissen sei, als mein herr der *Jans* der munsmaister an de zeucht gegen dem *Wernhart* uber den valsch und uber die hanthaft.

Nota wie man den deupschergen sol fragen, wie man richten schul. Walz vel quomodo vocatur proprio nomine: frag dich pein gotz hulden und franrecht: seind daz die Moisch uberwunden ist mit zwain uber der valsch und umb die hanthaft, wie man nun richten schul.

Nota ein pfaff und ein frau, wann man die chlagt umb wund oder um ubelhandel, die nemen sich dervan mit ir ainsaid.

Nota wann ainer oder aine chlagt, diu mugen ire recht wol aufgeben, aber der antwurter nicht in der schrann.

Nota umb glub und umb gehaizz mag nimen pringen hinz dem andern.

Nota waz auch gehandelt wirt in der geselschaft, daz mag ainer hinz den andern auch nicht pringen. Item varunte hab, die man ainem ze phant setzt, die sol man in der schrann aufhaben und anpieten und darnach hingeben mit einer gewissen.

Item umb erbgueter, die man ze phant setzt, schol man auch aufhaben nach der stat recht, und darumb einen chauf mochen von erst und darnach anpieten mit einem schergen, ob er ez umb dazselb gelt well losen; well er sein nicht losen, so well man den chauf, den man hat tan, stet haben.

Nota ob ez sich fugt, daz erber laut einen treun frid moch gegen läut, die sich mit einander zechrigt haben, und ir ainer den frid gepricht, und gegen dem der frid zeprochen ist worden, der sol gen zun den, die den frid hoben gemocht, und dieselben pietent dem fur, der den frid hat zeprochen. Darnach kumpt der fridprecher fur und gicht, er sei sein gar unschuldig und well sich dez ausreden nach der hantfest sag und dez sein tag haben, daz mag und sol auch nicht sein; ez schollen die erbern laut, die den frid gemacht haben, verhort werden vor meinen herrn in dem rat, und darnach daz recht sprechen dem richter.

Nota wer verpeut auf erb in der stat, der sol daz tun mit gerichtspoten und mit poten, wer dieweil daz gruntpuch hinne hat, in der weiz aber, daz man chunne erchennen, wer der erst sei gewesen. Ist aver ain dinch, daz ez geschicht von dez gruntpuchs, der ez dieweil inne hat, und nicht mit gerichtspoten, so hat ez chain chraft. Geschicht ez aber mit gerichtspoten, daz ez den gruntherren zue im nimpt, so get daz gericht vor, und auch ableg mit dem verpot und auch daz wandel, darumb daz ez in der schrann sol austragen werden.

Ob ein junchfrau eines gesessen mannes dienerinn ist und wirt bechlagt in der schrann umb ubelhandlung, daz schol ir herr hinz ir pessern und nicht der richter, ob ez der chlager mag bewaren mit erbern läuten, daz sie ez verdient hab mit unpilleichen worten.

Item ein frau antwurt nicht umb haimsuchen.

XCIII.

Die Herzöge **Albrecht III.** und **Leopold** geloben, dass die Stadt Wien durch die Anhängung ihres Siegels an die den **Juden** in Oesterreich gegebene Handfeste über ihre Rechte und Freiheiten keinen Schaden leiden solle.

1377, 22. Juni. Wien.

Aus der Originalurkunde im Wiener Stadtarchive mit zwei hängenden Siegeln.

 ir *Albrecht* und *Leupolt* gebruoder von gotis gnaden herzogen ze Österreich, ze Steir, ze Kernden und ze Krain, grafen ze Tirol etc. bekennen und tuon kunt offenlich mit disem brief. Als unser getreun lieben . . . der purgermaister . . . der richter, der rat und die purger unser stat ze Wienn von unsers geschefts wegen zusampt uns mit irr statt insigel uns besigelt habent die hantvest, die wir jetzunt unsern juden gemainlich in Österreich umb ire recht und freihait haben gegeben, daz wir denselben unsern purgern gelobt und verhaizzen haben und verhaizzen in auch wizzentlich mit disem brief, ob sie und dieselb unser statt des besiglns zu dhainem schaden chomen, daz wir sie gnediklich davon bringen sullen und wellen an allez gevær. Mit urkund ditz briefs, geben ze Wienn an montag vor sand Johanstag ze Sunwenden nach Kristes gepurd dreuzehenhundert jar und darnach in dem siben und sibenzigisten jare.

Dominus *Leupoldus* et *Johannes de Tirnavia.*

XCIV.

Herzog **Albrecht III.** bestätigt den Bürgern der **Schiffstrasse** und von **Erdberg**
· ihre Rechte.

1379, 21. März. Wien.

Aus dem Codex der kaiserl. Hofbibliothek zu Wien Nr. 12.688 (Suppl. 404) f. 241'- 242'.

ir *Albrecht* von gots gnaden herzog ze Osterreich, ze Steir, ze Kernden
und ze Krain, herr auf der Windischen March und ze Portenau, graf ze
Habspurg und ze Tirol, ze Pfirt und ze Kiburg, marggraf ze Burgau und
lantgraf in Elsassen etc. bekennen und tun kund offenlich mit dem brief,
das fur uns komen sind unser getreun der amman, deu purger und deu
leut gemainklichen gesessen in der Schefstrass und ze Erdpurkh, und
was darzu gehort, die mit gerichten und dinsten angehöret unser liebe herzogin und gemehel
fraun Beatrixin von Nüremberg, als das von alter gewonhait herkomen ist, und haben uns
fürpracht, wie sie in irn rechten, die sie mit guter gewonhait herpracht und gehabt habent,
gross invell und irrung leiden mit namen darumb, das sie daruber nicht hantvest noch brief
habent, und piten uns fleissiglich, das wir in dieselben iren recht und gut gewonhait mit
unsern hantvesten und briefen bestetten und verneuen geruchten, das sie uns auch aigenlich
und mit guter kuntschaft beweist habent, als hernach von stuckhen ze stuckhen geschriben
stet. Des ersten, das die egenanten unser burger und leut ainen ambtman halten sullen, der
stëtes gesessen und wonhaft sei in der Schefstrass, der zu richten hab von unsern und einer
herzogin wegen von Österreich, die je des eltisten herzogen von Österreich etc. herzogin und
gemahel ist, umb all sach, ausgenomen alain umb den tode. Derselb ambtman sol und mag
daselb stiften und störn und nemen zu ablait von ainem haus oder krautgarten zwen phenning
und zu anlait oder auffart ainen phenning.

Item es sol auch derselb ambtman allen hausgenossen auf dem aigen gewalts und
unrechts vor sein, und wes er nicht vermag, das sol er an uns bringen, darinn sullen und
wellen wir im ains rechtens geholfen sein.

Item weliher auch ain wirt oder inman ainer, der auf dem aigen gesessen ist, kauft
in sein haus im und seinem gesind zu essen und ze trinkchen, der sol weder zol noch maut
davon geben in allem dem rechten, als ob er in der stat gesessen wer.

Item es sol noch mag auch chain man auf dem aigen gesessen sein erb, es sei purk-
recht oder perkrecht, weder verëchten, weder vernotturften noch verdiensten. Geschiecht im
aber der ains, und chumpt ungevangen davon, der ambtman sol sein freund oder wen er
darzu schafft sein erb lassen verkaufen und sol, sein recht zwen und sibenzig phenning
nemen, und sol im der amptman die ubrig sein hab schirmen an unserer stat; wirt er aber

gevangen, so sol er sich mit seinem gut ledigen, so er nagst mag, und sol dem vorgenanten ambtman nicht mer denn zwen und sibenzig phenning davon geben.

Item würd auch der hausgenossen ainer oder ain anderer man, von wann er wer, auf dem aigen umb den leib gevangen, umb welicherlai schuld oder sach das wer, mit dem sol der statrichter auf dem aigen nichts ze schaffen haben, und sol der egenant amptman den schuldigen man dem statrichter ab dem aigen antwurten, als er mit der gürtl umbfangen ist.

Item kümpt auch ain man, der auf dem aigen gesessen ist, in die stat gegangen und wunt ainen andern man in der stat und kumpt ungevangen davon wider auf das aigen, der sol und mag wider in die stat geen und hüett sich vor seinen veinten, so er pest mag, und sol der statrichter mit im nichts zu schaffen haben denn mit dem rechten. Wolt aber iemant das recht suchen, der sol das tun vor dem egenanten amptman.

Item es sol auch chain richter in der stat noch vor der stat, wie er genant sei, noch ir anwalt on des obgenanten amptmans willen frevelich weder bei tag noch bei nacht geen auf das aigen, er tu es denn allen den, die auf dem aigen gesessen sind, unschedlich an geverd.

Item es mugen auch die egenanten unser leut in der Schefstrass und ze Erdpurg den gesten, von wann die sind, ir wein umb lon behalten an geverd, und sol in daran niemand chain irrung noch hindernuss tun in dhainem weg.

Item es sullen auch die hausgenossen auf dem vorgenanten aigen in der Schefstrass und zu Erdpurg ganze statrecht haben mit verkaufen und kaufen ze markt und ze gassen, vor der stat oder in der stat, auf wasser und auf land, innerlands und ausserlands in allem dem rechten, als mit derselben unserer stat dinten und litten und darinn gesessen weren.

Item beschech auch, das die egenanten unser leut in der Schefstrass an dhainem aufsatz oder neuungen, die die vorgenanten unser purger ze Wienn teten und mechten, innert daran vervieln, da sullen sie niemant umb vervallen sein denn uns und unserer lieben herzogin und gemahl, oder weliche je zu den zeiten des eltisten herzogen gemechl ist, und sullen auch darzu alle andre ire recht, gnad und gut gewonhait halten und niessen, als sie die von alter herpracht und gehabt haben rubiglich, an irrung und hindernuss ungeverlich.

Nu haben wir genediglich angesehen die treuen dinst, die uns die vorgenanten unser purger und leute stete tunt, und das auch sie selb ir gepet redlich und beschaiden, und darumb, das sie furbas dester minner an denselben irn rechten und guten gewonhaiten gehindert und beswert wurden, so haben wir in alle die stuckh und punt, die davor geschriben stend, verneut und bestett, verneuen und bestetten in auch die wissentlich mit kraft ditz briefs und wellen ernstlich, das sie auch die ewiglich halten und dabei beleiben, als sie die mit guten gewonhaiten herpracht habend, und gepieten ernstlich bei unsern hulden dem landmarschalich in Osterreich, dem burgermaister, dem richter und dem rat ze Wienn und allen andern unsern ambtleuten und undertanen, wie die genant sind, das sie die obgenanten unser purger und leut dabei halten und schirmen und beleiben lassen, und darin chain irrung noch invell tun noch iemand andern dawider gestatten zu tun in dhainer weis oder weg. Wer aber dawider tet, der weiss, dass der swerlich wider uns tut, und wolten den swerlich darumb pessern an leib und an gut. Und daruber zu ainer ewigen gezeugnusse, urchunt und sicherhait hiessen wir unser gross insigl henkehen an disen brief, der geben ist ze Wienn am montag nach dem suntag als man singt Letare in der vasten nach Cristi gepurd dreuzehenhundert jar, darnach in dem neun und sibenzigisten jare.

XCV.

Herzog **Albrecht III.** verbietet die Wiener Bürger in ihren **Landgütern** zu irren.

.

1380, 7. April. Wien.

Aus der Originalurkunde im Wiener Stadtarchive mit hängendem Siegel. Abschrift im Eisenbuche f. 76'.

 ir *Albrecht* von gots gnaden herzog ze Österreich, ze Steir, ze Kernden, ze Krain, grafe ze Tirol etc. tuon kunt, daz für uns kamen unser getreun lieben der rat und die purger unser stat ze Wien und legten uns für etlich gebresten, die sie hietten von den leuten ze *Aichau,* ze *Lachsendorf,* ze *Minchendorf,* ze *Hintperg* und ze *Ebersdorf* an iren guotern, die sie bei in habent, und baten uns, daz wir sie auf denselben iren gütern schirmten vor gwalt und vor unrecht. Davon gebieten wir allen leuten gemainlich in den egenanten funf dörfern, edeln und unedeln, und wellen gar ernstlich bei unsern hulden, daz sie mit der vorgenanten unser purger ze Wienn gütern, die sie bei in habent, ez sein höfe, eckher, holden, wismat, hæu, gruomat, holz oder waz darauf wachse, oder wie die guoter genant sein, nichts ze schaffen haben in dhain wege, wann wir daruber der egenanten unsrer purger scherm sein, als weilent der hochgeborn furste unser lieber bruder herzog *Ruodolf* seliger gedechtnuzze in uber soliche ire güter in den zwain dörfern zu *Aichau* und ze *Lachsendorf* auch in gleicher laute soliche sein briefe geben hat, die wir bestæten wissentlich mit kraft ditz gegenwertigen unsers briefs. Darzuo haben wir in auch gegunnet und gonnen und erlauben auch mit disem brief von furstlicher macht, daz sie auf allen denselben iren guotern selber hüter setzen mugen, durch daz in die dester paz versorget und behuot sein. Wer in aber icht unbillich dawider daran tete, daz wære genzlich wider uns, und wolten auch den swerlich darumb pezzern. Mit urkund ditz briefs, geben ze Wienn an sambztag nach sant Ambrosientage nach Kristes geburde dreuzehenhundert jar, darnach in dem achzigistem jare.

XCVI.

Herzog **Albrecht III.** gibt der Stadt Wien das Recht jährlich **zwei Jahrmärkte**
zu halten.

1382, 29. September. Wien.

Aus dem Eisenbuche f. 54. Gedruckt bei Rauch, Script. III. 129–131.

ir *Albrecht* von gots gnaden herzog ze Osterreich, ze Steir, ze Kernden
und ze Krain, herr auf der Windischen March und ze Portnau, graf ze
Habspurg, ze Tirol, ze Phirt und ze Kiburg, markgraf ze Purgau und
lantgraf in Elsazze bekennen und tun kund mit dem gegenwurtigen brief
allen den, die in sehent, lesent oder hœrent lesen nu und hinnach ewikleich,
das wir nach den lautern gnadn, so wir zu allen unsern getreun undertanen
haben und auch pilleich haben sullen, unser stat ze Wienn, durch das sie an eren und an
wirden aufneme, die gnad, freihait und recht gegeben haben und geben auch wissentlich von
furstleicher machtvolkomenhait fuer uns und all unser erben und nachkomen, das nu furbaser
ewikleich alle jar zu zwain maln offner und ersamer jarmarkt daselbs sei in dem sumer an
dem heiligen Auffarttag vier wochen nacheinander, vierzehen tag vor und vierzehen tag hinnach, und in dem winter auf sand Kathreintag auch zu gleicher weis vier wochen nacheinander,
vierzehen tag vor und vierzehen tag hinnach. Und sullen auch alle die, die in derselben
zait auf den jarmarkt komment in unserm furstleichen frid und scherm sein, also das sie
sicherhait und freiung haben auf den jarmarkt und wider von dann ze komen, und das sie
auch auf dem jarmarkt umb kainerlai erber sach oder schuld, die sich ausserhalb des jar-
markts vergangen hab, nicht beklagt noch bekumert werden in dhain weis, und wer dawider
tæt, das der gerichtet werde als ain zeprecher gemaines frids und betrueber des landes.
Aus der sicherhait sulln doch gesundert und gezogen sein alle die, die umb falsch, umb
prand, umb raub, umb mord, umb diepstal oder umb ander solh pôs missetat uebersagt sein,
wenn die kain freiung noch sicherhait da haben sulln. Es sullen auch auf denselben jarmerkten all kæuf, die umb alle vaile ding da geschechent, gegeben werden mit der zal, mit
der mass und mit der wag nach rechter satzung des rats der stat ze Wienn, durch das
ainem iegleichen hingeber und kaufer und iedem mann da recht geschech an gevær, durch
das auch dieselbigen jarmerkt dester pas beschirmet werden.

Darumb so haben wir mit guter vorbetrachtung ainem statrichter ze Wienn zugeschafft
unsern hofmarschalh, wer der denn je ist, also was in denselben jarmerkten, dieweil und die
werent, als oben geschriben stet, sach geschechent, die das gericht ruerent, von wem die
entspringen, ist das, das iemant unsers hofgesinds ist, oder herren, ritter oder knecht, edel
leut oder ir diener, das die unser hofmarschalch oder sein anwalt mit aines statrichter hilf
anvallen sol und darumb richten, als unsers hofs recht ist. Geschiecht aber solh sach von

gemainem volkch, so sol es der statrichter richten nach der stat recht und nach rat der stat ze Wienn. Und sol auch dafur niemant dhain freiung haben weder datz den Schotten, noch datz sand Stephan, noch datz sand Klarn, noch in dhains herren haus, noch auf dhainer andrer freiung in dhain weis. Es sol auch iederman auf die jarmœrkt furen muegen alle vaile ding und alle kaufmanschaft freileich und an alle irrung, alain der wein ausgenomen, die man voraus gen Wienn nicht fueren sol, wann die stat darumb bei iren alten rechten beleiben sol. Item was man kaufmanschaft in der obgenanten zeit auf die jarmœrkt furet, davon sol man an dhainem tor ze Wienn nichts gepunden sein ze geben; was man aber dafuer auf die kaufmanschaft legen wirdet, das sol geschehen nach der stat rat ze Wienn. Item es sol auch dieselb zeit die purkmaut, die wagenmaut und der zol mit einander in einem haus werden genomen, durch das davon mit umblaufen niemant saumung und schaden nem. Auch sol man auf iegleichen derselben jarmerkt zu ainem scharlach rennen, also wer der erst darzu ist, das des der scharlach sei. Was man auch darauf lauferpherd zu denselben jarmerkten pringet, die sullen in unsern landen an allen unsern mauten mautfrei geen. Und daruber zu urchund und warhait der sach hiessen wir unser grosses fuerstleichs insigel henchen an disen brief, der geben ist ze Wienn an sand Michelstag nach Krist gepurd dreuzehenhundert jar, darnach in dem zwai und achzigistem jar.

D. D. et consilium.

XCVII.

Herzog **Albrecht III.** gewährt der Stadt Wien eine Begünstigung rücksichtlich ihrer **Judenschuld** und das Recht eine Steuer aufzulegen.

1382, 16. October. Wien.

Aus der Originalurkunde im Wiener Stadtarchive mit einem hängenden Siegel.

 ir *Albrecht* von gots gnaden herzog ze Oesterreich, ze Steir, ze Kernden und ze Krain, graf ze Tirol etc. bekennen und tuon chunt offenlichen mit dem prief, daz wir angesehen haben die grozzen und sweren geltschulde, darinn unser stat ze Wienn ist, und durch daz sie von derselben geltschulde dester paz komen mug, haben wir in die gnad getan, als hienach geschriben stet. Des ersten haben wir gelobt und loben auch mit dem prief umb alle geltschuld, so dieselbe unser stat unsern juden in unserm land gesezzen, der wir gewaltig sein, schuldig ist, daz wir allen den gesuoch, der darauf von dem nachsten vergangen sand Johanstag zu Sunewenden unz her gegangen ist und noch furbaz geen mag von hinz unz auf die Weichnachten schierest chunftig und von dannen uber dreu ganze jar nacheinander, uber uns nemen und die stat ze Wienn an alle ir scheden davon ledigen und pringen wellen,

Darnach haben wir von furstleicher macht gegunnet und erlaubet, daz man inner den vorgenanten drin jaren ein steur und hilf nemen mug von allen weinen ze Wienn in der stat und den vorsteten gelegen und in allen umbfengen der klöster, wes die sein, ez sein prelaten oder ander pfaffhait, oder lantherren, ritter oder knecht, unserselbs amptleut und diener, purger, lantleut, oder wer er sei, nieman auzgenomen, und sol man nemen von eim fuoder weins ain phunt phenning, und darnach von eim mittern fuoder sechs schilling und von eim ringern fuder ein halb phunt phening, und von eim dreilng auch nach demselben laufe. Darnach setzen wir und wellen, daz alle gest von irr kaufmanschaft, die sie zu Wienn verkaufent, die egenanten dreu jar geben sullen je von aim phunt phening zwen phening, ez sei gewant, hæut, rauhe war, wachs, joltsch oder hæring, auzgenomen doch der zeit der zwair jarmerkte, die wir der stat geben haben, dieweil sol man von derselben und anderr kaufmanschaft nemen nach laut des priefs, den wir sunderlich daruber haben geben. Waz man auch also von den weinen und auch von der kaufmannschaft die egenannten dreu jar nimpt, alz oben geschriben stet, daz sol geschehen mit wizzen ains der unsern, den wir darzuo schaffen und geben wellen, durch daz damit der stat geltschuld und notdurft ausgericht werde. Und daruber zu urchund geben wir der egenanten unser stat ze Wienn disen brief versigelten mit unserm furstleichen anhangunden insigel. Geben daselbs ze Wienn an sand Gallentag nach Kristes gepurde dreuzehenhundert jar, darnach in dem zwai und achzigisten jare.

XCVIII.

Herzog **Albrecht III.** bestätigt einen Wiener **Rathsbeschluss** von 1381. 4. Juni, über das **Erbrecht.**

1383, 2. Februar. Wien.

Aus der Seitenstettner Handschrift f. 118 und dem Eisenbuche f. 45'—46'. Gedruckt bei Kauch. Script. III. 256.

 ir Albrecht von gottes genaden herzog zu Oesterreich, zu Steier, zu Karnten und zu Crain, grave zu Tirol etc. embieten unserm getreuen N. dem richter, dem rath und den burgern gemainiglich zu Neuburg closterhalben und allen bergherren, grundherrn und allen amptleuten daselbst, den dieser brief gezaigt wurdet, unser gnad und alles guetes. Wir lassen euch wissen, das wir unser stat zu Wienn umb alle erbguter solch recht gegeben haben von furstlicher macht, als von wort zu wort hienach geschrieben stehet, und als sie auch in irem statbuch verschrieben haben. Allen den, die nu lebent und hernach kunftig sind, sei kunt, das nach der gepurd Cristi dreuzehenhundert und darnach im ains und achzigisten jar des ertags in den phingsfeirtagen kam zu den ratgeben der stat zu Wien in derselben rat der durchleuchtig hochgeporne furst und genediger herr herzog Albrecht zu Osterreich etc.

und ist da mit ganzem rat einain wordn, wie furbas in der stat zu Wienn alle erbgueter erben sullen, das die bei den rechten erben beleiben, wann an demselben stuck, das erbrecht haisset, ist etwovil von unbeschaidenhait wegen hie zu Wienn unordnung wehaltn dem rechten widerwärtig, davon die rechten erben enterbt sein worden, und die gueter gefallen sind unrechtlich in fremder leut hend, die der nicht erben wern, also das der eegenant unser herr herzog als recht und der ganz rat gesatzt habn unwiderruflichen zu ainem ewigen rechtn, das alle erbgueter, die ain mensch, es sei man oder frau, ansterben, es sei von enen oder von anen, von vater oder von mueter, erben sullen auf das geslecht des stames, und von dem die gueter herkomen sein in solher weise: ob ain man abgeet mit tod ee dann sein hausfrau, und das er ir kinder hinder im laet, die sie mit ainander habent, und das dann die frau ainen andern man nimbt und mit demselben auch kind gewinnet, die sind dann mit den erstn kinden geswistreid mueter halben, und das dann die kind, die sie mit dem erst mann hat, abgiengen mit tod, ee sie zu irn beschaiden jaren koment und ee sie vogtpar werden, oder das sie die erbgueter unverkumert, unverkauft oder unvermacht hinder in liessen, das dann dieselben erbgueter erben und gefallen sullen auf des ersten mannes erben, von dem dieselben gueter herkommen sind, nach des landes recht in Osterreich, und nicht auf der kinder geswistreid mueterhalbn, und also zu geleiches weis sol im sein von der frauen: ob ain frau abget mit dem tod ee dann ir man, und das sie im kinder hinter ir laet, die sie mit ainander habent, und das dann der man ain andre frauen nimbt und mit derselben auch kind gewinnet, die sind dann mit den kinden geswistreid vaterhalben, und das dann die kinder, die er bei der ersten frauen hat, abgiengen mit tod, ehe dann sie zu iren beschaiden jaren komen und ehe sie vogtbar würden, oder das sie die erbguter unverkumert, unverkauft oder unvermacht hinder in liessen, so sollen dann dieselben gueter erben und gevallen auf der ersten frauen erben, von der dieselben gueter herkomen sind, und nicht auf der kinder geswistreid vatershalben. Also werden die ersten gueter zu den rechten erben komen, und komt dick von ainem wolhabunden manne oder ain frauen ain ganz geslacht wider zu eren und zu guetn, das anders das unrechtlichs zu fremdn handn köm. Wär aber, das man kainen erben erforschen mochte noch kunde, der die gueter nach dem vorgeschriben rechtn solt erben, so sullen dieselben erbgueter gefallen der stat zu Wienn in ainem gemainem nutz, als dann mit rechtn rechten herchomen ist. Und daruber zu ainer ewigen vestung des aufsatzs des erbsrechtes hat es der vorgenannt herzog mit sambt dem rate in ditz gross statpuech haissen schreiben. Davon gebieten wir euch allen und euer ieglichen sunderlich und wellen, das ir die egenanten rechten in aller der weise, als sie da oben verschriben sind, auch also haltet umb euer erbgüter und nicht anderst, wann wir euch dieselben recht also geben und mainen, das ir die haltet und bleiben lasset. Mit urkund des briefs, geben zu Wienn an unser Frauen zu der Lichtmess anno domini millesimo trecentesimo octuagesimo tertio.

XCIX.

Herzog **Albrecht III.** entscheidet einen Streit zwischen den **Laubenherren** in Wien und den ›Gästen‹.

1384, 29. April. Wien.

Aus der Abschrift im Eisenbuche f. 179.

 ir *Albrecht* von gots gnaden herzog zu Osterreich, ze Steir, ze Kernden und ze Krain, graf zu Tirol etc. bekennen und tun kund offentlich mit dem brief, das für uns kamen unser getreun die Laubenherren gemainclich unser stat zu Wienn und legten uns für, das in der neu aufsatz unsers jarmarklhts daselbs zu Wienn verderblich und auch wider ir brief und hantvest were, damit das ieder gast darauf gewant mit der ellen versneiden solt. Dagegen komen auch vor uns ander unser burger gemainclich daselbs zu Wienn und begerten, das wir das gwant mit der elln also ze versneiden iedem mann stat tæten, wann das ein gemainer nutz wære. Nu haben wir mit unsern ræten darueber gesessen und haben nach guter vorbetrachtung und bedæchtnuss erfunden und erkannt, das uns und unser stat nicht nutz wære, solt jeder man also gewant mit der elln versneiden, sunder die egnanten unser Laubenherren sullen das recht haben ze tun, als sie das vormals getan und herbracht habent nach laut irer hantvest und brief, die sie von unserr vordern seligen und von uns daruber habnt, die wir auch mit alln irn punten und stuckhen verneun und besteten wissentlich mit chraft des gegenwurtigen briefs, ausgenomen alain allen unsern ingesessen purgern ze Wienn, den wir mit willen und gunst unser egnanten Laubenherren erlaubt haben, das sie auf ainem ieglichen jarmarklht hie: das ist zum Auffarttag und zu sand Kathreintag je zwen tag vor und sechs tag hinnach gwant mit der elln versneiden muegen, doch also, das ir aigenhafte hab sei an alles geverd, und das sie auch das tun an offenem platz und nicht in irn heusern noch indert anderswo; und wer es daruber tæte, der sol aller der puess und pen verfallen sein an alle gnad, die in der egnanten unser Laubenherren ze Wienn hantvest und briefen geschriben stent. Davon mainen und wellen wir, das es furbas ewiclich also dabei beleib und gehalten werd, und gepieten alln unsern undertanen, wie die genant sind, und wellen ernstlich, das sie den vorgnanten unsern Laubenherren wider die obgnanten unsre gesetzt und ordnung kain invell, irrung oder beswerung tun in dhain weis, oder das wer gar swerlich wider uns. Mit urkund ditz briefs versorgt mit unserm anhangunden insigel. Geben zu Wienn an eritag nach sand Jorgentag nach Cristi geburd dreuzehnhundert jar, darnach in dem vier und achzigisten jare.

Herzog **Albrecht III.** gebietet, dass Alle, die in der Stadt Wien ihren Lebensunterhalt gewinnen, an der von der Stadt auferlegten **Steuer** Theil nehmen sollen
mit Ausnahme seines Hofgesindes.

1389, 27. December, Wien.

Aus der Original-Pergamenturkunde im Wiener Stadtarchive mit einem hängenden Siegel.

 ir *Albrecht* von gotes gnaden herzog ze Österreich, ze Steir, ze Kernden
und ze Krain, graf ze Tirol etc. bechennen offenleich mit dem brief. Als
wir von merklicher notdurft wegen unser und unserr land und leute auf
die stat ze Wienn gelegt haben ein genante sume phenning uns zu disem
mal zu hilf und steur zu geben, haben wir unsern lieben getreuen den
burgern gemainlich daselbs gegunnet und mainen auch ernstleich, daz alle,
die mit der stat gewin und nutz, mit welicherlai handel das sei, aufheben, sie haben freibrief
oder nicht, in der egenanten sume mitleidend sein, nachdem als in gepür ungeverlich, ausgenomen doch unserm hofgesind mit irem erb, das wir darinne namlich ausziehen, doch mit
solicher beschaiden: ob ieman unsers hofgesinds mit dhainerlai anderr hab, denn mit seinem
erb, kaufmanschaft und gewerb trib, daz der davon auch mitleidend sei, als zimleich ist an
gever. Davon gepieten wir allen den, die das anget, vesticlich und wellen auch, daz sie
unsern egenanten burgern darinn gänzlich gehorsam sein, wann wir das ernstlich mainen.
Mit urchund ditz briefs. Geben zu Wienne an montag (vor?) sand Thomansabend des zwelfboten nach Kristes gepurd dreuzehenhundert jar, darnach in dem neun und achzigistem jare.

CI.

Herzog **Albrecht III.** gebietet, dass Alle, die in der Stadt Wien ihren Lebensunterhalt gewinnen, an der **Stadtsteuer** Theil nehmen sollen, sein Hofgesinde
ausgenommen.

1391, 13. December. Wien.

Aus der Originalurkunde im Wiener Stadtarchive. Abschrift im Eisenbuche f. 66. Gedruckt bei Rauch,
Script. III. 132–134. Lichnowsky, Habsburg IV. Reg. 783.

ir *Albrecht* von gots gnaden herzog ze Osterreich, ze Steir, ze Kernden
und ze Krain, grafe ze Tirol etc. bechennen und tuen chund offenleich
mit dem prief, wie daz wir aller unser getreun undertanen ere und frumen
und nutz phlichtig sein genedichleich ze trachten, so achten wir, daz wir
doch vor andern vleizz und phlicht haben sullen, damit unser stat ze
Wienn in ordenleichem und gutem wesen gehalten werde, wann die haupt
unsers fuerstentuems ze Oesterreich und auch unser fuerstleich sitz und niderlazz ist, sunderleich
auch wann die erbern unser sunder lieben die purger gemainkleich daselbs mit allen vermügen
irs leibs und guets unsern vordern lebleicher gedechtnüsse und uns ganz treu und gehorsam
sich peweist haben mit steten werichen auf diseu zeit und auch hinfuer uns und unsern erben
allzeit tuen werdent und schullent, als wir ir erberchait unzwevelleich getraun, und wann uns
dieselben unser purger gemainchleich in meniger zeit her mit ainheliger grazzen clag fuer-
gelegt haben, und auch wir selber mit warheit befunden haben umb die auszüg und sunderungen,
damit etleich ir mitpurger und auch samleich ander inwoner derselben unser stat, die doch
in und mit der stat gewerb und handel habent und gewin und nutz aufhebent, sich aber
widersetzent mitzeleiden in der jaerleichen unserr steur und auch andern puerden, die unserr
egenanten stat staetleich aufligund sind, daz soleich sundrung und widersetzen wider gotleich
gerechtichait und gemainen nutz ist, und auch unser egenant stat in gar swer geltschuld
bracht hat und auch darzue hinfuer uns oder unser erben mitsampt in in merer und
verderibleich schaeden pringen möcht, da vor got sei, dadurch soleichen chumer chumftichleich
zu vorchomen und gotleiche rechtichait hinfuer zu halten in unser egenanten stat, so haben
wir fuer uns und all unser erben und nachkomen herzogen und fursten ze Österreich nach
guoter vorbetrachtung und rat unsers rats gesetzt und setzen ouch mit furstleicher macht
wizzenleich mit chraft ditz gegenwurtigen priefs ewichleich und unwidergreifleichen ze halten,
daz alle die, die mit derselben unserr stat mit dhainerlai handel, welcherlai der sei, gewin
und nutz suchen und aufheben, sie haben freiprief oder nicht, in unsern statsteurn und
andern gewonleichen notdurften daselbs mitleidund sein nach dem, als in gepur, von irr hab
ungeverleich, ausgenomen doch unser hofgesind mit irem eribe, daz wir darinn naemleich
aussziehen, doch mit soleicher beschaidenhait, ob iemant unsers hofgesinds mit dhainerlai ander

hab denne mit seinem erib chaufinanschaft trib, es wær mit vertuen, mit wechsel, oder wie soleicher handel und gewerib genant wær, daz der davon auch mitleidund sei, als zimleich ist an gevær. Davon gepieten wir vestichleich pei unsern hulden allen und iegleichen ingesezzen und inwonern unserr egenanten stat ze Wienn, gegenbürtigen und chunftigen, und wellen, daz sie nü furbaz unsern purgern gemainchleich daselbs in der sach gehorsam sein und gevolgig und mit in in iren steurn und andern gewöndleichen notdurften leiden, als oben begriffen ist, an all widerred, wann wer des ungehorsam und wider wær, der verviel in unser swere ungenad. Darzue emphelichen wir dem purgermaister und dem rat unser egenanten stat, gegenbürtigen und chünftigen, und geben auch den vollen gewalt mit dem prief, daz sie soleichir ingesessen und inwoner, die in der obgeschriben gesatz und ordnung ungehorsam und widersessig wærn, darumb anvalln, nöten und auch pezzern soverr, daz sie darin gehorsam werden, wann wir daz ernstleich mainen. Mit urchund ditz priefs versigilten mit unserm grazzen furstleichen anhangunden insigil, der geben ist ze Wienn an sand Lutzeintag nach Christes gepuerd dreuzehenhundert jar, darnach in dem ains und neunzigstem jar.

CII.

Die Herzöge **Wilhelm** und **Leopold**, dann **Albrecht IV.** bestätigen der Stadt Wien alle ihre **Rechte** und **Freiheiten, Briefe** und **Handfesten.**

1396, 15. Jänner. Wien.

Aus der Originalurkunde im Wiener Stadtarchive mit drei Längenden Siegeln.

ir *Wilhalm* und *Laupolt* gebruder und wir *Albrecht* ir vetter von gottes gnaden herzogen ze Österreich, ze Steir, ze Kærnden und ze Krain, herren auf der Windischen Marich und ze Portnau, grafen ze Habspurg, ze Tirol, ze Phirt und ze Kiburg, markgraven ze Burgau und lantgraven in Elsazz bekennen und tun kunt fur die hochgebornn fursten unser lieb brüder und vettern und fur uns unser erben und nachkomen, daz wir angesehen und bedacht haben die lauter treu und lieb und auch die manigvaltig erber und getreu dienste, die unsern vordern seligen löbleicher gedaechtnuzz und auch uns die erbern, weisen und getreun liebsten der burgermaister, der rat und die burger gemainkleich hie ze Wienn habent erzaigt und getan und uns auch noch furbazer erzaigen und tun sullen und mugen, und haben darumb mit guter vorbetrachtung und rate unser lantherren und rete, die dazemal bei uns warn, von sundern gnaden und auch von furstleicher macht denselben unsern burgern, armen und reichen, und der stat hie ze Wienn und allen iren erben und nachkomen durch irer fleizzigen pete willen recht und redleich verneut und bestætt, verneuen und bestæten in auch wizzentleich mit kraft ditz briefs alle ire recht, freiheit, gnad, gut gewonhait, brief und handfest

mit allen den punten und artikeln, die darin sind begriffen, und die in von unsern egenanten vordern, den durleuchtigen und hochgepornen fürsten unsern lieben herren kunig *Albrechten* unserm urenen und darnach von seinem sun unserm enen herzog *Albrechten* und von desselben sun unserm vettern herzog *Rudolfen* und auch von unsern herren und vettern herzog *Albrechten* und herzog *Leupolten*, den got allen genedig sei, gegeben sind, oder die sie von alter habent herbracht, und mainen und wellen, daz die vorgenanten unser burger und stat hie ze Wienn und all ir erben und nachkomen nu fürbazzer ewigleich bei allen den und igleichen vorgenannten rechten, freihaiten, gnaden und guten gewonhaiten, briefen und hantfesten und bei allen punten und artikeln, die darin sind begriffen, gar und genzleich und unverruckt beleiben. Davon gepieten wir vestikleich den edeln unsern lieben getreun allen unsern hauptleuten, lantherren, rittern und knechten, burggraven, phlegern, richtern, mautern, amptlæuten und allen andern unsern undertanen und getreun, gaistleichen und weltleichen, edeln und unedeln, in allen unsern vorgenanten landen, die nu sind oder hernach künftig werdent, und wellen ernstleich bei unsern hulden, daz sie die egenanten unser burger und stat hie ze Wienn und all ir erben und nachkomen ewikleich bei den egenanten iren rechten, freihaiten, gnaden, guten gewonhaiten, briefen und hantvesten lazzen genzleich und volkomenleich an all irrung und hindernuzz beleiben und dawider nicht tun noch niemand anderm gestatten in dhainen weg; welich aber dawider tætten, die wizzen swærleich wider unser huld und gnad getan haben und auch vervallen und gepunden sein ze geben der pen, die in der vorgenanten unser vordern seligen briefen begriffen sind. Und des zu urkund so geben wir derselben unser stat disen brief versigelten mit unser dreir anhangunden insigiln, der geben ist ze Wienn am samstag vor sand Agnesentag nach Kristi gepurde dreuzehenhundert jar und in dem sechs und neunzigisten jare.